会讲故事的生僻词

何诚斌 著

济南出版社

图书在版编目（CIP）数据

会讲故事的生僻词 / 何诚斌著. -- 济南 ：济南出版社, 2025.6. -- ISBN 978-7-5488-7085-2

Ⅰ. H12-49

中国国家版本馆CIP数据核字第2025XX4747号

会讲故事的生僻词
HUI JIANG GUSHI DE SHENGPI CI

何诚斌　著

出 版 人　谢金岭
责任编辑　黄鹏方　王璐瑶
装帧设计　胡大伟
出版发行　济南出版社
地　　址　山东省济南市二环南路1号（250002）
总 编 室　0531-86131715
印　　刷　三河市宏顺兴印刷有限公司
版　　次　2025年6月第1版
印　　次　2025年6月第1次印刷
开　　本　160mm×230mm　16开
印　　张　28
字　　数　335千字
书　　号　ISBN 978-7-5488-7085-2
定　　价　68.00元

如有印装质量问题 请与出版社出版部联系调换
电话：0531-86131736

版权所有　盗版必究

前言

生僻词，就像中医所讲的构成生命营养的"五谷精微"，分布在经史子集、诗词歌赋乃至杂剧小说中，融合于博大精深的传统文化，是汉语基因的组成部分，富含"精神精微"。

今天看来，生僻词虽被常用词或熟词所覆盖，蛰伏于故纸堆中，但它在中华人文历史的演变过程中，或是某个时代的热词、某个领域的关键词，或是某个特定语词的发明、某个特别思想的创新，或是一首诗的意象、一篇文章的主题，或是一群词语的"母词"，或是当今某个词语的"鼻祖"。

它们都有故事，有气息，有温度，有灵魂。

我的阅读经验是，掌握一定量的生僻词，方能搏浪击流，遨游在传统文化的浩渺海洋；方能探骊得珠，获得某部著作的要旨精华；方能登堂入室，领略某位国学大师的渊博深奥；方能积学储宝，贯通古今而自在钩玄索隐；方能思接千载，触摸到一颗颗文心的跳动。

尽管有些生僻词坚硬、殊形、壮硕，考验着牙口，但它们却筋道，越嚼越有味；尽管有些生僻词考验着胃口，但它们富含营养，越嚼越能感受到其"精微"的价值。

我读书三十余载，涉猎较广。这些年读来读去，还是偏爱古代文学及传统文化经典。想当年，读古书时常感到食古不化，后来发现，其中一个原因就是对生僻词习惯性地回避或抵触，或者因望文生义而对生僻词了解得不够深入，甚至有段时间因为害怕生僻词而懒得阅读古典书籍，而错失了一些有益于人生的精神食粮。

随着我的词汇量越来越丰富，我感觉到这些词汇自身形成了一种生态，既见树木，亦见森林。于是，我产生了对古籍中的词语进行更加深层发掘的浓厚兴趣。结果发现，一些生僻词能够更准确地表达思想情感，更生动地体现事物特色。我不由得感叹，许多生僻词其实只是被人冷落了，它们并没有消亡。它们以各自鲜活而独特的姿态，存在于浩瀚的文献中，没有被湮没，只是缺少深情目光的打量。

撰著此书，非刻意为之，也非一时兴起，而是源于平时阅读中对生僻词进行研究、玩味的积累。以现代视角观其基本义的产生、引申义的发展，可以发现它在千年文脉中的轨迹或隐或显，悠久长远；品评其在汉语肌理中发挥的功能，或发散或聚合，妙趣横生，意味深长。我将个人认知融入写作体验，将生僻词融入生活情境，在开放的时空中，用随笔的形式抒发情怀、讲述故事，这一切都是一种快乐。

目录 MULU

1 揭櫫
喻指具有重要开创性的行为

4 彝伦
常理、常道,引申为典范

9 酺醵
指聚会饮食

13 朝齑
形容饮食简单,生活清苦

17 饕餮
形容贪食或贪婪的人

20 逃席
宴会中不辞而别的行为

24 皴裂
多因触冷水又遇冷风而形成

27 蜂虿
比喻恶人或敌人

30 苞育
孕育萌发,丰茂生长

34 停匀
意为均匀,多指形体、节奏

38 抡材
选拔人才

42 圈蔽
圈子对人才的遮蔽如同对人才的禁闭

45 趑趄
形容想前进又不敢前进的样子

50 绮城
美丽、特别、珍奇的城市

54 矜尚
对他人的一种客气、尊重、赞美

57 夸毗
腰杆挺不直,两膝也是弯曲的

60 躁竞
以浮躁的心态去竞争

63 黼黻
礼服上所绣的华美花纹

66 僦居
租房子住,多为"将就"的状态

69 簠簋
盛放饭食的器皿,也作礼器

72 怼笔
怨恨的文字与记载

76 程材
主动呈现才能,希望对方慧眼识才

目录

80 行窝
可以小住的安适之处

83 弹劾
担任监察职务的官员检举官吏的罪状

88 载质
通常意味着当事人急于出仕

91 颟顸
形容某人糊涂又马虎、缺乏判断力

95 躐等
事物发展从量变到质变，自有其次序

99 讪上
毁谤上位者，多指毁谤君王

104 廉隅
比喻端方不苟的行为和品行

108 真率
真诚直率，不做作

112 矫命
假托命令以行事

116 理障
佛教语，由学识、理解上的错误引起

120 逸豫
安逸享乐

124 寻绎
反复探索，推求哲理

128 私曲
偏私阿曲，不公正

133 契爱
友好、亲爱，双方的心到一处

136 伤格
一味模仿，没有自己的风格

140 乡饮
指乡饮酒礼，为古代嘉礼之一

143 弦歌
将思想内容以琴瑟伴奏而歌诵

147 蔚起
蓬勃兴起，兴旺地发展起来

152 壮猷
宏大的谋略

156 轸悼
痛切哀悼

161 殂落
死亡、凋零

166 色难
强调对待父母的态度和情感表达

170 宅心
引申为用心、归心

174 画隐
以画自隐，不求仕进

179 觖望
因不满意引起的怨恨

184 悖谬
违背道理，荒谬，错误

189 评骘
评定，评价

193 经筵
帝王为讲论经史而特设的御前讲席

197 诅詈
用诅咒来害人

201 幽明
将有形与无形的事物放到一起观察

205 引喻
借一种事物来阐述另外一种事物

209 蹀躞
小步行走、颤动、衣带上的装饰物

213 忘筌
比喻不值得重视的事或物

217 远引
远去、远游

220 僭越
超越本分行事

223 奇羡
指余存的财物

227 撄宁
指心神宁静，不被外界事物所扰

231 荐梦
进献枕席

236 琼枝
比喻贤才、美女

240 情窟
情欲的魔窟

245 薰莸
比喻善恶、贤愚、好坏

250 捊拾
收集、采集

254 献替
指对君主进谏，劝善规过

259 奥援
官场中暗中撑腰的力量或靠山

265 悃款
悃，真心诚意；悃款，诚挚

268 贵恙
敬辞，称对方的病

272 摄生
保养身体、持养生命

276 戬福
表示吉祥降福

282 苟作
将就着做某件事情

287 辩囿
指辩士聚集之所

293 矜慢
倨傲轻慢

297 比德
结党营私的行为，又指"同心同德"

300 秦镜
指明镜，能分辨是非，鉴别善恶

304 契阔
久别重逢，相交，怀念

309 峻谊
深厚的友谊

312 寄傲
寄托旷放高傲的情怀

316 介洁
耿介高洁

321 匡改
纠正、改正

325 堂奥
厅堂、内室，喻为腹地、深奥的义理

329 绩用
功用，有"被信任而掌权"的意思

333 蠡测
比喻见识短浅，以浅见量度人

336 气性
指人秉受的生命之气，脾气或性格

340 发凡
指揭示全书或某一学科的要旨

344 简远
简古深远、简朴闲远

目录 3

348 香尘
芳香之尘，也指女子之步履而起者

352 谫陋
浅薄、简陋、粗略

355 曝腮
比喻挫折、困顿

359 燮理
调和治理

363 蒿目
指极目远望

367 苕颖
比喻文辞之精妙特出者或特出之事物

371 孤标
形容人品行高洁

376 金兰
牢固而融洽的友谊

381 卓荦
卓越、突出

384 圭臬
借指准则或法度

388 雪格
比喻高洁的品格

391 尺牍
古代用于书写的书简或墨迹的统称

396 饶益
富裕、赢利、使人受利

401 转圜
挽回，从中调停

406 见囿
局限于原有的看法或经验

411 玄鉴
比喻高明的见解

415 品藻
品评、评论

418 循默
指大家都循常随俗而不表达意见

422 值遇
值，遇到、碰上；值遇，遭逢

427 尺蠖
比喻人能屈能伸，在屈伸中前行

431 静素
淡泊宁静

435 骥尾
追随先辈，身居其后

揭橥 jiē zhū

指做标记用的小木桩，引申为标志，有揭示、显示之意，喻指具有重要开创性的行为。

我与"揭橥"相遇，一年大概只有两三次，取决于阅读范畴，若只读当代散文、小说、诗歌等文学作品，估计遇不到它。"揭橥"爱待在思想论述、文艺评论等理论文章里，就像千年老宅中的古董、深深庭院里的珍藏，极少露面。涉猎较为广泛的我，会不经意间看到它的身影，如"揭橥全书的写作思想""揭橥了道教精神要义"，诸如此类的句型是它习惯现身的"场所"，有着独特的气质和味道。

最初接触到"揭橥"，好像是在《读书》杂志，也好像是在《中华读书报》，还好像是在钱基博、钱锺书父子的哪本著作中。多年阅读，印象纷繁，最初接触到"揭橥"是在哪里记不清了，但初见它的情景我是记得的，当时不懂"揭橥"是什么意思，查一查词典便知道了，关键是明白了它的意思之后，立刻有一幅画面从我的记忆中浮现，亲切而可爱。

我出生在一个半农半商的小镇上，记得当年几乎家家都养两头猪：一头壮猪，一头小猪。壮猪多半在年底长肥了杀掉，或直接拖到食品站卖掉。开春后，小猪差不多也长壮了，家里便又买一头猪崽喂养。这是农业社会副食品自给的基本规律，一种随季更替的生活方式。镇上土地少，房子不宽敞，有专门猪圈的人家并不多。我家就没猪圈，夜里就让猪睡在灶门口，白天赶到后门外，任它在河边林子里活动。到了枯水期，我家便将猪赶到河床上或河对岸，让它啃草、吃野菜。

我说这些，不是闲扯，而是与"揭橥"有关。猪的性子，有憨有倔，有笨有野；有好静的，有好动的；有老实的，有凶悍的。好动的"恶猪"跑到别人家吃东西，咬别人家的猪、鸭，甚至拱翻小孩，引起邻里纠纷，因猪吵架的事时有发生。所以，对于性子野的猪，就得管住它。一些人家用绳子或铁链将猪拴在树上，但这却对树造成了损伤。于是，他们便把一根木桩钉在空地上，将猪拴在木桩上，由它撒野，顶多拱翻旁边的猪食槽或猪食盆。这是沿袭下来的老方法，并且用一个字十分形象地表现了出来，它就是"猪"和"木"的组合，即"橥"。

见到"橥"这个字，我非常好奇，它一次次将我拉回往昔，随着时光回逆漫溢，重温一些环境中抑或背景中有猪的活动的童年趣事。我和伙伴们拔过别人家拴猪的木桩，拿回家做柴火。木桩打得越深，说明猪的性子越野，顽童们就越绕着它转，打它的主意。老母猪"最恶"，当年我们都这么认为。后来心智成熟，认为那"恶"其实是一种天性的母爱，老母猪要保护自己的崽，当然要对靠近它的人露出狰狞凶恶的嘴脸，发出敌意的警告。有个小伙伴，在拔木桩时，遭到老母猪的攻击，被咬了一口，血溅河滩。小伙伴哭爹喊娘，疼昏过去，幸好被他父母及时送到医院救治。

"揭橥"是一种极具风险的勇敢行为，要有牺牲精神。凡夫俗子没胆量，不敢做；莽夫格局太小，做了也没好结果。孙中山先生在《革命原起》中说："盖彼辈皆新从内地或日本来欧……予于是乃揭橥吾生平所怀抱之三民主义、五权宪法以号召之……"孙中山领导仁人志士，发动辛亥革命，推翻封建王朝，建立民国，其"揭橥"虽付出了很大代价，但最终使中国结束了几千年的封建帝制，走向了民主共和。

北洋时期，主义与主张满天飞，中国该往何处去？有的人在思考，有的人在行动，还有的人在借"主义"欺世盗名，或拿"主张"大肆杀戮。李大钊在《民彝与政治》一文中说："然代议政治之施行，又非可徒揭橥其名，而涣汗大号于国人之前，遂以收厥成功者。"李大钊、陈独秀揭橥启蒙思想，领导新文化运动，并随后由文学革命转向共产主义之政治革命，可谓艰苦卓绝。李大钊被军阀杀害，陈独秀被关进国民党大牢，但他们创立了中国共产党，有一群志同道合的战友，前仆后继，最终拔掉了旧政权的木桩，取得了胜利。

"橥"——拴猪及其他牲口的小木桩，竟然被引申到思想界、学术界、政界和社会上，其"标志"的概念已不再是一个木桩所能包含的了。而"揭橥"更是超出一般"揭示"的意思，显示的是一种大气魄、大格局，喻指具有重要开创性的行为。所以，"揭橥"这个有凛厉之气的词，不会轻易出现，我只偶尔遇到它。之前从报纸上看到"揭橥了'携手建设两岸命运共同体'的新愿景"，无比振奋，充满期待。

彝伦 yí lún

"彝"为法度之意,"伦"指人伦五常。彝伦,意思是常理、常道及伦常,引申为表率、典范。

在黄山呈坎村,听导游、村民、餐饮老板、店员、对本地的介绍,其话语中有一点大致相同:朱熹称之为"呈坎双贤里,江南第一村"。谁知道"双贤"是指哪两位呈坎乡贤?

穿行于宋元古宅之间,我深切地感受到时间的流逝为思想的色彩增添了更多的厚重。在黑白交织之间,符号的闪动使历史的光影富含皖南独特的气息。走进为宋末元初著名学者罗东舒建造的"贞靖罗东舒先生祠",看到享堂正方屏门上方悬挂的一块横匾,目光聚焦在"彝伦攸叙"四字上,思绪徜徉在徽风皖韵之中,灵魂踯躅于博大精深的国学堂奥,我肃然起敬,并产生聆字听词、沿波讨源的兴致。

此匾在民间十分罕见,因其体量之大,素有"天下第一匾"之称。"彝"在古代书面语中为"法度"之意。"伦",则是指人伦五常,包括君臣、父子、兄弟、夫妇、朋友等伦常关系。"攸",意为久长。"叙",是指延续。"彝伦攸叙"意为人伦和社会秩序在祖宗定的法度面前人人遵循,代代延续。"彝伦攸叙"的反义词是"彝伦攸斁","斁"意为败坏。

呈坎历史上出过许多高官、巨贾、诗人、画家、史学家、制墨家、自然科学家，以及著名的隐士、高僧。罗氏家族人物，除了朱熹称赞的南宋文学家罗颂、罗愿兄弟俩，还有宋代吏部尚书罗汝楫（罗颂、罗愿之父），元代国子监祭酒罗绮，明代都察院右佥都御史罗应鹤、制墨大家罗龙文、地理学家罗洪先，清代朝议大夫罗宏化、直奉大夫翰林罗廷梅、"扬州八怪"之一的罗聘，近现代孙中山的秘书罗会坦、文物鉴赏家罗长铭，等等。

我身边的一位老先生对我说，第一部《新安志》的作者是罗愿。当我点头之时，想到罗氏家族的这些人物在地方志和族谱中更是熠熠生辉，彰显着地域文化的自信。老先生已联系了一位本地文史研究者，带我去他家看《罗氏族谱》。我发现，在座数人，以中青年为主，喝茶聊天，闲翻古籍，他们的谈吐中流露出赓续文化根脉、薪火相传的自觉，其熟语热词承接的是历史的书卷气。

"文德武功，名留简竹。理学真儒，后先继续。礼义仁昭，天伦攸笃。贤子贤孙，旋踵芳躅。以此家风，遗风善俗。"（苏轼《罗氏谱赞》）

真是"一郡之柱础，乡邦之光耀"！

呈坎只是徽州文化地理标志之一，而整个徽州文化区域包括原徽州府所属的歙县、黟县、婺源县、休宁县、祁门县、绩溪县等县及大小村镇。徽州文化体系庞大，包括新安理学、新安志学、新安医学、新安建筑、新安朴学、新安教育、新安画派、新安艺文、新安科技、新安工艺、文房四宝、徽菜等。

我告诉女儿，这里最具历史影响力的是新安理学，它是程朱理学的正宗流派，从南宋前期到清乾隆年间的六百多年间，以此地为中心向外扩散，对中国社会经济和文化都产生了深远的影响。新安理学的核心是伦理纲常，同时还有"穷理之要，必在于读书"的重学思想，以及"正其义不谋其利，明其道不计其功"的义利思想。

女儿说："正统必然一本正经吗？我有一种连呼吸都紧张的感觉。"

我笑着对她说："这就对了，你的心开始收敛，人格心理归属理性。"

女儿一扬眉，说："比较而言，我更喜欢这里的山水，大雾化为缥缈的山岚，雨声变成空灵的天籁，光线从山顶绕过来与河水的光亮一道将村落照耀，多么有生机，多么灵动啊……"

我针对她的"情趣"，表达了自己倾向于"理趣"但也不排斥"情趣"。在一座座古村落的内部，流溢着先哲崇尚的理学之美、人伦之美。我们可以想象，生命是如何延续的，文化是如何传承的，生活是如何被教化的。他们的思维是理性的，而情感却是平和的。他们热爱自然山水和人间烟火。如程颢说："万物之生意最可观。"朱熹有诗："问渠那得清如许，为有源头活水来。"

我自目遇"彝伦攸叙"开始，一时间，打量、思量、掂量……它可是中国古代社会、国家承载"道统"的大词！

《尚书·洪范》记载："天乃锡禹洪范九畴，彝伦攸叙。初一曰五行，次二曰敬用五事，次三曰农用八政，次四曰协用五纪，次五曰建用皇极，次六曰乂用三德，次七曰明用稽疑，次八曰念用庶征，次九曰向用五福，威用六极。"《魏书·高闾传》则说："帝道昌则九畴叙，君德衰而彝伦斁。"九畴，是指传说中天帝赐给禹治理天下的九类大法，即洛书，泛指治理天下的大法。彝伦，意思是常理、常道及伦常，引申为表率、典范。

宋明理学中，明代承继了宋代的理论并发扬光大。顾炎武在《日知录》中说："彝伦者，天地人之常道，如下所谓五行、五事、八政、五纪、皇极、三德、稽疑、庶征、五福、六极皆在其中,不止《孟子》之言'人伦'而已。能尽其性,以至能尽人之性,尽物之性,则可以赞天地之化育,而彝伦叙矣。"

征服者,下马之后,脱下战袍、盔甲,依然唯"彝伦"是尊,并且无法做歧义理解。作为最高统治者,要明白"朕闻亟迁则彝伦斁,滞赏则劳臣怠,兼用两者,谓之政经"(唐代元稹《柏耆授尚书兵部员外郎制》)的道理,还要懂得"自古统天位主,曷常不赖明师,仗贤辅,而后燮和阴阳,彝伦民物者哉"(《魏书·列传第九·献文六王》)的方法。

清代孙奇逢在《理学宗传》中说:"吾性之理,本之于天,具之于心,统而为彝伦之大,散而为万事万物之理,是万事万物之理,即吾性之所存也。"

作为读书人,要知道学习的范围和目的:"夫以学校之设,其广如此,教之之术,其次第节目之详又如此,而其所以为教,则又皆本之人君躬行心得之余,不待求之民生日用彝伦之外,是以当世之人无不学。"(朱熹《〈大学章句〉序》)

后来,新文化运动的旗手、中国共产党创始人之一的陈独秀,相信科学可以打开生锈阻塞的老锁,他说:"宇宙间精神物质,无时不在变迁即进化之途,道德彝伦,又焉能外?"殊不知,陈独秀的家乡安庆离徽州不远,他称徽州的胡适为老乡,而胡适可是"旧道德的楷模"。两人从携手到分手,其间彝伦由之而叙,大道无古今而离德其上。

古代发动战争,都要作"誓",以表示"师必有名",如夏启作《甘誓》而伐有扈,商汤作《汤誓》而伐夏桀,武王作《泰誓》而伐商纣,等等。内容无非是公开控诉、声讨被征伐者的罪状,以至于"誓""檄"都成了一种文体。文章高手写这种东西，必然知道其逻辑：因为"礼乐崩坏，彝伦攸斁"（东晋范宁语），所以"胤乃征之，彝伦九畴"（唐代顾况语）。无非就是遵循一个主题思想：彝伦攸叙。

酺酤 pú jù

出食为"酺",出钱为"酤"。酺酤是指聚会饮食。

在当今人际交往中,聚会司空见惯,除了大方人宴请,便是轮流做东,也有实行"AA 制"的。我年轻时,常常和工友各自在食堂打菜,然后放到一起吃,有人拿钱买酒,大家共饮,非常快乐。后来在《古代汉语》上认识了"酺酤"一词,出食为"酺",出钱为"酤","酺酤"则是指聚会饮食。我觉得它对出钱、出酒、出菜而一起就餐之事概括得很精确。酺酤这事儿一直是人类的活动,可为什么"酺酤"一词却消失于常用词汇之中了呢?

汉代刘向的《列女传·鲁之母师》写道:"妾恐其酺酤醉饱,人情所有也。"唐代吕渭的《皇帝移晦日为中和节》则有:"历象千年正,酺酤四海多。"清代吴伟业的《哭志衍》也写道:"请府发千金,三军赐酺酤。"酺酤是四海皆有的人情,从政界到军营,从皇宫到民间,都有它的影子。

中国饮食文化源远流长,"赐酺酤"逐渐演变成一种激励、奖赏部属的手段。一些穷文人遇到一个有权有钱的文友,雅集就不愁了。三国建安时期的文士,以曹氏父子为中心,云集邺下,经常宴游,诗酒竞豪。曹丕在《与吴质书》中回忆了当时的盛况:"昔日游处,行则连舆,止则接席,何曾须臾相失。每至觞酌流行,丝竹并奏，酒酣耳热，仰而赋诗。当此之时，忽然不自知乐也。”建安文风极盛，成一时之风气。后代文人很羡慕，夸奖道：“诗酒唱和领群雄，文人雅集开风气。”

西晋时期，一群文人找到了可以出钱出食的“大佬”——鲁国公贾谧和西晋首富石崇。他们聚会时，美酒佳肴应有尽有。人数“双十二”，誉称“金谷二十四友”。其中有“古今第一美男”之称的潘安，“枕戈待旦”的刘琨，“洛阳纸贵”的左思，以及三国名将陆逊的孙子陆机、陆云等人。石崇是何等人物！他“与皇帝的舅舅斗富获胜”，并娶了中国古代著名美女绿珠。石崇的金谷园是文友们经常活动的地方。如果石崇只是有钱，大伙儿还是不会玩得太尽兴，石崇夹在当中也会感到憋闷，能玩到那么有高度，跟他的文才有极大关系。文友在一起，除了饮酒，自然要作诗，合集为《金谷诗》，石崇作序，他这样描述：“时征西大将军祭酒王诩当还长安，余与众贤共送往涧中，昼夜游宴，屡迁其坐。或登高临下，或列坐水滨。时琴瑟笙筑，合载车中，道路并作。”

东晋时期也有一个影响深远的宴饮集会，规模更为宏大。这场集会的诗集也由拿出“酺醵”的人作序。东晋穆帝永和九年（353）三月初三，任会稽内史、右军将军的王羲之邀请谢安、孙绰、孙统等四十一位文人雅士聚于会稽山阴（今浙江绍兴）兰亭修禊，曲水流觞，饮酒作诗。有人提议，不妨将当日大伙儿所作的三十七首诗汇编成集，这个提议得到了大家的响应，于是，《兰亭集》诞生了。众人推举王羲之来为这本诗集写一篇序。王羲之酒意正浓，提笔在蚕纸上畅意挥毫，一气呵成，这就有了冠绝千古的《兰亭集序》。

后来，历代文人莫不学金谷、兰亭而宴集。李白在《春夜宴从弟桃李园序》里记叙了某个春日夜晚，他和堂弟们在桃花园聚会,并定下规矩:如果有人写不出诗,就依照当年石崇在金谷园聚会时的旧例,罚酒三杯。至于李白是否是负责"醵醵"之人,则无从得知。但他确实没有白吃白喝,而是留下了几句名言:"夫天地者,万物之逆旅也;光阴者,百代之过客也。而浮生若梦,为欢几何?古人秉烛夜游,良有以也。况阳春召我以烟景,大块假我以文章……"

欧阳修在《与尹师鲁书》中说:"又朱公以故人日相劳慰,时时颇有宴集。"这个"朱公"显然是赐"醵醵"的先生了。欧阳修没能赶上北宋的一次名垂后世的聚会,而苏轼赶上了。东道主是驸马王诜,他宴集以苏轼为首的十六位文人高士。当时,李公麟负责作画,米芾则负责写题记以纪念这一盛会,史称"西园雅集"。后人认为此会可与王羲之的"兰亭雅集"相媲美。

清代扬州是繁华之都、商贸中心,文人聚会轻而易举便能寻得赞助"醵醵"的盐商、茶商、绸缎商。那时,商人热衷于附庸风雅,贴上"儒商"标签被视为一种体面,花费些许钱财来供养文人亦觉值得。据史载,袁枚、吴敬梓、杭世骏、厉鹗、蒋心余、吴锡麟、姚鼐等著名文人都曾"漂"在扬州。他们有的在书院教书,有的在家中著述,有的则以售卖诗文字画维生。他们的市场客源主要是商人。扬州文人聚会宴饮,诗成之后,立即刻板印发全城。扬州文人是快乐的,因容易筹到丰盛的"醵醵",所以他们经常参加雅集活动。

民国时期,杭州"东皋雅集"成员最多时有三十余人,但它没有因主人是位漂亮的才女而出名。20世纪二三十年代,在新文化思潮的影响下,北京的知识精英,如胡适、梁实秋、徐志摩、闻一多、梁思成、林徽因等,常在一起喝茶、聚餐,写白话诗和小品文，不亦乐乎。其中，林徽因的“太太客厅”最具代表性。在这个“客厅”中出现的，有金岳霖、钱端升、张奚若、陈岱孙、沈从文等学者、教授、作家、编辑，还有萧乾、卞之琳等文学青年。或许，还有前往蹭饭的人。“太太客厅”成为美谈——当然也有非议，现在成了现代文学史上一个极具人文色彩的特殊符号。

当我和朋友谈及宴聚雅集缺乏经费时，有人提议找个老板赞助，而我认为，与其得一人之“酺醵”，不如大家出钱的出钱，出酒的出酒，出食的出食，共同分担，才不会误解“酺醵”之内涵。

朝齑 zhāo jī

朝齑意为早餐用腌菜下饭,形容饮食简单,生活清苦。

　　读韩愈的《送穷文》,"太学四年,朝齑暮盐,惟我保汝,人皆汝嫌"。我不禁想到:古代有多少人因读书而穷困潦倒,又有多少人不怕人嫌、甘守清贫、坚持治学?朝齑暮盐,意思是早餐用腌菜下饭,晚饭仅以盐佐食,形容饮食简单,生活清苦。陆游也曾在《自嘲》一诗中写道:"朝餐未破百瓮齑,晚饷犹存两困枣。"

　　齑是指捣碎的姜、蒜、韭菜等,后来也包括咸菜;人们习惯用它来佐早餐,但也有人晚餐时食用。明代杨基落难时,思念妻子,因为他觉得让妻子跟自己一起过苦日子而对不住她,说"忆汝事我初,高楼映深闺。珠钿照罗绮,簪佩摇玉犀",可现在却是"汝亦遇多难,典卖罄珥筓。朝炊粥一盂,暮食盐与齑"。杨基所能做的,只有倾诉:"作诗远相寄,新月当窗低。"(《寄内婉素》)

　　早餐进食腌菜、晚餐蘸盐下饭的日子,我小时候是经历过的。后来,在工厂上班,白班、小夜班、大夜班连轴转。上完小夜班去澡堂泡澡,弄得睡意全无,睡着差不多已是凌晨一两点了;如果工友们一起喝酒吃夜宵,就睡得更晚,第二天起床都九点多了,厂里食堂早已关门。镇上有几家早点铺,生意只是早上忙一会儿,当我揉着惺忪的眼睛走过去时,大饼、油条早已不见踪影,只剩下冷的米粥和散发着臭味的咸菜，我只得忍着吃点。那时候，商店里还没有方便面和面包之类的食品，饼干倒是有，可我吃腻了。饥饿与厌食交织，让我备受折磨。我估摸着午餐之前不会饿死，并相信读书可以"疗饥"，便在宿舍里一边读书一边等候午餐……这种常无早餐的日子，我过了三年。三年后，我与一个自己喜欢的女人结了婚，一同生活，烧小灶，从此就不愁吃不上早餐了。

　　现在人们把红薯的营养价值讲得神乎其神，但是若让你天天吃、餐餐吃，吃完后，时不时地嗳气、放屁，就不会再说它好了。小时候，我家常常是蒸一大锅红薯吃一整天，吃早餐的欲望也就愈发淡薄。不过，有蒸红薯的日子还算不错，红薯干、豆渣粑和南瓜糊才更难以下咽。红薯干是买大米时搭配来的，买五斤米搭配五斤薯干，甚至更多。要是遇到发霉变质的红薯干，煮在锅里，整个屋子里都弥漫着一股呛人的酒糟味。父母喊我们吃饭，我们都愁眉苦脸，身子懒得动，逼得父亲盛了红薯干塞到我们手里。二哥经常得到父母的夸奖："不挑食，遇上什么吃什么。"我就纳闷，那散发怪味的红薯干真的合他的胃口吗？后来，二哥二十来岁就犯了胃病，我联想到那些难吃的早餐，或许是"恶食"种下的病根。

　　三哥小时候发育不良，老是生病，他年龄不是班上最小的，但个子却是最矮的。早餐时，三哥多半会得到特殊照顾，比如在红薯干、面疙瘩、南瓜糊等上面会额外蒸一碗米饭给他吃，分量不是很大，但已经非常奢侈了。现在我们都笑他命好，小时候早餐能独享干米饭。按理说，我比三哥小五岁，可以哭闹着要求"同等待遇"，但我从没有要求过分吃那碗饭。现在已记不清我在掀开锅盖发现那一碗诱人的米饭时是什么心情，也记不清在三哥身旁吞咽变质的红薯干时有没有感到委屈。一个多子女的家庭，父母是怎样培养孩子们听话、服从、尊重、礼让、大度、包容、忍耐等这些品质的？或许是生活本身教会了我们很多东西。直到现在，我仍习惯于听从哥哥们的"指挥"，叫干什么就干什么，很敬重他们，也知道他们很关心我。

母亲生前多年身体不佳，不是腹胀就是腹痛，不是便秘就是腹泻，我以为这与食用过多"齑"类食物有关。她当然不会在孩子们面前说早餐难吃，可是，她吃了多少发霉的红薯干、玉米、蚕豆和陈化粮，以及品质低劣的"齑"呢？不吃早餐，身体发软，心里发慌，无法干活。除非实在没有东西吃，否则母亲不会不吃早餐，哪怕是吃发霉变质的食物，以致她养成了任何腐坏的食物都舍不得扔掉的习惯，晒一晒、炒一炒、熏一熏、烘一烘、烤一烤，使其成为填肚的东西。父亲自然同她一样珍惜食物。母亲病了，想吃米粥，父亲天不亮就起床生炉子熬粥。母亲情绪越来越不好，埋怨父亲粥熬得太硬或者太稀。父亲忍耐着，坚持熬粥，喂给母亲吃，直到母亲病逝。在外人看来，父亲没有病，因为他说话中气足，走路步伐大，七十岁还能挑起一百多斤的重物。可是，父亲在母亲走后的第三年就去世了，街坊邻居都认为他是被我母亲"带走了"。其实我很清楚，父亲有病，他习惯用手按着自己的腹部，有时发出轻微的呻吟声，大颗的汗珠挂在额头上；他也病倒过，但顶多在床上躺一天，就会爬起来张罗全家人的早餐，然后去工作。

那一天，父亲着急乘坐从城里回镇上的客船，没来得及吃早餐，饥饿加上风寒，突然就病倒了。大哥把他接过去治疗，他很快就出了院。父亲想吃早点，弟弟便去买了两根油条给他吃。然而，第二天，父亲又病倒了。医生问吃了什么，得知吃了油条后，说得了这种病不能吃油条，难消化，会堵塞胆管。父亲被转进大医院，半个月后医生束手无策，父亲回家后第二天就去世了。他好多天没有吃早餐了，我们将三碗白米饭，还有鸡、鱼、肉放在奠案上，然后又将这些食物带到坟前祭奠，希望父亲"从此天天吃上好的早餐"。

忆苦思甜，是人性使然。先苦后甜，是好的命运。如果有人能反思自己的好日子是怎么来的，那就非常了不起了。如南宋末年著名爱国诗人刘辰翁在《沁园春·和槐城自寿》中写道："把百个今朝，重排花甲，十年前事，似旧斋辛。骰选功名，酒中富贵，管取当筵满劝句。……年来好，莫做他宰相，便是全人。"

现在，我是不必日日"朝斋"了。近些年，我对早餐非常讲究，并不是挑三拣四，而是由于肠胃有毛病，很多东西不能吃，如吃了荤馅的饺子、包子，麻辣的牛肉面，硬的、冷的馒头，肚子就会一整天不舒服；油炸类的早点，更是不敢吃；粥一类的食物则容易胀肚子，可半上午肚子又饿了。一个人漂在异地，吃早餐成了最大的难题。我常常被这个难题弄得很抑郁，甚至产生打道回府的念头，以致每次出门在外，待的时间都不长。

饕餮 tāo tiè

饕餮是中国古代神话传说中一种凶恶、贪食的野兽，常用来形容贪食或贪婪的人。

饕餮是中国古代神话传说中一种凶恶、贪食的野兽，"四大凶兽"之一。据《山海经》记载，饕餮，其外形如羊身人面，其目在腋下，虎齿人爪，其音如婴儿。

由传说中的凶兽引申为贪食或贪婪的人，其背后无非是人们普遍憎恨贪欲者而认为"某某如兽，危害人类"的逻辑。《左传·文公十八年》记载："缙云氏有不才子，贪于饮食，冒于货贿，侵欲崇侈，不可盈厌，聚敛积实，不知纪极，不分孤寡，不恤穷匮。天下之民以比三凶，谓之'饕餮'。"魏晋时期的经学家杜预注解说："贪财为饕，贪食为餮。"东汉张衡在《东京赋》中写道："进明德而崇业，涤饕餮之贪欲。"

不过，也有甘做"饕餮"的人，幽默且快乐着。苏轼喜爱美食，自称"老饕"，曾作《老饕赋》："尝项上之一脔，嚼霜前之两螯。烂樱珠之煎蜜，滃杏酪之蒸羔。蛤半熟而含酒，蟹微生而带糟。盖聚物之夭美，以养吾之老饕。""老饕"者，意在享受美食，且从食文化中获得慰藉，荡涤情怀。但苏轼不贪财，如他在《赤壁赋》中所写："且夫天地之间，物各有主，苟非吾之所有，虽一毫而莫取。"

现在，随苏轼一路而来的风雅之人，有将"饕餮"这个词的贬义转化为褒义的倾向，于今为烈。所谓"饕餮盛宴"，形容食物非常丰盛。还有，搞庆典活动，也多借以形容规模大而丰富多彩，似乎只有这样的表达才能让人觉得到位。

我是见识过"饕餮大餐"的，可是我不太会吃东西，饭量小。当年谈恋爱时，在她家用餐，两位长辈又是添饭又是夹菜，我感觉压力特别大。他们认为会吃才是好样的，我不愿当弱汉，就使劲往胃里塞食物。

后来发现"为难"我的好心人真是不少，我的不会吃被看作是体质虚弱、营养不良的主因，耳边充满了"会吃才行"的善意提醒。甚至有人认为，我吃得少不是因为胃小，而是因为我小气；控制食量不是为了健康，而是为了省钱。在生活条件大大改善、不愁吃穿的今天，吃得少颇能反映身体状况、经济状况和消费观念等诸多问题。

有时，我会羡慕食量大的人，宴席上他们"盅子不抬，筷子不歇"，将美食佳肴源源不断地输送到胃里，而我只能愁眉苦脸地往肚子里灌白酒，显得很不划算。坐火车时，常看到虎背熊腰、臂膀粗壮的人将整只烧鸡啃下去，相比之下，我感觉自己少了男儿大块吃肉的气魄。

我之所以食量小，或许跟小时候挨饿有关系，当年常常吃不饱，胃囊在身体发育的过程中没有得到充分的扩张。一位也经历过贫困岁月，比我年长但食量比我大的朋友，鼓励我多吃些。他说："胃这东西，越撑越大，胃大了，接受能力就强了，接受能力强了，体质也就好了。"我想，为什么"人是铁，饭是钢"的理论仍然被人们所普遍接受，而"只吃七分饱"的养生理论虽然说得很多，可实行起来却很难呢？其实，是食欲让前一理论在人们的观念中根深蒂固。

画家陈丹青曾在《绅士的没落》中提到他在自助餐厅就餐的经历，"我会在没人瞧见的片刻多拿好几只牡蛎"，另外，"团坐点菜的场合，众人客气——也许真的饱了，或过惯锦衣玉食的日子——不再动菜，我要是馋，还会伸筷子"。陈丹青先生这样的经历，我也有过。有一次出差，住五星级宾馆，吃自助餐，我被眼前花样丰富、品种繁多的食物给震住了，真正的"美食城"啊！于是，我拿着一大一小两只盘子，从东往西依次夹菜，一个都不能少，生怕有所遗漏。这一餐吃得够多，撑得肚子鼓鼓的。晚上睡觉时，胃里难受不已，一宿都不舒服。第二天，拿上盘子后竟忘了昨夜的折腾，又是横扫一遍，猛吃一顿。到了第三天，我腻了，意识到贪吃的后果，被食物打败了，再也不敢下箸。后来，我不出所料地一连多天消化不良。

实际上，富有韧性且强大的食欲是打不败的，不久就会卷土重来。一位经常下馆子的朋友对我说，天天胡吃海喝，厌烦了，但过了几天不去餐馆，又特别想去。这就是饕餮之性，没有节制，难以自律。

我认为，餐桌上的浪费跟人们对食量的预期有关。东道主尽量把食客们的胃囊估计得大一些，即使在自家吃饭食量小的人，做了食客之后也会比平日的食量大、食欲强。因此，"舍得给人吃"是请客者的一种普遍心态。不像在家里聚餐，剩下的菜可以下一餐接着吃。在餐馆聚餐时，碍于卫生、面子等因素，将剩下的菜打包带回家的人毕竟太少，节俭也就难以蔚然成风了。

有时我不禁会想，古代钟鼎彝器上的饕餮，样子一定很肥硕吧？

逃席
táo xí

逃席意为宴会中不辞而别的行为。

不少古典小说都出现过"逃席"二字。如《红楼梦》第二十八回写道:"放着酒不吃,两个人逃席出来干什么?"又如《金瓶梅》第六十九回写道:"西门庆吃了几杯酒,约掌灯上来,就逃席走出来了。骑上马,玳安、琴童两个小厮跟随。"再如《三国演义》第三十四回写道:"蔡瑁已引军赶到溪边,大叫:'使君何故逃席而去?'"

唐代元稹在《黄明府诗》序中也写到"逃席":"有一人后至,频犯语令,连飞十二觥,不胜其困,逃席而去。"又如清代和邦额在《夜谭随录·崔秀才》中写道:"众闻之,无不报然,如芒在背,多有逃席而去者,亦不追挽。"

这些"逃席"均指宴会中不辞而别的行为。本来酒局就如战场,一个"逃"字颇有意味。

现在,我常听人说,请人吃饭,大家到齐很难,能来的人都是给面子的,对此我深有同感。早年,无论多远的酒席,我与工友都兴致勃勃地赴约,步行乡野,骑行邻埠,还到过百里外的同事家。后来,生活条件好了,肚子里不再缺油水,又怕劝酒之风,知道多饮伤身,故再接到聚会邀约,不是喜而是忧了,常找借口不去。若推辞不掉，就特别紧张，感到压力巨大。

时常会见到这样一种人，姗姗来迟，气喘吁吁地说："不好意思，来晚了，我是从上一家酒席上逃出来的。"还有人喝了一巡酒便要早早退去，打个招呼："我还要赴下一个酒局，先走了，你们慢饮。"是真是假，谁会细究？即使是假的，也难为他了，可以理解。有的逃席者，一声不响，悄悄溜了，似乎东道主摆的是鸿门宴，而他们则是急于逃命的沛公刘邦。

我一般参加宴席，不会半场离开或提前走，都是奉陪到底。逃席需要勇气，需要资历，需要个性。我很多次心生逃席之念，却因勇气不够，患得患失，结果整场宴会熬下来如受酷刑，苦不堪言。例如，在座的全是头面人物，或皆为商界老总，几个小时都没有我说话的份儿，听他们高谈阔论而不能深味其理，主动敬酒还得对他们随意的举杯假饮说"谢谢"，不敬酒自饮又不自在，尴尬无趣。真可谓"珍馐佳肴难入口，美酒琼浆令人嫌"。

十年前，我随几位文友到异地开展文学交流活动，对方开了十瓶白酒，除了几位女作家外，端杯喝酒的人不到十个。同行者都甘拜下风，纷纷放杯投降。我方领队对我说："你要坚持，不能让他们耻笑我们。"而对方又不断用话来激，搞得我想逃席而不得。更何况在人生地不熟的地方，我又能逃到哪里去呢？结果必然是大醉一场。后来，听人说，到外地去，要么滴酒不沾，要么举杯痛饮——只要你端了杯子，对方是不会轻易让你逃过的。此话有理，可常常是自家人先挑事端，把我往前推，举杯感谢对方盛情招待，那一刻，只感觉自己被夹在两难境地，进退维谷，狼狈不堪。

中途离席，在外面转转再回来，也是一种逃法。如果席多人杂，可以借打电话，逃一会儿。记得在某文化园参加活动，有数桌宴席，大家喝得兴高采烈，突然有人发现一个诗人不见了，大家便骂他逃席，一定要把他抓回来。我也想逃席，便说："我去找他。"我慢悠悠地上楼，敲响诗人的房门。他开了门，说："你怎么也出来了？"我说："他们让我来喊你回去。"他笑道："等会儿再去，你告诉他们，就说我单位里急要一份材料，我正在发邮件。"我知道这是借口，于是便说我也不想去了。他说："你怎么也想逃席？走，咱俩一起回去！"结果，似乎是他逮住了逃席的我回到包厢。

历史上也有一些逃席的故事。汉朝刘章做掌管酒宴的官，他用军法来执行酒令，连汉高祖刘邦的老婆吕氏家族中有人喝醉逃席，他都追上去，拔剑斩首。晋朝有个大富豪石崇，他主办宴会时，会派美女劝酒，若有宾客不喝，他就杀掉美女。丞相王导曾跟大将军王敦一起去拜访石崇，王导虽然酒量不好，但是担心无辜的美女被杀掉，便不停喝酒，直到喝得大醉。王敦却坚拒不喝，眼见三个美女被杀，神色不变，还是不肯喝。王导责备王敦，王敦却说："他杀自己家的人，跟你有什么关系！"石崇听到后，就不再让美女劝酒了。东吴孙权在钓台与群臣饮酒，要求众人畅饮，喝醉了便用冷水浇头，然后接着喝。只有老臣张昭逃席了，坐在屋外的车上，闷闷不乐。孙权质问他为何这样，张昭回答："从前纣王酒池肉林，通宵达旦地饮酒作乐，当时没有觉得是坏事。"孙权听后，默然无语。

迫于领导的压力或面子而不得不喝的，书上也有记载。北宋名将王审琦不爱喝酒，在一次侍宴时，宋太祖赵匡胤酒酣之际向上天祈祷："酒，天之美禄；审琦，朕布衣交也。方兴朕共享富贵，何靳之不令饮邪？"然后，他对王审琦说："天必赐卿酒量，试饮之，勿惮也。"王审琦听了，不敢不喝，于是一连喝了十几杯。从此以后，王审琦参加赵匡胤主持的饮宴，都会喝很多酒，并未出现不适。但他回到家后，仍"不能饮，或强饮，辄病"。当然也有坚决不喝的，比如东晋名将陶侃，无论谁劝都不为所动，他曾动容地对劝酒者说："我年少时曾因喝多了酒惹了麻烦，母亲叮嘱我饮酒一定要限量，我一直谨遵母亲的教导，不敢违背，只能少饮。"后来，"陶侃酒限"成为限酒自警的典范。

  我一向欣赏豪饮者，佩服酒量大的人，但不喜欢酒场英雄，非要争个高下不可，何必呢？年轻时，我不怕醉，盅来杯挡，盏来碗光，不珍惜身体，现在毕竟奔六了，年随情少，酒因境多，伤不起了。于是，我把清代林旭专门写的一首诗《逃席》发到微信群里："逃席原无仇饷情，向来意兴实纵横。登楼自借清宵赏，不饮甘当恶客名。"

皴裂
cūn liè

皴裂多因为接触冷水后，又遇到冷风而形成。

我曾为"皴裂"与"皲裂"的区别而纠结过。后来，终于明白，自己小时候手背出现的裂纹，是"皲裂"；而父亲的手，深深的裂纹中渗出血，是"皴裂"。

我在火桶里是坐不住的，母亲怀里的火罐我也只是偶尔伸手去烤一烤。在冬天，我经常在街头巷尾及四野与伙伴们堆雪人、打雪仗、砸冰块、玩冰溜。手背一日日肿胀起来，像两块小米粑。到了晚上，体温上升，血液循环加快，冻疮上冒着热气，火烧火燎的，又痒又疼，我禁不住在父母跟前泪水哗哗地流，哎哟哟地叫疼。

父亲拿了一些棉花贴到我的手背上，然后用手绢系住，并嘱咐我不要将它弄掉了。可是到了第二天，我依旧与伙伴们在屋外寒风中玩耍，结果弄湿了棉花和手绢，夜里又是叫苦连连。父亲照旧给我包扎一番。这时，我看到父亲的双手贴满橡皮膏，有的手指头裂口处正在渗血，便问父亲："你的冻疮怎么跟我的不一样？"父亲说，他不生冻疮，但一到冬天，手就会皴，发裂，渗血。

年少时，在校读书，因缺乏烤火设备，许多学生手上不是生了冻疮，就是出现了裂纹。有个同学对老师说："老师，我的手皴裂了，握不住笔。"老师看了看他的手，然后说："皴裂多是因为接触冷水后，又遇到冷风而形成的；你这是皲裂，是在寒冷、干燥的环境中出现的。"老师接着说，"皴裂和皲裂是有一定区别的。皲裂单指皮肤问题，皴裂还可以指树的裂口。明代黄云在《常熟致道观七星桧》中写道：'大小斧劈惜皴裂，赤皮含生细叶攒。'"最后，老师要求同学们："回家看看爸爸妈妈的手，他们的手才是皴裂。"

我回家后，问父亲："是生冻疮难受，还是手裂口子难受？"父亲没有回答，他开始给自己的手涂抹甘油、蛤蜊油或者羊油，边涂边咬牙忍着疼，牙缝中发出"咝咝"的痛苦声。可我没有办法缓解他的痛苦，那些油也治不好父亲的手裂。母亲说，这病在根子上，年年复发，年年受折磨。后来我才明白，除非少干活、不碰冷水，并且注意保养，否则治手裂的油是没有效果的。父亲到了晚年，冬天苦活、脏活、累活干得少了，手便不再裂了，便说明了这一点。

中年的父亲在三九寒冬仍有干不完的活儿。他从下放的生产队回家后，挤出时间，洗山芋粉、制作山芋角、打豆腐、磨米粉等。准备日常生活所需的食物以及筹办年货，都要靠父亲那一双勤劳的手。困难年月，早餐多半吃粗粮。天刚蒙蒙亮，父亲就将一篮子山芋拎到屋后的河边，将它们一只只涮干净。他的手上虽然贴着橡皮膏，但被水浸湿后，十指刺骨地疼。父亲洗好山芋回到家，面孔因痛苦而扭曲变形，身子颤抖着，他骂天："冷死人！"他将山芋交给母亲后，撕掉那些即将脱落的橡皮膏，挤出紫血，然后从一块大的橡皮膏上剪下一块，贴住伤口。对于父亲而言，橡皮膏非常珍贵，它能稍稍保护伤口，至少可以减少创面与外界的直接接触。有时，橡皮膏用完了，而父亲手头没钱，只能将用过的脏兮兮的橡皮膏放到灯上烘一烘，烘软了继续用。

母亲去世那年，我们清理物件，在一个立橱的抽屉里发现了不少橡皮膏，一盒盒的，用布条扎着。我问父亲哪来这么多橡皮膏，父亲告诉我："你妈妈一有钱就买日常用品，怕紧张时买不到，这是她储藏的东西。"我的鼻子一酸。父亲接着说："有的是你哥哥从单位开回来的，你不是也买过一些拿回家……"对，想起来了，我工作后的确买过橡皮膏，不是在冬天而是在秋天。父亲接过我买的橡皮膏，递给母亲，母亲像得了宝物似的高兴不已，然后将它藏进抽屉里。实际上，当父亲不再缺橡皮膏时，他的手也不再皲裂了。

　　父亲离世时，橡皮膏仍旧留在那个抽屉里，一盒盒都被完整地收藏着。看到它，我便会想起父亲那双一道道裂口上贴着橡皮膏的手。还有，读到苏辙在《次韵子瞻凌虚台》中所写的诗句"北风吹南崖，山上秋叶斑。道远又寒苦，皲裂辞难攀"时，我也会想到父亲那双皲裂的手。

蜂虿 fēng chài

虿意为蝎子一类的有毒的虫，蜂虿用来比喻恶人或敌人。

数年前，我旅居某地谋生，业余时间参加了一个协会，目的是愉悦身心。可是，协会里有一个中年人总爱抱怨，说张三在背后诋毁他，李四对他不怀好意，王五跟他过不去。我通过观察，发现实际情况并非他所说的那样。

其实，问题出在他自己身上，他怀疑身边所有的人。当协会开展活动时，他的时间和精力都用在捕风捉影上，希望打探出谁在背后说他坏话，弄得硝烟弥漫，大家都很不痛快，不欢而散。时间长了，他将朋友得罪光了，他把朋友变成了敌人。他以为大家都嫉妒他、欺负他，却不反省是什么原因让自己陷入四面树敌的境地。

我想，他这种性格的人，也是很不容易的。可是，有个朋友反驳我，说他是一只毒蜂，有什么不容易呢？清代唐甄在《潜书》中说："士或遇蜂虿而色变，触棘刺而失声。"一个团队、组织里，若是出现这种蜂虿似的人，大家都不得安宁。

我对朋友说："蜂子的刺针是由一根背刺针和两根腹刺针组成的，刺针末端同体内的大小毒腺及内脏器官相连，刺针尖端还带有倒钩，蜇人的后果是什么，你应该知道吧？"

的确，怀疑、讽刺、攻击，都是有害的东西。郭沫若在《沫若自传·创造十年续篇》中说："小小的讥刺可以惨于蜂虿，小小的慰藉可以暖于春阳。"

我想起早年老家有一个喜欢骂街的女人，她不允许孩子们在她家的篱笆墙边玩耍，一旦看见小孩子摘篱笆上的喇叭花，她就骂个不停，骂得十分歹毒。孩子们都怕她，以至于有了"宁被篱笆墙上黄蜂蜇，也不愿被某某女人骂"的说法。然而，尽管孩子们讨厌她，却又忍不住要在她家的篱笆旁玩耍。由于经常挨骂，孩子们攀摘喇叭花的行为后来升级为故意毁坏篱笆——当然是趁她不注意时偷偷进行的。例如有些调皮的孩子，会选择正午她在屋里休息的时候，或者夜里她家关灯睡觉后，到篱笆边进行"大肆破坏"。

她发现篱笆被破坏后，又是一通骂街，持续数小时，骂孩子"化生鬼的""吃枪子的"，骂孩子的父母生了"胞衣货""吊死鬼"……虽然她骂的人很多，但是她自己也弄不清是谁破坏了她的篱笆。后来，她因篱笆屡遭破坏而彻底绝望，捶胸顿足，骂整个镇上的人都在欺负她，"这是世上少有的最坏的镇"。

她怀疑所有人，谩骂所有人，得罪了所有人。她自绝于她生活的小镇，没人愿意与她来往，她特别孤立，又将孤立变成强悍的态度，每天骂数小时街以显示她谁也不怕，甚至说自己是公开的"战斗"，是阳光的……

她邻居家的篱笆，也有孩子们光临。那家的主人，尤其是女主人，非常聪明贤惠。当看到孩子们在篱笆上摘喇叭花时，她不仅不谩骂、不驱赶，反而笑嘻嘻地对孩子们说："你们小心点，不要被刺扎了！"篱笆上长着一种毛栗果，可以吃，味道酸酸的，带点甜意。孩子们在摘毛栗果时容易将篱笆踩坏，她就帮他们摘，显得心平气和、宽厚仁慈。

因为她的和善，孩子们从不故意破坏她的篱笆。有时篱笆被孩子们不小心踩坏了，她和她的丈夫就默默地修复。即使有时孩子们因争抢花朵、毛栗果而弄坏了篱笆，她也不会直接骂孩子或找孩子的父母数落，好像什么事都没发生一样。为了让篱笆少受损坏，她的丈夫便挑来一些土，将篱笆外的那块低洼地垫高了，这样孩子们不用攀爬，就可以直接伸手采摘喇叭花。

那个骂街的女人见自家的篱笆总是遭到破坏，而别人家的篱笆"完好无损"，有一天竟歇斯底里地去破坏别人家的篱笆。对她的这种行为，人们只能互相传告："这个女人疯了。"

后来，镇上所有的篱笆都被拆了，平房变成了楼房。那个骂街的女人离开了人世，那个聪明的女人也离开了人世。

今天想来，那个过于"保护"自家篱笆的女人，分明刺激了孩子们的"恶性"。幸亏这种人不多，否则民风必然不好，且影响下一代的成长；也幸亏还有对自家篱笆"不设防"的女人，她没有激起孩子们以怨报怨的心理和对抗的行为，而是让孩子们感受到友善、包容、大度，感受到篱笆上的喇叭花是那么鲜艳、美丽，毛栗果是那么可爱、好吃。

历史上，在国家层面，蜂虿的危害程度就更大了。《国语·晋语九》记载："蜹蚁蜂虿，皆能害人，况君相乎！"宋代王谠在《唐语林》中写道："我国家朝堂，汝安得恣蜂虿而狼顾耶！"明代张景在《飞丸记·故旧存身》中说："枭獍狼豺，误触髭髯戟两腮。蜜口生荼荄，笑脸藏蜂虿。"

我喜欢杜甫在《遣愤》中的两句诗："蜂虿终怀毒，雷霆可震威。"

苞育

bāo yù

苞，是指花没开时包着花骨朵的小叶片，或指竹生而茂密。苞育则为孕育萌发、丰茂生长之意。

2020年春，我仔细观察阳台上的一个花苞，从长出蓓蕾到花瓣绽开，再到花落子出，我深切地感受到"苞育"这个词，鲜明而真挚。

不久，我与怀宁海子诗歌研究会的同仁，到安徽省安庆市怀宁县马庙镇孙家城遗址采风，再次与"苞育"相遇。它却是人文的，是写在古人语录、诗句中的宏大思想。

数年前，"育儿村""太子墩"等地名的由来及民间传说，引起了考古专家的注意，经获准田野发掘。虽然没有找到曹操及其子的相关遗迹，但是却意外发现了六千年前新石器文明空间——安徽省西南部面积最大、时间最长、文化序列最完整的一处遗址。

进入城内，我们来到一块由土埂围起来的长方形区域。土埂大概不到五米，说是城墙（垣）。幽静的乡野上，阡陌起伏，犁开的土壤正在接受阳光与雨水的滋润，等待育种、插秧的到来。遗址旁边的池塘，面积足有数亩，水面被青苔、浮萍及水草覆盖。如果不是田野发掘，人们怎么会知道这片农田之下深藏着以前祖先们的生活物品？当年曹操率兵马驻扎在这里，他会不会想到枕戈之处曾是文明之城？曹操负"经纬四极"之志，征伐之余，他感叹"天地间，人为贵"(《度关山》)；揭露汉末乱世之象，"白骨露于野，千里无鸡鸣。生民百遗一，念之断人肠"(《蒿里行》)；渴望"呦呦鹿鸣，食野之苹。我有嘉宾，鼓瑟吹笙"(《短歌行》)的和平生活。

"育儿村"，哺育的是曹丕、曹植，还是其他儿子？"太子墩"，那垒起的土墩又是曹操哪个儿子的诞生地呢？故事、传说虽然不少，但都缺少确凿的史料佐证。我望着不远处的大沙河，想到曹植的几句诗："天地无穷极，阴阳转相因。人居一世间，忽若风吹尘。"(《薤露行》)

"三曹"的诗文所呈现的视域都很宽广，悲怆于洪荒，沉郁于浩淼，其中曹植的诗文更多了一种对于人世光阴与宇宙空间的思索。锐意事功的曹操，"对酒当歌，人生几何"，但毕竟没有放弃匡复汉室的抱负；当上皇帝的曹丕，"遨游快心意，保己终百年"(《芙蓉池作》)，可惜他三十九岁时就去世了。曹植也只活到四十岁，他与哥哥的思维显然不在一个维度上。

曹植经过对天地和人世的比较，认为可以通过一种方式，延伸生命的精神长度。他要尽力做一个书写者："愿得展功勤，输力于明君。怀此王佐才，慷慨独不群。鳞介尊神龙，走兽宗麒麟。虫兽犹知德，何况于士人。孔氏删诗书，王业粲已分。骋我迳寸翰，流藻垂华芬。"(《薤露行》)

另外，曹植认为人可以超越短暂的生命，自造象外之境："昆仑本吾宅，中州非我家。将归谒东父，一举超流沙。鼓翼舞时风，长啸激清歌。金石固易弊，日月同光华。齐年与天地，万乘安足多。"(《远游篇》)生命在自然中大而化之，抵达人生的逍遥境界。

曹丕的"疆土观"最强烈，他渴望早日实现统一山河的理想。曹植自知没有哥哥指挥千军万马的威权，但他可以"骋我迳寸翰"——这也是事业，就按哥哥说的去实现"不朽"："盖文章经国之大业，不朽之盛事，年寿有时而尽，荣乐止乎其身，二者必至之常期，未若文章之无穷。是以古之作者，寄身于翰墨，见意于篇籍，不假良史之辞，不托飞驰之势，而声名自传于后。"（《典论·论文》）

曹植在青年时期写的《铜雀台赋》得到父亲的夸奖。曹操对他说："我当顿丘县令时，才二十岁出头，现在回想当时的所作所为，感到无愧无悔。你现在也才二十来岁，一定要珍惜时光，有所作为。"

血性青年曹植，讴歌"捐躯赴国难，视死忽如归"（《白马篇》）的英雄，表达建功立业的强烈愿望。然而，在政治的舞台上，有他决定不了的因素。站在曹丕的角度，他是核心权力的既得利益者，必然要对核心权力进行捍卫和保护，并且会得到朝中大多数人的支持和拥护。世道再乱，底线还在，那就是传统体制与伦理纲常不可动摇。

曹植曾在《长歌行》中写道："尺蠖知屈伸，体道识穷达。"当哥哥继任丞相、魏王之后，他必须调整自己的心态，否则对个人、兄弟、家族和国家都有危害。他将自己的精力更多地用在文学创作上，当对权力的渴望偶尔涌上心头时，立即将它压住。

于是，曹植的思维空间不再是有形的、可见的，而是"高高上际于众外，下下乃穷极地天"（《桂之树行》）。后人更加津津乐道的，是他的才子形象。南朝文学批评家钟嵘在《诗品》中将曹丕排在中品，而将曹植列为上品，称赞曹植为"建安之杰""骨气奇高，词采华茂，情兼雅怨，体被文质，粲溢今古，卓尔不群"。

曹植在《矫志诗》中写道："芝桂虽芳，难以饵鱼。尸位素餐，难以成居。磁石引铁，于金不连。"他在《当欲游南山行》中说："长者能博爱，天下寄其身。大匠无弃材，船车用不均。锥刀各异能，何所独却前。"因为"天地无穷极"，所以每个人都有活下去的理由，都要积极寻找适合自己的位置。他在《喜雨诗》中说："天覆何弥广，苞育此群生。弃之必憔悴，惠之则滋荣。"

是啊，无论是在自然中还是在人文里，"苞育"的力量是巨大的，如郦道元在《水经注·汝水》中所言"陂方数十里，水物含灵，多所苞育"，以至于在曹植的笔下，天覆地载，民物融洽。

离开孙家城遗址后，我们去县博物馆参观了孙家城遗址出土的鼎、豆、斛、杯、釜等大量陶器。我能在古老文明的源头看到农耕文化、祭祀文化以及饮食文化的线索，并感受时空的概念，真可谓"观古今于须臾，抚四海于一瞬"！我告诉自己，要好好珍惜当下的生活，关爱万物生灵。

停匀
tíng yún

停匀意为均匀，多指形体、节奏。

喜欢靓女俊男乃爱美之心，人皆有之；不嘲笑他人生理缺陷乃悲悯之心，却非人皆有之。

"初唐四大家"之一的欧阳询，长得很丑，但李渊和李世民父子都不嫌弃他，反而很欣赏他的作品，授予他官职。欧阳询的书法，当时临摹的人特别多，"尺牍所传，人以为法"。李渊得知高句丽派使节来求欧阳询的书法时，不禁笑道："他们看到欧阳询的笔迹，一定以为他是个形貌魁梧的人物吧？"

李世民喜爱书法艺术，擅长行书，其所写的《温泉铭》便是以行书入碑的代表作。李世民虽然推崇王羲之的书法，但对"书法师长"、楷书大家欧阳询的《九成宫醴泉铭》《皇甫诞碑》《化度寺碑》也十分欣赏。至于欧阳询长得丑，李世民不会在意，作为明君自然懂得圣训："以貌取人，失之子羽。"

李世民的老婆长孙皇后，长相如何？《新唐书》说她"喜图传""性约素"，没提相貌身材。据说她哥哥长孙无忌长得丑，妹妹不会貌似哥哥吧？但就是这个其貌不扬的长孙无忌，竟然写诗嘲笑欧阳询："耸膊成山字，埋肩不出头。谁家麟角上，画此一猕猴。"（《与欧阳询互嘲·无忌嘲询》）

欧阳询可不怕国舅，毫不客气地写诗"回怼"："索头连背暖，完裆畏肚寒。只由心浑浑，所以面团团。"(《与欧阳询互嘲·询嘲无忌》)意思是说，你长孙无忌内心不干净，所以才长了满脸麻子。

拿别人的生理缺陷及长相开玩笑，差不多是民俗文化中的一枝"奇葩"。长孙无忌与欧阳询之间"乌鸦笑猪黑"的故事，载于《隋唐嘉话》和《唐语林》，不知是否属实。

长孙无忌曾主持编撰《唐律疏议》，使其成为奠定唐朝两百多年基业的律法。他曾在得意之时，公开自比隋朝宰相杨素："越公之贵也老，而无忌之贵也少。"(《隋唐嘉话》)意思是说，杨素老了才成为"三公"，而自己年轻时就贵为"三公"，多么荣耀！可是，命运之神并没有一直眷顾他，最终他落了个削官夺爵、投缳自尽的结局。人啊，得势时得意忘形，殊不知世事无常，难保一生顺遂！唯有大智慧之人，才能于权力斗争风暴尚未形成之际，便舍弃名利，隐归田园。

"良工眇芳林，妙思触物骋。篾疑秋蝉翼，团取望舒景。"这是东晋玄言诗的代表人物许询的《竹扇诗》，写得非常好。一个"眇"字，一个"触"字，用得十分传神。许询的后代许敬宗，见到一个名"询"、姓"欧阳"的人，却因眇之不慎、触之不妥而吃了亏。

长孙皇后去世后，朝廷官员禁止宴乐婚嫁，以示哀悼。许敬宗作为中书舍人，这时已经四十四岁了，竟然极不稳重，在百官服丧期间因看见欧阳询样貌丑陋而忍不住大笑。他这一笑，被人揭发，惹怒了李世民，被贬官降级。

许敬宗笑得不是时候，不论内心是否敬畏长孙皇后，忌讳总不该忘吧？即使在其他时间和场合笑人丑陋，也不厚道！他希望仙女"情催巧笑开星靥，不惜呈露解云衣"(《七夕赋咏成篇》)，可自己却"宴游穷至乐，谈笑毕良辰"(《安德山池宴集》)。

许敬宗有辩才，李世民曾问他："为什么许多人都说你不好，做事不地道？"

他回答道："春雨如膏，农夫喜其润泽，行人恶其泥泞；秋月如镜，佳人喜其玩赏，盗贼恶其光辉。"(《贞观政要》)他说得不无道理，事物都有两面性、多面性，很辩证。他还说："人生七尺躯，谨防三寸舌；舌上有龙泉，杀人不见血。"(《贞观政要》)

许敬宗后来因投机赞成武则天当皇后而成为宰相。史载，他有不少"丑行"，除了充当武氏爪牙迫害异己，他还利用主持编修国史的职权，曲意删改国史内容。

"休嫌貌不扬，白璧璞中藏。"欧阳询虽然长得丑，但他是艺术家，长得丑便是其特点，不与美男同俗。欧阳询谈论书法时特别自信，不忌讳用人体的肥瘦美丑打比方，他在《八诀》中说："墨淡则伤神彩，绝浓必滞锋毫。肥则为钝，瘦则露骨，勿使伤于软弱，不须怒降为奇。四面停匀，八边俱备，长短合度，粗细折中。心眼准程，疏密欹正。筋骨精神，随其大小。不可头轻尾重，无令左短右长，斜正如人，上称下载，东映西带，气宇融和，精神洒落，省此微言，孰为不可也。"

欧阳询热爱书法，达到痴迷的程度。有一次，他在行途中见到一块古碑，下马走近细看，发现是晋代书法家索靖的字，端详很久才离开，可还没上马，又回到碑前，坐在地上看，然后睡在碑侧，三天后才离去。这种人要么疯掉，要么"成精"。

欧阳询有"唐人楷书第一"的美誉，并享高寿，且愈老愈见文字功底，艺术审美境界亦愈高，如他在《传授诀》中所言："每秉笔，必在圆正，气力纵横重轻，凝神静虑，当审字势，四面停匀，八边俱备，长短合度，粗细折中，心眼准程，疏密欹正。最不可忙，忙则失势。次不可缓，缓则骨痴。又不可瘦，瘦则枯形。复不可肥，肥即质浊。详细缓临，自然备体。此字学要妙处。"

我读到"停匀"，想到了自然物均衡之意，对称美学，乃至人体的端庄之美。

指物停匀的，如宋代洪迈在《容斋三笔·纳绌绢尺度》中写道："宜令诸道州府，来年所纳官绢，每匹须及一十二两，其绝绌只要夹密停匀，不定斤两。"

指人停匀的，如叶圣陶在《李太太的头发》中写道："她因此特别爱重她的头发……如果有一缕还欠妥帖，有一处尚未停匀，她是不惜花加倍的工夫从（重）新梳过的。"

指艺术上追求停匀的，如宋代姜夔在《续书谱·疏密》中写道："书以疏为风神，密为老气。如佳之四横，川之三直，鱼之四点，画之九画，必须下笔劲净，疏密停匀为佳。"

不过，现在人们的审美观，于人、于物、于艺，都不怎么讲究停匀了，至少不会认为"停匀为佳"。

抡材
lún cái

抡，意为挑选、选择。抡材是指选拔人才。

挑选人才，受启发于择用木材。森林中各种树木很多，哪一种适合做什么、派什么用场，匠人都会知道。选材时，匠人不仅要眼观其形，还要手拿工具敲打敲打，听听它发出的声音。《周礼·地官·山虞》曰："凡邦工入山林而抡材，不禁。"抡是动词，表示挑选、选择，即用材要依其理。这事急不得，要细心观察，甚至需要等待时机。

故而，"抡材"与"抡才"，道理是一样的。白居易"试玉要烧三日满，辨材须待七年期"的观点，可以说成了智者的共识。对于人才的选拔，唐代差不多能做到"今夫文部，既始之以抡材，终之以授位"（《旧唐书·刘乃传》）。又如，刘禹锡在《史公神道碑》中说："元和中，太尉诉为魏帅，下令抡材于辕门。"

当然，漏洞还是不少。例如，当时社会上那些因各种原因被闲置的人才，是一股重要的力量，他们也有可能转化为一种威胁、一种破坏。即使有较为合理的选拔和起用人才的机制，也会有人才被埋没，所以那些有智慧的领袖和英雄，会在科举制、察举制等制度之外，还有用人的特例，去寻访散落民间的人才。

"大厦若抡材，亭亭托君子。"这是唐代陆龟蒙所作的《杂讽九首·其六》中的诗句。有一年，我路过太湖，天色已暗，湖上云雾缥缈，有幻化之奇。我忽然想到了陆龟蒙，他一边呼吁唐朝振兴，任用人才，一边却自愿在民间做一个农民。他不认为自己是人才吗？

　　农民诗人陆龟蒙，耕田种地，用行动告诉人们，书生并非不当官就百无一用。他在农活之余游山玩水，写写诗，品品茶，搞搞农具革新，这生活过得——没有积极入世的文化人所想象的那么苦，也没有一次次科场冲刺的寒士们所想象的那么充实。别人考进士一次不中再考，再考不中还要考，直到考中为止，或者赔上几十年光阴才接受"命中无禄"的事实，而陆龟蒙只考了一次，没考中就不再考了。一介布衣，虽无权无势，但也有自己的交往原则，"不喜与流俗交，虽造门不肯见"（《新唐书·隐逸列传·陆龟蒙》）。

　　陆龟蒙是个非常认真的人，他种庄稼和读书一样，毫不含糊。他读书时，只要发现哪本书中有错谬之处，就立即提笔修改；借别人的书看时，对那些传阅过程中损坏的书页，他会重新装订好。他种庄稼，特别讲究农具的合理使用，每块田都精耕细作。村民们见陆龟蒙放下读书人的架子，拿着铁锹等农具耕耘劳作，常常早起晚归，尤其是抢播抢收、抗洪抗旱时极其辛苦，就表示不理解，笑他何必如此劳累。陆龟蒙说，尧舜因辛劳而变得又黑又瘦，禹的手、足都磨出了老茧，他们是圣人尚且如此，我一个普通人，敢不勤劳吗？

　　读书人沉下心来做事，就是不一样。陆龟蒙对农具的好用或不好用有了切身感受后，便注意观察起各家的农具来。在田间地头，他与农友、村邻谈起农具制作和作物种植的方法，感觉受益匪浅。他意识到，从人类开始懂得种植谷物到今天，农民都靠耒耜进行耕作，而那些不重视耒耜等农具，却能够掌管天下的人，是不存在的。如果一个人饱食终日，坐卧安然，连谷物如何种植、农具如何使用等都不了解，还自以为合乎情理，那不就和扬子（扬雄）所说的禽兽一样吗？

于是，陆龟蒙一边向老农学耕稼，一边撰写《耒耜经》，目的是"以备遗忘，且无愧于食"。《耒耜经》对犁等农具的结构、使用功能、尺寸大小、所用材料等都作了详细而准确的记述，并对使用农具的先后作了交代，如"耕而后有爬，渠疏之义也，散垡去芟者焉。爬而后有礰礋焉，有碌碡焉"。意思是，耕了以后就要耙，耙的作用，一是耙碎大土块，二是耙除杂草。耙了以后，还要用礰礋或碌碡去镇碎碾平。

他的《蠹化》一文，则提供了古代关于柑橘害虫防治的资料，虽然意在托物寄讽，但说明他对果树养殖、防护等都十分熟悉。

就这样，一个诗人，知识下沉，身伏泥土，成为种庄稼的行家里手。陆龟蒙在饱受天灾人祸的农耕社会，于艰辛中寻找精神的平衡点、知识的结合点、人生的价值点。他在耕作时吟唱自己的诗词："自春徂秋天弗雨，廉廉早稻才遮亩。芒粒稀疏熟更轻，地与禾头不相拄。"（《五歌·刈获》）他还为农民群体说话，表达一个读书人的正义观："万户膏血穷，一筵歌舞价。安知勤播植，卒岁无闲暇。"（《村夜二篇·其二》）

原来，陆龟蒙是抡材于己，有为于人民，也是一种人生的选择。

陆龟蒙曾作《太湖叟》一诗："细桨轻船卖石归，酒痕狼藉遍苔衣。攻车战舰繁如织，不肯回头问是非。"他真的能做到"不问是非"吗？自号"江湖散人"的他，爱游太湖，乘上小船，挂上篷席，带着书卷和茶灶、笔床、钓具，鼓棹鸣榔，"不是逍遥侣，谁知世外心"（《奉和袭美赠魏处士五贶诗·乌龙养和》）。实际上，他无法做一个纯粹的游乐者。在江南，打鱼是人们的重要生计，渔民生活是很苦的，并且出湖存在一定风险。陆龟蒙游太湖时，曾发出这样的感叹："吾将自峰顶，便可朝帝宸。尽欲活群生，不唯私一己。"（《奉和袭美太湖诗二十首·缥缈峰》）

陆龟蒙还研究渔具，写渔具诗，其《渔具十五首（并序）》及《奉和袭美添渔具五篇》，对捕鱼之具和捕鱼之术作了全面的叙述，其中介绍了十三类共十九种渔具和两种渔法。十九种渔具主要是根据不同的制造材料、制造方法，以及用途来划分的。他的朋友皮日休认为，这些渔具诗很有价值。皮日休在《添渔具诗序》中说："凡有渔以来，术之与器，莫不尽于是也。"

抡材，如陆龟蒙者，虽非经国之才，但他作为"乡村通才"倒是很值得人们称赞。

圈蔽
quān bì

圈子对人才的遮蔽，如同对人才的禁闭。

如果"遮蔽"的意思比较容易理解，那么"圈蔽"是什么意思呢？

《晋书·刘颂传》记载："魏氏承之，圈闭亲戚，幽囚子弟，是以神器速倾，天命移在陛下。"

中午，吃完饭后回到办公室休息，读到这句话，突然觉得空气不新鲜，身心有被禁闭之感，便将一扇窗户打开了。

刘颂刚直，义形于词，他为冤死的重臣张华恸哭，又反对加授掌权的赵王司马伦九锡，因而遭到司马伦党羽张林、孙秀的忌恨，被降职后不久死去。可以说，他落败于圈子斗争。

667年早春的一天，大唐皇帝李治责备身边的官员为什么不推荐人才，大家都不敢回答，只有吏部侍郎李安期说："天下未尝无贤，亦非群臣敢蔽贤也。比来公卿有所荐引，为谗者已指为朋党，滞淹者未获伸，而在位者先获罪矣，是以各各杜口耳。陛下果推至诚以待之，其谁不愿举所知？此在陛下，非在群臣也。"且不说李安期把责任推到皇帝身上勇气可嘉，单是他这段话所透露出的信息就很有价值，值得去分析、思考。

朋党这种圈子化的东西，在官场、商界、文坛一直存在，谁进了圈子谁就是人才，圈子的铜墙铁壁遮蔽了圈外无数人才。人才的更替，无非是一个圈子替代了另一个圈子，例如李绩、许敬宗的圈子替代了长孙无忌、褚遂良的圈子。既然"为谗者已指为朋党"，这说明皇帝李治讨厌朋党，或许他还知道圈子的危害，圈子会遮蔽圈外的人才。然而，他被自己的观念所束缚，没能突破朋党造成的心理阴影，从而未能向贤才播撒至诚的阳光。

李治很难做到这一点，因为实际上他自己就是一个朋党的领袖。他希望把李唐大业持续做好，为此首先要起用治国理政的人才。在用谁、不用谁的问题上，所形成的宰相团队在运作中极易产生圈子化现象。宰相推荐人才，不可能都是出于公心；衡量人才的标准、考核人才的方法，宰相之间也不可能总是一致。于是，在用人上，大家就会产生分歧。在权力欲、控制欲的作用下，竞合关系不是那么好拿捏的。当"培养自己的力量"这种经验促使一个个大大小小的圈子建立起来，并形成了逼仄的夹缝，就必然困死圈外的人才。皇帝虽是最大的"圈主"，可大而无形，他反而感觉不到自己这个圈子的存在。圈子也需要人才，但在"用自己人放心"这种精神指导下，很难补充新鲜血液，它是封闭的、内敛的，且随着成员的老化凋零、犯错出事，最后难免被新的圈子所取代。这是宿命，甚至是一场覆巢之下无完卵的厄运。

据史载，武则天的用人原则是：反对她的，即使是人才，也要杀头、流放；支持她的，即使是能力一般的人，也会重用。这样就渐渐形成了一个武氏圈子，其价值取向、核心使命，会让一些人才远离；其利益分配、权力分享，会让一些人才受到排斥。当年，骆宾王是一个管文书的小吏，怎么可能被宰相发现，进入圈子呢？他当然需要圈子，等待他的机会是助力徐敬业反武，如果成功的话，他的前途就不一样了，不可能再屈才当"艺文令"。

　　武则天试图绕过她下面的一个个圈子，把那些被用人机制壁垒所遮蔽的人才拉到阳光中来。不管是九品以下的官吏，还是普通老百姓，都可以通过自荐请求做官或者升官。而经他人或者地方推荐的人才，朝廷先给一个职位，以试其才能，在做事的过程中观察其是否胜任。行的就留用、升迁，不行的就离开。尽管武则天在位时所采取的手段十分残酷，甚至没有人性底线，但当时及往后的读书人、民间有本事的人，还是应该感谢她创立了"试官制度"，感谢她开创了殿试、武举，感谢她使科举制度更加完善。

　　武则天并没能彻底改变用人机制，因为她本人的专权统治决定了国家制度的走向。在封建社会的政坛生态下，朋党一直存在，不会因朝代的更替而消亡。那些求才若渴、爱才如命的人，遇到圈子浓浓的阴影，也枉然。为什么"时势造英雄"？为什么"乱世出英雄"？在圈子未成之时，人人都有施展的机会及发展的空间，优秀者脱颖而出。这也揭示了一个道理，人才只有在公平的环境中，才有可能不被埋没。

　　我说了这些，其遮蔽乎？亦圈蔽也！圈子对人才的遮蔽，如同对人才的禁闭。

趑趄
zī jū

意为脚步不稳，行走困难；想前进又不敢前进的样子，形容疑惧不决、犹豫观望。

对走路脚步不稳的人说："你走稳一点呀！"意思虽然明了，但没有"趑趄"二字有味道，比如《易经》中说："臀无肤，其行趑趄。"不过，现在这样说，会被人揍的。

现代人即使口语中不讲"趑趄"，但将它写到书面语中，也是讨人嫌的。可是，在古籍中，你会经常遇到它。因为在古人看来，走路不稳的现象，可以形容人疑惧不决，犹豫观望；也可以形容人踌躇不定，怀有二心；还可以形容人小心翼翼，畏畏缩缩。至于滞留、盘桓之人，当然更可以理解为"趑趄"也。甚至，写作速度慢，也可称为"趑趄"，如柳宗元在《答韦珩示韩愈相推以文墨事书》中说："且足下志气高，好读南北史书，通国朝事，穿穴古今，后来无能和，而仆稚骏，卒无所为，但趑趄文墨笔砚浅事。"

以下这几处"趑趄"，好理解。

司马光在《冯太尉谧勤威议》中说："昔者晋人不恭，敢距大邦，负固阻兵，趑趄不庭。太宗征之，霆骇风趋，狐狼之墟，化为乐都。"

明代唐顺之在《游塘候巡公》中说："公门几岁罢趑趄，俯仰衡茅每晏如。"

《文选·张载》:"一人荷戟,万夫趑趄。"

清代沈复在《浮生六记·坎坷记愁》中说:"至甲子三月,接青君信,知吾父有病,即欲归苏,又恐触旧忿。正趑趄观望间,复接青君信,始痛悉吾父业已辞世。"

可有一处"趑趄",不太好理解。《旧唐书·卢藏用列传》:"趑趄诡佞,专事权贵,奢靡淫纵。"

卢藏用可是一个入世的知识分子,怎么就"趑趄"呢?他曾称赞陈子昂:"卓立千古,横制颓波,天下翕然,质文一变。"(唐《右拾遗陈子昂文集序》)此语不算精彩。而他对武则天说:"今左右近臣以谀意为忠,犯忤为患,至令陛下不知百姓失业,百姓亦不知左右伤陛下之仁也。"(《新唐书·卢藏用列传》)此言非常精彩,可谓中国谏言史上的一大贡献。

《左传》:"上思利民,忠也。临患不忘国,忠也。"大意是,执政的人为百姓谋得福利,这是忠;一个人患难时不忘记国家,这是忠。

《论语·学而》中有言,"子曰:主忠信"。也就是说,君子行事以忠信为主。《论语·八佾》中有一段鲁定公和孔子关于臣子忠于君的对话。定公问:"君使臣,臣事君,如之何?"孔子对曰:"君使臣以礼,臣事君以忠。"孔子的意思是,如果君主能按照礼来对待臣下,那么臣下就会尽心去做君主所任命的分内之事。也就是说,君王以礼待臣子是臣子"忠"的前提。

但是,对于"忠"的错误理解,甚至故意曲解,使得许多人成为"愚忠"的牺牲品,或者滥用"忠"造成不好的团队风气。敢于直言发表不同意见的人,与一味阿谀奉承、顺从领导的人,哪个是真正的忠,哪个是虚假的忠,实际上人人都心知肚明。

卢藏用曾为自己升官找到一条捷径，即选择在京城长安附近的终南山隐居。名为隐居，实际上他经常写诗"刷存在感"，使得"用人单位"知道他生活在终南山。有一点他很自信，那就是大山藏不住他的才华，他肯定会得到征召。后来，他果然被召去当了大官。他指着终南山，对朋友司马承祯说："此中大有嘉处。"司马承祯回答道："以仆视之，仕宦之捷径耳。"（《新唐书·卢藏用列传》）

可见，卢藏用是激进分子，而非"趑趄"，即行动迟缓者、徘徊者。

但是，走捷径是有风险的，卢藏用遇到了一个晋升走捷径很容易成功，但也很容易倒霉的时代。

当时，当官是一种风险极高的职业。武则天诛杀的官员很多，有的人官位还没坐暖就被杀了，甚至赔上全家的性命。武则天将人事权紧握手中，当她任命官员时，宫中的宫女私下交谈，说"鬼朴来矣"。投机当官无异于送命，然而很多人还是争先恐后地尝试，这速度简直令人咋舌。

元代王逢看得透，不愿做"鬼朴"，当一位大官举荐他出仕时，他以患病为由坚辞不就。他曾写过一首诗："世治多福人，时危多贵人。贵人乃鬼朴，福人真天民。"（王逢《曹云西山水》）

傅游艺是个晚成的"鬼朴"，他到了六十岁还要走一回捷径——大手笔地玩一把，不是玩艺术，而是玩官场游戏，真可谓"游艺于政坛"，颇有戏剧的味道。他发动群众请愿，搞联署，要武皇后当皇帝，其官运来得比他想象的更加美妙，一年之内被超常擢拔为宰相，由下位直达三品，官服青、绿、朱、紫，不停地换，被时人称为"四时仕宦"。

人啊，就怕走通捷径后以为自己真的有多高明。傅游艺被成功的喜悦冲昏了头脑，他当上宰相后，竟梦见自己登上皇帝专享的殿堂——湛露殿，他忍不住向身边亲近的人叙述，结果被人告密谋反，遭捕，自杀于狱中。一场游艺活动般的人生，极速登顶，快速结束，悲哀落幕。

一个人晋升太快，擢用太频，难免招惹身边人的"羡慕嫉妒恨"，形成"暗鬼"盯着他，大家当面都是"傅公好，很好，非常好"，内心却巴不得他出事。何况傅游艺本就是走捷径升上去的，所以他轰然倒台之时，便是嫉贵仇富者尤其是对手们拍手称快之时。

但是，仍然有同情、理解傅游艺的人，其墓志中有言："君子含光，因时则扬；推君作禹，化国为商。龙飞蛇蛰，鸟尽弓藏；贞臣愤委，烈女销亡。"（《唐故银青光禄大夫行黄门侍郎傅公墓志》）墓志从大背景、大环境着眼，为他鸣不平。历史上，平反昭雪、恢复名誉的事例不胜枚举，可史家一直将傅游艺排入酷吏和奸臣之列，一块墓碑压不住煌煌史书。

屈原在《楚辞·远游》中说："奇傅说之托辰星兮，羡韩众之得一。"据说，殷商时期卓越的政治家、军事家傅说是傅游艺的祖先，不知傅游艺可晓得傅说说过一句千古名言："非知之艰，行之惟艰。"（《尚书·说命中》）

再说卢藏用，走捷径达到目的时，危险正一步步逼近——离武则天倒台只有四年了，这四年他升得很快，依凭武皇的信任倒是说了一些真话，办了一些实事。后来，眼看武皇不行了，他又找到一条捷径，选择新势力——太平公主为靠山。结果，他的行为被太子李隆基所恶。李隆基登上大位后，连助力他登基的姑姑太平公主都给赐死了，卢藏用能算什么呢？危险很快降临，他被贬谪流放。

他公开同情陈子昂，批判"聪明精粹而沦剥，贪饕桀骜以显荣"（《右拾遗陈子昂文集序》）的现象，可知道多少人走捷径而形成了逆淘汰的用人机制？

卢藏用擅长占卜之术，却没能算好自己的命。所谓"终南捷径"，终究变成了一场悲剧。实际上，他的性格是不适合从政的，要一直当个隐士就善终了。或许就像道友司马承祯一样，在开元盛世，被唐玄宗礼为上宾，到处建道观，作符箓，过一种飘然若仙的快活日子，并且"子昂、贞固前死，藏用抚其孤有恩，人称能终始交"（《新唐书·卢藏用列传》）的事迹，就更为闪光了。不过，没有几年官场的经历，他对"忠"的体会就不深——顺意为忠不为忠！另外，也就难从其专长说法了："明法审令，不卜筮而吉；养劳贵功，不祷祠而福。"（《新唐书·卢藏用列传》）可谓世事弄人，命运弄人！

我大概明白了，为什么走捷径的卢藏用最后背了个"趑趄诡佞"的名声。像他这种落入"悖论"的人，历史上还有不少。

绮城
qǐ chéng

意为美丽、特别、珍奇的城市。

明代吴从先在《小窗自纪》中说:"居绮城不如居陋巷,见闻虽鄙,耳目自清。"殊不知,身上有钱住在陋巷倒可以,若为生计犯难,就不是耳目清净那么简单了。

居住在哪,自古以来不乏纠结之人,尤其是文人,纠结得更厉害。文人大多好清闲,爱单纯,又性格清高,甚至傲骨嶙峋。人事复杂的工作不喜欢,不工作又没饭吃。连韩愈这样的大文豪也有此苦恼,他在《从仕》中说:"居闲食不足,从仕力难任。两事皆害性,一生恒苦心。"苏东坡也表达了两难的痛苦心理:"家居妻儿号,出仕猿鹤怨。"(《和穆父新凉》)

城市的建筑漂亮,乡村的风景优美。环境影响人的心情,而心情更影响人对环境的主观态度,或接受或排斥。说到底还是物质与精神的关系,是和谐还是冲突。人类乐于筑城而聚,房子越盖越高。"遥望层城,丹楼如霞。"(《世说新语》)文人看了不舒服就针砭时弊,看了舒服就写诗赞美。"安得广厦千万间,大庇天下寒士俱欢颜!"具有如此悲悯情怀的杜甫,有一次跟朋友严武登楼远眺,写了一首诗《奉和严中丞西城晚眺十韵》,其中两句为:"层城临暇景,绝域望余春。"

唐代城市规模很大，私家园林兴盛，建筑的艺术水平高，其中皇亲贵族、世家官僚的园林最为豪华绮丽。穷文人羡慕嫉妒恨，一般文人审美疲劳，于是营造清新雅致的园子、房子，离开绮城，另择清净之地，如王维的辋川别业、白居易的庐山草堂等。

中唐诗人戴叔伦没能在绮城住豪宅，又不能在自家宅基地上盖别墅，相比之下就憋屈得很。有个朋友拜访他，人家没嫌他，他却自卑得要命："出门逢故友，衣服满尘埃。岁月不可问，山川何处来。绮城容弊宅，散职寄灵台。自此留君醉，相欢得几回。"（《吴明府自远而来留宿》）戴叔伦的祖父和父亲都一辈子不愿为官，住在乡下，既然不见"绮城"，也就没有"绮城容弊宅"的不平衡的心理感受。戴叔伦三十岁出头时被人推荐做了个官职很小的"秘书省正字"。这个职务薪水很低，黄庭坚曾写过："正字不知温饱未，西风吹泪古藤州。"（《病起荆江亭即事》）戴叔伦后来终于熬出了头，升任御史，可他这时竟然产生了厌倦情绪，"蚤知名是病，不敢绣为衣""身随幻境劳多事，迹学禅心厌有名"，辞官归隐，却客死返乡途中。

历朝历代，经济都倾斜于城市，储富于城，绮城、层城成为繁华的标志。顾炎武生活的年代，农村人纷纷移居城市，他觉得不好，忧虑地说："人聚于乡而治，聚于城而乱。"这是顾炎武一己之见而杞人忧天，还是像我现在常常怀念乡村那样，怀念着他小时候的村庄？他说："予少时见山野之氓，有白首不见官长，安于畎亩，不至城中者。"（《日知录》）明代，有一段时间农村人老往城里跑，这是因为农民税赋太重，种庄稼挣不到什么钱，甚至养不活一家老小，于是"舍其田园，徙于城郭"。除了到城里讨生活的人之外，还有一些"求名之士"也涌往城市。我不知道顾先生所说的"求名之士"是指哪类人，是不是指削尖脑袋往上流社会扎堆，拼命想进入这个圈子、那个圈子的读书人？

"锥刀之末，将尽争之，五十年来，风俗遂至于此。"顾炎武看到因城市人口大量聚集而引起的激烈竞争、城市资源的消耗以及随之带来的风俗恶化，他希望恢复以前的状态，农民回乡种地，"土地辟，田野治"。顾炎武的时代毕竟是重农轻商的时代，商业不发达，没有市场经济，更无如今全国交通之便利、信息之迅速、商品之丰富。因此，当他面对大量农民进城的现象时，产生了危机感，恐慌于那种"甘其食，美其服"的乡村风景和伦理画卷受到颠覆性的破坏，他觉得城市只会恶化人心，导致"狱讼多"。他呼唤，只有人聚于乡，"而后教化可行，风俗可善乎"！

明代高攀龙圈了一块地，建了一座"可楼"，虽然只有一丈见方，但他十分喜欢，登临其间，眺望四野，山水景色尽收眼底，怡然惬意，从而发出深深的感叹："可矣！"或许出乎真情，或许是为了突出"可楼"的地位，他信口说道："今人极力以营其口腹，而所得止于一饱；极力以营居处，而所安止几席之地；极力以营苑囿，而止于岁时十一之游观耳，将焉用之？"（《可楼记》）他的观点与认识不无道理，但也反映了精神至上者抵制、轻视物质而自以为是的心理，还有脱离"绮城"的"在野心态"。

居陋室草庐，不穷愁潦倒，有精神依托，甚是可贵，然而不可轻视、鄙夷丰富的物质生活。清代魏禧在《吾庐记》一文中说"人各以得行其志为适"，就比较通情达理，容易被人认可。你住你的豪华别墅，我住我的陋室，各得其乐。刘禹锡得于"素琴""金经"而"斯是陋室，惟吾德馨"。归有光因项脊轩内有不少值得他追忆的"琐屑之事"而"余区区处败屋中，方扬眉、瞬目，谓有奇景"。

归有光很诚实,能够跳出自我沉湎的境界,饱含忧郁地说:"人知之者,其谓与坎井之蛙何异?"所以,我们也不能否定人家住好房子的权利。

住败屋弊宅不失志,不等于住华宅的人一定失去节操,两者没有必然的道德对立。我很欣赏现代作家梁实秋对他"雅舍"的描绘:"这'雅舍',我初来时仅求其能蔽风雨,并不敢存奢望,现在住了两个多月,我的好感油然而生。虽然我已渐渐感觉它并不能蔽风雨,因为有窗而无玻璃,风来则洞若凉亭,有瓦而留空隙,雨来则渗如滴漏。"(《雅舍》)从这破屋子里,他找到了自己的乐趣与精神依托,但又不同于古代一般文人,他自嘲诙谐地把破屋冠之以"雅",境界全出,使人很容易看出他的心理和现实存在着无奈而和谐的冲突,别于"苦吟"与"自饰"的色彩,也就少了一股迂气,多了一分清新活泼的气象。

背井离乡生活在城市,乡村便成了"老家",需要一两代人打拼付出心血和经受乡愁的折磨,才能真正成为"城里人"。元代杨云鹏在《登濮州北城》中说:"层城高绝一攀跻,岁杪临风客思凄。"清代张文光在《登汴城角楼》中说:"落日下层城,苍然远树平。"民国南社诗人龚骞在《九秋诗》中说:"绮阁层城秋夜长,明朝问讯湖边路。"这种心绪,是普遍的。

矜尚

jīn shàng

矜尚是指对他人的一种客气、尊重、赞美，乃至夸耀。

我请同乡作家丁先生为我的散文集作序，他答应了。于是，我期待着他对我的文章的评价，希望能多一些肯定和褒奖。然而，半个月后，他告诉我，他接连想了几天，写了几天，也没能写出来。可能是前不久他母亲去世影响了他的写作状态，也可能是他不善于作序。我很失望，并揣测，也许是我的文章质量差，入不了他的法眼吧。

几年前，本乡的一个写作者出版散文集，电子书稿发给我，请我写一篇评论，我在书稿中找不到切入的话题和表达的观点，思维显得很迟钝，没有灵感和激情。不是他的文章写得不好，而是我无话可说。我没有写出这篇评论，这让对方感觉很不舒服，关系疏远了好长一段时间。硬着头皮地写也不是没有，写过几次，真是一种巨大的挑战，无论是心理上、精神上，还是人格层面。

丁先生向我推荐了几个在他眼里序写得好的作家、评论家。我不想找他们了，还是矜持一点，用自己的一篇文章代序算了。我从"矜持"，想到了另一个冷僻的词——"矜尚"。矜，是一种兵器，形似矛，但无刃，不可伤人，宫廷里当作仪仗，用于迎接国宾；尚，崇尚。因而"矜尚"，是指对他人的一种客气、尊重、赞美，乃至夸耀。人与人交往，需要一些场面上的客套。文人之间的"矜尚"，往往比"相轻"更厉害。若相轻升级，是会要人命的，因此，相较于"棒杀"，捧杀可能更让人难以承受。文人虽多有个性，但也怕被人孤立，身边有几个彼此矜尚的文友，会起到心理安慰作用，还能产生安全感。

文人相轻，是个古老的传统；文人彼此矜尚的习气，又何尝不是"自古而然"？曹丕在《典论·论文》中点了班固的名，"傅毅之于班固，伯仲之间耳，而固小之"。唐代刘知几在《史通·二体》中也点了班固的名，却是指其"矜尚"，"盖荀悦、张璠，丘明之党也；班固、华峤，子长之流也。惟二家各相矜尚"。

民国时，文学流派很多，有些流派对立性很强，对外"相轻"，对内"矜尚"，成为文坛生态。1922年，"湖畔诗社"的诗人汪静之出版诗集《蕙的风》，十分畅销，短期内加印了4次，声名鹊起。汪静之的安徽同乡胡梦华在《时事新报·学灯》上发表了《读了〈蕙的风〉以后》一文，批评其中部分爱情诗"有不道德的嫌疑"，是"堕落轻薄"的。这种批评或许不属于文人相轻的范畴，而是源于思想的相异，但它却激起了出于意识形态及阵营利益的一群文人相继站出来，评价《蕙的风》如何之好，就难免混杂"矜尚"的声音了。

长期以来，因爱好文学，我写了不少文章，所以特别认同《礼记·儒行》上的这句话："不祈多积，多文以为富。"直到有一天，闲翻被我多年来一直心理抵触的处世格言类的著作——清代王永彬的《围炉夜话》，看到"儒者多文为富，其文非时文也"，而不由得目光定格了。"多文为富"，是有限制条件的，即"非时文"——不是什么文章都算得上精神财富，八股文之类的应试文章算不上，应景唱和的文章算不上，跟风模仿的文章也算不上。检查自身，愧汗冒出，我还有脸说"多文以为富"，真不知何为财富，何为垃圾！

吴汝纶在《〈天演论〉序》中说："士大夫相矜尚以为学者，时文耳，公牍耳，说部耳，舍此三者，几无所为书。"当下人们相矜尚的就不止时文（科举应试的文章）、公牍（公文）、说部（小说、笔记、杂著一类书籍），还包括各种体裁的文章（作品），尤其是"文艺评论"。作家残雪曾说过一句很有杀伤力的话："许多作家都在文坛混，同那些所谓的批评家抱成一团来欺骗读者。"如果她将"许多"改为"少数"，反驳声就不会那么大了。

现在有一种现象，非常令人反感，我甚至为此而感到烦躁、焦虑，就是微信朋友圈里的"好友"不断要求给其公众号上的文章进行赞赏、点评、转发。自由选择阅读被变成强制性阅读，进行广告式传播，味道变了，是对文学的亵渎，也反映了文人缺乏矜持，沦为"矜尚"的一种普遍堕落。

夸毗 kuā pí

是指"体柔之人",腰杆挺不直,两膝也是弯曲的。

梁启超在《变法通议》中说:"夸毗成风,惮于兴作,但求免过,不求有功。"这句话中的"夸毗"一词,恐怕今人多有不解。这确实是个生僻的古词,现在很少有人使用。但是,品品它苦涩的味道,倒是可以醒醒脑子。

"夸毗"最早出现于《诗经》:"天之方懠,无为夸毗。"《毛诗故训传》解释道:"夸毗,体柔人也。"卑屈取媚之人得了"软骨症",腰杆挺不直,两膝也是弯曲的。这种"体柔之人",古代官场最多。现在不少人认为,这是儒家功利文化造成的,这种文化鼓励读书人入仕求官,在名利的诱惑下,堂堂七尺男儿低头弯腰,呈卑躬屈膝之姿,长此以往造成了"缺钙"的现象。实际上,孔子发现了官场极易培养"体柔之人"这一不良现象,他叹息道:"我没见过坚毅刚强的人。"有人告诉他说:"申枨应该是一个刚强的人。"孔子说:"申枨这个人欲望多,怎么能算得上刚强呢?"

这段对话出自《论语·公冶长》,我做了"今译"。孔子表达的是"无欲则刚"的意思。刚强除了从无欲中来,还得做点什么保持它呢?孟子说:"我善养吾浩然之气。"他的弟子公孙丑问他什么是浩然之气。孟子回答道:"其为气也,至大至刚,以直养而无害,则

/ 57

塞于天地之间。其为气也，配义与道；无是，馁也。是集义所生者，非义袭而取之也。行有不慊于心，则馁矣。"（《孟子·公孙丑上》）在孟子看来，浩然之气最宏大、最刚强，如果用正义去培养它而不让邪恶去伤害它，就可以使它充满天地之间而无所不在。浩然之气，要与仁义道德相配合、相辅助，否则浩然之气就会像人得不到食物一样疲软衰竭。浩然之气不是通过偶然的正义行为来获取的，而是由正义在内心长期积累而形成的。倘若一个人无法为自己的所作所为感到心安理得，那么他的浩然之气则会衰竭。

封建政治体制中的官员，大多缺少浩然之气和阳刚之气。读书人进了官场，往往命运交给顶头上司，要升迁就得懂官场规矩，遵循潜规则，找靠山和大树。小官对大官，不是吹捧，就是奉承，如朱熹所言："不以大言夸之，则以谀言毗之。"（《诗经集传》）这种体制，极易把人改造成"体柔者"。如此官场生态，自然会影响到官员的人格心理和思维模式，以至于"世俗多夸毗"（梅尧臣《张斯立遂州司理》）。汉代一个叫崔骃的人很有才学，有人劝他去博取功名，他说："夫君子非不欲仕也，耻夸毗以求举。"（《后汉书·崔骃传》）他不是不想当官，而是觉得当了官使自己成为"体柔之人"实在是一种耻辱。

由于掌握着大大小小权力的人多为"夸毗"者，"体柔"反而成了一种标准身形。他们以此为价值取向，否定和耻笑腰杆直的人、说话洪亮的人。白居易有一段特别生动的文字刻画了官场生态，他说："以拱默保位者为明智，以柔顺安身者为贤能，以直言危行者为狂愚，以中立守道者为凝滞。故朝寡敢言之士，庭鲜执咎之臣。自国及家，浸而成俗。故父训其子曰'无介直以立仇敌'，兄教其弟曰'无方正以贾悔尤'。且慎默积于中，则职事废于外。强毅果断之心屈,畏忌因循之性成。反谓率职而居正者,不达于时宜,当官而行法者,不通于事变。是以殿最之文,虽书而不实;黜陟之典,虽备而不行。"(《日知录》)

官员们在"拱默保位""柔顺安身"的历练中成为"明智""贤能"的"体柔之人",而那些"直言"的人则"堕落"为狂妄之徒,那些不擅长阿谀逢迎的人则被笑为呆傻笨蛋。后者被淘汰出局,如不愿"为五斗米折腰"的陶渊明,如"安能摧眉折腰事权贵"的李白,等等。前者巴不得李白和陶渊明之类的人都跑光,这样就省心了,舒服地做"体柔之人"。但是,历朝历代总还是有那么几个硬骨头的人,试图把错误的价值观校正过来。

南宋榜眼罗点憎恶"体柔之人"的处世之道:"无所可否,则曰得体;与世浮沉,则曰有量。众皆默,己独言,则曰沽名;众皆浊,己独清,则曰立异。"(《宋史·罗点传》)他针对"体柔之人"当权压制谏言之恶习,不断上疏批评,可是宋光宗却听不进他的话。罗点于是请求辞职,皇上又不准,简直让人崩溃,导致他突然病故。罗点大概至死也不明白,皇上怎么也是"体柔之人"啊!

"夸毗"大行其道,最终导致一个朝代的气数丧尽。顾炎武视其为"招天祸",他专门写了一篇文章《夸毗》,痛骂"体柔之人"。他说:"至于佞谄日炽,刚克消亡,朝多沓沓之流,士保容容之福,苟由其道,无变其俗,必将使一国之人,皆化为巧言令色孔壬而后已。然则丧乱之所从生,岂不阶于夸毗之辈乎?"

躁竞
zào jìng

指以浮躁的心态去竞争，以竞争的手段去获取。

"浮躁"这个词经常听到、看到、用到，"竞争"这个词也经常听到、看到、用到。"躁竞"这个词，在前人的书上方可看到，它的意思恰恰是指现在人们普遍存在的一种状态：以浮躁的心态去竞争，以竞争的手段去获取。

有个朋友写文章数十年，因参加一次征文比赛获一等奖，得到奖金一万元，特别兴奋。从那之后，他全身心投入到各类征文比赛中，接连获奖。这说明他的文学水平不低，或者文章风格对路。他告诉我，计划一年争取获奖十次，奖金六万元。有一天，他很难过地对我说，他的一篇文章写得非常好，以为会得一等奖，结果却没能入围。我安慰他，不要伤心，不可能每次参赛都能获奖，以后还有许多机会。自从他为参赛而写作，陷于功利化以来，情绪波动很大。我准备净言相劝，勿躁竞，可话到嘴边却成了这么一句："让心静下来。"

现代社会鼓励竞争，提倡公平竞争，打击非法竞争。这是正确的，否则许多人可能会因非法竞争而丧心病狂，或患上抑郁症、神经症；社会也必将陷入无规则的争斗漩涡，或于狂躁中沉入黑暗。竞争是人的本性，而躁竞则是欲望的过度膨胀。中国思想先贤反对无道的进取，尤其是道家，反对竞争。古人的一些说法，现在听听绝对是有好处的。

《颜氏家训》有云:"世见躁竞得官者,便谓弗索何获?不知时运之来,不求亦至也。见静退未遇者,便谓弗为胡成?不知风云不与,徒求无益也。凡不求而自得,求而不得者,焉可胜算乎?"这是"守道待时,不可躁竞"的智慧。无论做什么事,可选择的"道"有很多,而"大道"——即基本的道理、原则、规律——却只有一个。躁竞者内心不定,一会儿这样,一会儿那样,不是抢了别人的道,就是妨碍了正常行道的他人,所以危害极大。

纪晓岚的《阅微草堂笔记·滦阳消夏录二》中有此言:"冥司恶躁竞,谓种种恶业,从此而生,故多困踬之,使得不偿失。人心愈巧,则鬼神之机亦愈巧。然不甚重隐逸,谓天地生才,原期于世事有补。"这话不是用来吓唬人的,而是警示、忠告现实中的躁竞者。《隋书·刘炫传》:"炫性躁竞,颇俳谐,多自矜伐,好轻侮当世,为执政所丑,由是官途不遂。"刘炫能左手画方、右手画圆、口诵、目数、耳听,五事同时进行,这是绝顶的聪明,算得上千古奇人。可是,他在朝廷购求天下逸书时,为了多领几个赏钱,造起假来,运用自己的才华技能,伪造书籍一百多卷,题名为《连山易》《鲁史记》等,卖给官府。结果被人揭发,差点丢了性命,刚刚得到的一个官职也被撤掉了。

"躁竞"甚至成为一种罪名,出现在历史的卷宗中。明代有个萧启潘,崇祯时期官至锦衣卫堂上佥书管卫事,他为了升职,去求兵部尚书杨嗣昌。杨嗣昌不仅不帮忙,还告了他一状。崇祯十年(1637)九月,杨嗣昌在《再奏推举卫员疏》中称,"窃照锦衣卫缺官推用缘由,臣于本年五月内具复推用例有卫咨一疏。奉圣旨:该卫堂官南北司推升,及考试送部事宜,还悉遵照《会典》行,但须确核奏夺，力杜营徇，不必又请……钦遵臣因纠举萧启濬、文继志二员躁竞求推，以承力杜营徇之明旨，蒙圣鉴各降三级照旧"。同年十月初九，他在《钻营积习难断疏》中写道："臣十年外吏，七月长安，虽以职掌相关，时与诸臣晤对，然而冷面孤踪，萧然自远。诸臣从不向臣启齿，臣亦非甘奉行之人。倘自今以后，臣愚纤毫改节，难逃天鉴处分。诸臣若不谅臣，有片言入臣之耳，片纸到臣之手，臣当具实口告，如萧启濬、文继志之事。"萧启濬因杨嗣昌检举揭发，被明廷以"躁竞求推"，连降了三级。现在看来，封建朝代的"跑官"分子，因"躁竞"而倒霉，实在不可思议。

一个社会，处于兵乱时代，"躁竞"现象就会更加严重，因为社会秩序被破坏了。《旧唐书·郭子仪传》："自兵乱已来，纪纲浸坏，时多躁竞……"社会处于物质时代，一味地崇尚财富，视市场如战场，那么社会将会变得十分残酷。因为有些人会不顾游戏规则，不择手段地去攫取利益。我不能断定现今就是这种时代，但我听许多人说工作和生活压力非常大，还发现许多人处于亚健康状态。于是，"养生学"流行起来，随之出现各种养生行业。

对待养生本身，我们也要去除"躁竞"之心。如果去除不了这种心态，就可能会误以为学会了八段锦就解决了健康问题，误以为"辟谷"数日就可以一劳永逸。这一点，早在三国时期，嵇康就看出来了。他拿栽树打比方，豫树和樟树有七年树龄后，才能够认识它们的特性。有些人经过一段时间的养生，未见成效就不再坚持；有些人对待养生不专心致志，半途而废。嵇康说："今以躁竞之心，涉希静之涂，意速而事迟，望近而应远，故莫能相终。"(《养生论》)以躁动急切的心情对待养生，想快速见效，此"养生"只是一种心理的自我欺骗而已。

黼黻 fǔ fú

黼黻泛指礼服上所绣的华美花纹，后引申为文章的文采。

在一家收藏"徽州三雕"文物及艺术品的单位，看到一块仿制清朝乾隆皇帝的御墨，上刻"黼黻昭文"四字。黼黻泛指礼服上所绣的华美花纹，最早出自周制，天子服十二章纹样，分别为日、月、星、山、龙、华虫、宗彝、藻、火、粉米、黼、黻。"黼黻"最早分别表示两种事物："黼"专指"斧"，半黑半白的斧形图案，天子服之，取其断，寓意天子处事能像锐斧一样决绝；"黻"专指正反两"弓"相背的图案，象征君臣合离，也有说象征背恶向善的。

汉代荀悦的《汉纪·孝武皇帝纪》记载："天子负黼黻，袭翠被。"之后在历朝历代的服饰改革中，天子服饰仍保留着十二章纹样，并且部分纹样改型渗透到达官显贵的朝服当中。《晏子春秋·谏下》记载："公衣黼黻之衣，素绣之裳，一衣而五彩具焉。"宋代叶适在《故宝谟阁赵公墓志铭》中写道："黼黻为章，宫徵成音，经综纬错，其行钦钦。"

从官服的华美，引申到文章的文采，出自《左传·桓公二年》："火龙黼黻，昭其文也。"历代官员和文人对"黼黻"都充满敬畏和向往。"学而优则仕"，莫不是衣服、文章皆黼黻。《幼学琼林》："簪缨黼黻，仕宦之荣；缝掖章甫，贫儒之饰。"多少贫儒为了博取功名，耗尽心血！但屡考不中的大才子太多了，有写《聊斋志异》的蒲松龄，有明代"唐宋派"代表作家、被称为"今之欧阳修"的归有光，还有大名鼎鼎的诗人、画家徐渭，等等。

不知是为了炫耀显摆，还是以衣服代表身份，一些执笔为文者直接将"黼黻"指作爵禄。如唐代崔湜在《故吏部侍郎元公碑》中写道："雅尚冲漠，脱落人事，鼎钟黼黻，罔汨其志。"唐代钱起的《寄任山人》则有："天阶崇黼黻，世路有趋竞。"

另有一派，津津乐道于文章之"黼黻"，或许其揣测不会引起官场非议，何况"官样文章"自是一体。明代沈鲸在《双珠记》中写道："官样文章大手笔，衙官屈宋谁能匹？冀得鸿胪第一传，平地雷轰声霹雳。"所以，有这种观念支撑，夸奖"黼黻文章"，快哉。

可是，文章黼黻不等同于权位黼黻。文人仅写一手好文章还不够，还得有人提携。苏东坡在四川大山里寒窗苦读多年，有一年进京考试，在父亲苏洵的带领下，提前几个月来到京城进行社交活动，拜访当时的名人张方平、欧阳修等。书上说，苏洵与一些名人见面后拿出的是诗，不知还有没有四川的土特产。苏氏父子三人的成功靠的是真才实学，但他们进城想找人提携的心理是可以理解的。

曾国藩从湖南湘潭一个叫荷叶塘的小山村走出来，干了一番惊天动地的事业，可他毕竟是一个受人怀疑与牵制的汉族人，前程乃至命运都掌握在满族人手中，他不得不向满族权贵靠拢，投入穆彰阿、恭亲王门下，使他们成为曾氏在京城的官场靠山……我们在看这些名人的故事时，很容易表示不屑。但是，要全面地看待他们。如果有人道德败坏，一心一意钻营攀附，找保护伞，然后做坏事，并且在有了权势之后挤对他人，那么这种人就十分可恨可悲了。

宋朝有个叫李定的人，参加科举，考得一塌糊涂，又没有钱买官，他苦思冥想，有没有什么办法到京城去攀附一个大官呢？后来，他终于想出了一条妙计。当时，王安石推行变法受到了阻力，许多大臣，也就是既得利益者，纷纷反对变法。李定得到这样一个信息：皇帝宋神宗对王安石的变法很感兴趣。于是，李定经过一番策划，写了一篇文章，信心百倍地来到京城，找到王安石，说青苗贷款法如何受农民欢迎。王安石正感到孤立无助，听到对自己有利的来自"基层"的声音，喜出望外，立刻将李定的稿子呈给了皇帝，并积极推荐李定这个改革的"促进派"。不久，李定进入御史台，担任要职。他有了权势之后，拼命排挤、迫害他人，其中苏东坡就是他的重点打击对象之一。

"黼黻"，从礼服上的华美花纹，引申到文章的辞藻华美，再到各种新的解释，有了更加丰富广泛的含义。"解短褐而袭黼黻"（《后汉书·张衡列传》），是读书人几千年的价值取向。超然者，天下河山何不黼黻？正所谓："桃李不借力于东风，而春色必叨荣于桃李，藉以增辉万物，黼黻河山也。"（清代宣鼎《夜雨秋灯录·九月桃花记》）

僦居
jiù jū

僦居，租房子住，多是一种"将就"的状态。

"蜗居"一词，因长篇小说《蜗居》的畅销和同名电视连续剧的热播而成为大众熟词。蜗，让人立刻联想到蜗牛，居住的地方只有蜗牛壳那么大，如此夸张，符合都市中那些被高房价所困扰的人们的心境。

僦居，对很多人来说，是个生僻的词，不知道它的意思。这个词，其实很形象。"人"与"就"组合成"僦"，意为租赁。僦居，租房子住，多是一种"将就"的状态。我那些年在北京打工，见到两类完全不一样的"外省人"：一类人买了房子，成了"移民"，俨然已经是新北京人了，他们相比于另一类在北京工作了十几年却仍然租房、被称为"北漂一族"的人，有着明显的优越感。立群与可华，从福州到北京工作，分别有自己的工作室。几年后，立群赚了钱，选择在通州买房子；可华赚了钱，选择在工作方面加大投入。又过了几年，立群成了"北京人"，可华却打道回府了。因"僦居"，可华换了几处地方，很多东西搬不走，或搬迁成本高，就扔掉了。我曾在他租住的房子里寄住了数年，住在阳台上，冬冷夏热，尝尽僦居的苦头。

中国的"家文化"使人们对房子这种东西有着根深蒂固的执念，租的房子与真正的"家"存在隔阂，只能将就住一下。韩愈岁的时候，是个穷光蛋，生活过得很憋屈，他在《上考功崔虞部书》中说："今所病者在于穷约，无僦屋赁仆之资，无缊袍粝食之给，驱马出门不知所之。"这句话活脱脱地流露出了无家可归的青年居无定所的心理状态。

"长安米贵，居之不易。"白居易近30岁时开始租房子住，以为将就一段时间后就能买房，结果却租房长达18年。他的薪水并不低，但房子却买不起。现在年轻人大学毕业刚参加工作，不想将就租房，便按揭买房，比白居易当年幸运多了。"僦居"的白居易，在其诗《卜居》中叫苦："游宦京都二十春，贫中无处可安贫。"白居易直到50岁时才在长安买了房。在这之前，他在城里买不起房子，就在离长安50公里的农村（渭南）买了房，将"家"安在那里，每逢旬休（唐朝公务员假期），他就骑着马回家跟亲人团聚，第二天再赶回长安"秘书省"上班。他有一首诗《泛渭赋》："家去省兮百里，每三旬而两入……"可见，白居易并没有把租的房子当作家，而他真正意义上的家，是他在渭南农村所买的房子。

唐代长安常乐里（坊），似乎房产租赁业很活跃，唐代音乐理论家段安节在《乐府杂录》中写道："（麻奴）不数月，到京，访尉迟青，所居在常乐坊，乃侧近僦居。"宋朝的房屋租赁业比唐朝还要发达，同时也说明了宋代商贸繁荣、人口流动量大。而随"僦居"产生的是人们对"家"的向往、渴望，是拂之不去的乡愁。"萍流匏系任行藏，惟指无何是我乡。左宦只抛红药案，僦居犹住玉泉坊。"（王禹偁《赁宅》）

住在不属于自己的房子里，"将就"的心态，就是购房的"刚需"心理。2011年秋，我离开北京到合肥工作，租住的房子有120平方米，宽敞、明亮，可生活了一年多时间，仍没有一点家的感觉，尽管一家人确实是住在一起。别人花巨款买的房子，或许房东自己还是个房奴，需要为每月的按揭精打细算地过日子，而我租赁下来，不需要借债，本是很省心的，也应该是很舒心的。可是，躺在床上，床暗示我它不是我的床；坐在沙发上看电视，沙发和电视都暗示我它们不属于我，房客意识怎么也驱逐不去。

添置的物品越来越多，它们霸占了房子的空间，并沾染了我和家人的生活气息。房东来了，很不放心地查看了一番，我们的用品超过了他留下的，也就是说我们是在这房子里生活的主人，可见到房东，我们马上意识到自己的物品再多，我们也不是这房子的真正主人。

因为没有家的感觉，所以希望拥有自己的家，这种心理非常普遍。正因如此，房地产市场才多年高热不退，房价也持续上涨。租房子住，没有家的感觉，心里不踏实，这些终于颠覆了我们不买房的思想，拿出多年的积蓄交了首付，然后按揭贷款了一套小户型的房子。虽然空间变小了许多，但入住后心情非常好，目光所及，处处都让人欢悦高兴，自在惬意。空气中弥漫着浓浓的家的气息，每个东西都让我产生家的感觉。在物质上，我们是房奴；在精神上，我们做了房主。

有位熟人，在合肥有两套房子，一套自己和家人住，另一套租了出去。他常常在我面前大倒出租房子的苦水，骂房客素质低："净是些什么人！很少遇到将租房当作自己家的房客，他们不是在墙上钉钉子，就是在墙壁上乱贴乱画，甚至糟蹋家具、损坏地板。"我告诉他，你将"僦居"这个词理解透了，就会明白是"家"的观念支配与影响了他们的行为。"就"的本义是"高"。从京，从尤。"尤，异也"，"特别"的意思，高人所就之处。你们出租房产的房东属于"高人"，房客入住你们这些"高人"之处，乃"僦居"，临时勉强将就一下而已。所以，房客没有家的归属感，不会有真正的家的意识。能长期租你房子的人肯定不多，他们不安于眼前的苟且，还有诗和远方。

簠 fǔ
簋 guǐ

指古代盛放饭食的器皿，也用作礼器。

生活于文化断层的时代，我对祭祀仪轨懂得甚少，因此难免感到尴尬。在乡下参加祭祀活动时，我常显得无知、笨拙，以至于一些祭祀活动都不敢参加。然而，有些祭祀不参加，我内心会愧疚不安，并且也会背上"无礼"的骂名。这几年，农村中许多姓氏家族竞相修建祠堂，祠堂主要用于祭祀祖先，同时也作为各房子孙办理婚、丧、寿、喜等典礼的场所。

因财力不等，祠堂建筑规模大小不一，如果家族中有大商人出资，祠堂往往讲究，高大的厅堂、精致的雕饰、上等的用材，显得恢宏气派。尽管建筑"高大上"，但是有些东西是有钱也买不来的，那就是成为珍稀文物的礼器，如"簠"与"簋"，现在几乎没有哪个祠堂会有。

"簠簋"作为祭祀器具，古来有之。《周礼·地官·舍人》中记载："凡祭祀，共簠簋。"《礼记·乐记》也写道："簠簋俎豆，制度文章，礼之器也。"

簠是中国古代祭祀和宴飨时盛放黍、稷、粱、稻等饭食的器具。簠的基本形制为长方形器，盖和器身形状相同，大小一样，上下对称，合则一体，分则为两个器皿。簠出现于西周早期，主要

/ 69

盛行于西周末春秋初期，战国晚期以后消失。冯梦龙的《东周列国志》第七十一回就写道："(田)穰苴对曰：'夫御寇敌，诛悖乱，臣请谋之。若夫布荐席，陈簠簋，君左右不乏，奈何及于介胄之士耶？'"

簋也是中国古代盛放煮熟饭食的器皿，同样用作礼器，流行于商朝至东周期间，是中国青铜器时代标志性青铜器具之一。《晏子春秋》中记载，"景公饮酒，夜移于晏子……公曰：'酒醴之味，金石之声，愿与夫子乐之。'晏子对曰：'夫布荐席，陈簠簋者有人，臣不敢与焉'"。据说，现在都江堰文庙还收藏有一只圆口、双耳的簋。

随着时代的变迁，食器也在不断发生变化，现在的食器一般指的是用陶瓷制成的碗、盘、碟，只是形状大小不同而已。礼器也相应地发生了变化，拿碗、盘盛食物敬神和祖宗，是不会得罪他们的。但是，使用前一定要洗干净，否则会被视为不敬。礼器要摆放整齐，不能杂乱无章，否则也是不恭敬。《礼记·礼器》说："君子之于礼也，有所竭情尽慎，致其敬而诚若，有美而文而诚若。"举行祭礼，要有恭敬之心，每个细节都不能马虎、敷衍。

这让我想起了一个成语，叫"簠簋不饰"。《汉书·贾谊传》中记载："古者大臣有坐不廉而废者，不谓不廉，曰'簠簋不饰'。""簠簋不饰"亦作"簠簋不脩""簠簋不饬"，是指做官不廉者。虽然"簠簋"早就不用作食器和礼器了，但作为一个生僻的符号，在历史上，仍不时地出现于道德祭坛。

明代有个名叫王元翰（号聚洲）的清官，却被人用"簠簋"砸倒了。沈德符在《万历野获编·台省·王聚洲给事》中记载："滇人王聚洲，以庶常授工科给事，素著才名，慷慨论事，物情甚向之。

忽为郑御史环枢继芳所劾，专指其簠簋，秽状满纸，王不待处分竟归。"事件发生于万历三十七年（1609）二月，御史郑继芳弹劾户部给事中工科右给事中王元翰侵占公私财产，"奸赃数十万"。王元翰曾上疏请求起用顾宪成等被罢免的十多名人士，被认为是东林党人，这是他被弹劾的真正原因。郑继芳在上疏的同时，暗中派人对王元翰家进行监视，主要观察哪些东林党人与王元翰往来并防止王元翰转移财产。王元翰悲愤不已，把家里的箱子、柜子全部抬到朝廷门口，让士兵搜查，然后恸哭辞朝而去。

"簠簋不饰"，若只是少数官员的腐败行为，则不会牵动最高统治者的神经，也不会让朝野清流感到眼中布满飞虫。如果出现"簠簋之风"，那么整个社会制度会受到侵蚀，至尊至重之祭礼也会受到污染，国家就危险了。据载，康熙初年，因鳌拜等人把持朝政，官场贪污之风盛行，州县官吏用贪污剥削来的钱财贿赂总督、巡抚等，督抚又用贪污来的钱结交朝中大臣，大小官吏贪污公款、侵吞民财，上下勾结，徇私舞弊，甚至军队中的兵饷也会被长官克扣。康熙皇帝除掉鳌拜集团后，加大了反腐力度，他劝谕官员们"以操守为第一""持己清廉，爱护百姓"。康熙二十一年（1682），山东莱阳人赵仑（号阆仙）在江南任督学，从自身做起，清廉为官。在过长江的船上，他拍击船桨，指水发誓：如果贪一毫之私，就不能生还江北。他说到做到，"于是干谒不行，孤寒吐气，簠簋之风，为之一变"（陈康祺《郎潜纪闻初笔》）。

"簠簋"入诗者，我欣赏唐代张荐在一次祭祀活动中创作的《郊庙歌辞·梁郊祀乐章·庆肃》，其中两句为："笾豆簠簋，黍稷非馨。懿兹彝器，厥德惟明。"意思是说，五谷的香味并不是最香的，光明的德行才馨香啊！

/ 71

怼笔
duì bǐ

怼，意为怨恨；怼笔，即怨恨的文字与记载，通常用于负面记录或批评，带有强烈的感情色彩。

毛主席说过："杀人有两种，一种是用枪杆子杀人，一种是用笔杆子杀人。伪装得最巧妙，杀人不见血的，是用笔杆子杀人。"可见笔杆子的威猛、残酷。

笔杆子确实厉害，然而更厉害的是权力之棒。这里指的是封建集权统治者的权力，它与笔杆子相比更占优势。"对"，相持也，意为互相对峙。"对"底下加"心"，表示心里抵触、对抗，引申为怨恨。"怼笔"，怨恨的文字与记载。法治社会，写文章诽谤、诋毁、诬陷他人，歪曲事实，侵犯人格，都要负法律责任，被人起诉而付出代价。

尽管权力之棒威猛，但还是有人对笔杆子忌惮三分。李世民发动"玄武门之变"夺储而自立，即位后顾虑史官对此事的记录，多次提出要看一看国史的记载，但分别被朱子奢、褚遂良等人拒绝了。后来，房玄龄作为亲信，只得顺从旨意，将国史删削后形成实录进呈。李世民看到所载玄武门事变之事"语多微文"，恐怕后世究其真相，于是以周公诛管、蔡而安周室为例相类比，要求史官重写，并美其名曰"改削浮词，直书其事"。

"伪临朝武氏者，人非温顺，地实寒微。昔充太宗下陈，曾以更衣入侍；泊乎晚节，秽乱春宫。潜隐先帝之私，阴图后房之嬖。入门见嫉，蛾眉不肯让人；掩袂工谗，狐媚偏能惑主。践元后于翚翟，陷吾君于聚麀。加以虺蜴为心，豺狼成性，近狎邪佞，残害忠良，杀子屠兄，弑君鸩母。神人之所共疾，天地之所不容……"武则天见到骆宾王起草的《代李敬业讨武曌檄》，心惊胆战，恼羞成怒，并骂"宰相之过"，骆宾王这样的人才怎么不被本朝所用呢？

真是宰相之过吗？是，也不是。朝廷有一套用人的制度，读书人要谋取功名，去参加考试就行了，多么公平公正啊！宰相自己是通过考试拥有从政资格、享有行政资源的，他自然是科举制度的坚定支持者和维护者，即使他承认落榜书生中大有真才实学者，可哪来那么多用人的指标与各部官员的编制呢？有才学而当不上官的人多着呢！是反朝廷的叛乱分子徐敬业发现了骆宾王这个"闲才"。骆宾王本不是闲才，他曾担任道王李元庆的属官，后来相继担任武功主簿和明堂主簿，可被人诬陷入狱，赦免后出任地方官，在临海担任县丞。他怀才不遇，觉得大材小用，是闲置，也是浪费。闲才容易被置身于最危险的境地，但也可能因谋事成功而从此大展宏图，实现所谓的理想抱负。很多闲才，常常于社会动乱时，被反政府组织所利用。往往在社会纷争不定之时，一些闲才变成了"贤才"。

对付"怼笔"，最常用的办法是大兴文字狱，俨然站到法律的审判席，而置文人于死地。连刻碑立誓"不杀士人"的宋朝，都差点要了苏轼的命。不过，那是两个文官帮派之间的斗争，苏东坡只是其中一派的牺牲品而已。有个监察御史里行叫舒亶，在当时出版的《元丰续添苏子瞻学士钱塘集》中挑出几首苏轼的诗，不惜花费数月工夫，查出了"怼笔"的罪证，立马上奏弹劾说："至于包藏祸心，怨望其上，讪渎谩骂，而无复人臣之节者，未有如轼也。盖陛下发钱以本业贫民，则曰'赢得儿童语音好，一年强半在城中'；陛下明法以课试郡吏，则曰'读书万卷不读律，致君尧舜知无术'；陛下兴水利，则曰'东海若知明主意，应教斥卤变桑田'；陛下谨盐禁，则曰'岂是闻韶解忘味，尔来三月食无盐'。其他触物即事，应口所言，无一不以讥谤为主。"紧跟着，同一阵营中的国子博士李宜之、御史中丞李定，历数苏轼的罪行，声称必须因其"无礼于朝廷"而斩首。

实际上，真正"怼笔"的是李定。他说："知湖州苏轼，初无学术，滥得时名，偶中异科，遂叨儒馆。"接着说苏轼急于获得高位，在心中不满之下，乃讥讪权要。又说，皇帝对苏轼宽容已久，希望他能改过自新，但是苏轼拒不从命。最后还说，虽然苏轼所写的诗荒谬浅薄，但对全国影响甚大，"臣叨预执法，职在纠奸，罪有不容，岂敢苟止？伏望陛下断自天衷，特行典宪，非特沮乖慝之气，抑亦奋忠良之心，好恶既明，风俗自革"（林语堂《苏东坡传》）。

明朝文学家沈德符善于发现"怼笔"。他在《万历野获编·宫闱·谢韩二公论选妃》中说，"王弇州《考误》中驳焦云：此泌阳怼笔，盖阴刺中宫之擅夕，而讥谢公之从臾"。在《万历野获编·内阁一·桂见山霍渭崖》中说："桂因移怒于王，直至夺其世爵，且令董中峰芘于武庙实录中，讥刺文成纵兵劫掠，南昌为之一空，皆怼笔也。"沈德符不仅读书多，而且不完全"信书"，他有自己独立的思考。

读史书，如果涉猎不广，思索不深，就会将"怼笔"当作"实笔"，背离历史真相。《明史》写张献忠："盗贼之祸，历代恒有，至明末李自成、张献忠极矣。史册所载，未有若斯之酷者也。……惟献忠最狡黠骁勃……性狡谲，嗜杀，一日不杀人，辄悒悒不乐。"明朝遗民顾山贞在《客滇述》中记述："不论老幼男女，逢人便杀；如是半载。……献忠又令其众遍收川兵杀之，及其妻子男女，惟十岁以下者仅留一二。"张献忠残暴嗜杀，见于官史、文人笔记及民间书籍，不会有假，但《明史》《客滇述》中描写他嗜杀的程度可能有些夸张了。史学界倒是发掘了不少为张献忠辩诬的材料。一些史学家认为，当时的"封建文人"与后来的"资产阶级学者"，出于怨恨而将张献忠描绘成杀人不眨眼的魔王，以及嗜杀成性的疯狂之人。

文字这东西，是一笔一画写出来的，自然带有个人感情色彩，夹杂着恩怨。或出于恨，或出于偏见，或出于报复，或出于斗争（竞争）宣传的需要，故"怼笔"不绝于史籍、不休于现实。所以，我们对"史事"须小心求证，对现实中的某些言论及著述亦当存疑。自己写东西时力避"怼笔"，因为它既损德行又影响心智的成熟。怨怼是一种苍老的幼稚，一种扭曲人格的折射。我相信一位学者的话："用怨怼填满人生，人就长成了怨怼的样子，有志不获骋，难免自伤生平。"

程材 chéng cái

程材，积极主动地呈现自己的才能，同时希望另一方像伯乐一样，以全面、客观的标准和方法，慧眼识才。

    王勃、徐渭也依附过权贵，却不会见风使舵；李太白、柳宗元也被御用过，却不习惯于奴颜媚骨；孟浩然、袁宏道也想入仕途，可放不下清高；陶渊明、刘禹锡也愿建功业，可改不掉个性。误也成也？天命之谓性。

    司马迁因言获罪而遭宫刑，苏东坡因诗获罪而被流放；孙盛直书时事，不惜以全家人性命作赌注；方孝孺摒弃粉饰之词，致使十族老少受到牵连；李贽痛骂伪君子以道德欺人，坐穿牢狱；王国维怨世风日下，不苟且偷生而自沉湖底。爱也恨也？率性之谓道。

    韩愈"文以载道"，乃为教化；杨继盛"辣手著文章"，乃为道义；范仲淹"先天下之忧而忧"，不忘初心；王阳明"四民异业而同道"，恪守良知；孟子"养吾浩然之气"，贫贱不移；郑板桥"一身正气，两袖清风"，避浊洁身。进也退也？修道之谓教。

    程材，衡量考校才能，希望对方是伯乐，能慧眼识才。程材，自己呈现才能，担心怀才不遇。王充在《论衡·程材》中写到了一种现象：人们看见文吏处境顺利，飞黄腾达，而儒生沉沦下僚，不得志，于是就诋毁儒生才能平庸、智慧低下，称赞文吏才能出众、智慧聪明。这是一种偏见，"是不知儒生，亦不知文吏也。儒生、文吏皆有材智,非文吏材高而儒生智下也,文吏更事,儒生不习也"。

王充认为,儒生与文吏各有所能,而有些文吏虽会理事,节操却有问题,"长大成吏,舞文巧法,徇私为己,勉赴权利。考事则受赂,临民则采渔,处右则弄权,幸上则卖将。一旦在位,鲜冠利剑;一岁典职,田宅并兼"。这些只会办事的文吏,实则是一撮可恶的坏蛋。约束自己,为人正直的,大多是儒生;而迎合地方长官意志,不择手段地讨好争宠,见长官放纵,却低头沉默不规劝的,大多是文吏。

白居易在《放言》中说:"试玉要烧三日满,辨材须待七年期。"商品经济社会,考察人才的时间成本压到最低,往往"瞬间识人",速招速用,结果因用人不当造成的损失比时间成本大得多。与此相对应的,是"惟吾德馨"的人少之又少,"惟吾有材"的人多之又多。

"你一个月挣多少钱?"我常常被人问起或耳闻这句话。无疑,在人们的普遍判断中,收入多少与才能高低成正比。我发现自己也未能免俗地问别人工资或收入情况,并将对方的工资与自己的工资进行比较。人家工资比我高,我就羡慕,继而失落;我比人家工资高,就以为"惟吾有材",而高兴得意。尤其听到有人夸奖我"是金子总会发光",更是喜不自禁,仿佛自己真的是一块闪光的金子。

以前"怀才不遇"的人可以感叹:"永夜角声悲自语,中天月色好谁看。"怪别人"程材"的标准、方法不对,不懂得爱才、识才、用才。现在,你要是说自己"怀才不遇",只会被人取笑为迂呆、没出息!当今社会的观念是"只要是人才,都会找到位置",因为市场竞争就是人才的竞争。你能反驳这句话吗?能不承认这是事实吗？然而，问题是，市场究竟需要什么样的人才呢？你又是否适用呢？并且市场上还存在求职与被求之间信息不对称的现象，即所谓的"知的不要，要的不知"。理性思维在疯狂的竞争社会中往往输给片面的感性认识。于是，现今觉得自己是人才的人非常多；对自己定位不准而过高估价，或者有意拔高自己的人比比皆是；把自己包装成高人、大师者也如同过江之鲫。人才流动性大，是因为他们以为出钱更高的单位在等着自己。留不住人才，老板们感到头痛，面对一个又一个开口就要高薪的人，明知其未必就比走掉的人更有能力，但用人在即，只得狠一狠心，满足对方的要求。

有一家酒店规模不小，但高管的薪酬在同行业中并不高。一位求职者没有查询该酒店相关的薪酬信息便来应聘。经过几轮面试后，他发现招聘官对他流露出欣赏之情，于是当对方问他期望达到的薪酬标准时，他的回答让对方无法答复。招聘官说："这个职位，在本公司没有这么高的薪酬。"应聘者很不高兴地说："那你们凭什么说自己是五星级？"招聘官说："我们就是五星级。"应聘者觉得自己被轻慢了，说："不重视人才，不知道人才行情，怎么吸引人才？又怎么保持基业长青？"他甩袖而去。

许多单位对工资实行保密制度，原因是各人的工资不一样，甚至相同岗位或同等职务的人，也会因为应聘谈判时达成的薪酬标准不同，而出现同工（同职）不同酬的现象。尽管员工不清楚自己和其他人之间的工资差距有多大，但大家都希望知道这个秘密。其实这是个公开或半公开的秘密，因为窥探和揭秘的途径有很多。你的工资多少，对同事保密，对家人不保密；对朋友保密，对亲戚不保密。你的同事不敢问你，你的朋友可以问你，你的老同学可以问你。一位朋友对我说，他出差坐火车，与一个陌生人聊着聊着，对方竟然认识他的一个同事,陌生人夸奖他的同事"很有才",年薪如何如何。朋友愣住了,他以为自己的年薪跟同事差不多,没想到相差这么大,立即心理不平衡了,怨恨老板不重视他这个人才,他出差回来后就"炒了老板的鱿鱼"。

这位朋友得到的直接"教训"就是——要敢于为自己开口要价,不要怕对方不接受。我认为要价需要底气,如果自己的能力与职位不匹配,在公司不是干不长久吗?朋友笑我太保守了,他认为现在还有谁会考虑在一家公司长久地干下去呢?要想长久地干下去并且工资涨上去,是多么难啊!何况,长久地干下去与涨工资,所考量的与决定的因素,不仅仅是能力,更多的是人脉关系,是为人处世的智慧。

我想,衡量人才,当如"程材作金砺,效用柱明堂"(明代孙承恩《三石联芳诗》),而非"广场妙戏斗程材,未得天颜一笑开"(宋代杨万里《正月五日以送伴借官侍宴集英殿十口号》)。

行窝 xíng wō

行窝原为宋人为接待邵雍仿其所居安乐窝而建造的居室,后泛指可以小住的安适之处。

阴冷的冬日,我随几个诗人一起游览浮山。浮山不高,顶峰海拔不到200米,绕山行走一点也不累。浮山虽然山势不高,但文化品位却很高,被誉为"文山",随处可见摩崖石刻,人文气息浓郁。

我终于看到了海岛雪浪岩上的石刻"行窝"——它曾在一篇写明末学者、奇才方以智的文章中被提到过,但当我站在实景前时,我更加留意的是被称为"行窝"的山洞。宋人为接待邵雍仿其所居安乐窝而建造的居室,称为"行窝"。在浮山这座曾经被水环绕的远古火山岛上自然形成的洞窟,成为历朝历代许多投奔、路过、造访、隐居、落难于此的文人、志士避风挡雨、躲藏刀俎兵戈的栖身之处。方以智在岩石上刻"行窝"二字,"出世"与"入世"思想在这位饱学之士、志节之士的心里交锋、磨合,形之于言,示之以迹。行是行,窝是窝,且行与窝合并成为乱世安适之所。

宋代诗人释文珦在《行窝吟》中说:"山林真乐须还我,朝市闲名不问渠。颇谓行窝安乐法,远胜叔夜养生书。"明代诗人顾璘在《和女文自寿二首·其二》中说:"风尘无路上渔蓑,林壑逍遥乐事多。花底笙歌传酒赋,水边台榭散行窝。"

浮山的过客,如山下白荡湖中的鱼,来来往往,或游或止……

来过的文人，有孟郊、白居易、范仲淹、王安石、黄庭坚、左光斗、张英、方苞……

关于"行窝"石刻的由来，方以智在《浮渡野同岩》中记道："老父曾梦邵子于此种松，故又书行窝也。"方以智的父亲方孔炤，官至湖广巡抚，他命方以智在此题写"行窝"二字，后来此处不仅成了方以智的临时住所，还成为一些不苟于世的文士的落脚之地。

我转过身来，望着石岩前的山景。树木有的地方删繁就简显得疏朗，有的地方叠翠堆绿依然葱郁，起伏的山脉或童山濯濯，或苍茂浓郁，将空间绘成悠远深湛的背景，恢万里而无阂，通亿载而为津，不凝滞，不困顿，我不由得想起方以智在《和陶诗》中的两句："读书好山水，此中颇不惑。"

随即想到，入山读书，出山为官，多少古代文人在隐与显之间刻下了生命轨迹。有人说"天下名山僧占多"，我认为并非僧人好侵占，而是他们超脱了寂寞，了悟了生死，能够安心地修行于山上。至于那些不出家的文士，顶多能耐住一时的寂寞，他们的心被一根线牵着，线的另一端是社稷家邦、兼济天下的志向；他们自以为掌握了经天纬地之学，或者等来了建功立业的时机，于是率然下山而去。更有甚者，一生沉沉浮浮，来来往往。人各有志，隐与显乃自由选择。

元代张养浩在《新水令·辞官急流中》中说："有花有酒有行窝，无烦无恼无灾祸。"清代黄遵宪在《人境庐之邻有屋数间》中说："半世浮槎梦里过，归来随地觅行窝。"这些都是个人选择，一时一地一种心绪。

王阳明行至浮山，游遍每一个山岩，在山洞中居住、思考，停止思考，接着又思考。他写诗《与商贡士二首》，其一："见说浮山麓，深林绕石溪。何时拂衣去，三十六岩栖。"还有一首："见说浮山胜，心与浮山期。三十六岩内，为选一岩奇。"他流连忘返，但最终还是走出了山洞，离开了浮山，又行到别处去了。

口齿伶俐的导游问："夏天山上蚊子多，他们怎么睡得着觉？"我回答道："他们会采挖一种野草，焚烧，烟熏蚊虫，以防叮咬。只是洞里寒气重，不可久住，久住伤身。"同行的诗人说："是的，是的，僧人不住山洞，而是住在洞外的寺庙里。"说话间，我们绕到了另一个洞窟前，导游继续讲述这里的故事和传说。山岩前、山谷里处处幽静、萧瑟。一座座寺庙门前的绳子上、树枝上系了很多红丝带，静悄悄的，无风飘动。有一个汉子在一块平台上摆摊卖石头，我不知道这些石头采于哪个洞窟、哪个"行窝"——所有的洞窟，都是前人的"行窝"。摩崖再多也终究有限，满足不了所有人刻字表达的需求。石刻符号湮没了更多背后的声音，包括创造性的思想之声、时间流动带来的脚步声、现存文字间的杂沓声，以及种种杂乱的解读声。

有一块石刻，记载的是法远禅师与欧阳修"因棋说法"的故事："思行则往往失粘，心粗而时时头撞。休夸国手，谩说神仙，赢局输筹即不问，且道黑白未分时，一著落在甚（什）么处？"这几句，就够我们这些诗人、作家做出纷纭的"理解"了。对于观念的"行窝"——我们需要在"脑洞"中填充多少想象力？若是执迷不悟，固执己见，抓着某个道理不放，或者被某事控制，那便是堵死了自己思维的洞口、灵魂的洞口，从而对自己造成非常大的伤害。

不必执着于此，还得赶到县城吃中饭呢！午时，冬阳杲杲，我们告别了浮山及其行窝。

弹劾 tán hé

指古代担任监察职务的官员检举官吏的罪状。

读"二十四史",让我感到心里特别难受的地方之一,是"弹劾"如炮弹,硝烟弥漫,整个王朝及官场难得一日的平静和安宁。弹劾,现在似乎是一个生僻词了,至少在我国政治新闻及行政文书中鲜少出现。

读书求官,乃古代男人之向往。当官除了荣耀、尊贵的一面,更多的却是失去人身自由,甚至丧失人性。封建社会官场复杂黑暗,有人谨小慎微、见风使舵;有人明争暗斗,老谋深算,擅长"厚黑"手段;也有个性特立的人,感到身心疲惫,不愿与世俗同流合污而选择退隐;还有人为保全身家性命,选择隐居山林,终生不仕。

在古代,人事机制的运行缺乏科学性,没有民主与法治的规范,故而制度不健全也不健康。社会学家通常将官员分为君子和小人两类,引用"君子坦荡荡,小人长戚戚"等语录来区分他们,这些区别君子与小人的语录、格言,足以编辑成一部巨著。历史学家也常把官员进行分类,一类是忠臣、贤臣,一类是庸臣、奸臣。纵观历史,奸臣总是千方百计地陷害忠臣;忠臣在斗争中,仿佛处于劣势,多被贬谪、诛灭,甚至株连九族、灭门绝后。林语堂精辟地说:"在任何政治斗争中,正人君子必败,而小人必占上风,因为正人君子为道义而争,而小人则为权力而争,结果双方必各得其所,好人去位,坏人得权。"

在这种紧张的气氛里,当官的必须学会攻人与防身之术——弹劾!《金史·雷渊传》:"弹劾不避权贵。"正义精神可嘉!可是,"官吏受贿,议院得弹劾而去之;议院受贿,谁弹劾而去之?"章太炎先生在《五无篇》中如此质问。从正面看,揭发罪状的"弹劾",是一种伸张正义、维护国家利益的斗争形式,可多少人却是出于牵强附会、节外生枝、信口雌黄、无中生有,把对方说成大逆不道、欺君犯上、目无纲纪、贪赃枉法等十恶不赦的罪人,使君王或皇帝一看奏章,龙颜大怒,圣旨一下:贬!抄!逐!监!斩!不少弹劾者习惯扮演正义的角色,说是为社稷利益着想,揭露坏人,实际上他们是为了打击、迫害异己,这些无不暴露出人性的险恶、良知的泯灭、道德的崩溃、灵魂的丑陋。

过去从政者年纪大了,主动要求回家休息,叫"致仕"。但各朝有幸顺利致仕的官员实在不多,他们多半是遭遇了不愉快的结局,被人一纸奏章给弹劾了。他们不得不取下乌纱帽,避祸解官,辞职归乡。这种人还算识时务。有的人甚至一生功名累累,声望显赫,最后却落得个充军发配的下场,白发苍苍,形容枯槁,满腹怨恨,忧郁成疾,客死他乡。为了不落入如此荒凉悲惨的暮途,明智者会吸取他人的教训,急流勇退、见好就收,以求安度晚年。然而,能够坦然面对官位、懂得适时隐退的人太少了。他们或是为了颜面,或是舍不得那份俸禄,或是与宦游同伴情谊难割,或是与政敌对抗不甘下风,反正大多数人在官场上没有功成身退的意识和行为,常表现为苦苦恋栈的情形,结果往往是身败名裂,一把辛酸泪，结束官场生涯。

现代文明社会中，为官者的位子不再牢固。那些素质低、本领差、没有政绩的人，或是违法乱纪、失去民心的家伙，会被罢免掉，甚至被"双规"予以司法处置。自从实行干部退休制度以来，干部到了退休年龄，就可以办手续退休回家。中国封建社会虽有致仕制度，但对此没有明确的法律规定。可怜有人八九十岁了，还拄着拐杖，留在朝中。白居易的一首《不致仕》，可窥老官的辛酸："何乃贪荣者，斯言如不闻。可怜八九十，齿堕双眸昏。朝露贪名利，夕阳忧子孙。挂冠顾翠緌，悬车惜朱轮。"

韩愈说："行抽手版付丞相，不待弹劾还耕桑。"（《卢郎中云夫寄示送盘谷子诗两章，歌以和之》）老官僚们贪恋禄位，迟迟不肯致仕，导致干部队伍老化，一些干部难称其职。那些如牛犊雏凤般才华横溢的后生晚辈，以及那些英才卓异却野心狂狷之徒，他们想干一番事业或觊觎某个高位，于是采取弹劾手段，或参加集体弹劾，认为这比耐心等待更为有效。

那些看破世事、疲累于官场生活、有志退下来的大彻大悟者，往往却不能遵循个人意志，回家含饴弄孙，或在书斋中赋闲，书写人生的感慨与回忆。有的人退居乡野，仍然有被重召回宫的可能。宋高宗时，宰相张浚，被政敌几次弹劾下去，又几次复职。皇上既然不信任他，又何必把这个老头子折腾来折腾去呢？他不应召，皇上骂他不忠；他为朝廷办事，皇上又听信别人的谗言，岂不成心让张浚不得善终吗？有的人被弹劾罢职，心里想开些也就淡泊了名利，可有的皇帝大脑时清时昏，就是不放过人家，非惹得"弹劾家"们把他的几根老骨头弹断、一身瘦皮弹破方才了结。人家被折腾死了，皇帝又表示惋惜，追赠荣衔，谥这个"公"那个"公"，自以为英明、宽仁，垂范后世。可是，受弹劾之屈的英魂，就能谢主隆恩、含笑九泉了吗？

一朝臣，未必一朝君子。朝臣不甘寂寞，不想死水一潭。他们之间相互弹劾，倒是给官场带来了变化，给一些人创造了晋升机会，同时又造成了许多冤屈和痛苦。只有皇帝无人弹劾，即使耿直之士的台谏用语过激，触犯龙颜，也无非是想皇帝好，不是成心把皇帝拉下马。

皇帝没人弹劾，对于臣僚的台谏，既可以理睬，也可以置诸高阁，才不管你伤心跺脚，还是上吊自杀。历史上竟有几位视死如归的谏臣，为了使奏章引起皇上重视，起到参谏回天的功效，索性采取尸谏的办法——他们写好奏章，托人呈上去，然后立即自杀。如此悲壮的"死忠"行为，的确能触动皇帝的神经，让圣意萌恻。但臣子付出这样的代价，实在令人惊诧、不安、惶恐、痛心，好在没有多少人轻易效仿。假如遇到一个铁石心肠的皇帝，那就白搭了一条命、一家命……

如果皇帝英年早逝，一帮大臣则在慌乱中拥立还在喝奶的幼儿或者不懂事的少年登基。这些幼儿天子、少年天子，往往依靠叔辈、爷辈及皇太后辅佐、摄政，听他们的建议起用重臣，国柄无形中借与臣僚。这种"君少相老"的领导结构，最易发生宫廷内讧，弹劾的箭镞，射来射去，不是这个中伤，就是那个身亡。党锢之争以及派别之争不断，朝中官僚换了一批又一批。一派当权，一派则退避，更替极为频繁，整个国家几乎成天忙于人事。北宋时期，朋党纷争非常激烈，派别之间相互攻讦，把个朝廷闹得乌烟瘴气，人心惶惶，朝纲紊乱，国穷兵弱，半壁江山拱手让于金人，父子两皇沦为阶下囚，死于他邦，为天下笑……

在朝为官者，几乎没有谁不被人弹劾，也几乎没有谁不弹劾他人。许多人凭借弹劾起家，身居高位，气焰嚣张，然而最终却未能保全其地位，反遭他人弹劾。权臣虽能利用皇帝对自己的宠信，采取反弹劾的手段，把弹劾自己的火力压制住，但再大的树，最终也会被人伐倒锯断。

以弹劾的方式更替、代谢官员，往往会导致皇帝手中的生杀予夺大权不是以法为尺度，而是按个人意志、自私偏见来处理弹劾，以至于我们回头看历史时，对皇帝不得不习惯性地做出"明君"与"庸君"的评价。

载质 zài zhì

指带着晋见的礼物，通常意味着当事人急于出仕。

现在的读书人可以拥有不同的事业来实现他们的理想抱负，而古代的读书人，读书的目的直接指向当官。《孟子·滕文公章句下》："孔子三月无君，则皇皇如也，出疆必载质。"意思是说，孔子在三个月内没有得到君王的起用，就心神不宁，走出国境到他国去求官，还带着送给君王的见面礼。

载质，指带着晋见的礼物，通常意味着当事人急于出仕。见面礼贵重不贵重呢？算不算行贿呢？孟子为孔子也是为读书人进行辩护："士之仕也，犹农夫之耕也，农夫岂为出疆舍其耒耜哉？"（《孟子·滕文公章句下》）意思是说，读书人出来做官，就好比农夫耕作一样，农夫怎能因为走出了田地就丢掉自己的农具呢？他的说法，站得住脚吗？

"学而优则仕"，会不会是"礼（物）而重则仕"呢？那些送不起礼的读书人，只有等君王或诸侯来请自己去当官了。穷书生们大加歌颂、赞美"礼贤下士"的君侯，说他们之所以能称王称霸，是因为他们主动把那些没有拿礼物求官的人才请到身边来辅佐大业。因此，历史上时而出现一两个想当明君的人，而做着美梦、等着别人请他当官的穷书生就更多了。

宋代刘克庄说："济川堪骨蜕，载质从心惆。"(《警斋侍郎和放翁与茶山五言寄余次韵》)那些送礼求官的读书人，内心深处往往并不愉快。那些有政治抱负、想干一番事业的人，盼望明主召见，把头发熬白了也不见有人请他出山，于是怀才不遇，郁郁不得志。晋代左思在《咏史八首·其二》中说："世胄蹑高位，英俊沉下僚。地势使之然，由来非一朝。"

"科举"真是个好东西。有钱送礼与没钱送礼的读书人都可以坐进考场搏一搏，中了举人，得了进士，就可以当官，实现人生志向。这些人尽管还是读书人出身，但多了一层响亮的政治身份。其中，有些人变坏了。他们当年窘于"载质"，现在竟然从俸禄中或者从贪污的赃款中拿钱来送礼，送给自己的上级。因为如今不再是大家坐在一起考试来决定官职，要想把官当得大一点，就需要有人提携、考察、评定。大概，孟子没有料到这个问题吧。

宋代曾巩在《应举启》中表达了自己对"载质"的复杂心绪，他写道："是以三遇文闱，一逾岁纪，足迹不游于场屋，姓名不署于乡间……盖以出而载质，无他业之可为；仕以为贫，亦古人之所处。遇高明之见照，殆否结之将通。伏以某官梁栋瑰材，琮璜茂器，发文章之素蕴，当仁圣之盛期。"

中国自开科取士之后，假隐士少了，真正的隐士却多了。而真正的隐士是没有名气的，他如何聪明智慧，知道的人少，甚至没有人知道。科举之后，读书的人多了，怀才不遇的人也多了，很多人不是因为中不了举、考不上进士而怀才不遇，而是因为不能升迁而感到怀才不遇，得意失意都是指官场上的事。官当得越来越大，地位越来越高，就是得意；老不被提拔、不受器重，几十年还是小提辖、小押司，还是七品芝麻官，就是失意。

唐朝已经有了科举，可崔珏在《哭李商隐》中说："虚负凌云万丈才，一生襟抱未曾开。"李商隐的诗歌成就那么高，怎么说他一生襟抱未曾开呢？他是唐文宗开成二年的进士，那他的失意也就只有在官场上找原因了。原来，他卷入了牛僧孺与李德裕的党争，因此他虽有当大官、施展抱负的心思，却一直未能如愿。

尽管有了"科举"取才的形式，但"载质"求官的人却没有绝迹。到了清代，此风甚烈。"买官"二字很难听，有人便取了个好听的名字——捐官。捐官，是统治者对送钱给国家的人的一种奖励、一种回报、一种表彰。国家穷到批发官帽的地步，而想当官的人却如过江之鲫。

当时有一种观念，认为孔子拿着见面礼以求被起用，是实现读书人抱负的一种方式；而"捐官"则是名正言顺地用钱从"大人"手里领取官帽，是阳光下的事，虽不是一种荣耀，但也不是一种耻辱。问题是，清政府尽管收了大批的银两，却仍然没能挽住颓势。近代诗人郑孝胥批评道："士人坐为仕宦牵，出疆载质可笑人。毕生号呼冒忧患，苦用志业戕天真。"（《怀归篇七月十六日作》）

| **颟顸** mān hān | 颟顸，形容某人糊涂又马虎，不仅指行为上粗心大意、处理事情不认真，也指思维上不清晰，缺乏判断力。

古人说话含蓄，不直接说别人脸生得大，而是用一个形、音都让人想不到它本意的词——"颟顸"来表达。如五代和凝在《宫词》中说："颟顸冰面莹池心，风刮瑶阶腊雪深。"形容某人糊涂又马虎，也用"颟顸"，如《朱子语类》："居仁谓伊川颟顸语，是亲见与病叟书中说。"

我在接触"颟顸"这个词之前，曾困扰于不知道用什么词来形容一种人的表现。例如，身边有种人，他们的思维特别奇异：看上去分明是人的脑袋，但脑袋里装的东西却似乎跟"正常"的人不一样。我不知道古人所说的"化外之人"是什么样的行为特征，如果只以道德伦理为尺度来衡量，或许我们会把天性质朴、更接近自然的人误认为是野蛮人。而身边这些奇异的大脑，不是"化外"二字所能定性的。无论怎么观察判断，他们都让我觉得属于"外来物种"。

"外来物种"混迹于人类中，自己会受到伤害，周围的人也会被其所伤。这并非"文明的冲突"，更像是地球物种与外星物种的冲突。我们身边的确有长着奇异大脑的人，他们有着自私、虚伪等普通人共同的人性弱点，同时比人类的行为更匪夷所思，似乎不食人间烟火，连起码的规矩和敬畏都没有，完全自以为是，将良言当恶语，将恩情当粪土。于是，他们一开口便是非颠倒，而非思想的颠覆；他们一表达就皂白不分，而非观念的叛逆。

如果有这种大脑的人是反儒的、反世俗的，那也好理解，可他却不是。他充满了欲望，内心膨胀，不知道自己的短板，反而一味拉高自己的长板，将自己捧上了天，结果摔下来，摔得好惨。或者，由于短板的存在，他的水平怎么也提升不了。他反儒，又反道。奇异的大脑支配了他的行为，使他乖张、混乱、变化不定，如异常天气，一会儿雨，一会儿晴，一会儿打雷，一会儿刮风。

不能说有这种大脑的人没有一点人性及善性，否则他早就被人们驱逐了。他以丁点儿稀薄的人性与人相处，常常弄得彼此非常痛苦。佛教主张以慈悲为怀，强调众生平等，要求处处为他人着想，即使吃饭也不能发出太大的咀嚼声干扰别人。求不得苦也，故不求人而品自高。他处处求人，并要求对方立即照办，否则就发飙，就哭泣，就认为自己被人冷漠、被人欺负。人家求他，他一下子将对方拒之千里之外。谁也不希望身边有人顶着外来生物的大脑，所以忍受他、包容他、同情他，看他的优点和长处。可他却不以为意，排斥别人、否定别人、不包容别人。

他的欲望受阻，目的没有达成，或者不尊重他人的行为被人指出，或者自私自利的做法被人批评，或者他自己掉进了自己挖的坑中，或者他扔出的石头反弹到自己身上，他就说："我不干了，我离开了，我走了……"去哪呢？除非去外星球。地球上任何人类群体，都是有伦理与纲常的，都有着行为准则，都推崇品质修养。人与人的竞争，要遵循游戏规则，规则不是自己制定的，而是大家共同约定的。

见到这种奇异且不可理喻的人,我不由得望了望窗外的天空。此时,天空出现一个写着"颠顶"二字的飞行物,飞行物上面露出了一张脸。那是一张人的面孔,是一个糊涂不明事理又自以为是的典型代表。自古有真糊涂的人,有装糊涂的人。真糊涂,讨厌他没有用,同情他吧,就怕他不知自己糊涂,还特别自负。装糊涂,比较好理解,如出于为官处世策略的郑板桥,"难得糊涂""聪明难,糊涂亦难,由聪明而转入糊涂更难"。难以理解或无法理解的,如操"厚黑学"之惯技者,他们泯灭了良知,没有是非观,没有正义感。

终于,"颠顶"一词,可以勉强形容这种人了,我松了一口气。

清代曾国藩在《曾文正公全集》首卷"国史本传"中有句话,"外官办事通病有二:曰,'敷衍';曰,'颠顶'"。指责"颠顶"是一种病,一点也不过分。这种病,对人对事都是有害无益的。

《红楼梦》第八十一回:"如今儒大太爷虽学问也只中平,但还弹压的住这些小孩子们,不至以颠顶了事。"这个"不至以颠顶"的儒大太爷,属于不糊涂的人,虽然代表的是正统理念。《官场现形记》第十七回:"信上隐隐间责他办事颠顶,帮着上司,不替百姓申冤。"这个"办事颠顶",就是装糊涂的势利之徒了。赵翼在《题竹初为袁赵两家息词后·其二》中说:"各挟雌黄诉到官,阎罗包老也颠顶。"这个"颠顶",是一种善意的装糊涂。

赵翼与袁枚诗观相近,但两人的思想观念和生活方式不同。赵翼比较正统,袁枚则风流佚荡。这两个人竟然交往了40余年,实在不简单。这主要得益于两人通达与"颠顶"的态度,当发现对方有什么地方做得不对时,往往以戏笔半认真半玩笑地进行批评,这样做不会伤害友谊。赵翼在乾隆五十九年(1794)写的《题竹初为袁赵两家息词后》诗小序中说:"余戏述子才(袁枚)游荡之迹,作呈词控于巴拙存太守。子才亦有诉词。太守不能断。竹初以息词了此案。"

那个从天而降的"颠预"者,又生活到了我的身边。一个变成了两个、三个、万个,受他们的影响,我也差不多成了"颠预"的一员。

躐等 liè děng

> 躐，超越。躐等，即超越等级，不按次序。事物发展由量变到质变，自有其次序，躐等未尝是件好事。

1977年，我在读小学四年级时，一则推荐"13岁天才少年宁铂上大学"的新闻轰动了全国，产生了广泛的影响。1978年，中国科学技术大学创建"少年班"，招收了第一批共21名学生，他们的平均年龄只有14岁，最小的学生年龄只有11岁。当时，既有赞扬声，也有反对声。反对者认为，少年班挑战了"循序渐进"的教育思想，助长了"拔苗助长"之风。

记得当年中小学时期，学校忙于考试分班，以发掘"天才"。我于1979年考上了初中的"甲班"。甲班习惯称为"好班"，而乙班则被称为"差班"。因为分班，同学之间的关系变得紧张。这种制度鼓励了一批学生，却也伤害了一批学生。

中国儒家思想，讲循序渐进，"欲速则不达""其进锐者，其退速""原泉混混，不舍昼夜，盈科而后进，放乎四海"……孟子把进学的顺序比作流水，"不盈科不行"，流水遇到坎坷时，必须等水盈满后才能继续往前行进。"盈科而后进"，日夜不停地流到海里去。"君子之志于道也，不成章不达"，所谓"成章"，引申为事物达到一定阶段或具有一定规模，皆可成章。

古代有小学、大学之分。小学是基础教育，以文字训诂为学习内容。《汉书·艺文志》："古者八岁入小学，故《周官》保氏掌养国子，教之六书，谓象形、象事、象意、象声、转注、假借，造字之本也。"大学则以诗书礼乐为学习内容。朱熹说："及其十有五年，则自天子之元子、众子，以至公、卿、大夫、元士之适子，与凡民之俊秀，皆入大学，而教之以穷理、正心、修己、治人之道。此又学校之教，大小之节所以分也。"

儒家还有"因材施教"的思想，在古代，有的孩子聪明，入蒙开窍快，小学没读几年就可以读大学。而道教，则是反对急躁求进，主张一切遵循自然规律。老子说："合抱之木，生于毫末；九层之台，起于累土；千里之行，始于足下。"这句话，不需要很高的智商就能理解。可人性与自然性并不总是和谐的，在七情六欲的作用下，与恋人相隔千里，恨不得几分钟就到她身边；与某个职位相差几个级别，恨不得一年内从科长升为厅长；与富豪的财产差距亿万，恨不得一夜暴富……这就让自己很累，也很危险。所以，庄子认为，人性与自然性一致，人才能自由、快乐。《庄子·知北游》："六合为巨，未离其内；秋豪为小，待之成体。天下莫不沉浮，终身不故；阴阳四时运行，各得其序。"

关于教育问题的思考，以及教育思想的形成，儒家对后世贡献很大、影响很深。《礼记·学记》被称为"教育学的雏形"，既是我国古代教育经验和儒家思想的高度概括，也是人类历史上最早出现的专门论述教育问题的著作。它认为，教育成功的基础有"四点"：第一，在青春期发育之前进行的教育叫作"防止叛逆"；第二，当学生在德行和学业上有所成就时进行的教育叫作"及时"；第三，不超越学生的接受能力进行的教育叫作"顺利"；第四，通过师生间相互琢磨和问答，从而达到各自理解的过程叫作"观摩"。《学记》:"幼者听而弗问,学不躐等也。"躐,超越。躐等,超越等级,不按次序。学不躐等,意思是教学要遵循学生的心理发展特点,不能超越次第,要循序渐进。郭沫若在《我的学生时代》中说:"学问是严整的一套,你不能够躐等,也不能够中断。"

也有一些人,根据隋唐时期的经学家孔颖达将"躐等"解释为"逾越等差",以及宋代沈括在《谢知制诰表》中有"如臣之比,盖不出庶寮之间;量力而共,讵敢蒙躐等之进"等论述,将"学不躐等"诠释为:如果有疑难问题必须请教老师时,则推举学长一人前去请教,初学者只可以听,不允许插嘴,以此教育学生要知道谦让,要懂得长幼有序,不能逾越次第。这种诠释,倒是揭示了传统教育方式僵化、不生动灵活的弊端。什么事都论资排辈,对年轻人和出身卑微者造成了禁锢、压制和伤害。明代李贽在《焚书》中说:"大概读书食禄之家,意见皆同,以余所见质之,不以为狂,则以为可杀也。"

躐等,成为一种人格污点,甚至是一种罪名。苏轼在《御试制科策一道》中说:"今陛下之所震怒而赐谴者,何人也?合于圣意诱而进之者,何人也?所与朝夕论议深言者,何人也?越次躐等召而问讯之者,何人也?四者,臣皆未之闻焉。"在官场,越级汇报是很忌讳的事,弄不好既得罪上司,又遭上级惩处。可是,偏偏有人不怕死而越级汇报。也偏偏有身居高位的人,喜欢听非直接下属的话。汉武帝刘彻在位时,曾专门下诏书建立"言事变"制度,鼓励基层官员、民间人士乃至平民百姓越级上书、诣阙言事,可以向政府表达不满或提出建议,更欢迎检举揭发作奸犯科的不良官员。这个制度有一定的积极意义,尤其在反腐败方面发挥着重要作用。历史上,有些皇帝故意撇开"六部"最高长官,听信宦官或耳目的谗

/ 97

言，制造事端，助长派系斗争，最后要么自己下场很惨，要么遗祸子孙，断送江山。

在职场，我多年的亲身体会和观察表明，"越级汇报"和"越级管理"都是管理中的症结，其情况非常复杂。越级汇报，或许是中层管理人员自身问题严重，压制下属，生怕下属晋升，或许是隐瞒着什么损害公司的秘密，迫使下属不得不直接去找老板；或许是下属急于出人头地，想得到老板的提拔，故而找机会靠近老板，汇报工作，以讨好巴结。至于"越级管理"，它必然影响中层管理人员的积极性。原因或许是老板授权不充分，事无巨细，什么都想管；或许是中层确实没有发挥好作用，执行力差。

还有一种情况：在没有建立现代企业制度的公司，员工存在给老板打工的意识。一些老板对员工说："你们不要总是觉得在为老板打工，应该树立为自己打工的思想！"这种话说再多也是白费口舌，老板想给谁涨工资，给谁提升职位，大家都心知肚明。毕竟这是他的公司，他说了算，大家也都认可。在这种体制下，"越级汇报"和"越级管理"的现象非常普遍。

讪上 shàn shàng

讪，讥讽；讪上，即毁谤上位者，多指毁谤君王。

进入社会以来，我工作过的单位不少，这些单位的文化虽有差异，但有一点相同，就是人们都喜欢背后议论领导。其中，批评多于赞扬，否定多于肯定。这种现象，颇耐人寻味。有些领导确实过大于功，但不至于所有单位的领导都是如此。

《论语·阳货》："恶居下流而讪上者，恶勇而无礼者。"北宋学者、教育家邢昺在《论语注疏》中说："讪，谤毁也。谓人居下位而谤毁在上，所以恶之也。"对于"讪上"行为，历朝都有惩治手段。明代张居正在《请宥言官以彰圣德疏》中记载，"伏奉御批：石星这厮，恶言讪上，好生无理，着锦衣卫拏在午门前，着实打六十棍"。

有一天，我在读赵孟頫的《真率斋铭》时，思维突然被"不言是非，不论官府"这八个字吸引住了，不禁发问：大画家难道吃过"讪上"的亏吗？赵孟頫在宋朝灭亡之后，得到了新朝执政者的重用。他的一生中，除了四年病假没有上班，大多时候都在政府机关里工作，表现良好，先后被拜为翰林侍读学士、荣禄大夫。后来人们发现，他在元朝文人中的政治地位最为显赫。

作为政府里的文官，赵孟頫也算得上是既得利益者，于是他在任时自然会结交一些"价值观相同"的朋友，整合力量，跟政府合作，服从于皇权，而不去议论、批评政府。赵孟𫖯不在任时（休假、退居二线、退休），他结交社会闲散文人的机会便多了，隐患也就随之伴生。明智的做法是选择性地交友，大家可以一起讨论问题，但内容不涉及官场是非，"闲谈古今，静玩山水"，这样既是保护自己，也是保护朋友。

对领导说三道四，可不是闹着玩的，多少话稍不留神就会传到领导耳朵里，惹出麻烦来。宋代宋祁在《赐中书门下诏》中说："由是人士以行怪为美，辞赋以讪上为能。放肆异言，诋斥前圣，谨流群口，亏紊彝伦。"赵孟𫖯是个聪明人，将"不论官府"的主张直接说出来，一则赢得官府对他的信任，二则获得朋友的理解。如果有哪个狂妄的家伙非要议论官府，针砭时弊，也怪不得赵孟𫖯下逐客令，因为他已申明："不迎客来，不送客去。"

过去，即使是七品知县也是进士出身，学问了得，谁都可以舞文弄墨、赋诗作文，官场中人彼此唱和，俨然文坛景象。县令就是县文坛坛主，知府就是市文坛坛主，巡抚就是省文坛坛主。曾国藩既是清朝"中兴之臣"，也是当时国家文坛的领袖。所以，古代文人"不论官府"实在困难，因为"学而优则仕"，考不上进士的读书人，或成为官府幕僚，或成为民间绅士。即使乡野穷文人也丢不开"修身、齐家、治国、平天下"的人生理想，指点江山，激扬文字。设帐办学的秀才，命如草芥，也许能够缄口不言官府之事，但在官府里混饭吃的文人会主动来找他谈论官府之事，以示官位的尊荣。那些名落孙山的年轻气盛的文人，除非近期见到议论官府的人倒了大霉，心有所戒惧，否则自身的"书生意气"还会催着他说些如何为官、如何为民的话。这些话一旦传到官府里就变了味道，包藏"讪上"与"谤议当政"的恶意，于是官府就要过问刑审，扣上讪讽皇上的罪名，将其关进大牢，甚至把他当作颠覆政权的逆乱分子，他的朋友也会被一并剿灭，以确保安定。

人是群居动物，害怕孤独和寂寞，经常想着与人相聚。相聚就得说话，说话就会漫无边际地谈论，扯到饮食男女、国家形势……聚会多了，就容易被官府怀疑"结党"。清朝时期，官府在当时全国的官学——府学、县学的明伦堂前立有"卧碑"，上面刻着诸多"教条"，要求学生遵守。顺治九年颁布的《世祖御制训饬士子卧碑文》中就有："七、军民一切利弊，不许生员上书陈言，如有言建白，以违制论，黜革治罪。八、生员不许纠党多人，立盟结社，把持官府，武断乡曲，所作文字，不许妄行刊刻，违者听提调官治罪。"

明朝万历皇帝，有一年亲自主持三年一度的殿试，这次策文的题目也由他亲拟，题目出得特别奇怪，长达500字，以询问的方式考核考试的举人：为什么朕越想励精图治，但结果却是官僚更加腐化和法令更加松懈？这原因，是在于朕缺乏仁民爱物的精神，还是在于朕的优柔寡断？……

考试结束后，似乎没有一种答案能消除皇帝的困惑。万历在执政的最后20年里，几乎不理朝政，消极怠工，且取消了文武百官的早朝觐见，使得不少高官大员竟然不知皇帝长什么样子。万历既不审阅文件，也不开会，故意与臣僚疏远，可谓千古一人，真正地成了"孤家""寡人"。

万历皇帝由困惑渐至孤独，然而，他却喜欢孤独，以求清静，似乎独处时面对的才是真实的人性。他9岁登基，勤奋好学，大胆改革财政赋税制度，取得了较好的政绩。可是随着阅历的增长，他发现了人性中本来很正常，但却与他灵魂相抵触的虚假的一面，臣僚们喜欢人前口唱道德，暗地里却争名夺利、钩心斗角、行为不轨，这些人里包括他尊敬的老师——张居正。张居正也是言必节俭为公，事实却证明他的私生活极其奢侈。张居正为治国做出了不少贡献，并且严刑峻法。但他身居首辅高位，却利用职权谋私，接受贿赂，积聚珠玉玩好无数。万历得知后十分震惊，感到对张居正的信任是一个不幸的历史错误。

有这种问题的还不只是张居正一人，满朝官僚无不明面上倡导廉洁奉公，以圣贤自居，暗地里却欺君害民，结党营私；或者互相弹劾攻击，从一件芝麻大的小事开始做文章，上升到道德与忠君爱国的高度，闹得朝廷成天围着人事周旋。即使轰一批人下台，升上另一批人，没过几天又继续上演同样的闹剧。当初反腐败的人，自己手中有了权力，也渐染腐败的恶习，在俸禄之外，总想中饱私囊，即便有高薪制度也难养廉政之风。明朝地方官三年一次晋京"述职"，京官六年接受一次"京察"，这些制度本身是好的，可是没有一个健全的监督机制，以致到了述职、京察之际，反而成为官员大肆贿赂的最佳时机……面对这种现象，万历虽然聪明，却无力革除这些弊政，这让他感到痛苦与困惑，他更多地思考起人性，他无法将这些视为正常并接受同化，他不可避免地陷入消极逃避现实的困境。

正是因为发现了人性的卑劣，万历皇帝才能接受敢谏之士骂他的话，认为他们不过是要"沽名讪上""讪上卖直"，欲博得犯颜死谏的美名。如果惩罚他们，反而会正中他们的下怀，惩罚得越重，越满足他们的心愿。进士邹元标上书骂万历撒谎，有过不改，装腔作势，没有人君风度。万历非常生气，但这件事引起了他更深层次的思考。这思考有两个方向：一、邹元标骂的是真话，朕的确与众臣一样有虚假的一面。二、邹元标的诤谏并非尽忠，而是把正直当作商品，不惜用诽谤讪议皇帝的方法作为本钱，然后招摇贩卖正直的声望。万历思考的结果似乎又看到了"类"，即人的普遍性。他没有对邹元标作出严厉惩处。悲观与困惑，使万历失去了对人的信任、对礼仪的信心，失去了承担天子职责的兴趣，一切技术、伎俩都是多余的，他逐渐"隐居"朝廷。

美籍华人历史学家黄仁宇先生说："我们的帝国在体制上实施中央集权，其精神上的支柱为道德，管理的方法则依靠文牍。"万历时期的臣僚们无真正的法可依，他们以言代法，做人处事惯用手腕，阴阳反正，相互不攻讦则必结盟，好坏是非标准游移不定，善恶忠奸无定凭。皇帝主要工作就是对人事纠纷进行仲裁，仲裁过程中矛盾的产生是不可避免的，甚至会出现自己打自己耳光的情况，一个关注人性的皇帝怎能不厌恶这种无聊的"权威"呢？因此，"皇帝（万历）的这种苦闷乃是历史的悲剧"。

廉隅
lián yú

廉，菱角；隅，屋角。廉隅，物以类聚，均以"角"亮节示锋，比喻端方不苟的行为和品行。

廉与清，一对素颜的相遇，清廉者高贵优雅；廉与洁，一双质朴的交集，廉洁者不染纤尘。更具魅力的，是廉与隅，于风云际会中相逢，是铮铮傲骨的个性，也是凌厉的霹雳手段。

廉，菱角；隅，屋角。廉隅，物以类聚，均以"角"亮节示锋。古代那些品行端正的人，无论是在庙堂之上，还是在江湖之中，看遍风花雪月，便不以为美，反而欣赏有棱有角的东西，以"廉隅"自况。苏轼在《章钱二君见和复次韵答之》中提到："醉里冰髭失缨络，梦回布被起廉隅。"那些行为不邪曲、不苟且的人，无论是在官场沉浮，还是在文坛蹉跎，均是以"廉隅"为参照。《礼记·儒行》："近文章，砥厉廉隅。"孔颖达疏："文儒者习近文章，以自磨厉，使成己廉隅也。"这是对读书人的激励和鞭策。士当弘毅，杀身成仁。

《明史·马文升传》："尤重气节，厉廉隅，直道而行。"马文升相貌奇特，气力大，多次征战建立功勋，晋升为右都御史，总督漕运之事，后又担任左都御史。他是个敢于批评的人。明孝宗刚刚当皇上时，教坊（管理宫廷中演出音乐舞蹈及戏剧的组织）进献杂戏。马文升严肃地说："新登基的天子，应当让他知道农事的艰难，弄这些杂戏干什么?"立即斥退了他们。马文升担任兵部尚书时,治军严谨,严格考查各位将校,尽管当时处于太平时期,仍贬退了三十多个贪婪懦弱的军官。他如此"廉隅",必然有人害怕、有人憎恨、有人尊敬。怨恨他的人,夜间拿上弓箭等在他家门旁,朝门内射入诽谤信。晚年,马文升在家闲居时,无事从不到州府去。他去世一年后,大盗赵燧等到了钧州,因为马文升家在此地,就放弃抢劫离开了。

明代思想家王廷相也是一位"廉隅"之人。《明史·王廷相传》:"今廉隅不立,贿赂盛行。先朝犹暮夜之私,而今则白日之攫。"王廷相疾恶如仇,敢于同权宦斗争,能够针对社会弊端大胆提出改革主张并予以推行。他每到一地任职,必去邪扶正,严惩贪官污吏及地方豪强,使权贵们望而生畏。他上疏提出打破名门权贵的特权,大胆提拔"筹策绝人,胆略出众"的下层人士来担任要职,并授予重权。他建议改革边防弊政,严禁官府多报、冒领钱粮,并推行"义仓之法"。他严禁各闸军索贿,严惩太监私占正军名额收取钱财。他所呈的《遵宪纲考察御史疏》,规定御史九项职责并被颁行全国,遂使台政改观、朝野肃然,贪财奉承、结党营私之人尽被罢免。他义正词严地揭露严嵩、张瓒等人专权误国之举和"奔竞之风"。他针对上层社会的奢侈之风,提倡"崇位禁奢,相互简易"。

廉隅者,不仅自己干干净净做人,还批评不正之风,揭露腐败行径,这就让那些食浊者不舒服了。食浊者中有人想方设法修理、磨去"头上长角,身上长刺"的廉隅之士的棱角。《汉书·扬雄传上》:"不汲汲于富贵,不戚戚于贫贱,不修廉隅以徼名当世。"在汉代王褒写的《洞箫赋》中,有幽默夸张之语:"故贪饕者听之而廉隅兮,狼戾者闻之而不忿。"苏轼的父亲苏洵在《御将》中,以文士

/ 105

之心度将才之品："况为将者，又不可责以廉隅细谨，顾其才何如耳。"南宋政治家、理学家徐侨上书说："愿明诏大臣以正己之道正人，忧家之虑忧国；斥逐奸佞，亲迩忠直；守廉隅者临民，阅诗书者总戎；以弭污虐之风，以系军民之心，以消僭叛之萌。庶几致安于已危，迓治于将乱。"

棱角，有会被他人利用威权、金钱、美色磨平的可能。坚固而不被磨平的，乃是以"砥厉"之功应对，即磨炼节操，保护棱角。"志不在小，则不可度；砥厉廉隅，则不可越；行高体卑，则不可阶。"（《孔丛子·连丛子下》）江西历史上有位名士彭构云，三辞唐玄宗征召，被世人赞称为"彭徵君"。其中一封诏书，对他称赏有加："朕嗣位以来，克绥先王之禄，永底蒸民之生。自文武功臣，记录有次，而廉隅砥节，奖励维殷。今袁州令刘尊具奏前官宜春令彭构云，今为合浦处士，博学著述，闻达不干。曩者遣使蒲轮载召，固辞不就，孤忠独节，邅迍震山。朕今综覆既确，岂靳殊荣。敕尔所居曰徵君乡，俾钓台与箕颍并著，潜德与严君俱永。用愧天下后世贪位慕禄、饰节矫廉者。"（《唐代隐士彭构云》）

清廉，洁身自好者，出淤泥而不染。廉隅，不仅自己清廉，还要治理被污染的环境。司马迁在《史记》中写有《酷吏列传》，这些酷吏当中，有清官，即廉隅者；也有一类酷吏，他们采取严刑峻法，但并不是针对贪官，而是针对百姓，其结果是"法令滋章，盗贼多有"。还有些酷吏是某些显赫权势者或利益团体的獠犬，专门构陷政敌，斩除异己。因为有不同的酷吏，所以司马迁说："其廉者足以为仪表，其污者足以为戒。"

实际上，清官的"廉隅"与酷吏的"暴虐"不是一回事。尽管清官的"廉隅"也可能造成不白之冤，但他杀的是当官的，是当官的家奴、仆人，所以一点儿也不影响其在老百姓心中的光辉形象。而酷吏的"暴虐"，若不是为了惩贪，为了给老百姓申冤，解人民于倒悬之中，便只会领受"恶官""毒官"之名。历史上许多大奸巨贪的手段是很毒辣的——他们以己之"毒"攻清官之"角"，以图自保。

可悲可叹，无道之世，清官搞不过贪官，因为清官之"廉隅"是明晃晃的棱角，而贪官之酷毒是一支支暗箭。不少皇帝虽然嘴上说着反贪，心里却不怎么喜欢清官明晃晃的棱角；而贪官放一支支冷箭毒害清官，皇帝往往被利用、被欺骗，反而夸奖贪官有功于社稷。正因如此，历史上清官少，贪官多，如宋朝李新所说："廉吏十一，贪吏十九。"（《跨鳌集》）一比十的关系，令人心悸。

真率
zhēn shuài

真诚直率，不做作。

现在，人们用"直率"，不用"真率"；或用"率真"，不用"真率"。词语变迁，是一种有意思的现象。笔画多的字，或因难写难认而封存于古籍与词典，或因人们图方便养成惰性而致其生僻；至于易写易记的词，被冷落、抛弃，原因很复杂，值得我们检讨。先哲们创造了丰富的词汇却被后代大量闲置浪费，何尝不是传统文化萎缩、退化的原因之一！

"真率"，在口头语中听不到，而在书面语（如古诗词）里，却可见其身影。唐代杜甫在《乐游园歌》中说："长生木瓢示真率，更调鞍马狂欢赏。"南宋范成大在《中秋卧病呈同社》中说："琼楼与金阙，想像屋角边。如闻真率社，胜游若登仙。"宋末卫宗武在《赴野渡招赏桂》中说："枌社重开真率集，桂华新荐广寒香。"

纯真坦率是一种品质，为人直率是一种性格。直率的人往往在公共场合被人称赞，但实际上，许多人内心并不喜欢直率的人，他们曾被直率的人伤害过，以至于害怕招惹直率的人。"你很直率""他为人直率"常常是一种夸奖、奉承。一些不直率的人，也厚着脸皮说："我这人很直率。"

我感觉自己的周围，"直率"的人特别多。他瞧不起某某，向领导说:"他不行!"这算真率?他见某某没有背景,不怕得罪,就公开指责对方,这算真率?他妒忌某某,说一些酸不溜秋的话,这算真率?他几杯酒下肚后大脑失去控制,什么话都说,这算真率?

我在读史书时,发现注重考核"名实"的古人,喜欢分辨人的表现,知道直率不等于真率,因为直率有真有假,有时可能只是表演。如东晋的羊曼就比羊固真率。《晋书·羊曼传》:"有羊固拜临海太守,竟日皆美,虽晚至者犹获盛馔。论者以固之丰腆,乃不如曼之真率。"

东晋权臣王敦录用朝士,任羊曼为右长史。羊曼知道王敦有不臣之心,就终日酣醉,讽议不已。王敦因为羊曼有声望,就厚加礼遇,但并不委以事务。当王敦反叛失败后,朝廷士人便过长江来就任新官,相互夸耀设宴。丹阳尹羊曼招待客人,来得早的能吃上,来得晚的就没有什么好吃的,不管你身份贵贱、职位高低,都一样。而临海太守羊固,终日以佳肴美酒招待他人,即使来得晚的人也能得到丰盛的酒食。对此,人们反而认为羊固的丰盛招待,还不如羊曼的真诚待客。

"真率"是一种可贵的品质。清代诗人孙枝蔚说:"众情悦妖妍,同志贵真率。"(《清明日阎再彭携歌童泛舟城北》)直率或许是性格使然,真率却是蕴含道德修养的个性的彰显。直率可以伪装,可以利用,但也容易被揭穿,而真率无须伪装,是至真至诚的精神境界。如海瑞,他上书批评皇上,不惜死,无忌讳。他惩治贪官不手软、不挑拣,率然纯朴,刚正不阿,始终如一。别人攻击海瑞"卖直"是无力的,他生活清贫简单,到死身边也没几两银子。他只图直率的虚名?他是真率!如他自己所言:"美曰美,不一毫虚美;过曰过,不一毫讳过。"(《治安疏》)古人早已发明了"志操耿介"来检验直率的真假。真率之人，才配得上这四个字。

明代诗人李梦阳入狱后，众臣不敢秉公直言，唯独何景明上书吏部尚书杨一清，救出李梦阳。正德年间，朝政腐败日益严重，皇帝收宦官为义子，养佛僧于内廷，不理朝政。何景明上疏指责"义子不当蓄，边军不当留，番僧不当宠，宦官不当任"，言辞激烈，看到奏疏的人无不为之咋舌。不久，何景明被授予吏部员外郎，这时，达官贵人争相与之结交。皇帝的义子宦官钱宁，送一古画求何景明题词，何景明说："此名笔，毋污人手。"（《明史·何景明传》）最终不给写一字。

我发现，职场上错将直率当真率的人较多，而真率的人不多。直率，被看作好性格，效仿的人为了直率而直率，常常胡说八道，即使无理也要搅一搅，什么事不反对几句，不讽刺一番，就感到寂寞。直率碰直率，批评、争议变成谩骂、争吵，进而演化成人格攻击和敌我对立，人性随之丧失。说的不是真话、公正的话、良心的话，而以为"敢说"就是了不起，就是直率，就会提升支持率。殊不知，今天说这，明天说那，随说随忘，前后矛盾，给人留下极不诚信的恶劣形象。还有，公然辱骂他人，大打出手，毫无廉耻之心。这些人都是被直率丑化了！这些滥用直率的人将社会文明程度降低了！

以前，我在一家企业上班，经常听到有人在管理层工作的办公室前叫骂。他们都是一些懂得心理学的人，揣摩领导害怕直率，所以利用直率来要挟。他们站在领导办公室前，伸长脖子骂人，甚至直接指着领导的鼻子骂，什么腐败，什么不干净，就像焦大一样，嗓门挺大，显得理直气壮。有时，他们也会遇到像王熙凤似的领导，被受指使的保安推推搡搡。这种情况很少，大多时候他们还是以直率取胜。我曾以为那些在公司骂人的人脾气不好，后来发现他们当中不少人待人和蔼。原来他们求人办事难有成效，就故意用直率为武器，结果事情很快办成了。更多人明白了直率的好处，于是单位里直率的人越来越多。

后来，换了一位新老总，整顿风气，建立企业内部投诉制度，并悬挂"投诉箱"，谁有问题均可以书面反映，不许叫骂，否则将受处罚，情节严重者予以除名。"直率"作为工具，失效不灵了。而那些"真率"的人，受到奖励，他们参与企业管理，发挥着积极作用。

矫命
jiǎo mìng

矫，假托；矫命，假托命令以行事。

工作上，同事找我帮忙，我极少拒绝。有的人怕我拒绝，就用这种陈述句："老板要你把这个材料修改一下。"我曾经很反感这种说法，现在无所谓了，不是已经习惯了，而是发现自己也常常借老板之名，对下属如此陈述。我们很多人都被集权文化所影响，导致言行变得矫饰虚伪，常常利用上级的权威作为交往的策略，以此来给自己行方便。

你安排他工作，他不理睬、推诿，或者嘴上答应，却不见行动，这说明你在他眼里分量不够，在他看来你决定不了他的晋升和加薪，尽管你是他的上司。你最取巧的招数，就是"假传圣旨"，对他说："老总让我告诉你，这事得在下班前做好。"果然见效，他立即投身到工作中，效率奇高。有时，对方也会怀疑你是"假传圣旨"，你不容他思考，马上说："你要是不相信的话，可以打电话问一下老总。"他当然不敢打电话求证，只得接受任务，埋头干活，以冀得到老总的夸奖和表扬。

矫命，假托受命以行事。矫命的典型，可以追溯到战国时代。《战国策·齐策四》："驱而之薛，使吏召诸民当偿者，悉来合券。券徧合，起矫命，以责赐诸民，因烧其券，民称万岁。"这里"矫命"

的当事者，是孟尝君的食客冯谖。他被孟尝君安排到薛地收取息钱。这工作不太好干，因为有的人家缴得起，有的人家缴不起。一开始，冯谖的工作进行得比较顺利，收到了十万息钱，可还有很多债户拿不出钱。冯谖便用所得息钱置酒买牛，召集能够偿还息钱和不能偿还息钱的人都来验对债券。债户到齐后，冯谖一边劝大家饮酒，从旁观察债户贫富情况，一边让大家拿出债券如上次一样验对，凡有能力偿还息钱的，当场订立还期，对无力偿还息钱的，冯谖即收回债券。他假传孟尝君的命令，为无力还款的老百姓免去了债务，并烧掉了债券。冯谖的"矫命"是为孟尝君做好事，其用意在于"买义收德"。

将"矫命"当作一种计策并成功使用的，还有春秋时期郑国商人弦高。据《左传·僖公三十三年》记载：有一次，弦高去周王室辖地经商，途中偶遇秦国军队。当他得知秦军要去袭击他的祖国郑国时，便一边迅速派人回国报告敌情，一边伪装成郑国国君的特使，以12头牛作为礼物，犒劳秦军。秦军以为郑国已经知道偷袭之事，只好班师返回。当郑国君主想要奖赏弦高时，他却婉言谢绝："作为商人，忠于国家是理所当然的。如果受奖，岂不是把我当作外人了吗？"

矫命，对上瞒骗，对下欺骗，绝非良善之辈干的事。史载，明天启年间，魏忠贤造《百官图》，污蔑清廉的官员，甚至唆使同党刑科给事中傅櫆弹劾汪文言、左光斗及魏大中，给这三人冠上莫须有的罪名，说他们"招权纳贿"，更说左光斗、魏大中两人"丑心险，色取行违，自命为血性男子，实为匪类"。魏忠贤假传圣旨责怪魏大中，"互讦未悛，不得赴新任"。杨涟等人弹劾魏忠贤，不仅使其原形毕露，也使依附其下的大小官员大为恐慌。他们筹谋献策，倡兴大狱，诬陷杨涟等六君子。最终判定杨涟、左光斗各坐赃二万，魏大中坐赃三千。魏大中被捕之时，乡人哭送者近万人。魏忠贤又假托受皇帝命令，对六人"严刑追赃比较，五日一回奏"，于是狱卒鞭笞拷掠，棍棒交加，臀血流离，骨肉俱腐。

矫命的"命"，既有君王（皇上）之命，也有家长之命，即"父母之命，媒妁之言"。蒲松龄在《聊斋志异·封三娘》中说："即以所赠金凤钗，矫命赠之。"还有夫人之命，也是大有人假托。曾经，有位朋友的老婆打电话给我，问她老公怎么还不回家。我说："他没来呀。"她在电话里就骂起了他，继而说："他说是到你家去，怎么没去？"我这才明白，朋友为了得到出门的自由，对老婆撒了谎，说是到我家来，这样他老婆才放心，因为我这人不打麻将、不上娱乐场所。可是，朋友高估了我的智商，或者以为他老婆不会打电话验证。天黑了，又刮起了大风，他老婆对骑摩托车出门的他有些担心，所以给我打电话，结果让我这个反应迟钝的人，把事情搞露馅了。有一天，另一个朋友打电话对我说："我马上到你家去。"我说："好的，欢迎。"可是左等右等，也没有等到他。我急了，打他的手机。他说："今天不去了，我正在玩游戏机。"第二天上午，他又打来电话，说："你在家吧，我过去跟你聊聊。"我还是乐意他来，可过了一会儿，他用别人家的电话对我说："我正在打麻将，不去你家了。"就这样，他每次预约到我家，每次都没有来。我感到很奇怪，也很生气，他为什么会这样对待我呢？哪知是我太呆笨了，以为他的预约是真的。后来得知，他为了得到打麻将出门的机会，就当着他老婆的面找借口打电话说是到我家来。

现在，在一些单位，"矫命"之所以大行其道，我想，这跟管理体制有关。老板的权力大，经验告诉我们，只要老板欣赏，就有前途，就有发展空间。至于上司，他的命运也掌握在老板手上，所以那些势利之人可以越过他，直接服从于老板。老板欣赏的人，上司不欣赏，老板就可能觉得自己欣赏的人被其上司嫉妒压制。在职场，在办公室，有些人明明没有执行力，却被老板误认为是很有执行力的人，就像"夜来香"一样，白天与夜晚的色彩和气味截然不同。

在那些没有完善的现代企业制度的公司，老板权力巨大，同时也投下巨大阴影，"假传圣旨"就存在于阴影之中。"矫命"的市场，是老板培育和拓展的，他管得太多，恨不得分身到每个部门、每个办公室。这根本不是"勤政"，而是对手下的管理者不放心，看轻他们的能力。他直接从部门调动人员，安排工作，甚至下任务时绕过部门负责人，直接交代员工去干。部门负责人无可奈何，权力被削弱，那些势利之人也就相应地绕过自己的上司，直接向老板汇报工作。可怜的部门负责人调不动自己的手下人，就将老板当作"令牌"了。

迫不得已而"矫命"，为的是落实任务，也就是干好事而非干坏事。尽管如此，仍然是负能量的。有的地方存在"假传圣旨"的现象，这种现象往往是由非正常的群体、团队、企业的不良体制和文化所导致的。

理障 lǐ zhàng

佛教语,与事障相对。事障主要指烦恼障,与生俱来;而理障则是后天的,由学识和理解上的错误引起,阻碍了人们对真知、真见的领悟。

万物皆有理,而固执于理的人,多半被某种理念所束缚,结果"认死理",钻牛角尖,困于狭小空间出不来。明代何良俊在《四友斋丛说·尊生》中说:"思索文字,忘其寝食,禅家谓之理障。"禅宗讲了不少人生障碍,烦恼障、所知障、解脱障、内障、外障、事障、理障,等等。

清代洋务派代表人物张之洞,作息与常人不同,他每天14时睡觉,22时起床办公。大理寺卿徐致祥参劾张之洞忘恩失职,"兴居不节,号令无时"。粤督李瀚章奏称:"誉之者则曰夙夜在公,勤劳罔懈。毁之者则曰兴居不节,号令无时。既未误事,此等小节无足深论。"(《张之洞生活情趣拾零》)这里,是徐致祥有理,还是李瀚章有理?

常见,昨日的合作伙伴,今日不欢而散。听他们诉说,都是自己有理,对方无理;自己高尚,对方卑鄙。《庄子》:"彼亦一是非,此亦一是非。"难道就没有"正理"吗?当然有。正理出自纯真善良之心,"此心纯乎天理",能做到不伤害他人。

这些年,我经常遇到喜欢卖弄聪明的人,他们往往自视聪明,而以为别人无知。有一位小老弟好像别人都没读过,或者没读懂

《水浒传》似的，以培训大师的口气大谈梁山的管理学，我听了虽然觉得很可笑，但还是忍受着原谅了他。我比他更年轻的时候，有一段时间背诵成语上了瘾，平常与人说话都嵌入一个个成语，真是成语泛滥。一位室友终于受不了了，冲我说："你不过会用成语而已，还会什么？"我羞愧无语。无疑，我被成语所控，且以为掌握成语越多越有学问，真是狭隘！从此，我明白，学有万径且无止境，不要以为自己所学最崇高。所以，我爱好文学，却不以此为优越感；写小说时，我从不跟别人说小说最难写。

小孩子对世界充满兴趣，接触什么都感到好奇，但不会自以为是。即使小孩子坚持说他家院子里的果子最好吃，也是出于味蕾的原因，而非个人偏见。可是，大多数孩子对于"为什么"的追问，没能形成理性特质，思考止步于成人门槛。反而，有一些胡子一大把的人，凡有所学皆要卖弄，弄不好贻笑大方。自以为是者，心窍堵塞，不知山外有山、楼外有楼。几千年前，先哲们就意识到了这个问题，老子提倡"绝圣弃智"（抛弃聪明智巧），曾子告诫自己，"吾日三省吾身：为人谋而不忠乎？与朋友交而不信乎？传不习乎？"其实曾子不是只想问这三个问题，而是想在自省中突破"自以为是"的思维禁锢。

禅宗认为，那些执着于"我执"与"法执"的人，生活在迷雾之中，心灵被义理所蒙蔽，自己锁住自己，因此他们需要"解缚"，需要"自度"。一个人如果完全固执己见，拘泥不化，显然无法客观地观察事物，导致判断失误的概率增大。六祖慧能说："心若住法，名为自缚。"你如果做到了"于一切法勿有执着"，那么整个身心就流通了。也就是说，不论何时何地，都不应该戴有色眼镜去看人论事，也不应该认为自己绝顶聪明，认为别人都不如自己。高傲自负并不等于自信，自信者能够自然而然地发挥身心的能量，而高傲自负的人往往瞧不起别人，甚至打击别人。

一般人的思维，受环境、学识、职业及价值取向的影响，容易造成理障。有一位研究曾国藩的学者，言必称曾国藩，没说三两句话就要引用曾氏语录，看人论事都是曾国藩模式，完全符号化了、"真理"化了。和他聊起这个话题时，他认为没有什么人物可以取代曾国藩；同时，在他看来，任何学问都不如研究曾国藩的学问有价值。一天，一位小伙子对我说，你长得像某位商界精英。原来他平日特别关注商界的"成功人士"，并渴望自己成为一个大老板。我笑道，曾有人说我长得像陈独秀，还有人说我长得像陈撄宁。说我长得像陈独秀的人，是因为我与陈独秀是同乡，他觉得我的性格也与陈独秀相像，有点倔；说我长得像陈撄宁的人，当时正在编辑陈撄宁的书，他认为我和陈撄宁都是怀宁洪铺人，可能有血缘关系，建议我查一下。

为什么这个世界有许多自以为是的人？一方面，他们习惯于以自己的标准来建立评价系统。评价系统相同的人在一起，或志同道合、或臭味相投、或惺惺相惜。然而，评价系统完全一样的人极少，通常只是在某方面看法相同，便在这方面有共同语言，彼此欣赏、互相高抬。在如今这个文化多元的时代、专业细分的社会、价值观紊乱的环境中，必然到处都是聪明人，你不服我、我不服你，你贬低我、我蔑视你。另一方面，竞争与进取的方式一旦混淆，官场、商场、职场，甚至文坛、学界的规则都极易遭破坏，失去公平，人们坚固起自己的攻防体系，不管对他人是否造成伤害。《荀子·荣辱》："凡斗者，必自以为是，而以人为非也。"

到了文学批评家的笔下，"理障"是贬，"理趣"是褒。南宋诗论家严羽在《沧浪诗话》中认为："诗有别材，非关书也；诗有别趣，非关理也。"他提出："不涉理路，不落言筌。"清代胥绳武不喜欢只说理而少情趣的文字，他在一首《读〈小仓山房文集〉》的诗中说："扫除理障言皆物，游戏文心唾亦珠。"朱自清先生擅长描述、状物，他在《〈燕知草〉序》中说："这种'夹叙夹议'的体制，却并没有堕入理障中去。"

不排斥说理，且推崇"理趣"的人也有不少。钟嵘在《诗品》中说："'孙绰、许询、桓、庾诸公诗，皆平典似《道德论》。'此由缺理趣耳，夫岂尚理之过哉。"宋代包恢在《答曾子华论诗》中说："状理则理趣浑然，状事则事情昭然，状物则物态宛然，有穷智极力之所不能到者，犹造化自然之声也。"强调说理、叙事、状物应自然和谐、鲜明生动，并具有强烈的感染力，能够激发读者的审美情趣。无论诗还是文章，若能用具体生动、自然和谐的美的形象去表现一定的道理，自然是高手，如刘熙载在《艺概·诗概》中所说："陶、谢用理语，各有胜境。"

逸豫 yì yù

出自《诗经·小雅·白驹》，意为安逸享乐。

中国人向来推崇"勤奋"精神，将"勤劳"视为优秀品质。反之，如果一个人讲究生活环境的舒适，追求物质上的享受，那么这往往会被看作是一种消极的人生态度、不良的表现。"生于忧患，死于安乐。"孟子的这句话，不知警醒了多少人，尤其是后半句，让怕死的人赶紧放下了酒杯，投入工作。

宋代大文学家欧阳修，在总结后唐庄宗李存勖既得天下、又失天下的原因时说："忧劳可以兴国，逸豫可以亡身，自然之理也。"(《新五代史·伶官传序》)明代谢迁，以能言善辩著称，他上书孝宗，劝太子"亲贤远佞，勤学问，戒逸豫"(《明史·列传七十二》)，孝宗赞扬他说得好。

反对"逸豫"，是因为其暗藏危机。追求闲适、悠闲是人的本性。"所苦者，身不得安逸，口不得厚味，形不得美服，目不得好色，耳不得音声。"(《庄子·至乐》)人的这种本性，一般人不好把握，享乐习惯了，便吃不下苦，一遇到困难，生活就乱了。逸豫过度，丧志伤体，小人物亡己，大人物亡国。曹植在《临观赋》中说："乐时物之逸豫，悲予志之长违。"

鲁迅先生在《摩罗诗力说》一文中，称赞裴多菲，"虽少逸豫者一时,而其静亦非真静,殆犹大海漩洑中心之静点而已"。1932年9月16日,《论语》杂志在上海创刊,林语堂担任主编,这份杂志以刊登小品文为主,提倡幽默、闲适、性灵,主张"以自我为中心,以闲适为笔调"。鲁迅不喜欢林语堂的文笔,批评《论语》杂志"小骂大帮忙",说林语堂的小品文"无聊"。鲁迅在给曹聚仁的信中说:"语堂是我的老朋友,我应以朋友待之,当《人间世》还未出世,《论语》已很无聊时,曾经竭了我的诚意,写一封信,劝他放弃这玩意儿。"

林语堂没有放弃,他以幽默、闲适的文章风格奠定了自己在文坛的地位,并被后世写进了现代文学史。20世纪90年代,林语堂的《生活的艺术》在大陆畅销,他崇尚悠闲生活的观点、态度、方式,被人们津津乐道。很多人向往"悠闲",认为生活可以成为一门"艺术"。可是,我们那时离"悠闲"还很远,因为经济落后,大家都还很穷,甚至连"旅游"也只是极少数人的一种奢侈,就更别提更丰富的悠闲方式了。我们离悠闲观念的距离更远。林语堂说:"他须有丰富的心灵,有简朴生活的爱好,对于生财之道不大在心,这样的人,才有资格享受悠闲的生活。"我们接受的是崇尚"勤劳"、反对"享乐"的教育,并将"享乐"与"悠闲"画上了等号,这种观念一时很难从大脑中消除掉。

多年过去,现在中国人的观念已经发生了很大的变化。"悠闲"一词的内涵被多方面发掘,甚至颠覆了"勤劳"的固有概念。在一次述职报告中,我谈到了自己的不足和缺点,其中一点是"好劳不好逸"。这不是幽默,或者假借自我批评以表扬本人勤奋敬业。因为老板多次对我说,不要把精力花在日常事务上,而要学会管人。我觉得他说得有道理,作为管理者,主持一方工作,应多做战略思考，进行谋划，以逸待劳，可我却一天天埋首于各类文案之中，跳不出来。

我认为事情必须要自己做，只有做好了，才会有成果。可是，我错了，事情可以让别人做、说服别人做、督促别人做、要求别人做、强制别人做。用势、用权、用术，抓管理。管理者，管人也。我的认识，既是性格造成的，更是思维方式造成的。

我是什么时候形成了这种"好劳"的定式思维呢？差不多在进入社会后，我最怕自己摊上"好逸恶劳"四个字，于是自觉地埋头工作，并认为事情多做一点，会给人留下好印象。我从小受到的教育是"好好工作"，它跟现在的"好好工作"在内涵、标准上都不一样。那时，行业、企业之间都没有竞争，个人之间是"争当劳模""争做标兵"。当上"劳模"很光荣，也是一种资本，很有可能被提干。至于文化程度，不是当官的首要条件。当年虽然也有由"好劳"变质为"好逸"的干部，但主流还是那些"深入一线""身先士卒""走基层"的干部。在计划经济时代，"好劳"是种可贵的品质，甚至上升为不怕吃苦、任劳任怨的精神。而那些由"好劳"当上的干部，极有可能赏识、提携"好劳"的下属。

记得我刚进厂时，干活很卖力，积极性也高。尽管看到一些同事凭关系干上轻松的工作，心里不服气，但没有别的路可走，只能接受苦脏累的活儿，咬着牙坚持。终于，我获得了领导的表扬，被纳入培养、提拔的对象。可是到了第二年，那个工厂因为产品不对路导致非竞争性亏损，关门倒闭了。换了一家工厂后，我心里向往"逸"（清闲）的工作，但依然"好劳"。我连续多年被评为先进工作者，还有其他荣誉称号，这些荣誉都与我的"好劳"有关。我业余时间都花在读书和写作上，这使得我多了一个"好劳"——施展抱负的文学领域。

后来，随着时代的迅速发展，我发现人们的"三观"发生了很大的变化，甚至"好劳"也渐渐变了性质、变了味道。工作上"好劳"，若只是低头干活的话，常被人看作眼界不开阔、情商低、智商也不高，只配做固定的事，也就难有什么大的作为。我接触过的老板，他们要的都是"有开创性工作能力"的人才，培养的都是能带领团队共同做事、达成目标的管理人员。

体制决定了社会的价值取向，而价值取向则决定了个人的价值观。对于人才，一个时代有一个时代的评价标准，有的评价标准甚至是颠覆性的。面对这滚滚的时代洪流，既有被吞噬消失者，也有无惧挑战的弄潮儿。往大的方面讲，这也是文化。文化是一种力量，而力量，有正面的也有负面的。有人认为王国维投湖自杀，是"一跃自沉殉文化""昨夜西风凋碧树，独上高楼，望尽天涯路……"王国维之死，被看作死于"保守"，在时代面前不能随波逐流，在文化心理上不能调整，适应变化。他死在观念上，死在一些词义上。

那些跟不上时代的读书人，或是被时代内卷的知识分子，在失意后往往会转向内心寻求慰藉，在学术上维护自尊，呼吸着属于自己的空气。虽然他们不像弄潮儿那么活得光鲜，但他们的精神支撑着生命，确保自己不会沉沦。例如，沈从文在被剥夺文学创作的权利后，转向了对中国古代服饰的研究，这就是一种逆境"内转"的自救方式。他们不知道未来情况如何，但活在当下，以当前自己接受的事物作为生命的支撑点。

寻绎
xún yì

反复探索、推求哲理，抽出或理出事物的头绪来。

在书名《寻绎当代儒哲熊十力》中，"寻绎"冲在前头；在书名《唐代中秋文化寻绎》中，"寻绎"走在后头；在书名《从经验事件中寻绎出其精神实质》中，"寻绎"又跑到中间去了。"寻绎"在书名中的位置很灵活。这般灵活的词汇，颇有"文化精英"的味道，却不被更多人所熟识。

唐代刘知几在《史通·惑经》中说："经既不书，传又缺载，缺略如此，寻绎难知。"学者喜欢"寻绎"，写理论文章的人爱用"寻绎"。陈寅恪曾将王国维的学术成就概况为三："取地下之实物与纸上之遗文，互相释证；取异族之故书与吾国之旧籍，互相补证；取外来之观念与固有之材料，互相参证。"（《金明馆丛稿二稿》）陈寅恪自己也是这样，他在进行史学考证时，一旦史料不足，便采用"推度之法"，借助各种间接的证据与方法。这是一种"寻绎"的功夫，需要学养的积累。

我在读《谈艺录》和《管锥篇》时，佩服钱锺书先生读书广博、思维缜密、记忆超凡。他运用开放性的思维，兼容并蓄，调动知识与记忆，通过想象、联想，打通了时间、空间、语言、文化和学科之间的多重壁障。他的许多新说创见，都是前人未曾提到的，令人耳目一新。钱锺书不仅博览群书，而且读书笔记装了五大麻袋，无愧于"国学大师""当代第一博学鸿儒""文化昆仑"的称号。钱锺书的"寻绎"功法，一辈子用于"打通学术壁障"。他说："吾辈穷气尽力，欲使小说、诗歌、戏剧，与哲学、历史、社会学为一家。"每门学问都有自身的"绎"（把整个蚕茧抽成一根丝），如何"抽引推求"，使一根根丝相连接，需要"开拓万古之心胸"。有了这种心胸，"上穷碧落下黄泉"，才不感觉苦。钱锺书在文学研究中，以社会科学的多种方法交替推挽、相互经纬。例如，文化人类学研究人类的生活状况、社会意识、伦理观念、宗教、巫书、语言、艺术等的起源、演进及其相互影响。其研究成果表明：人类文化的发展过程就是不同文化或同一文化的不同成分、不同学科之间相互渗透、互相启迪、互相借鉴的过程。

诗文写作，动的是另一番脑筋。《文心雕龙·神思》："寂然凝虑，思接千载；悄焉动容，视通万里。"才思敏捷者，天赋好，但才思敏捷的背后也是一种处理语言的能力。清代乾嘉年间岭南著名诗人、书画家黎简说："昌谷于章法每不大理会，然亦有井然者，须细心寻绎始见。"（《李长吉集评》）昌谷者，李贺也。李贺作诗，似乎不怎么"抽引推求"情感与思想的关系。他没有先想好题目再去作诗，而是每天早晨出门，骑着瘦弱的马，带着一个仆人，背着古锦囊，一有好的作品，他便立即写下来，放到锦囊里。可是，李贺却执着于对人生的"寻绎"，苦思生命的意义，拷问人世的目的，这让他长期陷入抑郁感伤之中，不仅影响了他的情志，还伤害了他的身体，最终导致他在27岁时英年早逝。

大多数人，不求速度，更不敢草率为文，"相如含笔而腐毫，扬雄辍翰而惊梦，桓谭疾感于苦思，王充气竭于思虑，张衡研京以十年，左思练都以一纪，虽有巨文，亦思之缓也"（《文心雕龙·神思》）。刘勰批评指出，一些所谓的文人，心里老是牵挂着繁忙庸俗的政务，却空洞地描述尘世之外的情趣。这些文人的作品，真情实感一点没有，写的跟想的恰好相反。桃李从不自夸，人们自然会在树下踩出一条条小路，那是由于枝头有果实存在。相传男子种出的兰花不能发出幽香，那是由于他们没有细腻的感情。即便是如草木般微小的事物，尚且需要依赖感情、依靠果实，更何况那些以抒情述志为本的文章呢？

写文章时，"寻绎"还是要有范畴和方向的，否则"抽引推求"的结果，是一团乱麻，显现不出"事物之理""思想端绪"。2018年1月31日晚，天上出现蓝月亮、红月亮的奇景，在微信朋友圈里，人们纷纷晒出了自己的观月照片和诗作。人们有兴致看月亮，是因为它不"普通"，且有"文意"。看"血月"，人们想到了"人文历史"，内心"寻绎"对应的是思想情感符号。刘勰认为，天、地判分，则有"日月叠璧""山川焕绮"的"丽天之象""理地之形"，这"象""形"是天、地运动变化规律之"文"。"傍及万品，动植皆文。龙凤以藻绘呈瑞，虎豹以炳蔚凝姿。云霞雕色，有逾画工之妙；草木贲华，无待锦匠之奇。"文章的范畴广泛，题材非常丰富，人们必须参与其中，通过对自然的"寻绎"，将其转化为社会功用，这样的文章才具有意义。刘勰说："仰观吐曜，俯察含章，高卑定位，故两仪既生矣。惟人参之，性灵所锺，是谓三才，为五行之秀，实天地之心。心生而言立，言立而文明，自然之道也。"（《文心雕龙·原道》）

"心生而言立"，写作时，心里想着的是什么，文字呈现的就是什么。黄侃在《文心雕龙札记》中说："寻绎其旨，甚为平易，盖人有思心，即有言语，既有言语，即有文章，言语以表思心，文章以代言语，惟圣人为能尽文之妙，所谓道者，如此而已。"

这种融入自然的寻绎，必须是快乐的、充实的。方东美在《中国艺术的理想》中说："无论是哪一种中国艺术，总有一股盎然活力跳跃其中，蔚成酣畅饱满的自由精神，足以劲气充周，而运转无穷！所有这些都代表了一种欣赏赞叹，在颂扬宇宙永恒而神奇的生命精神，就是这种宇宙生意，促使一切万物含生，百化光焉。中国艺术家正因能参赞化育，与此宇宙生命浑然同体，浩然同流，所以能昂然不巧于美的乐园中。"

可常常，寻绎的过程，却转为忧郁、伤感。如，陶渊明在《己酉岁九月九日》中说："万化相寻绎，人生岂不劳？"又如，谢惠连在《雪赋》中说："寻绎吟玩，抚览扼腕。"触物生情，搅动了内心的平静，好不通达也！

私曲
sī qū

偏私阿曲，不公正。

《管子·五辅》："故善为政者，田畴垦而国邑实，朝廷闲而官府治，公法行而私曲止。"所谓私曲，意思是"偏私阿曲，不公正"。

史书表扬南朝的何远："远性耿介，无私曲，居人间，绝请谒，不造诣。"（《南史·循吏传·何远传》）何远为人处世，从不低声下气，也不向上官送礼。他给别人写信，无论对方身份贵贱，所用的称谓和礼节都一视同仁。他先后出任数郡太守，凡是见到使人产生贪欲的东西，他立即告诫自己要保持廉洁之心。他轻财好义，经常援手周济别人，却因此入不敷出，家境贫穷，连妻儿也饱受饥寒之苦。当他离开东阳归家后，数年间不谈荣辱之事，士大夫们因此更加赞赏他。他说话从无虚妄，都是出于天性。他跟别人开玩笑说："你能抓到我一句假话，我就给你一匹缣作为酬谢。"大家都睁大眼睛盯着他，但未能找到他言行不一的地方。何远为官时，凡事都以身作则，受到了百姓的爱戴。太守王彬巡察属县，诸县都以盛宴款待王彬。王彬到武康后，发现何远只为自己准备了干粮、饮水。王彬离开时，何远送上一斗酒、一只鹅作为临别赠礼。王彬对何远幽默地说："你送我的礼物超过了东晋时期陆纳送桓温的礼物，恐怕会被古人所讥笑吧！"何远报之一笑。

梁武帝听说何远的才干，擢升他为宣城太守。梁武帝生活俭朴，"日止一食，膳无鲜腴，惟豆羹粝食而已……身衣布衣"。在他的影响下，朝中出现了一些清官，如宰相范云、徐勉等。

历史上，哪个皇帝都不希望属下官员行私曲、搞腐败，明君更是痛恨不正之风。东汉光武帝刘秀在建武二年（26）封赏功臣后，他说："人情得足，苦于放纵，快须臾之欲，忘慎罚之义。惟诸将业远功大，诚欲传于无穷，宜如临深渊，如履薄冰，战战栗栗，日慎一日。"在给功臣发放印绶时，刘秀接着说："在上不骄，高而不危；制节谨度，满而不溢。敬之戒之。传尔子孙，长为汉藩。"建武七年（31），刘秀下诏说："其令有司各修职任，奉遵法度，惠兹元元。百僚各上封事，无有所讳。"（《后汉书》）

《贞观政要》记载，唐太宗李世民即位不久，对侍臣说："人有明珠，莫不贵重，若以弹雀，岂非可惜？况人之性命甚于明珠，见金银钱帛，不惧刑网，径即受纳，乃是不惜性命。明珠是身外之物，尚不可弹雀，何况性命之重，乃以博财物邪？……赃贿既露，其身亦损，实为可笑。"

贞观二年（628），李世民又对属臣说："朕尝谓贪人不解爱财也。至如内外官五品以上，禄秩优厚，一年所得，其数自多。若受人财贿，不过数万，一朝彰露，禄秩削夺，此岂是解爱财物？规小得而大失者也。"

贞观四年（630），李世民对大臣说："卿等若能小心奉法，常如朕畏天地，非但百姓安宁，自身常得欢乐。……若徇私贪浊，非止坏公法，损百姓，纵事未发闻，中心岂不常惧？恐惧既多，亦有因而致死。大丈夫岂得苟贪财物，以害及身命，使子孙每怀愧耻耶？"

贞观十六年（642），李世民对臣下说："古人云：'祸福无门，惟人所召。'然陷其身者，皆为贪冒财利，与夫鱼鸟何以异哉？"

在封建帝王当中，朱元璋治贪是最厉害的，杀了不少贪官污吏。在严刑峻法的同时，他还教育官员要抵挡贪污受贿的诱惑，特令工部制造申诫公侯铁榜，对功臣的各种不法行为逐项地规定处罚措施。洪武十八年（1385）前后，朱元璋将自己编写的四本诰书印成册，发给每位官员，让他们学习，从中接受教育。

洪武二十五年（1392），朱元璋编写《醒贪简要录》，亲自在奉天门向百官宣读，并颁布全国。每次诛杀重大贪污犯，朱元璋就命令刑部将其罪行印发至各县衙门，广为张贴，还命令官员都到刑场观斩，以受教育。朱元璋说："老老实实地守着自己的薪俸过日子，就好像守着井底之泉。井虽然不满，却可以每天汲水，泉不会干。受贿来的外财真有益处吗？你搜刮民财，闹得民怨沸腾，再高明的手段也隐瞒不住。"

刘秀执政有"光武中兴"之盛赞，李世民执政有"贞观之治"之美誉，朱元璋执政有"洪武之治"之称誉。他们的共同点是：节俭、纳谏和说教。

领导以身作则，身体力行，才会有影响力、号召力；听得进下面的意见，才会保持清醒的头脑，注意规范自己的行为举止；懂得因时因地说教沟通，才能有效警告和劝诫下属。

光武时期，贪官污吏非常少。《后汉书》："勤约之风，行于上下。"贞观时期，腐败分子很难有市场。《贞观政要》："有枉法受财者，必无赦免。"洪武时期，"郡县之官，虽居穷山绝塞之地，去京师万余里外，皆悚心震胆，如神明临其庭，不敢少肆。或有毫发出法度，悖礼义，朝按而暮罪之"。

玩"私曲"的行家，是有经验可谈的。唐朝宦官仇士良，搞贪腐20多年，却毫发无损。当他告老还乡时，一些宦官来给他送行，他们彼此视为推心置腹的好朋友，一起探讨如何玩手腕、施阴谋，掌权捞钱。仇士良颇有成就感地告诉他们，自己这些年来可是大权在握，荣华富贵应有尽有，他希望贪腐事业后继有人，于是鼓励他们好好地贪、多多地贪、安全地贪。贪腐是门学问，仇士良毫无保留地传授秘诀："天子不可令闲暇，暇必观书，见儒臣，则又纳谏，智深虑远，减玩好，省游幸，吾属恩且薄而权轻矣。为诸君计，莫若殖货财，盛鹰马，日以毬猎声色蛊其心，极侈靡，使悦不知息，则必斥经术，阁外事，万机在我，恩泽权力欲焉往哉？"(《新唐书·宦官传上》)

仇士良的贪腐经验有两个重点：一是争取皇上的信任，二是隔离皇上与文官的联系。皇上知道自己是一国之主，因此多半会读些书来了解历史与学习执政的方法。在读书过程中，他或许会产生思考与疑问，这时就会向文官征询解答，或者与他们辩论一些问题。而那些文官就会借机向皇上提各种建议，什么节俭好了，游幸不好了，什么远小人好了，近女色不好了。如此这般，皇上就会受那帮文官们的影响，成为他们的人。

所以，要背着皇上搞贪腐，就得控制皇上的时间，不让他去读书学习，要想尽办法让他成天玩乐，沉溺于声色之中，皇上玩上瘾之后就离不开陪臣了。那些劝他读书的人会让他十分反感，那些向他提建议的人会被他认为是心怀叵测，那些向他出谋划策的人会让他认为是小瞧皇上的能力。将皇上争取过来后，接着就可以隔离他了，从而轻易地进行欺瞒，使他的权力处于真空状态。皇上将一切国事都推给亲信去干，等于放弃了大权，压根儿就不知道自己喜欢的人、"信任"的人干没干好，而听到的大多是好话和虚假的信息，国家出了乱子也被虚报为天下太平、百姓安宁，皇上听了高兴还拿钱奖励虚报者。正是"万机在我，恩泽权力欲焉往哉"！

有些人，一边玩"私曲"，一边为自己漂白。他们身边的写手，往往是为其涂脂抹粉的工具。文人的良知，莫不受到考验。郑观应在《盛世危言·日报》中说："执笔者尤须毫无私曲，暗托者则婉谢之，纳贿者则峻拒之。"

契 qì 爱 ài

契爱意为友好、亲爱,是双方的心到一处,而非只一方对另一方的"好"。

《再生缘》:"若非两意相关切,便是同心契爱全。"契爱,比友好、亲爱的关系更深一层。"契"的古字形,像用刀契刻图案的样子,其本义就是"刻"。无论是在异性间,还是在同性间,深刻于心的关爱,才能更长久。因而,"契爱"是双方的心到一处,而非只一方对另一方的"好"。《警世通言·桂员外途穷忏悔》:"彼此切磋,甚相契爱。"如此,感受爱的温暖。

据《宋史·本传》记载,曾布因积极支持新法,由一名小官升任三司使,与吕惠卿一起成为王安石最得力的助手。后来,曾布当了宰相。苏轼尽管反对王安石变法,但与支持变法的曾巩、曾布兄弟关系始终都很好。苏轼落难后,曾布对远贬南方的苏轼、苏辙尽力保护,并且不怕受连累,以通书慰藉。据说,苏轼最后能够从海南北归,也有曾布的功劳。

苏轼给曾布的十几封书信中,有多封是专门为答谢曾布来信而作,其中写道:"自公之西,有识日望诏还,岂独契爱之末。边落宁肃,公岂久外哉?"(《答曾子宣书》之二)想必苏轼写"契爱"二字时,内心是温暖的,为自己有着曾布这样的朋友而感到高兴。

契爱难得!陶潜在《桃花源诗》中说:"愿言蹑清风,高举寻吾契。"

清代篆刻家、书法家邓石如喜欢陶渊明的诗文,其隶书帖《少学琴书册》第一段出自陶渊明的《与子俨等疏》,"大欢惟稚子""弱女虽非男,慰情良胜无""弱子戏我侧,学语未成音。此事真复乐,聊用忘华簪"……充满融融契爱之情。

一介布衣邓石如,在江宁大收藏家梅镠家生活了整整 8 年,他们是怎么相处的?又是如何理解、对待爱与被爱的关系呢?邓石如的弟子、书法理论家包世臣在《邓石如传》中这样写道:"山人(邓石如)既至,举人以巴东故,为山人尽出所藏,复为具衣食楮墨之费。"邓石如遍观梅家收藏的金石善本后,凡名碑名帖总要临摹百遍以上。他起早贪黑,朝夕不辍,为此后的篆刻技艺打下了扎实的基础。爱鹤且以鹤为喻的邓石如,人品是靠得住的。"慕古人琴鹤之风,以益励其清廉",在邓石如心中,梅镠及其家人的人品也是靠得住的。

人与人之间,关爱或许不如契爱那样深刻,但是关爱仍然非常重要。所谓"良心的普遍缺失"这一判断,或许并不完全客观,但它确实直指人心的冷漠,意在唤起人们彼此之间的关爱,尤其是对弱者、对不幸者的关爱。

可是,关爱常常"有罪"。这个"罪"不是关爱的目的,而是某种关爱的结果。被父母溺爱的儿女,一旦走向犯罪,人们常常将犯罪的原因归咎于其父母的"爱"。世上没有父母蓄意将自己的孩子培养成"罪犯",可是爱的方式、爱的形式与内容,却可能把自己的亲骨肉一步步推向人生的不归路。

对于别人给予自己的关爱,要知道它,在意它,用心去感受,使之成为"契爱"。有一个悲剧,多少年过去了,一提起它仍让人感到沉重。1996年8月25日，著名女作家戴厚英在上海寓所遇害。凶手是戴厚英曾经接济过的一个年轻人，既是同乡，又是亲戚的熟人。他在潜入戴厚英家中偷窃时，被戴厚英的侄女发觉，于是他将戴厚英的侄女打死，接着又杀害了买菜回来的戴厚英。

这里，我将此文落笔于关爱有"罪"，毫无新意。"惯坏""宠坏""忘恩负义"的故事太多，其中的道理尽管大家都懂，但是"善人者，不善人之师；不善人者，善人之资"实难做到。为人父母，只有等出了败家子方知错在"溺爱"。行文到此，思考起"爱与被爱"的非对称关系。小时候，常听母亲说："一升米养个恩人，一斗米养个仇人。"长大后，我在想到被爱者索取无度而触怒施爱者可能造成怨仇之外，还想到了施爱者计较于"米"的分量，以为"一斗米"重于"一升米"，而误解了对方的判断标准。于是，"被养"的人可能因为一件小事得罪"养"他的人。你以为给对方的关爱不少，而对方也许觉得从你这里得到的是比关爱更多的"训斥""谴责"。"一饭之恩必报"是一种美德的提倡，而"斗米"之恩必须加倍报答，实际上成了很多施爱者的逻辑。

被关爱的人，内心或许并不强大，或许他有着一颗特别敏感而脆弱的心。让被关爱的人获得帮助并萌生道德的力量，这往往取决于施爱者和被关爱者双方。两者之间，并非总是晴天丽日与清风明月，也会有雾霾。

爱与被爱，流淌着清澈的善，汇注到一起，便成了"契爱"。

伤格 shāng gé

一味模仿,缺少独立思考,没有自己的风格。

当我还是文学青年的时候,一位资深编辑对我说,写作要注意"格",不可什么都写。我当时不以为然。在往后的写作生涯中,我越来越觉得他说得有道理。一个人即便诗歌或文章写得很多,也并不能说明他有才气,尽管他有"诗人"或"作家"的名号。有的人虽然写得很多,但有可能推动其文字数量增长的是兴趣、激情或者利益,而不一定是才气;有的人即使写得很少,但也能看出他的才气,甚至相较于写得多的人,写得少的人反而更能凸显其卓异的才气。

我最初什么都写,自以为有才气,但实际上是因为没有经过仔细运思就轻易动笔,这无疑是在浪费才气。年轻时,我写作劲头大,加上天赋尚足,以至于没有意识到对才气的保护。直到数年后,我才渐渐感觉自己的表达方式变得陈旧,开始不断重复自己,几近文思枯竭。于是,我对自己提出"用第二思维写作",也就是不再流于事物表象的思考,回避常见的立意,努力寻找新的角度,并极力讲究语言风格。

袁宏道说:"不以模拟损才,不以议论伤格。"(《徐文长传》)这句话恰好让我明白了为什么当今流行的小品文(励志文),读来读去感到没有一点才气，问题出在"模拟"和"议论"上。学习写作，可以先模仿别人，但最后必须放弃模仿。据传，郑板桥年轻时潜心临摹历代书法名家的作品，达到以假乱真的地步。一天夜里，他在睡梦中用手指在老婆后背上写字。老婆惊醒了，不满地说："你有你的体（身体），我有我的体，为什么不在自己的体上练呢？"郑板桥从这句话中得到启发，开始另辟蹊径，融会贯通，努力熔铸自己的风格，最后形成了"板桥体"，名声大噪。写作同样如此，一味地模仿，失去自己的"体"，只是白白损耗才气。

朱光潜在《我从怎样学国文说起》一文中谈到他年轻时写"策论"的感受，思维被"干枯冷酷的理"造成永久的影响，"吃亏在这一点"。他说："开头要有一个帽子，从广泛的大道理说起，逐渐引到本题，写一段文字，然后转到一个'或者曰'式的相反的议论，把它驳倒，最后作一个结束。这就是所谓的'起承转合'。这类文章没有什么文学价值，人人都知道。"朱光潜认为自己写不出一篇像样的文学作品，原因是"在应该发展想象力的年龄，我的空洞的头脑被歪曲到抽象的思想工作方面去了，结果我的想象力变得极为平凡，我把握不住一个有血有肉、有光有热的世界……"

当今不少活跃于文坛的励志文作者，其文字如同一个模子所铸，如果不看署名，叫人难以分辨是谁写的。千字文或者几百字的小文章，不是小在内容的精悍上，也不是小在立意的单纯上，而是小在结构的模式化上。一个小故事揭示一个大道理，一种简单现象说明一个复杂问题，一个小观点议论一个大人生……有人称其为"老鼠尾巴文"，很恰当。这种模仿，必然会"损才"，写得越多，其才气越容易被堵塞、被损耗。如果不愿意竭尽全力去创作，才气终究难以展现。一些人以为找到了写作的门路，乐此不疲，可在复制中却失去了文心，枯竭了想象力。

　　更要命的是，紧随其后的是"伤格"，伤自己的格，也伤社会的格（文风）。貌似文章因励志而有"价值"，实则反映了缺乏思考，或者多是同质性思考，表现出其立意与语言的平庸。国民的文化程度普遍提高了，可从人们阅读的内容看，似乎人文素养退步了。一些作者不假思索，不经推敲，以简单而肤浅的认识，显示自己什么道理都懂，一花一世界，每天都有可写的东西，却陷入价值混乱之中，惯性思维下的概念化的"议论"，覆盖了审美的心灵，如同踏入荒凉贫瘠的沙漠。

　　宋代赵令畤在《侯鲭录》中说："句句言情，篇篇见意。奉劳歌伴，先定格调，后听芜词。"文章格调，决定文章风格。晚唐司空图撰《二十四诗品》，囊括了诸多诗歌艺术风格和美学意境，将诗歌所创造的风格、境界分类，共二十四种，即：雄浑、冲淡、纤秾、沉着、高古、典雅、洗炼、劲健、绮丽、自然、含蓄、豪放、精神、缜密、疏野、清奇、委曲、实境、悲慨、形容、超诣、飘逸、旷达、流动。清代许奉恩有《文品》之作，将文章分为三十六品，即：高浑、名贵、超脱、简洁、雄劲、典博、精炼、整齐、放纵、畅足、谨严、质朴、恬雅、浓丽、清淡、鲜明、老当、险怪、流动、细密、奇谲、空灵、缠绵、神化、圆转、纯熟、轩昂、幽媚、快利、峭拔、沉厚、和平、悲慨、得意、游戏、停蓄。

　　关于人品与文品，钱锺书在《谈艺录》中有精辟见解，"元遗山在《论诗绝句》中说：'心画心声总失真，文章宁复见为人。高情千古闲居赋，争信安仁拜路尘。'匪特纪载之出他人手者，不足尽据；即词章宜若自肺肝中流出，写心言志，一本诸己，顾亦未必见真相而征人品。吴处厚在《青箱杂记》中说：'文章纯古，不害其为邪。文章艳丽，亦不害其为正。然世或见人文章，铺陈仁义道德，便谓之正人君子；及花草月露，便谓之邪人。兹亦不尽也。'因举宋广平、张乖崖、韩魏公、司马温公所作侧艳词赋为证。魏叔子《日录》卷二《杂说》卷二谓：文章'自魏晋迄于今，不与世运递降。古人能事已备，有格可肖，有法可学，忠孝仁义有其文，智能勇功有其文。日夕揣摩，大奸能为大忠之文，至拙能袭至巧之语。虽孟子知言，亦不能以文章观人。'此二者则与遗山诗相发明。吴氏谓正人能作邪文，魏氏及遗山皆谓邪人能作正文。世有爱《咏怀堂诗》者，刺取南雷《汰存录》所谓'不幸存录'，为阮圆海洗雪，盖未闻此等议论也。固不宜因人而斥其文，亦只可因文而惜其人，何须固执有言者必有德乎。严介溪在《生日》中说：'晚节冰霜恒自保'，爱《钤山堂集》者，亦可据此以辩分门如市而心如水耶'"。

xiāng 乡
yǐn 饮

指乡饮酒礼，为古代嘉礼之一。起源于周代，最初是乡人的一种聚会方式，后来融入了尊贤养老的思想，成为一种教化民众的礼仪。

  过年，酒礼不可小视。过年时的酒礼比平时更为讲究。平时朋友聚饮及工作上的应酬可任性，也可逃避；但过年与亲戚饮酒，辈分有等、亲疏有别，饮的不仅是文化，更是伦常。不像平时，我这等人可以沾年龄的光，在年轻人面前摆资历，酒抿一口即可，不必杯杯都喝完。而过年时，我这年纪，上有老下有小，给年长者敬酒得毕恭毕敬，接受晚辈敬酒得和颜悦色。平日修炼出一副大肚能容天下难容酒的皮囊，过年时却要在敬酒、回敬上表现出很懂酒礼的样子。平时目睹别人大碗喝酒、炸罍子，羡慕称赏，时有落寞之感。过年虽不用拼酒，可酒礼要守，数日来恰逢上火，嗓子干涩，间歇性咳嗽，滴酒不沾显然不行，担心这样会失礼于乡饮。
  中青年人肩负着传承和弘扬酒文化的重任，拜年敬酒，表达酒礼之精准，半点闪失不得，以免让人闲话家里老人教诲不力，家风不好。家长多是被宴请的对象，若年事已高，不胜酒力，便派酒量大又懂酒礼的儿子作为代表，给亲戚长辈拜年敬酒；或者授权儿子参加家族宴请，担任陪酒主将。男儿不行，就女儿上，家族需要立身乡饮千杯不醉的新生力量！我从小生活在小镇上，虽然那里不是家家户户互相轮流办酒宴请，但过年乡饮之风甚重，我深受熏陶。

我的两个姐姐均嫁到农村，一为刘姓大屋场，一为陈姓大村庄，她们那里正月家家做庄，召集至亲聚饮，春节的重头戏就是乡饮。

《后汉书·李忠传》："春秋乡饮，选用明经，郡中向慕之。"《北齐书·邢邵传》："更明古今，重遵乡饮，敦进郡学，精课经业。"中国民间有"无酒不成席"的风俗。这个风俗古已有之，在汉代经济不断发展的过程中，更是在民间盛行。汉宣帝曾倡导此风，五凤二年八月，诏曰："夫婚姻之礼，人伦之大者也；酒食之会，所以行礼乐也。今郡国二千石或擅为苛禁，禁民嫁娶不得具酒食相贺召。由是废乡党之礼，令民亡所乐，非所以导民也。……勿行苛政。"（《汉书·宣帝纪》）

饮食乃大节，也最易滋生矛盾。小时候我不懂，听见有人过年吵架，就疑惑：过年吵什么架？后来发现有人为"争酒理"闹翻天，实在不可理喻。长大后，我在与人饮酒时尽可能豪爽，多敬酒，少吃菜，宁愿自己喝醉也不让别人认为欠了礼数、耍了心机。现在我酒量不行了，最怕被逼喝酒，他们讲道理时总是一大套，强人所难，让我很反感。主要问题还是身体醉不起，否则怕它个啥啊？

有个传说很有意思：三国时，钟毓和钟会这两个小孩想尝尝酒的味道，他俩以为父亲睡着了，于是悄悄地偷酒喝。父亲并未熟睡，听到动静后没有立即制止，而是窥视兄弟二人偷酒喝时的情景。父亲发现，钟毓喝酒"拜而后饮"，钟会喝酒则"饮而不拜"。父亲干咳了一声。兄弟俩得知父亲醒来，承认偷喝了酒。父亲没有责怪他俩，只是问其缘由。钟毓说："酒以成礼，不敢不拜。"而钟会则说："偷本非礼，所以不拜。"这个典故，说明古人饮酒时都讲究一定的礼节。这种礼节，使饮酒成为一种庄重的活动仪式。所以，饮酒不能失礼。

《礼记》中有一篇专门写"乡饮酒义"的文章，其中有些规定现在无须拘泥遵守，如六十岁以上的人坐着，五十岁以下的人站着侍候，还有六十岁的人席前三碟菜，七十岁的人席前四碟菜，八十岁的人席前五碟菜，九十岁的人席前六碟菜……但是，尊敬老人、奉养老人的思想精神和涉及酒局礼仪的一套程式并不过时，在乡间、在城市很多场合都还是适用的，需要提倡。例如主人洗手洗酒器，然后举杯向客人敬酒，宾客要表示感谢等。"尊让洁敬也者，君子之所以相接也。"这是前提，即"尊让洁敬"四字。别小看这个，它可决定了因果相续的关系，即"君子尊让则不争，洁敬则不慢，不慢不争，则远于斗辩矣，不斗辩，则无暴乱之祸矣"。

过年的节日来源于古俗腊祭。"腊祭"是古代先民们在经过一年的辛苦劳作之后，不管丰歉，都要告一段落，迎接新的开始。所以在辞旧迎新的岁尾年初之际，便用他们的农、猎收获物，来祭祀众神和祖先，以感谢他们的恩典和赐予。在腊祭期间，正是冬季，不是生产季节，所以人们可以不用干活，饮酒联欢，歌舞戏耍。《诗经·豳风·七月》："朋酒斯飨，曰杀羔羊。跻彼公堂，称彼兕觥，万寿无疆！"记载了每到农历新年，以喝"春酒"祝"改岁"，尽情欢乐，庆祝一年的丰收的场面。

过年，天伦人情酒礼存焉！喝酒吧，痛痛快快地喝，客客气气地敬。

弦歌 xián gē

> 弦歌，将思想内容以琴瑟伴奏而歌诵，用来表达保持教育化人的精神。

在安徽省安庆市怀宁县高河镇王星拱墓地旁，瞻仰者寥寥。地砖缝隙中长出一丛丛几十厘米高的草，半枯半青，在寒风中摇曳，发出"嗖嗖"之声。王星拱先生于1949年10月去世，墓后四块竖立的石碑上，各镌一字，合为"一代完人"，这是时任上海市市长陈毅赠送的挽联题字。后来，无人再享此殊荣。

在瞻仰"一代完人"时，我不由得想到另外四个字——"弦歌不辍"，随即耳畔传来琅琅读书声。时空穿越到1945年，抗战胜利前那段最艰苦的日子，身为武汉大学校长的王星拱，面对全校师生慷慨动员："我们已经艰辛地撑了八年，绝没有放弃的一天，大家都要努力。教育部命令各校，不到最后一日，弦歌不辍！"（齐邦媛《巨流河》）

中国能够取得抗战胜利，跟教育界"弦歌不辍"的精神对广大学子的激励有很大关系，这种精神支撑了人们决不放弃、坚持到底的信念。残酷的侵略战争使神州大地动荡不安，对包括学校在内的一切造成了毁灭性破坏。为了民族生存与文化赓续，民国众多高校有计划、成建制地撤退，汇聚了一大批社会精英。其存在价值，不仅在传授各类知识、产生自然及人文社会科学成果中发挥作用，更在特殊时期起到传播浩然正气、塑造民族灵魂的功效。中国的高等教育，在战火纷飞、物资极端短缺的严酷环境中，不但维持着正常的教学秩序，而且还得到了扩张。战争结束时，中国的大学由108所增加到141所，学生从4万多人增加到8万多人。

所谓"弦歌"，指的是将思想内容以琴瑟伴奏而歌诵，用来表达保持教化育人的精神。《诗经》的诵读，均配以弦乐歌咏的形式。《孔子家语·在厄》："孔子不得行。绝粮七日，外无所通，藜羹不充，从者皆病。孔子愈慷慨讲诵，弦歌不衰。"《庄子·秋水》："孔子游于匡，宋人围之数匝，而弦歌不辍。"冯梦龙在《东周列国志》第七十九回中说："孔子绝粮三日，而弦歌不辍。"记载的都是同一故事。

《韩诗外传》卷一："原宪居鲁，环堵之室，茨以蒿莱，蓬户瓮牖，桷桑而无枢，上漏下湿，匡坐而弦歌。"《史记·儒林列传》："及高皇帝诛项籍，举兵围鲁，鲁中诸儒尚讲诵习礼乐，弦歌之音不绝，岂非圣人之遗化，好礼乐之国哉？"刘禹锡在《国学新修五经壁记》中说："俾我学徒，弦歌以时。"刘大櫆在《问政书院记》中说："弦歌以和其心，诵读以探其义。"均为发扬孔子弦歌不辍的精神。

实际上，"弦歌不辍"在中华民族的历史进程中，早就演变成为了一种民族精神。

1928年6月，王星拱被大学院（民国初期国民政府掌管全中国学术及教育行政之最高行政机构）院长蔡元培指派为武汉大学筹委会委员及建筑设备委员会委员，与李四光等一起负责筹建武大。1933年5月，王星拱继王世杰之后担任武大校长。武大在1937年建成了文、法、理、工、农5个学院，15个系，以及法、工两个研究所。一所综合性大学初步建成。抗日战火蔓延至长江沿岸，1938

年3月武大西迁至四川乐山。在经费短缺，设备简陋的情况下，武大仍设法招聘学者名流，充实教学力量。如叶圣陶、朱光潜、徐仲舒、冯沅君、高亨等全国知名教授，均受聘执教。入川之初，武大仅有学生600人。到1940年，武大学生激增至1700多人，教授、讲师达198人。

历代武大人都认为，抗战时期流亡四川乐山的国立武大，虽然办学条件极其艰苦，但全体师生迎难而上，取得了卓越成就，为中国培养了大批高素质人才。这些成绩都与王星拱校长"躬亲践履，卒底于成"的品德道义密不可分，是他领导运筹、团结广大师生员工共同奋斗的结果。

陈平原教授说："我研究现代中国大学史，关注晚清学制的建立、五四新文化运动时期大学功能的转折、20世纪30年代大学的正规化建设、20世纪50年代的思想改造与院系调整、'文革'中的大学停办、改革开放初期的恢复高考制度，一直到最近20年中国大学的迅猛发展。在这一百多年的中国大学波澜壮阔、跌宕起伏的历史上，最让我感动、感叹、感怀的，是抗战八年，炮火连天，满目疮痍中，中国大学依旧弦歌不辍。"（《弦歌不辍　精神不死——陈平原谈抗战烽火里的中国大学》）

同样令无数国人感动、感叹、感怀的，是1977年恢复高考。作家李辉在《恢复高考，告别一个荒唐的年代》中写道："恢复高考，是恢复对人类现代文明的应有尊重。……无疑已经从尊重人类现代文明的角度，拆除了'文革'的一个支撑点，曾经陷入混乱乃至近于疯狂状态的中国，对现实有了最低限度的清醒。……重视知识，重视人才，知识分子作为一个群体重新得到重视。"

王星拱先生相貌高古清秀，气质温文尔雅，每次看他的照片，我都感觉到一种出尘淡定的静气,一种昂扬不屈的正气,一种学贯中西的文气。据说王星拱只爱穿长袍,不穿马褂。他说:"马褂带有封建官阶之意,过去帝王赐'黄马褂'就是一种官职,我是搞教育的,不是来做官的;我只穿长袍,既简便,又保暖,也表示我们为人处世,要'一身正气,两袖清风,刚正自立,不卑不亢'之意。"(王允斌《追忆雪艇、抚五校长的几件往事》)

2018年2月4日,我在高河参加"第二届怀宁诗歌春晚",想起王星拱先生执掌武大,弦歌不辍,浴火重生,随即写道:"兹土怀宁,弦歌不辍。黄梅阁,孔雀台。且唱且吟,蔚然蔚起。因诗春暖花开艳,缘词冬烬独秀裁。吐衷曲,诉情怀。"

蔚起 wèi qǐ

蔚，茂盛、盛大的意思。蔚起指蓬勃兴起，兴旺地发展起来。

深山中的潜山市官庄镇，自然葱郁，蕴藏着人文历史的厚重。比天柱山海拔还要高的金紫山遮拦了外界的喧嚣和纷争，保护了革命先行者余大化烈士的祖居"五世同堂"、余氏宗祠等古建筑，以及它们所承载的传统文化遗迹。

"七叶衍祥""望重彤庭""傲雪松筠""洛社风高""五福三多""媲美郑张""天府储材""蔚起兆鸿"等匾额、题字映入眼帘，引起我对被余氏后人誉为"德馨庄"的这块文化昌盛、人文荟萃之地的多视角审视，寻找认知的切入点，最后定格在"蔚起"二字上。

清代王士禛在《居易录》中说："且誉麾蔚起，诸生之诵法弥殷矣。"鲁迅在《汉文学史纲要》第九篇中说："诗之创制，亦复蔚起。"蔚起，即蓬勃兴起。这些年，我在旅行中，发现全国不少地方有"蔚起"二字的墨迹、碑刻。益阳市第一中学碑廊中，有1946年时任湖南省政府主席王东原的题字："湖南私立信义中学四十周年纪念，英才蔚起。"广东省深圳市观澜中学有民国政要宋子文于1948年的题词："英才蔚起。"

把"蔚起"写进校歌的也不少，如湖南大学校歌："华与实兮并

/ 147

茂，兰与芷兮齐芳，楚材蔚起，奋志安壤。"河海大学校歌："钟灵毓秀石头城，人才蒸蔚起。河疏湖蓄水利兴，工学昌明时。"江苏省盱眙中学校歌："地灵人自杰，英才蔚起焕文昌。"山西省运城中学校歌："四方学子负笈来，人文蔚起为栋梁，同学们，同学们，明理知耻发愤图强。"

　　一个民族，经济振兴和文化蔚起都很重要。虽然当今文化兼容并包、吸纳整合而呈现出新的形态，但传统文化的内涵仍有巨大的影响力，如儒家的刚毅进取、自强不息的精神；道家的万物齐一、返璞归真的哲学；释家的同体大悲、慈善惜福的观念；法家的循法而治、参验审言的思想，都有积极作用。余英时认为，与追求"外在超越"的西方文化相比，追求"内在超越"的中国文化更能容纳此世条件和在此世努力基础上的希望和理想。当然，能否做到超越，还要看个体的自觉努力方向。儒家相信，通过个体的自身努力，从有限的存在中有可能获得意义的开显与境界的提升，最终达到"至善"的圆满境界。余英时还认为，中国文化的重建问题事实上也就是中国传统的基本价值与中心观念在现代化的要求之下如何调整与转换的问题。当代中国文化重建的实质是我们怎样能通过自觉的努力使文化的变迁朝着最合理的方向发展。

　　有一家公司的总经理本来很重视文化，后来因董事之间对文化的意见不一致而改变了态度。有几个董事认为，在企业文化上投入过多的人力、财力不值得，迫使总经理减少了文化中心的人员。后来，董事们还是觉得文化中心只花钱不赚钱，不如干脆将它与别的部门合并。再后来，企业经济效益不断下滑，进行裁员时，公司搞文化的人最先被列入裁员名单。

"这是为了生存！"轻视文化的人理由很充分，"饭都没得吃了，还搞什么文化？""文化好看，涂脂抹粉，现在公司不需要这个东西。"他们认为企业面临残酷的市场竞争，要实现开源节流、扭亏增盈，最应该放弃的就是企业文化建设。

按照那些将文化看作外衣的人的观点，衣服可以脱了一件又一件，哪怕赤膊上阵！夏天倒是可以把一件件衣服当出去，最后连一丝内衣也不穿，只能裸奔了。那冬天怎么办？靠天生的一副硬身板熬下去？裸奔的人，会有失大雅，会被看作神经不正常，会被警察从大街上带走。

据报道，有一些公司从创立到倒闭，时间很短。这些公司拼尽全力冲刺，但最终因缺乏文化底蕴而失败。纵观世界一些成功的大公司，它们都有自己独特、深厚的企业文化底蕴。正是这些优秀的企业文化，滋润着企业并推动着企业发展。当企业身处困境时，文化的力量更加显现，员工精神振作，风纪不失，使企业能够度过难关。

不妨来看看"文化"的本义和它的引申义。"文"，本指各色交错的纹理。《易经·系辞下》："物相杂，故曰文。"《礼记·乐记》："五色成文而不乱。"在此基础上，"文"的引申义有三种：一、包括语言文字在内的各种象征符号，进而具体化为文物典籍、礼乐制度。二、由伦理之说推导出彩画、装饰、人为修养之义，与"质""实"对称。《尚书·舜典》："经纬天地曰文。"三、在前两层意义的基础上，推导出美、善、德行之义。《礼记·乐记》："礼减而进，以进为文。"郑玄注："文，犹美也，善也。""化"的本义，为改易、生成、造化。《庄子·逍遥游》："化而为鸟，其名曰鹏。"《黄帝内经·素问》："化不可代，时不可违。""化"引申为教行迁善之义。"文"与"化"并联使用，较早见之于战国末年儒生编辑的《易经·贲卦·象传》："刚柔交错，天文也。文明以止，人文也。观乎天文，以察时变；观乎人文，以化成天下。"我们从"文化"的概念上，就可以感受到它的功效及价值。

人是有思想和情感的动物，"以文教化"对于文化建设的作用，已被英明的统治者、卓越的团队管理者所利用、发挥。如今，企业文化常被称作"软实力"，而通常认为软实力必须依附于硬实力。然而，这种认为软实力必然依附于硬实力的逻辑是很多企业文化建设滞后的原因之一。文化是"软"的，但文化之"软"并非必须依附于硬实力。我看到一个公司老板擂着桌子高声喊："我们必须杀出一条血路！"他的拳头，乃至整个身体，都透着一种刚毅。这刚毅是否源于他相信企业文化的软实力呢？历史上那些振臂一呼的"阳刚之气"，能持久并得到广泛响应，必然蕴含着文化之"柔"，将人心紧紧相连。它是信念，是理想，是价值观。没有这些软的、柔的东西，凭一个人或几个人大声叫喊、挥舞拳头，起不了什么作用，达不到好的效果。

此次官庄之行，我们的主要任务是进行"德馨庄"的文化考察。阅览文献、画册、文化墙、陈列馆，品读官庄余氏家训。"读圣贤书，非为名利""隆师重道，研究经论，明体达训，学抵于成"这些家训观念，从大山深处呼应了中华文明的价值取向。印光大师说："世乱极矣，人各望治，不知其本，望亦徒劳。其本所在，急宜知之。家庭母教，乃是贤才蔚起，天下太平之根本。"（《印光大师文钞续编》）官庄的家庭教育传统，一直在传承和沿袭。

金紫山和天柱山，都属于大别山山脉，是古皖文明的发祥地，是皖江文化的重要地域。文化之"蔚起",如同这里的植物茁壮蓬勃一样。山水之间,人才如鸿展翅,翱翔蓝天。"凌九皋而奋迅兮,指云路之悠扬。"(张春《鹤驾词》)

壮猷
zhuàng yóu

猷意为计划、谋划，壮猷则指宏大的谋略。

我多次到访大别山腹地岳西县天堂镇东山村汪氏宗祠，或参加集体活动，或陪几位外地客人参观。该祠的堂号为"壮猷堂"。我不知道当年红军中央独立第二师将这里作为司令部时，王效亭、储余、储汉仪、凌霄等革命烈士，是否曾被"壮猷"的精神内涵所激励。

汪氏宗祠所辖汪氏本是姓方，为避明代方孝孺"株连十族"之祸，而改姓为汪，迁徙至此定居。祠内古戏楼后台有一副楹联："鼓舞如传正学事，弦歌宜唱壮猷章。"其中，"壮猷"指的是西周武将方叔，"正学"则指的是明代大学者方孝孺。

儒家主张"正学以道"，其思维逻辑贯穿于中国传统人文哲学之中。尽管儒释道法诸家对于"道"的理解和阐述不一样，但"天人合一"的思想却深入人心。那么，何谓文化人格心理呢？它就是"人心即道"，这是古人恪守和信奉的东西。因此，大道通天，天意难违，不可不敬畏。

这种思维，其积极意义大于消极意义。对于"天道"，我们必须具备足够宽广且长远的眼光才能看清楚；看清楚了"天道"，那么对于一切现实的问题及困惑也就迎刃而解了。虽然人们往往以观念为转移，或通过价值取向预设对错来判断事物，从而得出"符合天道"的结论，但这一过程中存在着逻辑上的疏漏和话语上的缝隙，他们却不以为意。因为，在他们看来，法网恢恢，疏而不漏。

朱棣在《七律》中说："典修文治追唐室，疆拓军功赛汉廷。伟略雄才千古帝，昌平皓月照长陵。"方孝孺在《栽柏》中说："迂拙乖世用，每蕴无穷思。取效非目前，远与千载期。"

现在，我们对朱棣和方孝孺这两位明代人物的评价，取舍标准是与古人不尽相同的，不同之处在于我们看重的"功绩"与古人所重视的不一样。

朱棣是通过篡夺侄子的皇位而当上皇帝的，这显然不合道义，颠覆了人们内心持守的伦理观念。朱棣杀害了主张"明王道，致太平"的方孝孺，并且灭了他九族。朱棣的目的只是为了震慑读书人屈服其威权，何至于这么"伤天害理""涂炭生灵"呢？对于整个知识分子群体来说，他们的文心对应的是天心，无论是从天理、道义的角度，还是从物伤其类、惺惺相惜的情感出发，他们都倾向于方孝孺，认为他是正确的，是仁人志士应有的表现。然而，朱棣却没因方孝孺事件而危及皇位，他主政二十二年，并将皇权顺利地交给了下一代。

人们的思维没有终止于这种"不公"。他们抬头观察茫茫苍穹，等待天意的信号，这需要数代人的守望。他们相信，到了一定的时候，"天道"会做出反应。天道回应人道的时间跨度叫做"定数"，而定数总会到来。后来，明朝被清朝取代，而这些守望者的目光仍然那么坚定。几百年间，发生了太多的事情，但没能稀释、淡化人们对天道的理解。尽管朱棣执政时做了不少合民情、符民意的事，但若将他与方孝孺放在一起，他仍输给了方孝孺，怎么也弥补不了于"道"的阙亏。

某种意义上,这种思维,抑或这种认识,支撑了人们的信念。如果指责某些人缺乏信念,多半是说他们远离了道的精神,没有天道难违的意识。

姚鼐在《方正学祠重修建记》中,推崇方孝孺的精神气节,提出需要用大眼光、高视点看"道",这样的"道"才能胜"权",他说:"天地无终穷也,人生其闲,视之犹须臾耳。虽国家存亡终始数百年,其逾于须臾无几也。而道德仁义、忠孝名节,凡人所以为人者,则贯天地而无终敝,故不得以彼暂夺此之常。"

这种观念是普遍的,也只有相信这种普遍的观念,人心才能得到安慰。姚鼐知道,自己骂朱棣"自下逆上,篡取其位",不会使清朝皇帝为此兴文字狱砍他的脑袋,因为嘉庆皇帝心中的"道"也是反对"篡位"的。虽然方孝孺是明朝忠臣而清入主中原、夺人江山也有违"天道",但姚鼐歌颂的是忠孝气节,乃"忠义之气自合乎天地"!

朱棣死后,他的子孙尊其谥号为"太宗体天弘道高明广运圣武神功纯仁至孝文皇帝""启天弘道高明肇运圣武神功纯仁至孝文皇帝"……姚鼐以及一代代无数的士大夫、读书人是不认这个账的。站在"道"的角度,姚鼐得出了一个让我们看来很有意思的结论:"成祖天子之富贵,随乎飘风;正学一家之忠孝,光乎日月。"姚鼐认为,方孝孺是有道之人,而朱棣则是无道之人,故而方孝孺在道德上高于朱棣。

方孝孺在《江山万里图》中说:"江山谁写入图画,眼中历历如经游。岸巾一览发长啸,满襟爽气高堂秋。"朱棣在《御制弘仁普济天妃宫诗》中说:"视下土兮福苍生,民安乐兮神攸宁。海波不兴天下平，于千万世扬休声。"

可是，今天人们还这么看历史吗？显然人们更多的时候撇开了方孝孺事件，同时不提或少提朱棣的篡位，而看到他如何巩固南北边防、维护中国版图的统一与完整的功绩；看到他多次派郑和下西洋、加强中外友好往来的功绩；看到他编修《永乐大典》，疏浚大运河的功绩；看到他在位期间经济繁荣、国力强盛的功绩……

是"道"出了问题吗？道不会消亡，只是人们的关注点不同了。对于历史，无疑是"以道为史纲"中的"纲"被撕破了，因为人们发现不少人可以借"道"的名义肆意篡改历史，自我粉饰，而一些卫道士紧握笔杆子，遮蔽人们守望天道的目光。当人们失去耐心，眼光越来越低，看不到道时，便不相信道了。不相信道，心理和思维都会发生变化，倾向于追求眼前利益，甚至认为自己做了坏事，也不会遭到报应。

汪氏宗祠里还有一副对联，上联是"胜地得双峰山外有山天外有天万道灵光归俎豆"，下联是"壮猷开万叶子又生孙孙又生子一堂和气集冠裳"。

细细品读，不难理解它的意思。它告诫子孙要始终不忘祖宗根本，希冀"壮猷开万叶"，造就国家栋梁之材，并且"一堂和气集冠裳"，即大义与大孝并行。这是中华文化昭示的最高境界。

轸 zhěn 悼 dào

轸悼，痛切哀悼。

母亲去世后的那个春节、父亲去世后的那个春节，以及岳父岳母去世后的这个春节，回家前我都心情忧郁，回家的路上内心感到空荡，回到家后睹物思亲更是深为轸悼。

轸悼，痛切哀悼。这种感情是普遍的，无论是出身贵族，还是出身寒门；无论是帝王将相，还是乡民村夫。唐代陈去疾在《西上辞母坟》中说："高盖山头日影微，黄昏独立宿禽稀。林间滴酒空垂泪，不见丁宁嘱早归。"韩愈在《此日足可惜赠张籍》中说："哀情逢吉语，惝恍难为双。"白居易在《赠高郢官制》中说："天不慭遗，深用轸悼！"人们悲伤的感情，比喜、怒、乐更持久，更需要宣泄和表达。刘勰在《文心雕龙·诔碑》中说："至于序述哀情，则触类而长。"

据南朝著名文学家任昉在《文章缘起》中的考证，东汉杜笃的《祭延钟文》是最早的祭文（已佚）。现存最早的祭文是曹操的《祀故太尉桥玄文》。"士死知己，怀此无忘""怀旧惟顾，念之凄怆"。曹操不但赞颂祭主桥玄的优良品德，还回忆了自己与祭主的交往，表达对亡者的哀伤思念之情。从此，告飨、赞言行、抒哀情等便成为了祭亲友文的主要内容。西晋时期，王沈的《祭先考东郡君文》、潘岳的《为诸妇祭庾新妇文》、殷阐的《祭王东亭文》等文章，均为悼念亲友而写。这些作品的出现，使得"祭文"这一文体得到了广泛的应用。西晋后，祭文有陶渊明的《祭从弟敬远文》《祭程氏妹文》，颜延之的《祖祭弟文》，王僧达的《祭颜光禄文》，谢朓的《为诸娣祭阮夫人文》，孔稚珪的《祭外兄张长史文》，刘令娴的《祭夫徐敬业文》，沈景的《祭梁吴郡袁府君文》等，可谓代有佳作，并形成了稳定的文体模式。

潘岳不仅长得帅，文章也写得漂亮，尤其是他的祭文，更是被公认为其作品中的佼佼者。东晋史学家王隐在《晋书》中说："潘岳善属文，哀诔之妙，古今莫比，一时所推。"唐代房玄龄等人在合撰的《晋书》中评价潘岳："岳美姿仪，辞藻绝丽，尤善为哀诔之文。"《文心雕龙》更是连连称赞："及潘岳继作，实踵其美。观其虑善辞变，情洞悲苦，叙事如传，结言摹《诗》，促节四言，鲜有缓句。故能义直而文婉，体旧而趣新，《金鹿》《泽兰》，莫之或继也。……潘岳构意，专师孝山，巧于序悲，易入新切，所以隔代相望，能徵厥声者也。……潘岳为才，善于哀文。"

潘岳在《为诸妇祭庾新妇文》中有这些内容："潜形幽壤，宁神旧宇。室虚风生，床尘帷举。自我不见，载离寒暑。虽则乖隔，哀亦时叙。启殡今夕，祖行明朝。雨绝华庭，埃灭大宵。俪执箕帚，偕奉夕朝。仿佛未行，顾瞻弗获。伏膺饮泪，感今怀昔。怀昔伊何，祁祁娣姒；感今伊何，冥冥吾子。形未废目，音犹在耳。"

刘令娴在《祭夫徐悱文》中也是轸悼沉痛："生死虽殊，情亲犹一。敢遵先好，手调姜橘。素俎空乾，奠觞徒溢。昔奉齐眉，异于今日。从军暂别，且思楼中。薄游未反，尚比飞蓬。如当此诀，永痛无穷。百年何几，泉穴方同。"

王僧达在《祭颜光禄文》中表达的悼祭悲哀之情也是深刻的："心凄目泫，情条云互。……衾衽长尘，丝竹罢调。揽悲兰宇，屑涕松崤。古来共尽，牛山有泪。"

袁枚的《祭妹文》，一经问世，遂成为祭文中的经典，被后人誉为"古代祭文中的绝调"。《清文评注读本》："韩昌黎《祭十二郎文》，欧阳修《泷冈阡表》皆古今有数文字，得此（《祭妹文》）乃鼎足而立。"《祭妹文》基本上采取了顺叙的写法，先写幼年情事，次写归家之后的景况，最后写病危和亡逝。叙事中寄寓哀痛，行文中饱含真情，同时还穿插了些许景物描绘，从而使痛惜、哀伤、悔恨、无可奈何等诸多情感有机地融合于一体，具有令人痛断肝肠的艺术感染力。"汝死我葬，我死谁埋？汝倘有灵，可能告我？呜呼！身前既不可想，身后又不可知；哭汝既不闻汝言，奠汝又不见汝食。纸灰飞扬，朔风野大，阿兄归矣，犹屡屡回头望汝也，呜呼哀哉！"哀恸之情，悲伤而凄婉。

儒学乃入世之学，理解、体谅人的情感，"情动于中而形于言"，感同身受而言能由衷。《礼记》讲到丧礼之所以言"丧"，是因为"死之言澌，精神澌尽"（郑注《曲礼》），因为亡故即永别，但生者又不忍心，于是认为亡者"弃于此，存于彼"（《仪礼注疏》），这既是孝心的表达，也是情感的宣泄。"孝悌为仁之本""百善孝为先"，在中国传统文化的伦理道德体系中，"孝"是最基本、最重要的道德。"慎终追远"，通过仪式的践行来倡导"孝"的道德观念，实现"孝"的道德教化。在讣闻、挽联、祭文中，作者多用尊敬、缅怀的词藻，展现亡者孝顺父母、友爱兄妹、慈爱子女、与人为善等优良的品格和高尚的道德，表达"肝肠寸断""阴阳永隔""溘然捐尘"的悲痛之情、尊敬之感。

我最早看到哀悼之词，是在我 11 岁时。那时，学校设了灵堂，并悬挂黑底白字的横幅，上面写着"沉痛悼念伟大领袖和导师毛主席"。从此，"沉痛哀悼"这四个字便深深地印在了我的脑海里，时常浮现在我的眼前。后来，每当中央领导人去世，电视新闻上都会出现"沉痛哀悼"的画面，广播里也会传出"深痛哀悼"的声音。小时候，我对死亡充满恐惧，听到哀乐，看到黑孝章，心里就不是滋味，害怕哪一天父母会永远离开我们。父母去世时，我的世界仿佛震荡、倾斜、残缺不全，尤其强烈地感受到"家没了"。过年过节见不到父母，节庆也因此黯然失色，变得委顿无采。这种心理状态，经多年消磨才慢慢有所改变。

古人所言"轸悼"，就是"沉痛哀悼"的同义表述。《宋史·杨砺传》，"（咸平）二年，卒，年六十九。真宗轸悼，谓宰相曰：'砺介直清苦，方当任用，遽此沦谢。'即冒雨临其丧"。顺治帝生母的侄女博尔济吉特氏去世，顺治帝谕礼部："科尔沁巴图鲁王之女，选进宫中，因待年未行册封。今遽尔长逝，朕心深切轸悼，宜追封为妃。"（《清实录·世祖章皇帝实录》）乾隆的第七个儿子爱新觉罗·永琮两岁时不幸因天花而亡，乾隆说："朕亦深望教养成立，可属承祧。今不意以出痘薨逝，深为轸悼。"爱新觉罗·福彭病亡，乾隆闻讯后特下谕旨："平郡王宣力有年，恪勤素著，今闻患病薨逝，朕心深为轸悼，特遣大阿哥携茶酒往祭，并辍朝二日。"（《清实录·高宗纯皇帝实录》）清代恽敬在《太子少师体仁阁大学士戴公神道碑铭》中说："嘉庆十有六年四月戊申朔，太子少师体仁阁大学士戴公薨，事闻，皇上轸悼。"

过度哀伤，会损坏身体。成语"哀毁骨立"，形容在父母丧中因过度悲伤而瘦得只剩一把骨头。其典型人物是西晋时的王戎，他在父母的坟前搭了一个小棚,整天陪伴,十分伤心,而且吃得很少,整个人骨瘦如柴。守丧三年后,他的身体经过很长时间调养才恢复。所以,有人主张"哀不灭性"。亲友慰唁死者家属,说一声"节哀顺变",以示关切保重。

殂落 cú luò

殂，死亡；"殂落"出自《尚书·舜典》，释义是死亡、凋零。

《荀子·礼论》："生，人之始也；死，人之终也。"生命从始到终的长河里，没有什么能超越"生死"这两件大事的。陈继儒在《大司马节寰袁公家庙记》中说："生死无暇，荣哀兼备。"

有关"死"的词语特别多，这反映了中华文化中对"死"的观念纷繁多元。"殂落"，也是指死亡。《尚书·舜典》："帝乃殂落，百姓如丧考妣。"在华夏文明之初，任何人死亡，受重视程度都是一样的。孔子嫡孙、隋唐时期的孔颖达疏引晋代的郭璞之言，认同"古死尊卑同称"的观点，"乃死。谓之殂落者，盖殂为往也，言人命尽而往。落者，若草木叶落也"。面对生命规律，帝王与平民一样，也会像草木之叶，到了终结之时，必定陨落。这是一种平等意识。

庄子依据"齐物论"的观念，把死亡看作是自然之变化。《庄子》："无始而非卒也，人与天一也。"人的生死是自然现象，有生就有死。道家主张人既然"生之来不能却，其去不能止"，就得顺其自然，这样反而能"晏然体逝而终"。《庄子·大宗师》记载，子桑户、孟子反、子琴张三人互相结为朋友，子桑户说："谁能相交在不相交之中，相助于不相助之中，谁能登上天空而遨游于云雾，宛

/ 161

转没有穷尽；无所谓生，无所谓死？"三人互相看着而笑，默契于心，于是结为朋友。过了一段时间，子桑户去世了，还没埋葬。孔子听到这件事，让子贡前去帮助办丧事。这时孟子反、子琴张一个人唱挽歌，一个人弹琴，二人相和唱着，说："哎呀！桑户！来！哎呀！桑户！来！你已经返本归真了，而我们还是活着的人啊！"子贡快步上前说："请问你们对着尸体唱歌，合乎礼仪吗？"二人相视之后，笑着说："你这样说，怎么懂得礼的真正意义呢？"

庄子要去楚国，途中看到一个被丢弃在野地的骷髅。那骷髅已经干透，只剩下外形。庄子用马鞭敲打它，甚至还将它枕在头下睡觉。庄子在梦中与骷髅有一番对话，其主要寓意是：人只有跃出个人生死的限囿，以宇宙之胸襟，立于造物者"道"的高度来反观人的生死问题，才能超越生死。不然的话，就会"生"时疲于奔命、费尽心神，"死"时惊恐不安。

儒家的"生死观"，基本观点是重视"生"及活着的状态。孔子说："未知生，焉知死。"他强调，活在世上应尽自己的责任，努力追求、践行"天下有道"，以期实现大同和谐社会的理想。人虽然是生活在现实社会中的有限个体，但能通过道德学问与修养，超越自我的局限，体现"天道"的流行，即"天行健，君子以自强不息"。孟子说："存其心，养其性，所以事天也。……夭寿不贰，修身以俟之，所以立命也。"一个人若能保存本心，修养善性，顺应天道的要求，不断提高自己的道德与学问，就可以安身立命，达到"天人合一"的境界。这种"天人合一"的境界，正是人生所追求的"不朽"。

儒家虽然追求积极的"活着"，但是因为"孝道"思想的影响，要求"尊祖""孝祖"，于是与"生荣"对称、呼应的是"死哀"，表现为丧礼的隆重，讲究厚葬。孔子在回答弟子樊迟时说："生，事之以礼；死，葬之以礼，祭之以礼。"（《论语·为政》）当弟子宰我认为三年之丧太久时，孔子批评道："予之不仁也！子生三年，然后免于父母之怀。夫三年之丧，天下之通丧也。予也有三年之爱于其父母乎！"（《论语·阳货》）《淮南子·氾论训》："厚葬久丧以送死，孔子之所立也。"

孟子认为，孝道是丧葬观的主体精神，他积极倡导厚葬，并身体力行，成为后世楷模。《孟子·公孙丑章句下》记载了他厚葬母亲的故事。孟子在齐国做"上卿"时，把母亲带在身边，奉养不离。母亲去世后，他急忙派弟子充虞请匠人赶制棺椁，并吩咐要用上等木材。充虞认为孟子用上等木材制作精美的棺椁过于奢侈，孟子告诫充虞说："古者棺椁无度，中古棺七寸，椁称之。自天子达于庶人，非直为观美也，然后尽于人心。不得，不可以为悦；无财，不可以为悦。得之为有财，古之人皆用之，吾何为独不然？"在孟子看来，厚葬并非为了形式上的美，而是为了讲礼尽孝，否则就是不孝。孟子以后，厚葬被冠以礼、孝的美名，影响了中国几千年的厚葬风俗。

荀子也十分强调礼、孝在丧葬中的重要性。《荀子·礼论》："礼者，谨于治生死者也。生，人之始也；死，人之终也。终始俱善，人道毕矣。故君子敬始而慎终。……夫厚其生而薄其死，是敬其有知而慢其无知也，是奸人之道而倍叛之心也。……丧礼者，以生者饰死者也，大象其生以送其死也。故事死如生，事亡如存，终始一也。"

儒家经典《孝经》，更是提倡父母过世时，子女要以哀痛的心情隆重料理丧事；祭祀时，要以严肃的态度追思父母，这才称得上孝。这种观点影响深远，随之产生了以"厚葬"炫示"孝道"的社会风气，"今生不能致其爱敬，死以奢侈相高，虽无哀戚之心，而厚葬重币者，则称以为孝。显名立于世，光荣著于俗。故黎民相慕效，至于发屋卖业"（《盐铁论》）。据史书记载，吴兴乌程人吴逵，除了他夫妇二人，家里死了13个人。因没钱支付安葬费，只得白天给人干活，晚上烧砖伐木。经过一年多的努力，终于攒够了钱来办丧事。

墨子反对厚葬，提出"缀民之事，庸民之则"，即所谓的"薄葬节财"思想。墨子说："使农夫行此，则必不能蚤出夜入，耕稼树艺；使百工行此，则必不能修舟车为器皿矣；使妇人行此，则必不能夙兴夜寐，纺绩织纴。"（《墨子·节葬》）

法家韩非子也提倡薄葬："冬日冬服，夏日夏服，桐棺三寸，执丧二日。"（《韩非子·显学》）东汉哲学家王充更是批评厚葬："重死不顾生，竭财以事神，空家以送终。"王充认为"薄葬省用"，所以"可一薄葬矣"。王充指出，儒家"不明死人无知之义"的厚葬主张，将会导致"财尽民贫，国空兵弱""国破城亡，主出民散"的恶果。他明确指出，要从根本上铲除厚葬恶习，必须坚持无神论，让大家都明白"死人无知，厚葬无益"的道理。

据《汉书·杨胡朱梅云传》记载，汉武帝时，有个叫杨王孙的人，家有千金之业，是"厚自奉养"的人，但对"治丧从厚"持反对态度。他认为厚葬有两个害处：一是生者让财富随死者下葬，尸体不久就腐烂了，这对生者和死者都没有什么益处，只不过是俗人以安葬之奢靡来比阔气；二是厚葬容易引起盗墓的行为，致使先人遗体遭到毁坏、暴露，这和不葬又有什么不同，这才是真正的不孝，若薄葬则可避免盗墓之事。他病危时告诉儿子，他死后实行裸葬，把他的尸体装在布囊里，到入土时，从脚下抽出布囊，使赤裸的身体与土壤结合，可以"反真"。

同样是"死"，人们的认识和思想却截然不同。人生一世，草木一秋。即使有长寿之术，终究还是要凋零的。"迟迟以臻殂落，日月不觉衰老。"（葛洪《抱朴子·论仙》）既然"自古有殂落"（顾炎武《恭谒天寿山十三陵》），不如超然一些，"婵娟殂落不须悲，李妹桃娘已有儿。人散酒阑春亦去，红销绿长物无私"（沈周《落花五十首·其二十八》）。当然，生者要关爱生命，予死者以尊严。

sè nán 色难

"色"在此处的意思为脸上表现的神情、神色；"色难"出自《论语·为政》，意思是子女在侍奉父母时保持愉悦的容色是件难事，强调了对待父母时应有的态度和情感表达。

  雨的间隙，阳光洒下；阳光的间隙，雨点落下。雨和阳光较劲着，或者游戏着，或者把孤独演化为彼此的交织，寻一场梅雨季节的欢愉。意欲紊乱中求端稳，抑或肇启真正夏天阳光之炽烈？

  这是我从大别山腹地岳西赶往怀宁县月山镇回老家过端午的路上，所观所想。沿途村庄，多数房屋门户紧闭，偶有老爷爷、老奶奶劳作的身影，四处没有节日的气氛。我给几个朋友打电话，问他们回来没有，被告知，过端午节就那么回事，跑来跑去太累，不回家过节了，打电话问候一下父母、岳父母等长辈就行了。朋友晓五在武汉做早点生意，去年由于遇到城市改造，街道拓宽，严重影响了他的生意，今年他重新租了个门面，生意有所改善。他老婆在老家侍候他的母亲，带孩子。他告诉我，想回家过端午，但还没有最后决定回不回。

  晓五的母亲在我印象里，是一位很有气质的老人。听晓五说，他母亲现在喜欢骂人，不可理喻，这可能意味着他母亲的大脑出了问题。我便想到了自己的岳母——一位通情达理、善解人意、吃苦耐劳、俭朴仁慈的人，现在却成天跟岳父吵架，翻老账、忆旧苦，用偏激的、自虐的方式显示强势，迫使岳父妥协并忍受她的情绪。

我们怎么劝解、讲道理，都无法让她从愤恨、抱怨、悲观的情绪中走出来。时间久了，她的儿女以及亲戚邻居都认为她患了精神方面的疾病，需要医治。

家里老人出现这种情况，很让儿女们揪心和痛苦，影响儿女们的工作与生活。但是，能谴责老人吗？他们的变化，并非人格、道德、良知的问题，而是大脑的问题，即生理与心理的"正常病变"。从某种意义上讲，人的身心状态，无论是病态还是健康，早病还是晚病，都是生命过程中的一部分。"树老根多，人老话多"，虽然他们不再可爱了，不再慈祥了，甚至令人讨厌了，但不能归咎于他们的人品，而应理解是他们的生理或心理的疾病决定了他们面对世界和人事的方式。这的确是一种不幸，是其本人的不幸和与他生活在一起的人的不幸。我老婆常常半夜在梦中哭泣，呼叫妈妈，这让我心情很沉重。

我突然想起孔子，并认为他"不懂"一些生命问题、一些心理现象。孔子骂原壤"老而不死是为贼"，是因为原壤坐姿不雅触怒了他。后来一些讨厌老人的人就把这句话用上了："老而不死是为贼！"受到这样重磅"语言炸弹"的打击，没有老人是不受伤害的。原壤的行为异常是不是患了精神疾病，如老年抑郁症，老年痴呆症？孔子时代没有阿尔茨海默病一说，或许原壤就得了这个病。骂一个有病的老人"老而不死是为贼"，不管这个老人一生做了什么，有没有什么成就，都是不对的。

孔子欣赏有道德修养的人，弟子冉伯牛生病，孔子去看望他，从窗口握着他的手说："要死了，这是命运啊！这样的好人竟也会得这样的恶病啊！"弟子颜渊死了，孔子极为悲恸："噫！天丧予，天丧予！"孔子关注过有心理疾病的人吗？弟子宰予爱提一些"奇怪问题",他指出孔子的"三年之丧"的制度不可取;他还假设这么一种情况:如果告诉一个仁者,另一个仁者掉进了井里,他应该跳下去救还是不应该跳下去救呢?因为如果跳下去就会死,如果不跳下去就是见死不救。孔子认为宰予提的问题不好,觉得这家伙是在故意刁难老师。宰予白天睡觉,被孔子骂作"朽木"和"粪土之墙"。宰予因观念的不同被视为"不正常",其原因是他本就品性不佳,还是受到了某种压制或刺激,心理出了问题?

尽管如此,也不要全怪罪孔子,他那时候不知道现代医学所能证明的人类精神疾病的存在,以及由其引发的诸多社会问题。因此,我们需要大家给予精神疾病患者及其家庭更多的了解、同情和关爱!孝文化的精神内核是正确的,思想内容大多是可行的。孔子说:"色难。有事,弟子服其劳;有酒食,先生馔,曾是以为孝乎?"(《论语·为政》)对父母一直保持和颜悦色,是最难的,难在父母老了子女对他们仍有一颗孝敬的心,难在父母病了子女对他们仍有一种谦和的态度。

孟子说:"老吾老,以及人之老。"意思是,在赡养孝敬自己的长辈时不应忘记其他与自己没有亲缘关系的老人。我重新断句:"老,吾老,以及人之老。"意思是:你老了,我也会老,所有人都会老!如果希望将来自己老了不被嫌弃,那么现在自己一定不要嫌弃老人。黄庭坚说:"事亲知色难,胜己又勇沈。"(《赋未见君子忧心靡乐八韵寄李师载》)

一个在苏州创业的朋友梦玢,在微信上说:"年龄越大,对老家和父母的挂念越多。年龄大了,再多的忙碌也无法填补内心的空虚,疲惫总在身体里蔓延,家是永远的港湾。"这种心绪,很普遍。他不到30岁,尚未成家,有如此情怀,我非常欣赏。第二天,又见他说:"每逢佳节倍思亲。再三犹豫之后,还是决定回趟老家,这些年,每个端午节我都是在老家跟父母一起过的。年龄大了,更加挂念老家和父母。"游子节日思亲,归心笃定,情真意切。我读之,双眼湿润。

宅心 zhái xīn

宅，动词，意为居住；宅心可引申为用心、归心。

在岳西慧可居，跟画家一苇聊了一宿"宅心"。他说，人老了，不要说心不老，心随人老才是常态。一苇尚未老，他是针对一些忙于圈内圈外活动、装萌扮嫩、逢人便说"心不老""宅心仁厚"的人而有此番感慨的。

我随即想起英国作家威廉·萨默塞特·毛姆在小说《刀锋》中描写的一个醉心于欧洲交际社会的美国人——艾略特·谈波登。他是交际场上的老手，可是，随着老相识不断衰老死去，他越来越势穷日蹙。老态龙钟的他本可以退出社交场，但因势利的恋情与世俗的虚荣，他不敢面对现实，仍在寻找机会跻身上流社会。结果因一家宴会没邀请他参加，他绝望得"大滴大滴的眼泪从他消瘦的面颊上滚下来"，伤心得像个受委屈的孩子……

人未老心先老，当然不好。人已老心不老，若是天生的，倒也未必是坏事，至少有利于健康。如果卖弄"心不老"并且执着于"心不老"，就大有可能计较于被人嫌弃，身心不爽，失去"中心位置"，被边缘化而悲观难受。我发现一些文化学者，退休后到处赶场子，几乎天天抛头露面于公众场合，显得非常活跃。我认为，他们这种行为的内在原因是怕被社会离弃，被人们忘记。这些不甘于寂寞的"心不老"的人，常常比在职时更敢于批评，亮明观点。是人老心不老，率然任性吗？我看不完全是。对于"退休"二字，他们的心理反应是逆反、背叛，或是一种自我强制的缓冲行为。若用悲悯的眼光来看，他们也属正常，可以理解。人的孤独感，来自社会参与度、认可度的高低。

心不老的人，忽略实际年龄，与年轻人平等相处，以自己的人生经验帮助他们，那是善德。"老当益壮"不是自我评价得出的，而是由晚辈称赞的。在竞争社会中，有着不老心态的人受名利驱使，"老夫聊发少年狂"，结果年轻人倒下一大片。孔子认为，老年人血气已衰，应该节制欲望。然而，现代社会却鼓励老年人继续发挥余热，劝勉老人"心不老"。但真正做到心不老的，却是那些有社会活动资源、平台、背景的老人。他们一方面希望中青年尊重老人（老艺术家），另一方面却挡住了中青年的路，占据了他们的发展空间。

一苇说："我要是老了，就隐居起来，不抢年轻人的饭碗，不占年轻人的机会。"我笑道："我也像你一样，可是，我们现在还没老，故有此言。当我们老了，害怕被冷落，喜欢向热闹处扎堆，心就未必服老。"一苇说："我不是讨厌老人，而是认为，人啊，什么年纪就该是什么心，人老，心也应该老。你看那些枯木，真的是因为心不老，才逢春焕发生机吗？每个人都会老的，生命是一种过程，所谓生命的长度和厚度，由精神向度决定。热爱生活和人生，并非由不老的心决定。何况年轻的心，有抑郁、有浮躁、有见异思迁等毛病。人老了，心淡定了，不汲汲于名利，无忧无虑，乐观自在，更有利于修养和艺术境界的提升。"从养生的角度来看，更要注意避免中青年的种种"心病"。据说，有一位叫李庆远的人享年257岁，他曾告诫人们:"要无喜怒哀乐之系其心,无富贵荣辱之动其念,其长寿之道也。"这种心念,恰恰老年人更容易拥有。

我对一苇说,许多画家都很高寿。他说不一定,最近身边就有几个画家没活过60岁。我想,他们没能高寿,因素有很多。孔子用手杖敲原壤的小腿,骂他"老而不死是为贼",其中的原因,跟原壤"心不老"有很大关系。原壤的母亲去世了,孔子帮他清洗棺木,他却咚咚地敲击着棺木说:"我很久没唱歌抒怀了。"他接着唱道:"斑白的狸猫之首,牵着你柔软的手。"这种人是"心不老"吗?是可爱的"老顽童"吗?显然不是。"心不老"与"童心"不是一回事。李贽说:"夫童心者,真心也。……童子者,人之初也;童心者,心之初也。"

近年来,我接触了一些学者和艺术家。总体印象是,他们个性缺乏,但派头十足。他们多为中青年,我不禁思考:他们在当今世俗社会中形成的种种心态和习惯,到了他们年老之后,会归于平淡吗?

"宅心",既是用心,用心当仁厚;也是归心,归心当淡泊。用心仁厚的,如明代张居正在《答松江兵宪蔡春台》中说:"中玄公光明正大,宅心平恕,仆素所深谅,即有怨于人,可一言立解。"陆游在《天申节贺表》中说:"恭惟太上皇帝陛下,宅心清静,受命溥将。"

归心平淡的,如《尚书·康诰》中所说:"汝丕远惟商耇成人,宅心知训。"耇,年纪很大的老人。为什么人老了才知道规范、准则?因为阅历深,风雨中走来,付出过太多的"人力",也该"知天命"了,也该坦荡接受自然规律。人老了,要舍得放弃,把有害身心的东西抛掉,减轻压力以求轻松,颐养天年。元代辛文房在

《唐才子传·引言》中说:"顷以端居多暇,害事都捐,游目简编,宅心史集。"老人读书、写作时,应随意一些,冲淡平和一些。

我非常喜欢吴冠中先生的作品,但更喜欢吴冠中先生正直、真诚的人品。吴冠中先生在82岁时说过这番话:"有人问我有什么苦恼?我想,有一些老人,他们心态很平和,他们不搞什么创作,老了也去散一散步,走一走,坐一坐,而我的苦恼是,我都老了,却感情不老,性格不老,我就苦在这里。"这是一种源于"童心"的反省精神和追问精神,它让我明白艺术生命绕不开人体生理的衰老。老了就是老了,如果不能随之调整自己的心态和情绪,就会陷入痛苦之中。

画隐 huà yǐn

在某种社会历史背景下，匿居山林，以画自隐，不求仕进。

古代一些艺术家，在生活中形成了一种意识：他们的精神创作活动是有思想倾向的，即使是游戏之作，也是情绪的反应、心理的折射。他们担心自己的作品被人误读，害怕被人看出作品中有什么反动的、对立的、消极的、不良的东西，从而遭到质问、批评、批判、投诉等，影响生活乃至整个人生。"两耳不闻窗外事，一心只读圣贤书。"记住，是读圣贤书，不是读闲书，更不是读禁书。陈寅恪先生说："自由共道文人笔，最是文人不自由。"（《阅报戏作二绝》）

相对而言，古代的画家，似乎比诗人和作家要自由，当他们与现实格格不入，不愿违心配合时，可以做一个"画隐"。匿居山林，以画自隐，不求仕进。最早的"画隐"，当数南朝宋画家宗炳，他有干才，朝廷屡召为官，皆不应。他一生乐居山林，过着饮溪栖谷、与世无涉的日子，因此他画的山水能够"以形媚道"，并且写出了中国第一篇论山水画的著作《画山水序》。

元末明初的画家倪瓒、王蒙等也是"画隐"。明初，朱元璋曾召倪瓒进京供职，他坚辞不赴。他作《题彦真屋》诗云，"只傍清水不染尘"，表示不愿做官。他在画上题诗书款，只写甲子纪年，不用洪武纪年。王蒙的"画隐"并不彻底，几度出山，最终命丧大牢。他年轻时隐居黄鹤山几十年，过着"卧青山，望白云"的悠闲生活。元末，张士诚占据浙西，王蒙曾受聘为理问、长史，弃官后，又隐居黄鹤山画画。1368年，朱元璋推翻蒙元，建立大明帝国，王蒙出任泰安知州，因被胡惟庸案牵连，于大明洪武十八年（1385）死于狱中。

在朝为官，业余以画遣兴而不欲以之名世者，也是"画隐"，如苏轼、米芾、李公麟等人。黄庭坚在《咏李伯时摹韩干三马次子由韵简伯时兼寄李德素》中说："李侯画隐百僚底，初不自期人误知。"他惋惜李公麟"风流不减古人，然因画为累，故世但以艺传"。画作水平高，为画家带来了巨大的名声，因此便难以成为真正的"画隐"了。

明代画家沈周被称为隐于市井的高人，又被称为是画家当中的一个"好人"。他是顶尖画家，却不傲慢、不癫狂，没有大腕的脾气。他平易随和，因此前来求画的人络绎不绝，这需要花不少时间和精力来应付。他始终以民间姿态、草根情怀对待这些求画者。烟霞青霭不用一钱买，笔底花鸟林泉寄意赋兴而已。于是，"贩夫牧竖"向他求画，他也从不拒绝。甚至有人仿摹他的画作制成赝品，求他为之题款，他竟然欣然应允。如此好人，前无古人，后无来者。他作词《南乡子》自言："天地一痴仙，写画题诗不换钱。"

沈周这个"好人"特别爱家，他有诗《题画》写道："嫩黄杨柳未藏鸦，隔岸红桃半著花。……如此风光真入画，自然吾亦爱吾家。"爱家的沈周将奉守"孝道"作为"画隐"的理由。孔子说"无道则隐"，又说孝道乃"父母在，不远游，游必有方"。尽孝道而身隐乡野，这是明代苏州相城大画家沈周的选择。

沈周爱家，这可不是随便就能做到的。外面的世界很精彩，尤其是读书人对于功名的博取，有一种"学而优则仕"的价值取向，他们认为舍弃小家是一种人生境界，是志在四方的追求。

沈周在市井中"画隐"自处，不求闻达而名自扬。他有立世之本，也有义利之分、荣辱之观。当地有郡守征召画工绘画屋墙，乡里有个妒忌沈周的人，将他的姓名告诉了郡守。眼看郡守就要派人将沈周带走，于是有人劝沈周去拜访贵族，请他们帮忙求求情，这样他就不用去做画工了。沈周当然可以去找关系，免受画工的苦，但他宁愿去做画工，他说："我去当仆役，还可以说是为义，去拜访贵族，岂不是更辱没我吗！"（《明史·沈周传》）

沈周"画隐"，意在爱家；爱家的沈周，必须是个好人吗？

关于"吾亦爱吾庐"，陶渊明最先说，"众鸟欣有托，吾亦爱吾庐"；辛弃疾也说过，"一舸归来轻叶，两翁相对清如鹄。道如今、吾亦爱吾庐，多松菊"；沈周改"庐"为"家"，直言"吾亦爱吾家"……都是好人，了不起的人物！个中三昧，很有文化之深意。

沈周因为爱家，所以选择做个"画隐"，不给父母惹事。沈周对父母很孝顺，父亲死后，有人劝他入仕，他说："你不知道我的母亲拿我当命根子吗？我怎能离开她呢？"尽管沈周有条件进入官场，但他并未动心。当他的好友吴宽郁郁不得志时，沈周多次写诗安慰他、鼓励他。后来，吴宽中了状元，进了翰林院，当上吏部侍郎，后官至礼部尚书。吴宽一直没有忘记老朋友，甚至暗示地方官对沈周予以关照。巡抚王恕和彭礼都想留沈周在幕下，但沈周以需要侍奉母亲为由，拒绝了。

沈周爱家，所以隐于画。这是儒家入世之隐，而非出世之隐。出世之隐，"独与天地精神往来，而不敖倪于万物"；入世之隐，生活在亲朋邻里之间，和气一团。

沈周爱家与沈周做"好人"，两者之间或许有着隐秘的冲突，这冲突是"道"的引起，进取之道、孝悌之道、中庸之道……忠孝不能两全，必弃孝守忠吗？历史上，因父母去世而不肯辞官回家守孝，最终被人抓住把柄，遭弹劾丢掉官位的人不少。苏轼就是一个守孝的例子：他20岁时考取进士，不料母亲突然去世，他只好辞官回家守孝三年；他29岁时再次参加科举考试，入了第三等，在朝为官，可是他的父亲去世了，他只得再次辞官回家守孝三年。沈周则认准了尽孝道，为了不让父母担惊受怕、分担儿女的忧愁，因此他选择退让、宽容，做出妥协、规避。

"绣雨衔花她自得，红颜骑竹我无缘。知无缘分难轻入，敢与杨花燕子争？"这首诗，沈周虽然是以《咏帘》为题，何尝不是对仕道官途的一种态度？他推崇这种艺术人生："文能合坟诗合雅，自得乐地于其中。荣名利禄云过眼，上不作书自荐，下不公相通。"（《庐山高》）

爱家而"画隐"，这是社会体制背景下的尴尬与无奈吗？他人或许如此，而爱家又爱画的沈周却完全不同，他陪伴在母亲身旁，优游于家乡的山水名胜之间，潜心于翰墨，同时享受着融融的天伦之乐，完全是一种得意自在的生活格局。他写道："雪魄冰花凉气清，曲阑深处艳精神。一钩新月风牵影，暗送娇香入画庭。"（《栀子花》）

绘画创作时，沈周的精神是独立的，思想是自由的，心灵是自主的。他的画法严谨细秀，用笔沉着劲练，以骨力胜，彰显个性。到了晚年，他的笔墨粗简豪放，气势雄强。隐于家，隐于画。他的作品俨然在时光中"破隐而出"，流传后世，成为世界艺术殿堂中

/ 177

的国画精品。苏州的气质，相城的风景，隽永意韵凝固成审美符号，于现实中流光溢彩。

  我第一次到苏州旅游是2015年。在这之前，我一次次欣赏沈周的诗画，并想象苏州园林及相城的山水。画上的景未必就是沈周家乡的景，但必定是沈周心中的景。"景物因人成胜概"，心中的景又何尝不是家乡的景？对董源、巨然、黄公望、王蒙、刘松年、李唐、马远、夏圭等大家的画作玩味之后，沈周形成了自己的笔墨世界，其笔下的沧州、庐山，又何尝不是在家乡自然风景中的"通感"作用及印象的"镜像"投射呢？至于墨菜、卧游、东庄、牡丹、盆菊、烟江、叠嶂……其笔墨之运用，更是将相城风物万象跃然纸上，逸品、神品的诞生，无不基于人品的烘托与映衬。因此，有了吴门之显，吴门之幸！千秋万代！

觖望 jué wàng

觖，不满足、不满意；觖望，因不满意引起的怨恨。

国民党败退台湾后，不少国民党党政军要员开始检讨过失，总结失败的原因。蒋介石在日记里列出了十大败因：外交失败、误学民主、军事失败、党内分裂、经济失败、自我骄傲、太过仁慈、信仰不坚定、队伍坏了、社会崩溃。

我的父辈经历过解放战争时期的恐怖慌乱，他们经常讲国民党"抓壮丁"的事，并且他们有亲戚被抓走后，不知所终。一支靠抓壮丁补充兵源的部队，怎么打得过由期盼建立新中国、分田分地做主人的穷苦青年组成的人民解放军呢？《道德经》："抗兵相加，哀者胜矣！"

齐邦媛教授在《巨流河》中，写到1947年6月她从汉口搭江轮去上海，看见江轮的栏杆上，用粗麻绳连环绑着近百名年轻男子（新兵），他们"去支持在北方的'剿共'战争——那时不可以说'国共战争'"。在烈日下，有些兵的脸和嘴焦黑干裂。一会儿，有一个兵开始哭泣，引起更多哭声。一个粗重的声音厉声说："再有人哭就开枪！"哭声戛然而止，甲板上一片死寂。到了夜里，有的兵挣脱了麻绳，跳进滚滚长江中，没有生还的可能。齐邦媛说："在我有生之年，忘不了他们枯干的颜面，忘不了他们眼中的渴。"

中国人的历史观，往往删繁就简，对一些事件只简单记载"官逼民反""失民心者失天下"。实际上，"官逼"的背后，有无数的原因，包括天灾人祸，如果官府解决不好，就酿成民怨。《新唐书·叛臣传下·高骈》："骈久觖望，至是大喜，贡赋不绝。"明代吾丘瑞在《运甓记·发兵助温》中说："闻得苏峻因有功不报，觖望图变。"觖望，由不满引起的怨恨。

唐德宗兴元元年（784），朝廷表彰功臣，将军李怀光护驾有功，因此有幸被赐予丹书铁券。没想到李怀光不仅不稀罕丹书铁券，还大发雷霆，他认为丹书铁券是赐给叛贼赦免其反罪的，朝廷这不是表彰他，而是歧视他，是逼他造反。他说："凡疑人臣反，则赐券。今授怀光，是使反也！"（《新唐书》）他居然将丹书铁券扔在地上。他将个人的"觖望"与老百姓的"觖望"相结合，不仅不去好好地追剿叛军，还萌生了与朱泚联合反唐的念头。他故意延缓有利战机，逗留不前，且设法激怒诸军，理由是"诸军粮赐薄，神策独厚，厚薄不均，难以进战"（《资治通鉴·唐纪》）。

当时唐朝国库空虚，唐德宗李适左右为难，如果答应李怀光，比照"神策军"（中央北衙禁军的主力）给诸军发放军粮，是真的拿不出那么多粮食供给诸军；不答应的话，"又逆怀光意，恐诸军觖望"。最后，唐德宗派遣陆贽赴李怀光军营慰问。李怀光对陆贽说："将士战斗同而粮赐异，何以使之协力？"陆贽洞察到李怀光有反叛之心，粮食只是个借口。陆贽回来后多次上奏，促使犹豫不决的唐德宗让李晟的军队移驻东渭桥，以防止李怀光将其吞并。不久，李怀光果然和朱泚合谋叛唐。

陆贽是一位挽救唐王朝危局的人物。他深知"觖望"之利害。贞元八年（792），河南、河北、江、淮、荆、襄等四十余州发生水灾，哀鸿遍野，百姓流离失所。陆贽闻报，急奏唐德宗给予抚恤。可德宗却认为，"闻所损殊少，即议优恤，恐长奸欺"。陆贽情急之下上奏《请遣使臣宣抚诸道遭水州县状》，详细列举了受灾实情，恳请速颁旨令，宣抚赈济，并劝谏德宗："所费者财用，所收者人心，苟不失人，何忧乏用？"

唐德宗相信"国家兴衰皆由天命"的观念，遇到天灾人祸，就说："此亦天命，非由人事。"陆贽觉得荒谬，他说："天视自我人视，天听自我人听。则天所视听，皆因于人，非人事外自有天命也。"陆贽认为，"天命在人""理乱之本，系于人心"。他说："人事治而天降乱，未之有也；人事乱而天降康，亦未之有也。"（《新唐书》）

历史上，统治者对于"塞其端渐，杜其觎望"，所采取的办法有两种，一种是削减赋税、减轻徭役，让老百姓休养生息，同时大量储存粮食以备荒年赈灾济民；另一种是对叛乱进行镇压，以强力、威势使老百姓慑服。当然，也会有人站出来开导"觎望"者，让他们不要计较，要想开点。如，清代陈宏谋说："天下事岂能尽如吾意。心境须恬适，尽其在我，随遇而安。稍有不如意者，便生见少觎望之想，徒增忧郁耳。"

明朝洪武九年（1376），因天象出现异常情况，朱元璋遂下诏，要天下人士上书朝廷，指出政治得失或不公之处，提出批评或建议。一个名叫叶伯巨的人，官职很小，他上书指出，"分封太侈""用刑太繁""求治太急"。他说："城郭宫室亚于天子之都，优之以甲兵卫士之盛。臣恐数世之后，尾大不掉，然后削其地而夺之权，则必生觎望。甚者缘间而起，防之无及矣。"（《明史·列传·卷二十七》）他还批评朱元璋错误地对待有知识者和文人。

叶伯巨奏疏中列出的几点，正是朱元璋非常忌讳的，气得他大叫："小子间吾骨肉，速速逮来，我要亲手将他射死！"叶伯巨被关进刑部监狱，受尽虐待，活活饿死。叶伯巨虽然没有料到自己的不幸，但对"觖望"深有先见之明。朱元璋死后尸骨未寒，其孙朱允炆（建文帝）就与诸王产生了矛盾，实行"削藩"之策。其叔父燕王朱棣攻占北平，以"靖难"为由争夺天下。半壁江山再次遭受三年多兵火浩劫，百姓深受祸害。而朱元璋所寄托以天下重任的孙皇帝也被赶下台，一说自焚死于大火，一说逃出为僧。

清末，积贫积弱积怨，有识之士感到，非变法难以图强，非变革难消"觖望"。

谭嗣同在《仁学》中说："忠孝既为臣子之专名，则终必不能以此反之。虽或他有所撼，意欲诘诉，而终不敌忠孝之名为名教之所出，反更益其罪，曰怨望，曰觖望，曰怏怏，曰腹诽，曰讪谤，曰亡等，曰大逆不道。"

谭嗣同反"三纲五常"，但不反"仁"，他认为，仁即兼爱天下。谭嗣同非常关心民间疾苦，他在《罂粟米囊谣》中说："罂无粟，囊无米，室如县罄饥欲死。饥欲死，且莫理，米囊可疗饥，罂粟载千里。非米非粟，苍生病矣！"他在《六盘山转饷谣》中写道："马足蹩，车轴折，人蹉跌，山岌嶪，朔雁一声天雨雪。舆夫舆夫尔勿嗔，官仅用尔力，尔胡不肯竭？尔不思车中累累物，东南万户之膏血？呜呼车中累累物，东南万户之膏血！"

戊戌政变之后，谭嗣同临死不惧，敢于牺牲自己，以唤醒天下苍生，决不逃亡，毅然表示："各国变法，无不从流血而成，今日中国未闻有因变法而流血者，此国之所以不昌也。有之，请从嗣同始！"其后狱中题壁写道："望门投止思张俭，忍死须臾待杜根。我自横刀向天笑，去留肝胆两昆仑。"《临终语》："有心杀贼，无力回天。死得其所，快哉快哉！"

谭嗣同的精神，激励了后来无数推翻封建独裁帝制的革命志士。中国近代民主革命家杨毓麟在《新湖南》中说，"至于直接船山之精神者，尤莫如谭嗣同，无所依傍，浩然独往，不知宇宙之圻垮，何论世法！其爱同胞而恝仇虐，时时迸发于脑筋而不能自已，是何也？曰：独立之根性使然也。故吾湖南人之奴性，虽经十一朝之栽培浸灌，宜若可以举根而固蒂也；然至于今日，几几乎迸裂爆散，有冲决网罗之势"。

末代王朝，不仅人民"觖望"、军队"觖望"，就是官员们也因身份的撕裂而"觖望"。中国近代史资料丛刊《辛亥革命·武昌起义清方档案·清吏条陈》中记载："臣愚以为重旗员则汉人觖望，重汉员则旗人亦觖望，不平则鸣，将何能靖。"

悖谬
bèi miù

违背道理，荒谬，错误。

　　非常之人于非常之时行非常之举见非常之功。这几个"非常"读下来，让我的内心肃然起敬，一阵紧似一阵。然而，非常之人毕竟是书上的人物，是历史人物。那年，我听说一个企业家如何非常了得，思维异于常人，决策超常规，用人反常规，可通过接触发现，他还是少了一些"非常"，多了一些"悖谬"。

　　似乎人一旦表现得"正常"，就变得不聪明、不智慧了。因此，许多人刻意追求"悖谬"，以显示自己"不合常理"，与众不同，乃至挖空心思跟别人不一样，结果不是"反常规"，而是行为"反常"了。反常规是突破固有的思维模式，而反常则是故意不遵循常识，这两者的区别是很明显的。当今所谓的"成功学"所吹捧的人物，大多是"反常规"的人。你只要夸奖一个老板思维灵活、没有框框、目光超前、创新意识强，他一定会非常高兴。

　　在一次宴会上，我听到大家称赞一位不在场的老板如何聪明，如何反常规决策，如何把企业越做越大。这跟普遍的当面恭维不同，于是我在宴会结束后，饶有兴趣地向一个朋友打电话，问起这位老板的情况。朋友说，老板最近被人骗去数百万元。呀，一个在外人看来有智慧的老板，竟然也遭遇了骗局，我不禁笑出声来。朋友说，你笑什么，是不是幸灾乐祸？我说，你的老板被骗其实很正常，因为他是人而不是神。他在某些方面也许的确不同寻常，但遇到骗子时，他那超常的思维或者反常规的思路，恰恰成了庸常思维、危险思路。

谁对谁错，角度不同，答案自然不同。这个好理解。问题在于，当还没有呈现具体结果，也就是还没有导致直接后果时，一个人的行为如果偏离了"正常"，那么这种行为是反常，还是反常规呢？有个老板最近在用人上就出现了这个问题。他任命了一个自己特别欣赏和信任的下属为某部门的副总经理。新上任者激情高涨，干劲冲天。几天后，部门筹备项目需要招聘数位主管，新上任的副总经理亲自写招聘广告，亲自上网与应聘者沟通，亲自到人才市场物色人才，优中选优，终于找到了一个出色的人才。老板对这位人才面试后，做出了一个惊天动地的"悖谬"决定，任命这位出色的人才为这个部门的总经理。人事任命通知下达后，全公司的人都目瞪口呆，以为这是个玩笑。副总经理本来是找助手，结果却找来了一个顶头上司。对此，正常人的心理反应是什么，大概谁都清楚。令人费解的是，老板难道就没有考虑自己提拔的副总经理内心的想法，以及预测接下来下属的情绪反应吗？许多人怀疑自己是不是遇到了历史上才会有的"非常之人"，老板用人之举，乃打破常规，不惜舍狗弃兔，以饲狮虎？

从人的惯性思维出发来揣测，尽管副总经理或许比大家想象的境界要高，但这种"典型性"事件产生的效应，更多地表现为一种与老板"反常规"做法相悖的"反常"现象。这导致"用人之需"的重要性被"教训之重"所掩盖——老板希望高管们引进人才，甚至鼓动不择手段挖人才，但引进的与挖来的却不是老板需要的"人才"，出现这种情况，老板会不会想到普遍的人性即自我保护意识存在于下属身上呢？下属好不容易晋升到高管岗位，却为老板找了一个能力比自己强的人，岂不是引狼入室吗？这也是中高层管理者宁愿用次等人才，而不愿引进上等人才的原因吧。这又何尝不是团队普遍存在的悖论，以至于形成了难以突破的人才瓶颈。谁能改变这种"常规"现象，做到既能引进、用好人才，又不伤害、离散原有的人才，才是大智慧。

　　古人说"千里马常有，而伯乐不常有"，其用意很明显是要刺激一下自以为是的伯乐。问题在于，千里马不能举荐千里马，而懂"马语"的伯乐又实在太少，或者无法在千里马与使用千里马的人之间找到一个双方认可的利益平衡点。就像君王不会将自己的位子让给自己发现的人才一样，向皇上举贤荐能的大臣，本意绝对不是为了让被推荐者替代自己，除非他真的不想干了，否则他慧眼识中的人才，绝对不会对他的利益构成威胁。

　　曹操经常说"唯才是举"，可手下有多少人向他推荐人才，尤其是推荐栋梁之材呢？典韦倒是夏侯惇举荐的，但典韦直到战死，官阶也没超过夏侯惇。荀彧、荀攸、程昱、郭嘉、贾诩都是主动投奔曹操的，而不是曹操手下人通过各种渠道引进的。曹操不得不自己去发现人才，提拔乐进、于禁于行伍之间。素来，人们对自己提拔的人感觉特别好用，包括标榜"欲获昭昭之功，必用昭昭之才"的曹操。自己提拔的，哪会看走眼，又哪会承认用错人呢？

　　《三国志·满宠传》："宠与王凌共事不平，凌支党毁宠疲老悖谬。"讲的是三国名将满宠与王凌的故事。满宠最初在曹操手下任许县县令，掌管司法，因执法严格而闻名；转任汝南太守，开始参与军事，曾参与赤壁之战。后关羽围攻樊城，满宠协助曹仁守城，劝阻了弃城而逃的计划，成功坚持到援军到来。曹丕在位期间，满宠驻扎在新野，负责荆州一侧的对吴作战。曹叡在位期间，满宠转任到扬州，接替曹休负责东侧对吴作战，屡有功劳。军旅同事王凌竟然举报满宠年老"悖谬"，不堪大任。魏明帝曹叡调查了满宠，发现根本没这回事。满宠不愿与王凌共事，请求留京，但曹叡没有同意。

人蹲久了，腿就发麻；身体旋转后会头晕，这都是正常的生理反应。这些生理反应一旦被别有用心的人进行所谓的理论阐释，就很容易使轻信者成为伪科学的牺牲品。赵本山、范伟、高秀敏表演的小品《卖拐》就揭示了一种讹诈现象，受害者接受骗子的谬论，受心理暗示支配，将腿抽筋视为可怕的"症状"，结果被人骗了还要感谢人家。

道家对暗示的"悖谬"似有深刻体会，于是提倡闭目塞耳，远遁尘世，然而这种做法是不可取的。主导人的是精神、灵魂、思想、意识，而除掉耳目口鼻，"心之官"受外界刺激也会条件反射般地出现正常的心理反应，这种反应同样存在被人误导而妄断为"不正常"的可能。《铁围山丛谈》记载，宋代有一位叫蔡君谟的人，胡须很长很美，被人们称为"美髯翁"。有一天，宋仁宗问他："你的胡须这样好，夜间睡觉是放在被子里面呢，还是放在被子外面呢？"蔡君谟却回答不出。当天回家就寝时，他想起皇帝的问话，无论将胡须放在被内还是被外，都觉得很不自在，结果患了失眠症。蔡君谟过于在意皇帝的话，把平日不在意的小事上升到"胡须问题"的高度，结果让自己伤透脑筋，苦受折腾，睡不好觉。现实生活中，类似的情况有很多。明示与暗示，伴随着我们，一旦它们与我们的主观意识接上信号，触动心神，我们就可能不知不觉地

"入场"，迷惑、迷信、迷失，难以自拔。

从蔡君谟受"胡须问题"压抑这一现象上，可以看出人的主观认识在特定语境中具有摇摆性且容易盲目从众。哲学家福柯有个著名的"倒错理论"，他认为西方从前并不存在所谓的性压抑。用通俗的话来说，在性未被视为重要话题的时代，性其实并不是什么了不得的事，甚至可以说压根就没人在意。正是在一切有关性的话语大谈压抑的时候，压抑才像空气压力一样慢慢地加大，于是"性"这个概念被凸显出来，随之也就有了压抑的问题。性是被谈出来的，快感是从谈性中获得的，一个本来只是纯粹的事情，现在竟弄得完全转向了谈论，这就叫"倒错"。语境中潜伏暗示的陷阱，而暗示者喜欢营造语境。

医治蔡君谟的失眠症，最好的办法是摆脱"胡须问题"的纠缠。虽然剃掉胡须也可以解决问题，但他却不会再有"美髯翁"的美誉了。暗示依附于"理"，受害者在"认理"的同时，心智便被俘虏、被遮蔽。何祚庥院士在高校作"崇尚科学，反对伪科学，破除迷信，抵制邪教"的演讲时，用一些简单的小实验就使不少冠冕堂皇的伪科学破产了。关于对"理"的判断与质疑，他讲了一个不算幽默但值得人们思索的笑话。一位商人卖席，顾客嫌席子太短不合身长。席贩问："是给活人睡还是给死人睡？"客答曰："当然是给活人睡！"席贩问："既然是活人睡，难道不会蜷着身子睡吗？"客哑然……活人能蜷着身子睡，这是席贩所持的"理"。殊不知，活人更应该睡长席，因为人不可能始终缩着身子睡。如果顾客只承认活人可以自由调整睡姿，而不考虑席长好伸腿，那么他极有可能跟着歪理邪说走，上当受骗，陷入暗示的"悖谬"，还要尊称人家为"说理大师"，悲哉！

评骘 píng zhì

骘，指雄马，也有安排、定的意思。评骘，指评定，评价。

骘，指的是雄马。相马者，对马评头论足。自古以来，人们不仅要评马的优劣，还要评人的优劣。评人，不单是要评其相貌，还要评其行为。你是文人，是画家，那就对你的作品进行评论。归有光在《与沈敬甫书》中问道："曾见《顾恭人寿文》否？敬甫试取评骘，不知于曾子固如何？"吴敬梓在《儒林外史》第四十六回写道："慎卿先生此一番评骘，可云至公至明。只怕立朝之后，做主考房官，又要目迷五色，奈何？"

有一天，一位文友对我说，有一些征文比赛，结果还没出来，就有人知道自己获了几等奖，这不禁让人猜测评委是否暗中通情加分。对评奖公正性、公平性的质疑、批评，以及对"猫腻"的披露、抨击，这些年常常形成"话语台风"，隔不久就刮一次，让人不由得感到评奖活动既热闹又混乱，其中的游戏套路深得很。

"文章自古无凭据，惟愿朱衣暗点头。"文章的评价系统与审美标准不匹配，赋予了评委很大的权力自由度。若评委仅依个人趣味暗中点头，倒还不算太偏心；如果只看重名家、权贵、亲友，那便堕入邪道了。古代科场舞弊案中，那些乱行"暗点头"之权的人，无非是为了谋取私利，大发其财。当然，此类操作风险极大，弄不好赔掉身家性命。而行贿的考生一方，同样是心存侥幸，玩命冒险。例如，鲁迅的祖父就因科场舞弊案招致祸患。周老先生为了儿子等人能顺利通过科举考试出人头地，居然不顾自己的翰林身份，向担任考官的浙江巡抚崧骏送钱以求疏通关节。崧骏不仅拒收了贿金，还向朝廷上奏折揭露了此事，结果导致周老先生身陷囹圄，斯文扫地，周家也因此一落千丈。

古代科场舞弊案不少，我为什么偏偏以鲁迅祖父为例呢？这是因为我想到了与科场"暗点头"相反的文坛"明摇头"——鲁迅不喜欢废名的作品，他批评《桥》等小说"只见其有意低徊，顾影自怜之态"，等等。对废名"点头"的人不少，或暗或明，如周作人、沈从文、朱光潜等人，他们都夸奖废名的作品，"撇开浮面动作的平铺直叙而着重内心生活的揭露"，"偏重人物对自然景物的反应"，"充满的是诗境，是画境，是禅趣"……评价很高。明点头或摇头，只要是针对作品本身，不做拍马讨好的吹捧拔高，也不搞上升道德层面的人身攻击，就属于正常的文学批评。然而，文章乃心灵的表现、流露，言志抒情，即载道及人格折射也。因此，文章被褒贬时，很容易让人感觉到是针对尊严和人格的尊重或轻侮。所以，文人之间若能惺惺相惜、彼此相重，关系才能长久；若能指出对方作品的不足而被对方视为善意、客观、帮助，且大度地接受，就显得非常了不起了。废名最初是敬重鲁迅的，但后来与鲁迅关系交恶，视如仇寇。

最初，沈从文也是很敬重文坛前辈郭沫若的，他肯定郭沫若以诗集《女神》为代表的诗歌成就，但又认为小说不是郭沫若施展才华的领域，因为郭沫若的语言手法"不曲"。沈从文不仅私下里"摇头"，竟然还在《日出》杂志上发表《论郭沫若》一文，劝告郭沫若放弃小说创作，他说："一株棕树是不会在寒带地方发育长大的。"一个28岁的文青，对一个38岁的文坛大腕如此"摇头"，让郭沫若很不舒服，且耿耿于怀。沈从文从此遇到了麻烦，被郭沫若讽刺为"大小说家"，抨击为"为虎作伥"，批评为"反对作家努力参加动员工作（抗战）"，指名道姓地痛骂"有些自命清高的文人如沈从文之流"。郭沫若在有影响的报纸上公开地针对沈从文说："我并不怕教授们向我摇头……我假如努力到使教授们把头摇断，那是最愉快的事。"后人对郭沫若、沈从文的矛盾进行评判时，要看站在什么角度。在大背景下，两人的角色分明，所以很难对彼此的作品进行纯粹的文学批评，使得点头与摇头都非简单的个人之见。据说沈从文晚年多次大哭，也许其泪水中就包含了对自己大半生因缺乏智慧和策略而给自己带来很多的磨难与不幸的深刻认识吧。

　　人皆有短板，文学作品亦或有不足之处，但该由谁来指出或批评这些不足，这素来是个严肃的问题，甚至是道与义的问题。举例来说：1943年，学生臧克家对老师闻一多的诗《死水》提了些个人看法，劝闻先生不要进入象牙之塔。闻一多内心很不爽，他一直对臧克家多好啊！1930年，臧克家报考青岛大学时，数学得零分，是闻一多欣赏臧克家的诗才，力排众议，破格录取了他。现在，学生竟然对老师进行"评骘"，其用意何在？据说，闻一多对臧克家产生了"诬枉"的错觉，师生之情就此冷了下去。后来，闻一多殉难，臧克家悲痛欲绝。闻一多故居"一多楼"碑文，正是臧克家撰写的。在碑文中，臧克家颂其道德情操，歌其品格修养，赞其诗文成就，十分真诚。

　　有良知的人，往往谨慎"评骘"，因为偏见和偏好，都可能造成误导、错解。晚清文史大家平步青先生娴熟掌故，长于校勘，治学严谨，富有钻研精神，继承了乾嘉朴学和浙东史学的优良传统。他"于群书讹文脱字，援引乖舛，辄刺取他籍，刊误纠谬，一书有校至数年未已者。盛暑汗浃竟体，天寒皲瘃，不以为病"。他考辨疏证，"至评骘优劣，训释音义，辨证异同，见于唐以来各集，亦详加摭拾"（平步青《霞外捃屑·斠书·全唐文纪事》）。

李大钊先生也极慎重"评骘"，既已作了评骘，还反思是否恰当，如在《战争与人口问题》中所说："吾人虽不欲苛论古人，而对于马氏《人口论》所授近世侵略以口实之事实，亦不敢为之曲讳。余乃审马氏之说而妄为之评骘。"

经筵 jīng yán

帝王为讲论经史而特设的御前讲席。

宋代宋祁有诗曰:"迩英何幸奉经筵,俗状婆娑艾服年。"(《初侍讲筵有感上呈经筵诸公》)

汉唐以来,帝王们举办"高端讲座"及理论培训,称为"御前讲席"。宋代始称经筵,元、明、清三代沿袭。清朝乾隆多次主讲,讲的是《论语》《大学》《中庸》之类的儒家经典,听课的是一个个饱学诗书的翰林。讲来讲去,也没有什么新意。有一个叫谢济世的人,很有思想和个性,他对朱熹注解《四书》的不少观点提出异议和进行批评,写了部独立思考的《学庸注疏》,结果却被扣上"甚为学术人心之害"的帽子,遭到政治迫害。

乾隆严词指斥道:"谢济世请用其自注《学》、《庸》、《易》、朱子《章句》颁行天下,独不自揣己与朱子分量相隔如云泥,而肆口诋毁,狂悖已极!"换成通俗的话就是,你谢济世撒泡尿照照,凭什么批评朱圣人?乾隆令湖广总督孙嘉淦将谢济世的书销毁,他说:"从来读书学道之人,贵乎躬行实践,不在语言文字之间辨别异同。况古人著述既多,岂无一二可指摘之处?以后人而议论前人,无论所见未必即当,即去当矣,试问于己之身心有何益哉!况我圣祖将朱子升配十哲之列,最为尊崇,天下士子莫不奉为准绳……"(周

汝昌《红楼梦新证》）

　　谢济世的书和版（刻板）全都销毁了，朱子的地位在皇权统治下得以巩固，可学术自由与批判精神再次被禁锢和扼杀了。乾隆说："朕从不以语言文字罪人，但此事甚有关系，亦不可置之不问也。"（《清实录·高宗纯皇帝实录》）"甚有关系"的事，并非一两件，乾隆执政期间文字狱连年兴起，见于记载的约70起，形成严厉的思想统治。"从不以语言文字罪人"是说不过去的，常常有人因只言片语而遭杀戮。例如，江苏华亭举人蔡显自编了一本《闲渔闲闲录》，书中引用古人咏紫牡丹的诗句"夺朱非正色，异种尽称王"，被看作是对清朝"怨望讪谤"。乾隆亲自查阅蔡显的书，并传谕严加惩处。蔡显斩决，17岁的儿子蔡必照发往黑龙江为奴。为《闲渔闲闲录》作序的闻人倬及蔡显门人刘朝栋等24人被株连，遣戍伊犁等处。

　　乾隆的脑子里是政治与思想的高度统一。对于经筵讲学，他灌输的是礼教思想。他自小读儒家经典，研究义理，一直用的是《朱子全书》，他不允许翰林们与朱子的观点有异义，否则就是大逆不道、毒害人心。乾隆请翰林们喝酒吃饭，在宴席上谆谆告诫道："翰林之职，虽在文章，要贵因文见道。"翰林们无不称赞皇上英明，保证牢记圣言。宴会结束后，乾隆向翰林院赠书，其中有自己写的《乐善堂全集》，还有祖上编修的《性理精义》等。

　　从乾隆三年（1738）到乾隆十八年（1753），在历年举行的经筵讲学中，讲官们讲的都是"笃守朱子之教"。乾隆主讲，阐发的也是朱子观点，君唱臣和，一派和谐的景象。十五六年来一直在重复相同的内容，讲的人不用备课，听的人也不用记笔记，讲的人与听的人难道不索然无味、昏昏欲睡吗？我猜想，翰林们中有人非常厌恶这样的学习活动，但政府开办的大讲堂，又不得缺席，不能提出新的观点，为安全起见，只能忍受。奇怪的是，乾隆后来竟下令停办了两年经筵讲学，这倒让一些对经筵讲学感到厌倦的翰林们高兴不已。乾隆二十年（1755）二月，"复课"后又开办起经筵讲学。就在这次讲学上，乾隆一反常态，对朱子的《四书章句集注》提出了质疑。翰林们个个目瞪口呆，惊讶不已。显然，由于思想高度一致，大家始终唱同一个调子，连乾隆自己都感到非常无趣。"其间颂扬之辞多，而箴规之义少"，经筵讲学还有什么意思呢？乾隆于是换了一种态度说："经筵之设，原欲敷宣经旨，以献箴规。"他希望大家"务在自抒心得"。

可是，面对现实中的一桩桩文字狱案，翰林编修们谁还敢"自抒心得"？乾隆可以自由发挥，否定朱子的观点，对儒家经典进行新的注解，而翰林们、大臣们却不敢这样，他们还记得乾隆讲过的话："惟是讲学之人，有诚有伪，诚者不可多得，而伪者托于道德性命之说，欺世盗名，渐启标榜门户之害。"现在乾隆突然反对"一言堂"，要大家畅所欲言，会不会是故意引人暴露内心真实的想法，然后抓住"话柄"进行惩处？接连多年，都是乾隆一人反驳朱子的观点，而翰林们只是倾听与迎合。在封建集权统治体制中，人们的疑虑是有道理的，因为思想的一致性对于统治者是有益的，甚至社会表面的稳定也归因于思想的统一。乾隆的思想就是所有读书人的思想，它渗透到各个方面，经筵讲学的目的就是加强思想的一致性。

为了活跃经筵气氛，避免课堂气氛沉闷，使人昏昏欲睡，乾隆率先提出新的观点。他并没有直接批评朱子，而是更加推崇理学。他既害怕思想的异端，又感到思想一致性的无趣，经筵讲学流于形式，于是停办。可停办后，他又担忧读书人思想出问题，于是复办经筵讲学。乾隆有意将翰林们诱导到对孔子、孟子的语录逐条逐句地辩论和考证上，让他们聪明的大脑消耗于此。随之，乾嘉学派兴起，涌现了众多皓首穷经的经学大师。

明代徐溥在《经筵》中说："圣经贤传岂徒言，民物由来总一原。讲幄儒臣劳启沃，直从濂洛溯羲轩。"概括了"经筵"的意义，且有着自身的目的和逻辑。

诅魇 zǔ yǎn

诅魇，指用诅咒来害人。

我写了一篇新闻通讯，呈交老板审阅，他说不必写得这么具体。我提示他，之前已经发过简讯了，这篇是通讯，所以篇幅可以稍长一些。他不高兴，责令我压缩新闻通讯的内容。我只得执行，可二稿提交后，他又说写得太简单了。我说，你是从领导的角度出发，我是从读者的角度出发。他生气地下令我修改。这时，我头昏脑胀，很郁闷，想放弃，一走了之。随后，我决定到公司外面去理个发，清醒清醒。

晚上，我屈从地写了第三稿，并发给老板看。他回复"可以了"。也许，他是不想再逼我，心软了；或者是他意识到事情不要管得太多；或者是他明白了自己在新闻写作方面是个外行，尽管内心可能仍感不满。在写第三稿之前，我坐在理发店里，满脑子都是职业尊严与服从哲学的交锋。我想，自己来理发，得顺从理发师。小时候怕理发，被大人强制性地交给剃头匠，我不再反抗，因为害怕剪刀划破头皮，只能屈从。那时，内心受伤害代替了身体受伤害。

我幸亏理了发，化解了一场危机。头发理短了，服从哲学取胜了。我建议大家，以后遇到憋屈的、想不通的事，不妨就去理发，闭着眼睛任由理发师摆弄。如果你的老板比你强势，你除了选择离开他，就得服从他。在这一点上，我的心理素质太差。早年在国企，一位搞政工的前辈雷先生曾对我说："你有才气，领导会利用你，但你的性格不行，不懂得顺从，所以难以被提拔。"这句话我一直没忘记，是因为更早的时候，一位老工程师程先生对我说过另外一句话："你将来一定会有出息。"这两句话，在我人生遇到某个节点的时候，就会从记忆中冒出来，让我细细咀嚼，反复思量。我发现这两位先生都把我看得很准，程先生是针对我好学而预言，雷先生则是针对我性格而断言。

从，是人与人之间关系的一种体现。不违心、不委屈地从，那当然是最佳的关系状态。屈从，是弱势的一方从于强势的一方，或者善良的一方从于无知的一方，或者大度的一方从于狭隘的一方，也或者是理解力差、自私、虚荣的一方迫于某种情势从于另一方。出于面子，从了；出于利益，从了；出于团队压力，从了；出于不伤害他人，从了；出于亲情、友情，从了；出于年长，从了；出于年轻，从了；出于帮助，从了；出于感恩，从了……

如果连"屈从"也不愿意，那么，要么彼此不再相见，要么像冤家一样相处，随时可能发生冲突。记得小时候，镇上的邻里间经常吵架。有的妇女骂人很厉害，不仅争吵不休，还诅咒对方的子女，一边用菜刀切南瓜，一边骂："砍你儿子的头，砍你儿子的手……"不仅我家隔壁邻居是这样，我还经常听到同伴的母亲与他的大妈、二妈或小婶之间的诅咒。长大后，我回头看这种充满矛盾的妯娌关系，究其原因，不禁嗟叹。她们生活在传统家庭中，朝夕相处，本应该相从，可从不得，离不开，便一生都活在仇视之中。这种环境和关系，对人性是一种啃噬。

我很讨厌听到诅咒，尽管它常常是从弱者嘴里发出的。实际上，善良的人是不会诅咒的，因为那违背了道德的底线。欺人太甚者，自有天惩，即"多行不义必自毙"！所以，不要去诅咒，诅咒会使自己陷入阴险邪恶的情绪中，进而扭曲人格。

几次听到一位年轻的女孩诅咒与她分手的男人——那男人跟她谈了一阵恋爱后，觉得与她不合适，便选择了另一个女孩。我一听见她在他的背后诅咒他，我的心就颤抖，不由得问她是不是被他欺负过，她说没有。既然这样，那只能说明她太在意他了，原本以为能得到他，却失去了他，于是反目成仇，咒他，咒他的老婆，咒他的全家。"从"与咒，转化之快！

我一直想告诉她一个真实的关于两人互相诅咒的故事。那两个人都曾是我的上司，他们之间貌合神离，属于"屈从"的关系。有一年，车间空缺一个副主任的职位，厂领导要求从几位工段长中提拔一位。他俩都想得到那个职位，于是展开了明里暗里的竞争。有一天，我无意中看到了一张揉皱的纸条，打开发现上面指名道姓诅咒竞争对手不得好死。那些天，我还听到被咒的人，也在背后凶狠地诋毁、诅咒对方。可怕而不幸的事情发生了，也许是一种巧合，但确实发生了：一个人的儿子突然患了白血病；另一个人的儿子则因意外事故被巨石砸死。这两个家庭都陷入了巨大的痛苦深渊。

诅咒的起源很早，求神加祸于别人，是一种非常古老的方式。《诗经·小雅·何人斯》："以诅而斯。"《尚书·无逸》："民否则厥心违怨，否则厥口诅祝。"《孔颖达疏》："诅祝，谓告神明令加殃咎也，以言告神谓之'祝'，请神加殃谓之'诅'。"

明代焦竑在《玉堂丛语·献替》中说："世庙时，有上变言张延龄诅魇怨望，大逆杀人，事颇有状。"诅魇，指用诅咒来害人。张延龄是明孝宗朱祐樘的小舅子，他喜欢搞特权，常做坏事，正直的

/ 199

太监何鼎因他丢了性命，内阁首辅大臣李东阳也因他倒了霉。对于这种仗势欺人的人，许多人看不惯，可搞倒他太难了，甚至有人付出了生命。后来，朱厚熜（嘉靖帝）当上皇帝，有人检举张延龄"谋反"，揭发他在嘉靖帝为其父兴献王朱祐杬建庙时进行了"诅魇"，这才将他弄进牢狱，并使其死在狱中。

明代归有光说："君子有危言之时，而无毁行之日，所以持天下邪正相轧之机，而直以道胜之耳。"（《史称安隗素行何如》）被人诅魇，心正无惧，奉道而行。只是，屈从，得有尽头，得有出口，不能使其往诅咒上转。去理个发吧，让自己冷静下来。

幽明

古人将有形与无形的事物放到一起观察,即"幽明"也。

听他骂:一会儿是人,一会儿是鬼。在人与鬼之间变来变去,有充分的逻辑支持:每个人最后都会变成鬼,鬼是人的未来。人在成为鬼之前,生命中就有鬼的基因(魂),甚至出现了"活鬼"的存在。虽然他是在骂人,但把脱离人性的人,看作是鬼而不是人,这说明人性超越于形体,高于生命。鬼能画皮为人,人间有多少画了人皮的鬼?

又听他骂:见人说人话,见鬼说鬼话。这种能把人和鬼都搞定的家伙,善于变化,善于操纵多套语言系统,他能够判断你是人还是鬼。人性本善,他对你说:"你真大度,原谅了他;你吃点亏,不与他计较。"鬼性阴鸷,他对你说:"凭什么你不如他?不要怕他,狠狠地教训他一下,让他知道你的厉害。"

对于人与鬼,我们按其性说话,讨得他们的喜欢;对于神,我们也同样说神喜欢听的话。不像孙悟空那毛猴,他不懂神性,说话总是得罪神。会说神话的人,能把自己想象成神,或者把别人想象成神。人敬畏神,鬼害怕神,但人和鬼都想成为神。

神坛上,有人,也有鬼。人、鬼、神常常混淆不清,令神坛下的人们难以分辨。见一个人从神坛上走下,才明白,他是人而不是神。见一个鬼露出了真面目，才明白，他是鬼而不是神。谁欺骗了人们的眼睛？造神的人和扮神的鬼。为什么能如此迷惑人心？因为很多人身上都住着神，相信神主宰着生命，主宰着世界的一切。弄不好，你就成了鬼，或者你就成了神。

一个人有几分权力，就极可能被捧成神、抬成神；权力越大，越容易成为神。围住你、盯住你、恭维你、崇拜你的人中，鬼多于人。被捧成神的人，自我感觉良好，以为自己真的是神，不知不觉变得"神采奕奕""神通广大"了，说话也变得神腔神调。整天飘飘然的，哪里还会审查谁说的是人话，谁说的是鬼话。

丰子恺在《我的老师弘一法师》中，认为李叔同是个"十分像'人'的人"，继而丰子恺对照社会上的人，说："凡作人，在当初，其本心未必不想做一个十分像"人"的人，但到后来，为环境、习惯、物欲、妄念所阻碍，往往不能做得十分像'人'，其中九分像'人'，八分像'人'的，在这世间已很伟大；七分像'人'，六分像'人'的，也已值得赞誉；就是五分像'人'的，在最近的社会里也已经是难得的'上流人'了。像弘一法师那样十分像'人'的，古往今来，实在少有。所以使我十分景仰。"丰子恺不愿意当神做鬼，他希望自己十分像"人"，他意识到自己是"实际上做得没有几分像'人'的人"。

丰子恺先生认为做人难，难做人，原因是社会上十分像"人"的人太少，大家都几分像"鬼"，几分像"神"！

人、鬼、神，这种复杂而交织、三者一体的文化现象，成为各类文艺作品的表现内容。不同题材的小说、戏剧，无不都写人、鬼、神的。有忠于现实的写，有变换手法的写，也有概念化、符号化的写。

莫言曾应高僧星云法师的邀请，造访台湾。他针对海峡两岸的文学差异，发表看法：过去大陆作家写"人"，带有阶级、政治的偏见，严重脸谱化。而他在写作时注意避免这一模式，不会把国民党的军队当"鬼"来写，也不会把共产党的军队写成"神"。他指出，把人当"人"来写，超越阶级、政治偏见，才能写出真正完整的人的形象，还原出人真实的面貌。

我这些年看小说，发现当代中国作家笔下的人物，真实的人性与人性的真实，确实比几十年前"文学"了许多。可是，尽管评价文学的审美系统已经恢复，但是仍然有不少人戴着有色眼镜，将人性的文学看作非人性的文学。所谓艺术"从人格到神格"的提升，说到底，你是选择做一个人格健全的人，还是做一个捣蛋有术的鬼，抑或做一个全知全觉的神？

古人将有形与无形的事物，放到一起观察，即"幽明"也。《易经·系辞上》："仰以观于天文，俯以察于地理，是故知幽明之故。"唐代元稹在《江陵三梦》中说："平生每相梦，不省两相知，况乃幽明隔，梦魂徒尔为。"《太平广记》引唐代无名氏《冥音录》："幽明路异，人鬼道殊，今者人事相接，亦万代一时，非偶然也。"

李白在《溧阳濑水贞义女碑铭》中说："皇唐叶有六圣，再造八极，镜照万方，幽明咸熙，天秩有礼。"王安石在《全椒张公有诗在北山西庵僧者墁之怅然有感》中说："幽明永隔休炊黍，真俗相妨久绝弦。"蒲松龄在《聊斋志异·神女》中说："家君感大德，无以相报，欲以妹子附为婚姻，恐以幽明见嫌也。"都是讲人与鬼神的关系。

中国古代文化有一"审核幽明"的路径，反对"幽明莫辨"；还有一路径是"黜退其幽者，升进其明者"，属于事功的原则，将善恶、贤愚区分开。孔子不谈"怪力乱神","敬鬼神而远之",向来被人理解为:一方面让人不要迷信鬼神,把最主要的精力用在"事人"上,另一方面也让人们保持必要的敬畏之心,不要狂妄自大、为所欲为。苏轼在《与钱济明》的信中说:"神药希代之宝,理贯幽明,未敢轻议。"

引喻 yǐn yù

> 借一种事物来阐述另外一种事物，这两种事物之间可能有天南地北之差，但由于熟悉前者，便能因为两者之间的相似性很快地了解后者。

我不喜欢参加那种时间过长的会议，不是因为坐在那里不自由，而是害怕那些讲话的人滔滔不绝并且"引喻失义"，他们举例子、打比方、说故事，似乎有道理，实则没道理；好像合情，实则勉强；仿佛有作用，实则没作用，听了让人难受。

有一个公司的经理特别喜欢通宵达旦地开会，他不知道自己经常"引喻失义"，话讲完后又要求大家发表意见，大家有什么可说的呢？无非是经理说得好，说得正确，要好好落实、执行……于是会议开得很成功，很有效果……这种模式化和程式化的会议，多少年也没有变化。

有时，会议上偶尔会出现反对的声音，可那声音带来的却是冷场沉寂，往往促成会议提前结束，然而却给我带来无穷的回味。不由得想起诸葛亮《出师表》中这句话："不宜妄自菲薄，引喻失义，以塞忠谏之路也。"忠谏之路截断于会场大门之外，红地毯之外。

世上"例子"这东西是很多的，多如牛毛。上下五千年间发生了多少事啊，还有自然界中种种可以给人以启示的现象。讲话的人、发指示的人、歌功颂德的人、攻讦他人的人用起来真是取之不尽、用之不竭。可是，正是由于用起来方便，就出现了一个问题：

很多人在很多时候很随意地拿来就用,这造成了负面的影响和可怕的后果。皇上杀人要找理由,就问大臣有没有例子?大臣说有,那人脑袋就没了。那些被人取笑为饭桶和草包的昏官,也往往是开口就乱打比方、乱举例子,让人哭笑不得。

诸葛亮无疑意识到了这一点,所以他害怕刘禅"引喻失义",还害怕刘禅听信别人拿事例达成某种阴谋的"谏言"。果然,诸葛亮死后,李邈上书,援引历史上吕禄、霍光等人的例子,诋毁诸葛亮"身仗强兵,狼顾虎视",说诸葛亮的及时死去使其"宗族得全,西戎静息,大小为庆",暗指诸葛亮如果不死,早晚会图谋不轨。刘禅闻言大怒,将李邈下狱处死。

除了不喜欢开会,我还不喜欢成功学培训。那些培训专家与励志大师最拿手的也是举例子、讲故事,他们绘声绘色地讲,时不时的振臂高呼、顿足大吼,搞得现场很有人气的样子。可是,我身上却忽冷忽热,很不舒服。他们举的例子和讲的故事,不外乎成功企业的做法、成功人士的经验,甚至把日本武士道精神用到企业管理上,还提出向狼学习,向狐狸学习,向种种动物学习,而人类身上最普遍的品质和力量却被漠视了。事例、故事,为我所用地取舍,顾此而失彼,使得培训的积极作用小于消极作用,至少对社会、对人性是这样。

本来,借着某一种事物来阐述另外一种事物,这两种事物尽管有着天南地北之差,但由于我们熟悉前者,因为它们之间的相似性,使我们能很快地了解后者,甚至比一般用的字眼更有效且更快,这正体现了语言的魅力、引喻的智慧。

据《新序·善说》记载,有人到魏王面前进谗言说:"惠施说话爱用比喻,假使不让他用比喻,他就什么事情都说不清楚。"魏王说："寡人不信，你明天把他叫来，寡人要好好地让他出一次洋相。"第二天，魏王召见惠施，对他说："请你以后直截了当地说话，不要再用什么比喻了。"惠施说："现在有个人不知道'弹'是怎样一种东西，如果他问你'弹'的形状是怎样的而你告诉他'弹'的形状就像'弹'，他能听得明白吗？"魏王摇了摇头，说："听不明白。""对呀，"惠子说，"如果告诉他：'弹的形状像把弓，它的弦用竹子做成，是一种弹射工具。'他听得明白吗？"魏王点了点头，说："可以明白。"惠子接着说："所以，比喻的作用，就是用别人已经知道的事物来启发他，使他易于了解还不知道的事物。现在，你叫我不用比喻，那怎能行呢？"魏王想了想说："你说得很对。"

谋士、说客，包括现在某些靠嘴皮子吃饭的专家及策划大师，都善于引喻。有的引喻确实很经典。赵惠文王好剑，厚待剑士，误政危国。庄子说，剑有三种：天子之剑，诸侯之剑，庶人之剑，三种剑比喻三种不同的胸怀、眼光和与之相应的三种治国之术及其结果。他指出惠文王"有天子之位而好庶人之剑"实在可惜，从而使赵惠文王认识到了自己的错误。

一个人会比喻，说明大脑聪明。南宋周必大在《题龙泉李宗儒师儒兄弟槐阴书院》中说："乂郴文章妙天下，引喻牛行相君舍。勉哉植德企前修，他日儿孙攀逸驾。"

据《新唐书》记载，政治家、谋臣、学者李泌，少时进宫，恰逢宰相张九龄与唐玄宗下棋，张九龄以"方圆静动"为题请李泌作诗，李泌不假思索地对答，"方若行义，圆若用智，动若骋材，静若得意"。这几个"若"字，让唐玄宗惊喜，对李泌优待赏赐，特意留他在宫内担任忠王李亨的陪侍。临别之际，唐玄宗还许下重诺，待到李泌长大成人，必将这位"国之重器"委以重任。

张九龄也是一个善于引喻的人。他见唐玄宗痴迷下棋却不理国事，心里十分焦急。一日，张九龄忍不住对唐玄宗说："陛下，天天下棋不好。"唐玄宗一面回答"没事"，一面提了"车"来捉张九龄的"马"。张九龄又说："陛下，老这样下棋，朝廷大事你怎顾得了啊？"唐玄宗仍然说"没事"，并将对方的"马"吃掉了。张九龄说："如今，内则官吏贪污腐化，外则异族侵扰边境。如果不富国强兵，国家一旦有难，百姓就难以安居。"唐玄宗仍摆弄棋子说："没事，朝廷有文武百官料理，你快下棋吧。"张九龄见状，一边下棋，一边设法让唐玄宗把"车"腾了出来。唐玄宗以为时机正好，就拿起"车"连扫几子后，又开始"将军"。谁知张九龄却没有起"仕"保"帅"，只是进一步"卒"。唐玄宗便提醒张九龄。张九龄十分平静地说："没事。"唐玄宗说："你不顾'将军'，你就输了。"张九龄此时才说："陛下，下棋好比管理国家大事，如'帅'一动不动，与各子不齐心，各子也不保护他，这局棋当然输啰。下棋是娱乐，国事才要紧。"唐玄宗一听，点了点头。

这个故事，说明张九龄的引喻恰到好处。我喜欢张九龄的一首《归燕诗》："海燕岁微渺，乘春亦暂来。岂知泥滓贱，只见玉堂开。绣户时双入，华堂日几回。无心与物竞，鹰隼莫相猜。"他所咏的是将要归去的燕子，叙述、议论及比兴，有着明显的引喻倾向，但不失诗意。

现实中，我听到过精彩的引喻，甚感荣幸，可常面对的却是"引喻失义"，听了便感到意志混乱、精神错乱、心里慌乱、压力倍增，觉得人生的趣味顿失。

蹀躞 dié xiè

指小步行走，引申为颤动，也指衣带上的装饰物。

一群诗人和作家，在皖南牯牛降风景区采风。几个女诗人走得慢，前面的人只得停下来等她们，见其走近了，有人笑道："你们鹅行鸭步。"接着，一位擅长古诗词的男士冲她们说："三美女蹀躞而来，众须眉企趾相迎。"大家都笑了，尽管并没多少人听准"蹀躞"的读音，了解它的意思。其中有个女诗人问："大才子，三美女什么而来？"那男士回答道："蹀躞而来，蹀躞指小步行走。在古代，这个词使用频率不低，我经常在古诗词中看到。"

我知道，蹀躞不仅仅指"小步行走"，它的引申义丰富，还有变义，所以弄不好就会错解它。男人走路大步流星、昂首阔步，说明身轻体健，且有阳刚之美。女人以淑柔为美，以舒曼为气质，仪态端庄尤佳。所以，蹀躞是女人的行走特征，透着一种阴柔之美。

唐代权德舆在《从叔将军宅蔷薇花开太府韦卿有题壁长句因以和作》中说："环列从容蹀躞归，光风骀荡发红薇。"蒲松龄在《聊斋志异·长亭》中说："女郎急以碗水付之，蹀躞之间，意动神流。"蔡东藩在《清史演义》第一回中说："三人欢喜非常，便从山下蹀躞前行，约里许，但见一泓清水，澄碧如镜，两岸芳草茸茸，铺地成茵，真是一副好床褥。就假此小坐。"三个长得天仙般美丽的女

/ 209

子,是恩古伦、正古伦、佛库伦三姐妹,其中小妹佛库伦是爱新觉罗部的祖婆。现代作家冰心也喜欢"踥蹀"这个词,很恰当地运用到《寄小读者》中:"当她在屋里踥蹀之顷,无端有'身长玉立'四字浮上脑海。"

若说男人"踥蹀",就是讽刺与挖苦了。南朝鲍照在《拟行路难》诗之六中说:"丈夫生世会几时?安能踥蹀垂羽翼?"要么说路途坎坷,实在不好走,迫不得已而"踥蹀"。明代谢肇淛在《五杂俎·地部二》中说:"越明日,朔风举帆,踊跃碧虚,踥蹀于黄混水,号曰望昊洋,依凭延真岛。此皆从来人迹不到之乡。"行路难,做事难,写文章也难。唐代戴孚在《广异记·王法智》中说,"众求其诗,率然便诵二首云……自云:'此作亦颇踥蹀'"。

为了让更多女人实现"踥蹀之美",宋代之后男人们以一种社会运动的方式,诱逼女孩子们从小通过缠足塑造"三寸金莲",使她们不得不小步行走。苏轼在《菩萨蛮·咏足》中说:"涂香莫惜莲承步,长愁罗袜凌波去。只见舞回风,都无行处踪。偷穿宫样稳,并立双趺困。纤妙说应难,须从掌上看。"男性欣赏女性身体的细巧柔弱、步履的纤小轻慢,何其变态。"纤纤作细步,精妙世无双"等描写美人的诗句无不显现了男性的这种审美观。

男人的畸形审美心理,给无数女人带来了痛苦。女人脚太小,步履艰难,颤颤巍巍,一步三摇,真是娇弱可怜。在缠足时代,绝大多数妇女从四五岁起便开始裹脚。我母亲也曾缠足一年,她出生在民国,反对缠足之风吹到了她的家乡,她才能"放脚"自在行走。母亲曾告诉我缠足的具体做法,是用一条狭长的布带,将足踝紧紧缚住,从而使肌骨变形,脚形纤小屈曲,一直到成年之后,骨骼定型,方能将布带解开。也有终身缠裹,直到老死之日的。缠足通过外力改变脚的形状，严重影响了脚的正常发育，引起软组织挛缩，这个摧残、痛苦的过程是言语无法表达的。尤其是老年妇女，体质虚弱，更是受罪。清代宣鼎在《夜雨秋灯录·珊珊》中说："倏一红装屏角窥客，又一老媪上堂篝灯，蹀躞颇苦。"

由"小步行走"的意思，引申到"颤动"，思维何等发散。明代朱权的杂剧《卓文君私奔相如》第二折提到："我则见绣屏开花枝蹀躞，绮窗闲花影重叠。"女作家萧红在《看风筝》中写道："'刘成不是你的儿吗？他今夜住在我家。'老人听了这话，他的胡须在蹀躞。"

更有甚者，竟将"蹀躞"这一表示行走之态的词，变成了说话之态的词。如蒲松龄在《聊斋志异·胡四相公》中说："若个蹀躞语，不宜贵人出得！"蹀躞语，难道说话如"小步行走"般的缓慢、颤动？何垠注释："蹀躞，犹云琐碎也。"蹀躞语，体现出浮漫不庄重。我想了想，倒是遇到过这么说话的男人和女人。汉代牟融在《理惑论》中说："公明仪为牛弹清角之操，伏食如故。非牛不闻，不合其耳矣。转为蚊虻之声，孤犊之鸣，即掉尾奋耳，蹀躞而听。"原来比蒲松龄之"蹀躞语"早近1500年有"蹀躞而听"，一种注释为："踮着小步听。"这与"蹀躞而行"离得不远，还是后来的"蹀躞语"更让人费脑筋。

古代女人"蹀躞"的样子，可以想象。现在不见小脚女人的行走，但常见因减肥而弱不禁风的少女的蹒跚。至于马的"蹀躞"之姿，我是怎么也想象不出。柳宗元在《同刘二十八院长述旧言怀感时书事赠二君子》中说："蹀躞骀先驾，笼铜鼓报衙。"元代萨都剌在《题画马图》中说："四蹄蹀躞若流星，两耳尖修如削竹。"龚自珍在《己亥杂诗》中说："此记游耳非著作，马蹄蹀躞书生孱。"诗人们对"蹀躞"情有所钟,意象缤纷。

最"可怕"的是,"蹀躞"竟然跑到人的身上,成为佩带的饰物,我望之而目瞪口呆,无法理解,如:司马光在《涑水记闻》卷九中说:"元昊遣使,戴金冠,衣绯,佩蹀躞,奉表纳旌节告敕。"宋代张枢在《谒金门》中说:"重整金泥蹀躞,红皱石榴裙褶。"《辽史·二国外记传·西夏》:"其冠用金缕贴,间起云,银纸帖,绯衣,金涂银带,佩蹀躞、解锥、短刀、弓矢,穿靴,秃发,耳重环,紫旋襕六袭。"

面对形形色色的"蹀躞",我常感觉自己应对的功力不够。不过,我很喜欢这一句凄美的话:"千般荒凉,以此为梦;万里蹀躞,以此为归。"(余秋雨《文化苦旅》)

忘筌

wàng quán

忘记捕鱼的筌，引申为比喻不值得重视的事或物。

唐代韩偓在《感事三十四韵》中说："独夫长啜泣，多士已忘筌。"从忘记捕鱼的筌，到引申为比喻不值得重视的事或物，无论是"忘筌"，还是被"忘筌"，人们的心绪都是苦涩的、酸楚的。

东汉张衡在《经史阁四言诗》中说："忘筌舍蹄，出足弃履。文未丧天，道不坠地。"张衡既有理论专著，又有发明成果。他的天文学著作有《灵宪》《浑仪图注》等，数学著作有《算罔论》，他还发明了浑天仪、地动仪等。可是，他的思维与时代不同频、不同构，他的思考维度与别人存在很大区别，他的知识点超出了儒学大纲，他的认知力抵达了"无人区"，他的努力方向偏离了根本的教育目标，他的成就不符合群体价值取向，所以他多年都得不到升迁，离开史官的职务五年后，又回到了原职。

张衡著有《四愁诗》，写的是愿望与现实的冲突，"我所思兮在太山，欲往从之梁父艰。侧身东望涕沾翰。美人赠我金错刀，何以报之英琼瑶。路远莫致倚逍遥，何为怀忧心烦劳……"

他于是设客问体，作《应间》来表明自己的心迹，其中写道："君子不患位之不尊，而患德之不崇；不耻禄之不夥，而耻智之不博。"如果在求索真理与知识的过程中，国家和政府一直以智博为驱动力，正向激励人才，并拓展研究领域，那么东汉及其后代社会的整体科学世界观将会得到更快的发展，也不至于让张衡等少数科学家渴望"美人"帮助，实现梦想。

由于人们"智不博"而做下的蠢事比比皆是。古代社会不懂科学，甚至反科学，造成了多少无谓牺牲，又使多少人无辜受累、受苦、受害？

这到底是不受限制的自由行为，还是脱离实际的愚蠢行为？看张衡的心路历程，他最终与常人一样，选择了自我疏离的方式，即归田。他在《归田赋》中说："超埃尘以遐逝，与世事乎长辞。"

那天，我问二姐："你家还有多少庄稼自己种植？"二姐说："我家只种点蔬菜，稻田都由大户承包了，现在产量高，一亩田能收水稻一千斤以上，过去真不可想象，要感谢袁隆平！"我说："袁隆平院士已去世，当时全国无数人自发地祭奠，缅怀，你知道吗？"她说："知道。"

二姐说："自从1969年下放农村，我就梦想哪天能吃饱肚子。这个梦想十多年后实现了，但怎么也没有想到，今天的粮食产量会有这么高。"我笑道："这是袁隆平的梦想，也是宋应星的梦想。"

宋应星这个人，二姐肯定不知道，许多人也都不知道。一方面是因为他是三百多年前的明代人；另一方面是在科学思想稀薄、缺乏科学观、不重视生产技术的封建农耕社会，读书人心里装着的正途是"功名"，而老百姓所知道的名人多为两类：大英雄和大奸臣。传统戏剧的主题尽管大多是积极的，如除暴安良、惩恶扬善、报仇雪恨、救苦救难，但不会把宋应星的事迹编成故事，通过戏曲艺术宣传他的科学探索精神。

宋应星在《怜愚诗》中说："篇章无奈出身何，释褐忘筌弃则那。"在当时，谁会有兴趣研究农业生产呢？有文化的人要么在衙门里著圣贤书，要么在民间玩易经八卦，要么隐身林泉演绎佛道经典。而种庄稼的人一般都没什么文化，即使凭实践经验掌握着生产窍门，靠点滴观察发现了某种增产提量的办法，也无法用文字记录下来，更不会用理论分析的方法，找到规律并有所发明创造。

明代老百姓不知道宋应星，清代老百姓也不知道宋应星……庆幸的是，历史上还有少数人能够发现宋应星，记住宋应星；另有人虽不知道宋应星是谁，但却知道《天工开物》的价值。

我觉得央视《典籍里的中国》节目制作得特别好，尤其古今人物与时空关系，可以置换角色进行穿越对话，给人一种全新的历史与现实相通的观感体验。有一期，通过全息投影和演员表演，实现了袁隆平与宋应星穿越三百多年的"握手"。我忍不住哭了，因为我想到了少年的我，想到了父母、姐姐、哥哥，想到了全家人共同经历的饥饿岁月和在饥饿中做的天真的梦、荒诞的梦、悲伤的梦。

我当年的梦想场景，在我此刻的电视机前，自然地穿插到了明代与现代的时空中，我感受着宋应星"贵五谷而贱金玉"（《天工开物·序》）的梦想和袁隆平"禾下可乘凉，天下没饥荒"的梦想。

宋应星第六次参加科举考试，仍没考中，还考不考呢？他在严峻的民生问题面前，停下了脚步，将目光投向农业和手工业，他到田间地头观察庄稼生长，深入村巷作坊了解百工技艺。农民和手工业者的艰辛生活深深触动了他，他们贫、弱、病，还有愚——愚是社会观念造成的。而且，并非只有他们愚，很多自以为聪明的书生、官员也照样愚，甚至更加愚，因为他们常常错误地引导、命令人们去干蠢事。

"耳目相同男子官，聪明差异万千端。群生尽葬愚公谷，阅尽方知智者难。"宋应星写了40余首《怜愚诗》，这是其中一首。我读后立马想起多年前我从业的那个工厂。工厂里，曾有一台皮带运输机，由于皮带老是跑偏，物料总是掉落，维修工校正不了，于是车间主任下令拆除运输机，改用小推车搬运物料，结果工人的劳动强度增大了，效率也降低了。我当时想不通，厂里为什么不组织技术人员进行攻关，解决皮带跑偏的问题呢？后来，工人纷纷逃离"愚公谷"——想方设法离开被厂领导说成是锻炼劳动标兵的"艰苦岗位"，结果工厂因技术落后，产能低，破产了。

宋应星和张衡一样，也有心中的"美人"。他在《思美诗》中说："闻道西方有美人，大圆清淑幻成身……"我似乎感觉到，宋应星与张衡虽然远隔一千多年的时空，但他们心灵相通，都在呼唤他们理想中的"美人"。

宋应星希望"世有聪明博物者，稠人推焉"，可又说《天工开物》"此书于功名进取毫不相关"，那么功名于宋应星到底是个什么东西？不要也罢！

"美人"这个虚拟的形象，是多少智者、卓异之人、超能力的人内心秘密的臆念，他们仰望星空，匍匐大地，求之不得而苦思，然后用文字将梦想的美人描绘出来。

今天，"美人"展示靓丽风采，她是神舟飞船，是嫦娥号登月车，是祝融号火星车，是智慧农业、智慧水利、智慧城市、智慧交通、智慧政务……

远引 yuǎn yǐn

"引"有离开之意；远引，即远去、远游。

现在，人们在一个公司如果觉得没出息，可以跳槽；在一个单位如果觉得没有前途，可以改行；在官场如果待烦了，可以下海。尽管都是"逃离"的方式，但不同于古人"远引"避祸，有逍遥之意。当然，携款"跑路"者除外，那是一种犯罪，被国家通缉，即使跑到境外，也会被引渡归案。

杜甫在《喜晴》中说："英贤遇轗轲，远引蟠泥沙。"罗大经在《鹤林玉露》中说："以兴士当高举远引，归洁其身如海鸥。"沈德符在《万历野获编》中说："濡足权门不足责，既而蒙谴，智者必远引，自庆脱网矣。"陈梦雷在《寄答李厚庵百韵》中说："脱身思远引，束缚加羁缰。"

建安九年（204），孔融任少府时写信向曹操推荐盛孝章，信中有一句："向使郭隗倒悬而王不解，临溺而王不拯，则士亦将高翔远引，莫有北首燕路者矣。"用现代白话说，假如当初郭隗处于困苦危急之中，昭王不去帮助他，郭隗落水将要淹死的时候，昭王不去援救他，那么其他贤士也都将远走高飞，没有肯到北方燕国来的了。

"盖天下之心宗乎二人，则向背之心生；向背之心生，则彼此之党立；彼此之党立，则谗间之言必起；谗间之言起，则父子之隙必开。开者不可复合，隙者不可复全，此古今之大忧也。"这是南宋杨万里写的《上皇太子书》中的一段文字。

杨万里察觉太上皇宋孝宗和皇上宋光宗父子分权的端倪，深感忧虑，并且预见未来必然出现两个政治中心，最后必会导致朝廷父党与子党之间的激烈冲突。杨万里怀着一颗赤诚的心把近虑和远见说出来，是希望赵氏父子能从皇权对立的萌芽中预知后患，尽快改变"一国二主"的政治格局。杨万里大胆作出的理性判断与利害分析，没有起到什么作用，他只得选择离开，辞职而"飘然远引"。为什么"只得"？因为他对自己个人的命运也有"远见"——参加"窝里斗"必然带来危险，而不投靠任何党派也会被攻击为"中党"，不如放逐自己，逍遥自在。三年后（1193），皇权分裂公开化，党争冲突尖锐化，杨万里的预言完全应验了！

在封建体制和文化环境里生活的人，多半懂得"天无二日，民无二王"的道理，更何况是读书人，也就是说像杨万里一样能看出赵昚和赵惇这对父子纠缠于皇权必造成两个对立的政治集团的人不在少数。他们当中也会有人忧虑，不喜欢这种局面，至少也会感觉夹在父子中间实在不好做人做事，寄望于父子和睦。然而，更多人应对的方式是选择"站边"，于是一帮人成为父党，一帮人成为子党，惟恐父子两党阵营中没有自己的位置，以至于将赵氏父子的鸿沟越挖越深，冲突越厉害，阵营越大，转入的人越多，等待他们的无一不是祸患与灾难。

"他可以说是当时士大夫中对皇权本质认识得最深刻的一人。"著名学者余英时如此评价杨万里。

读书明理的士大夫们，一旦陷入权力之争，就会被政治漩涡所裹挟，被物质利益所侵蚀，或则忧患、或则怨愤、或则不安，内心与现实的冲突渐渐消弱，以势利者为参照，自己说服自己，不是增添了斗志，就是学会了迎合，昧于远见而精于处世。这些士大夫们，从对国家命运的忧虑回到对自身利益的考虑，害怕失去权力，恐慌于离开官场怎么活、面子哪里放，于是将自己绑在了利与义的十字架上。他们为了谋取位置，采取"佞庸自售之计"，将自己的灵魂都出卖了；为了免官之后有钱花，发疯地敛财，欲望难以满足；为了捞取资本，趁机浑水摸鱼，两面做人，多处讨好；为了政治野心，索性鱼死网破，干掉对手……

杨万里离开充斥名利的官场，自然也会有一番对于个人命运的思考。他无论是选择赵昚，还是选择赵惇，阵营中都会有他的位置。可那位置不是光鲜的、体面的，必会因集团利益的需要而伤及他人、伤及自己。当没有完全的正确与错误，有的只是赤裸裸的权力斗争，还有什么意义？真正的读书人、士大夫宁愿"独善其身"，也不与那帮自以为是的人合作。

杨万里平时遇事敢言，指摘时弊，无所顾忌，因为他不营求升迁，何况在让他忧虑的当世，为官并非幸事，因而他做好了随时丢官罢职的心理准备，甚至准备了由杭州回家的路费，锁置箱中，藏于卧室，还告诫家人不许多买一物，怕去职回乡时行李累赘。他在江东转运副使任满之后，应有余钱万缗，但他均弃于官库，一文不取而归。当时的诗人徐玑称赞他："清得门如水，贫惟带有金。"（《见杨诚斋》）

僭越
jiàn yuè

指超越本分行事。

我曾在《中华读书报》"看法"版发表一文，谈自己参与某地方机构编纂图书的经历，其中写道，"编辑委员会主任安排我去政府办公室办事，我拿着文件来到相关部门，客客气气地问一个男人谁负责签字盖章。他冷漠地瞥了我一眼，问干什么。我便说自己是聘请的编辑，请你给这文件盖个公章。他扫了一眼文件，板着面孔不说话，好像早餐吃了苍蝇，胃里正在捣腾。他把我晾在了一旁。我仍然轻言细语、小心谨慎地说，给盖个公章吧。他终于从我手上把文件稿拿了过去，却往桌上重重地一搁，质问道：'这文件是谁起草的？谁打印的？不规范！'哦，原来如此，对不规范的文件确实要严厉拒斥。我忙说，我不知道是谁起草谁打印的，我只是听领导的安排拿过来请你盖章。他说，拿回去，不给盖章！我伤心地回到办公室。主任便叫秘书去盖章，却盖到了"。

后来，我终于明白了，自己这个短期聘用的编辑，去找人签字盖章，身份、职位是不对等的。对方的拒绝，没有错，只是态度不好，否则也不会引起我的反感。可是，我没有吸取这次的教训。几年后，我在一家民营企业任职时，一次叫手下一位员工，拿着一份材料去找副总经理签字。不一会儿，她哭着回来了。我马上意识到这个刚上任的副总经理是从体制内退休后来企业的，跟前几任副总经理的工作经历、文化认同，都不一样。

《魏书·清河王怿传》："谅以天尊地卑，君臣道别，宜杜渐防萌，无相僭越。"这句话，可以说是反对僭越最充分的理由。其中"天尊地卑，君臣道别"，是不可动摇的根本原则。清河王元怿，外表伟俊，风采神韵，有文学才能，善谈理趣，并且喜怒不形于色。他曾对宣武帝说："我听说，唯独国家宝器和爵名，是不可以轻易借给人的。所以季氏旅于泰山，孔子深加讥讽；仲叔想要车悬之物，左丘明认为应当尤其引以为戒。这是因为天尊贵而地低下，君臣之道有别，应当防微杜渐，不得僭冒越分。至于像减膳、录囚这种做法，是国君的事情，如今却让司徒去做，这哪里是为人臣子的道理？况且陛下修明政教，解断诉讼，便可以使时雨降下，四时风调雨顺。怎么能让明君失职于上，奸臣窃权于下？助长祸乱的根基，就在于此了。"后来，元怿被人诽谤谋反惨遭杀害。

即使是很有名望的人，说话、办事时，若犯"僭越之罪"，同样会招来很大的麻烦。范仲淹曾向仁宗上《百官图》，揭露吕夷简选拔干部多出其私门，"如此为序迁，如此为不次，如此则公，如此则私，不可不察也"。他提出，进退近臣必须由皇帝自己把握，不能全权委托宰相吕夷简。从此，便得罪了吕夷简。范仲淹在不任谏官而拜礼部员外郎后，仍然向皇上提军、政等方面的建议，吕夷简威胁他说："汝即非谏职，不得妄议军国大政。"范仲淹继续向仁宗皇帝谏诤，最后被仁宗以"越职言事"为由，贬为饶州知州。

文天祥曾从国家法令的高度，指出"僭越"的性质。他在《提刑节制司与安抚司平寇循环历》中说："今某自有章宪样子，岂敢事事干与，犯僭越之诛！"章宪，指国家的规章法令，僭越即一种违法行为。但是，如果在非常时期，"僭越"又何妨呢？

德祐元年（1275），长江上游告急，宋廷诏令天下兵马勤王。文天祥捧着诏书流涕哭泣，派陈继周率领郡里的志士，同时联络溪峒蛮，派方兴召集吉州的士兵，各路英雄豪杰群起响应，聚集兵众万人，率军入卫京师。他的朋友制止他说："现在元军分三路南下进攻，攻破京城市郊，进迫内地，你以乌合之众万余人赴京入卫，这与驱赶群羊同猛虎相斗没有什么差别。"文天祥答道："我也知道是这么回事。但是，国家抚养培育臣民百姓300多年，一旦有危急，征集天下的兵丁，没有一人一骑入卫京师，我为此感到深深地遗憾。所以不自量力，而以身殉国，希望天下忠臣义士将会有听说此事后而奋起的。"

《宋书》记载了"僭越"的危害，它不仅对官场规则是一种破坏，甚至对老天也是一种蔑视，要遭到报应。晋成帝咸和元年秋，天旱。当时庾太后临朝听政，掌握朝政，群臣奏事称她为"皇太后陛下"。出现天灾后，人们认为这是对妇人擅行皇帝之命这种言之不从、僭越职分行为的惩罚。晋成帝咸康元年六月，天旱。这时候成帝幼弱，还不能亲自处理国家大事，内外的政务全都交给将相办理。于是，人们认为，这是僭越造成的连年干旱。

自古书生爱建言，他们不顾及名分，或者忘了僭越之祸。正如明代归有光所说："君子伸于知己而诎于不知己，是以冒渎而忘其僭越焉。"（《上赵阁老书》）

奇羡 qí xiàn

指余存的财物。

余存的财物,叫"奇羡"。若以为"奇羡"乃既"好奇"又"羡慕",那就错了。奇货可居,囤积居奇,奇是财物珍奇之意。羡,不是羡慕,而是富余,即足够而多余。也难怪"奇羡"表面闪着褒义的光芒,实则是个内藏秘密、见不得世面的贬义词。

藏富,是一种社会经验。孔子"均贫富",老子"损有余而补不足",都是对"奇羡"的"审讯"和"拷打"。可毕竟每个人处世方式不一样,获得物质的手段和机会不一样,有的人"财商"高,不让他发财还真的难。我见过一个在"计划经济"时代"发迹"的人,因为被人举报,公家没收了他家的财物,包括几担稻子和几十斤咸肉,又召开批斗大会,割他的"资本主义尾巴"。改革开放后,他很快成了"万元户",后来被镇政府聘用,担任一家乡镇企业的厂长。企业改制后,他自己当上了老板。对于他这种人,人们既佩服,又嫉妒,恨不得均其富、削其财。他的安全感,靠两种方式支撑,一是财不外露,二是捐款做慈善。

孔子的弟子子贡跟同学们的重要区别,就是"财商"高,他大概算历史上最早的一位儒商。孔子称赞他"告诸往而知来者"——告诉他过去的事,他就能对未来做出推测和判断。在《论语·先进》中，孔子说："赐不受命，而货殖焉，亿则屡中。"所谓"货殖"，是指货物生殖蕃息。子贡能够实现货殖，是因为他不受客观现实的束缚，能够掌握大量信息并作深入分析，因而推测市场行情准确无误。子贡因经商发财，司马迁在《史记·仲尼弟子列传》中称他"家累千金"。《史记·货殖列传》："布衣匹夫之人，不害于政，不妨百姓，取与以时而息财富，智者有采焉。"以司马迁的货殖标准衡量，子贡的致富道路没有什么越轨行为，他不依靠权力，也不生产假冒伪劣产品和用坑蒙拐骗的手段，财富来源正当。

孔子还说"富贵在天""求财有道""富与贵，是人之所欲也，不以其道得之，不处也""义然后取"……否则，对于财富的竞争，会使人陷入疯狂而丧失理智，欲望一旦得不到满足，道德极容易滑落、败坏，更为严重的后果是人们因贫富不均而造成社会混乱。老子和庄子也看出了财富不均带来的问题，只是他们站在了关爱生命、自我保护的角度发表观点。《道德经》："不贵难得之货……甚爱必大费，多藏必厚亡。"《庄子·外篇·天地》："不利货财，不近贵富。"

明代改革家张居正在《赠水部周汉浦榷竣还朝序》中说："农夫藜藿不饱，而大贾持其赢余，役使贫民，执政者患之，于是计其贮积，稍取奇羡，以佐公家之急。"具有讽刺意味的是，张居正"取奇羡"，死后自家的"奇羡"也被人取了。

张居正的改革，一定程度上缓解了明朝的政治和经济危机，可是他的"反贪"措施和取消赋税特权的改革冲击了皇权，得罪了官僚特权阶层及官场反对派势力。万历十二年（1584）四月，明神宗朱翊钧突然下诏，派司礼太监张诚、刑部侍郎丘橓前往张居正的家乡湖北江陵查抄张居正的家产。张居正的兄弟及几个儿子的所有家财被查抄，其中有黄金万两、白银十余万两。张诚等人看到张家的全部财产不及明嘉靖时宰相严嵩家产的二十分之一，于是对张氏家属严加拷讯，逼迫其招认分散寄存银钱200万两。张居正的长子张敬修被逼自诬，以致株连亲友，荆川骚动。张敬修不堪严刑追逼，痛写血书鸣冤，然后自缢身亡。三子张懋修投井自杀未遂，又绝食未死。张氏子孙家属饿死及自杀者数十人。张居正的母亲年逾八旬，惶惧哭泣，求死不得。事情的发生，离张居正去世只有一年又十个月。

曾与张居正关系不和的宋纁，也有一段取"奇羡"的故事被记入史册，不过他不同于张居正让朝廷吃"大户"，而是让国家吃"朝廷"。他也没像张居正那样遗祸于家族。据《明史》载，"纁凝重有识，议事不苟。石星代为户部，尝语纁曰：'某郡有奇羡，可济国需。'纁曰：'朝廷钱谷，宁蓄久不用，勿使搜括无余。主上知物力充羡，则侈心生矣'"。

宋纁在保定当巡抚，保定是京都南下的要道，官员出京必经此镇，往来要员很多，有人劝他接待要隆重，宋纁回答道："我不能搜刮民脂民膏来讨好他们以使我个人得利。紫荆重镇两防费用过重。"万历初年，宋纁跟张居正政见不合，他仕途不顺，抱病赋闲。万历十一年（1583），宋纁重新得到启用，官复原职，仍任保定巡抚。当时获鹿诸县正闹灾荒，宋纁到任立即开仓放粮赈饥。有人劝他，先奏请皇上降旨，再开仓赈饥。宋纁说："待报而行，老百姓已饿死尸骨满沟了，到那时再开仓赈饥又有何用？要是皇上怪罪下来，由我一个人承担！"

我第一次见到"奇羡"一词，是在清代方苞《狱中杂记》一文中:"奸民久于狱,与胥卒表里,颇有奇羡。"后来在《史记·货殖列传》中读到"中国委输,时有奇羡",才知道是什么意思。现在,我喜欢"四方有羡"(《诗·小雅·十月之交》)这四个字。

撄宁 yīng níng

道家所追求的一种修养境界，指心神宁静，不被外界事物所扰。

怀宁陈元善先生，后改名陈撄宁。陈撄宁，中国道教协会原会长，被誉为"中国近现代道教领袖人物""中华仙学巨子"。"撄宁"二字出自《庄子·大宗师》："其为物无不将也，无不迎也，无不毁也，无不成也，其名为撄宁。撄宁也者，撄而后成者也。"

唐代杰出的道家学者成玄英，这样理解"撄宁"："撄，扰动也；宁，寂静也……动而常寂，虽撄而宁者也。"（《庄子疏》）人世迎来送往，成功失败，都不能扰动其心，故"撄宁"成为道家所追求的一种修养境界。

"祝你快乐"，这是当今最常用的祝词。一个人不宁静，不单纯，念头纷纭，怎么可能获得快乐呢？真正的快乐，源于内心的宁静。不少人尽管意识到"宁静"对身心的帮助，可现实中还是排除不了太多的干扰，因而得不到快乐。宁静可以通过修炼达到，其功法包括"静坐"。陈撄宁说："欲习静功，须备静室一间，以为安神养气之用。当力避闲人纷扰，俗事萦心。"他还说："静功见效之迟速，不可专就派别与方法而论，凡年龄之老少，家境之贫富，用功之勤惰，天资之愚智，魔障之轻重，俗累之多寡，在在皆有密切之关系。然溥一子年已六六岁，而勇往直前，道功精进，可见事在人

为，固无所谓年之暮与不暮也。"（李乐俅《访道语录》）

陈撄宁的仙学源于上古黄帝时期的广成子，分流于道家。不同于仙学的明代心学，是儒家的一门学派，最早可推溯至孟子。心学集大成者王阳明说："教人为学，不可执一偏。初学时，心猿意马，拴缚不定，其所思虑，多是人欲一边。故且教之静坐，息思虑。久之，俟其心意稍定，只悬空静守，如槁木死灰，亦无用，须教他省察克治……将好色、好货、好名等私，逐一追究搜寻出来……才有一念萌动，即与克去，斩钉截铁，不可姑容与他方便。"（《传习录》）

王阳明不仅是哲学家、政治家，还是一位军事家。王阳明用兵如神，这里以"平定宁王叛乱"为例：明朝正德十四年（1519），宁王朱宸濠借口武宗荒淫无道，于六月十四日兴兵，集众号三十万，自率舟师蔽江东下，一路势如破竹，欲取南京。密谋十年的宁王之乱终于爆发。时任汀赣巡抚、佥都御史且准备去福建剿匪的王阳明对此早有洞察，他立即征召军队，调集粮草，准备率军平叛。他采用攻心战术与离间计，于朱宸濠举棋不定、延误战机之时以迅雷不及掩耳之势攻克敌军的大本营。朱宸濠闻讯，不顾手下劝阻回救南昌，被王阳明设下的伏兵击退。次日，王阳明用火攻大败叛军，朱宸濠被擒。

王阳明带兵打仗，每战必胜，从无败绩，创造了中国古代军事史上的奇迹。他将自己的军事思想概括为八个字："此心不动，随机而动。"他认为，如果自己心中充满种种妄念，那么无论掌握了多少谋略或技巧，在使用时都会事倍功半，甚至事与愿违。因为心妄动，人就妄动，事自然也妄动。王阳明深谙"撄宁"功法：首先是自己的"心"不慌乱、不恐惧、不猜疑，不为局势的变化所影响，然后做到每次打仗前都能细致谋划决断，防备可能出现的各种问题，密不疏漏。

历史上像王阳明这样深谙道家"撄宁""治心"之道，又会领兵打仗的人，还有清朝的曾国藩。曾国藩在《治心经》中说，"治心之法，而人力可以自为主持者，约有二端：一曰以志帅气，一曰以静制动"。曾国藩的"修身十二法"，将"静坐"排在第二位。他坚持"每日不拘何时，静坐四刻，体念来复之仁心，正位凝命，如鼎之镇"。曾国藩或儒或道，亦儒亦道，深晓"宁静"之可贵。曾国藩初入社会时，年轻气盛。他在家中为父亲祝寿，他的一个朋友前来助兴。吃饭时，他与朋友因为一件小事发生了冲突，双方闹得很不愉快。后来，曾国藩也承认自己过去对人有一种掩饰不住的傲气，"好与诸有大名大位者为仇"，而缺乏"撄宁"功夫。

太平天国起义后，曾国藩来到湖南衡州办团练，动辄指摘别人，尤其是与绿营的摩擦斗法，与湖南官场的离异不合，还有在南昌与陈启迈、恽光宸的争强斗胜，这些都对他造成了不利的影响。锋芒毕露、刚烈太甚，必然会伤害太多人，给自己设置许多障碍，埋下许多意料不到的隐患。湘军与太平军展开正面较量后，由于曾国藩求胜心切，太浮躁、不冷静，在对敌军一无所知的情况下，盲目乐观，结果出师不利，连吃败仗。曾国藩屡败屡战，渐渐明白了"静为躁君""宁静致远"的道理，开始重视战略与战术的运用，终于打了一场又一场胜仗，消灭了太平军。曾国藩在打仗的过程中阅读了大量古代典籍，日日修身养性，努力克服浮躁情绪。他在日记中告诫自己："总要静养，使精神常裕，方可说工夫也。"

今天，对于我们普通人来说，做到"撄宁"也是大有益处的。撄，外界的扰动，时时、处处存在；宁，心性纯正恬静。心若不静,就是逃到大山里,也会嫌鸟雀鸣叫与山泉流动吵闹。作家洪放曾对我说,他的六七部长篇小说大多是在办公室里写的,人来人往,声音嘈杂,影响不了他。我佩服他这"撄宁"的修养境界。一个人只有把自己的心安顿好了,才能把事情看得更远,对问题了解得更透。

荐梦 jiàn mèng

同"荐枕",进献枕席。

写性幻想题材的开山之作是宋玉的《高唐赋》,尽管宋玉并非性幻想者的首创者,但这部以男性为主体的性幻想文本,在中国形成了一种最持久、最顽固的"性意识形态"。

宋玉是个专职写手,他想象力丰富,本想以文学为敲门砖谋求一个有实权的官职,可楚襄王只欣赏他的文章,最终他只能以写文章为生。楚襄王有一定的文学素养,对文学比较感兴趣,因此有时出门也会带上宋玉,与他说文谈诗以助游兴。有一次,宋玉陪楚襄王游览风景名胜,楚襄王问这是什么地方,宋玉说这地方叫"云梦"。过了一会儿,他们登上一座高山,眼前豁然出现另一座更巍峨的山,山上云雾缭绕,变化无穷。楚襄王兴奋地问,这山叫什么名字。宋玉在楚襄王面前总是显得无所不知,他说这山叫"高唐",那高唐之上的云叫"朝云"。

接下来宋玉向楚襄王讲了个扣人心弦的故事,并且还说这是个真实的故事,故事的主人公就是楚襄王的某个老祖宗。当年这位楚王经常到此游玩,有一次玩累了,躺在山上休息,迷迷糊糊地睡着了,梦见一个绝色女子对他说:"我是巫山的女儿,也是来高唐游玩的,听说先生您正在游高唐,所以特意来找您……"边说边小鸟依人地倒进楚王的怀里。楚王一下子觉得自己高大与崇高起来，是天下最骄傲的男人——男人的自尊因女人的求爱而坚挺起来，他意识到自己是这个女人的偶像，是她依附的力量。事后女孩离开时说："我住在巫山的东边，有大山阻隔，早晨我是以云雾的形式出现，到了黄昏的时候，我就化成雨，朝朝暮暮，我就这样在那里生活着……"说完含情脉脉地看了楚王一眼，飘然而去。楚王去追，一眨眼却不见了她的踪影。楚王被主动求爱的巫山之女感动了，渴望第二次与她亲密接触，却一直没有等到她再次出现，他想念巫山之女，便造了一座庙，纪念那一次的爱，他常在庙里坐一坐，怀念那曾经拥有的幸福时光……

这个故事不知道是宋玉发挥想象力虚构的，还是这位楚王真的做过此梦，这并不重要，重要的是这个梦被记录下来后，沉淀为一种文化，几千年来被人们津津乐道。"荐梦、楚梦、郢梦、雨梦、巫山梦、巫阳梦、巫峡梦、云雨梦、高唐梦、行云梦、行雨梦襄王梦、阳台梦、蜀山梦、楚王梦、楚殿梦、荆王荐枕、云雨、雨云、行云、楚云、峡云、行雨、神雨、楚雨、峡雨、朝云、神云、楚山云、巫山云、阳台云、高唐云、巫山雨、巫阳雨、高唐雨、阳台雨、巫山云雨、云雨巫山、阳台云雨、朝云暮雨、暮雨朝云、云朝雨暮、行云行雨、行雨行云、为云为雨、云情雨意、神女云巫、巫山神女……"这么多丰富的词汇，常常出现在众多描写男女之情的作品中出现。

唐代皇甫枚在《非烟传》中说："所恨洛川波隔，贾午墙高，联云不及于秦台，荐梦尚遥于楚岫。"唐代李白在《寄远》中说："美人美人兮归去来，莫作朝云暮雨兮飞阳台。"北宋贺铸在《断湘弦·万年欢》中说："不问云朝雨暮，向西楼、南馆留连。何尝信，美景良辰，赏心乐事难全。"元代关汉卿在《望江亭》第一折中说："都只爱朝云暮雨，那个肯凤只鸾单。"明代徐渭在《铜雀妓》中说："荐梦无云雨，留香别绮罗。"……这样的诗词数不胜数。

"荐梦"折射着男人普遍的性心理，他们喜欢这种梦，爱做这种梦。可是，正如温庭筠在《答段柯古见嘲》一诗中所说："尾薪桥下未为痴，暮雨朝云世间少。"世间哪有那么多简单的艳遇？这种性幻想只不过是男人的寄托，他们也愿意不断地将梦做下去。

这种梦，皇帝在做，当官的在做，穷书生、穷小子也在做。皇帝回到现实中，他有权有钱，以为女人都愿意嫁给他，可很多女人并不搭理他；明明不是女人主动求爱，而是他欺侮了女人，却说是"临幸"——让这个女人感到幸运和幸福。穷小子从幻想回到现实，不见女人主动示爱，只能又逃到幻想中。就如尾生与一个女孩谈好了在桥下幽会，可那女孩始终不露面，结果水涨上来，尾生淹死了。他不肯撤离，与其说是守信，不如说是绝望，绝望地抱着桥柱子淹死算了。

唐朝沈既济在《枕中记》中记载道，卢先生出门求职，路过邯郸歇脚，躺在客店中怨叹自己命不好："唉，我卢某人堂堂男子汉，读的书也不少，竟落到如此困境！小王小张他们出则香车宝马，入则高楼大厦，食则美味佳肴，睡则娇妻美妾，多么令人羡慕啊。"卢先生的叹息声，被同室的吕先生听见了，老吕笑了笑，送给卢先生一个枕头，告诉他用这个枕头枕着睡觉，人生将从此改变，可以得到想要的荣华富贵。卢先生很感兴趣地接过枕头，放在头下，闭上眼睡起来，希望早一点过上有钱有女人的富贵生活。梦中，卢先生娶了一位高级官员的宝贝女儿，她长着一双水盈盈的大眼睛，眉似春山，面似桃花，两只纤手如玉，身材是丰满而不肥，苗条而不瘦，浑身透着性感，并且，她极其主动、极其乐意、极其感激、极其陶醉、极其幸福地把所有的一切都给了他。她说，我永远服侍你，做你忠实的妻子，你可不能变心哟——因为他已经中了进士，当上了官，并且官运亨通，很快从七品芝麻官升为御史大夫，并当了十年宰相。要嫁给他的女人排成了长队，当官的、有钱的男人有"责任"解决女人的生活问题，所以他没有接受原配夫人的"专一主义"，而是娶了很多女人，他"宠幸"谁，就是对谁的奖励，她们为卢家生了很多孩子……

《搜神记》上写到一个叫杨伯雍的小伙子，他把父母葬在高山上，自己也在高山上住下来。小杨是个热心肠的人，因山上缺水，他寻找到水源，并一担担挑到路旁，让来往行人饮用。这样的生活过了三年，一天有个人来饮水，还送给小杨不少石子，要他在山上找一个平地把石子种下去，这些石子将会变成玉。小杨还没有老婆，那个饮水的人又对他说："你不久将得到一个漂亮的媳妇。"

小杨等那人离开后，真的把石子拿去种在了地里，从此总是去看石子是不是变成了玉。有一天，他眼前一亮，发现有块石子上竟然真的长出了玉，他再看别的石子，也同样如此。于是他发财了。日子虽然好过了，可身边没有女人，就显得愈加寂寞。他的朋友多了，与山外的信息也畅通了，他听说有个姓徐的小姐，长得非常漂亮，许多有钱人追求她，她都没有答应。小杨就想，我为何不去试一试，也许她会答应我。于是，他就去了。徐小姐的老爸见到小杨，十分不屑一顾，他说："什么人都想得到我的女儿，太可笑了！"他接着说："拿一双白璧来，我就把女儿嫁给你。"小杨转身跑回他家的玉田中，挖出了五双白璧作为聘礼，再次来到徐家，老徐见到这么多的白璧，一下子惊呆了，马上把女儿喊出来与未婚夫见面……这又是一种性幻想，男人的性幻想。

女人会不会做这种梦？有没有男人向其"荐梦"？女人即使在梦中渴望心中的白马王子来到身旁，恐怕也不愿说出来。尤其在男权社会，男人总是幻想女人主动求爱，但哪个女人敢主动追求男人？若被骂作"坏女人""淫妇"，那就打入地狱，永不得翻身了。美国作家丹·布朗在《达·芬奇密码》中写道："曾经把与女性进行性融合视为遵从上帝旨意的男性们，现在则担心这是性冲动魔鬼在作祟，而这些魔鬼的最好帮凶就是——女人。"

女人只能做这样的梦：她走到山中，在一块石头上坐了一会儿，竟然怀孕了，生下了中国最早的天子。一个叫小燕子的女人梦见天使送给她一束兰花，她怀孕了，生下了郑穆公；一个姓王的女人在野外行路，累了靠在堤坝上闭目养神，梦见一个穿着金甲的男人（神）走到她的身边，她怀孕了，生下了刘邦；一个姓杜的女人梦见一个男人（神）向她吹了一口香气，她怀孕了，生下了赵匡胤；一个姓陈的女人，梦见神赠送她一颗药丸，吞下去后便怀孕生下了朱元璋；一个叫佛库伦的少女和她两个姐妹一起在河中洗澡，突然天上飞来三只灵鹊，其中一只鹊吐下了一枚果子，正巧落在佛库伦的衣服上，她捡起来吃下去，肚子竟然膨胀起来，十月怀胎，生下了爱新觉罗的先祖布库里雍顺……

琼枝 qióng zhī

比喻贤才、美女。

琼枝，比喻贤才，也可以比喻美女。韦应物在《龟头山神女歌》中说："皓雪琼枝殊异色，北方绝代徒倾国。"秦观在《虞美人》中说："琼枝玉树频相见，只恨离人远。"在这两位才子眼里，"琼枝"就是美女。

薛能在《舞者》中说："为问倾城年几许，更胜琼树是琼枝。"晏几道在《采桑子》中说："花时恼得琼枝瘦，半被残香。"王恽在《又题美人却扇图》中说："中馈苹蘩女所思，春风何意醉琼枝。"在这三位作家的笔下，"琼枝"同样也意指美女。

风流男子，将温柔好看的植物都视作美女，"蒹葭"是美女，"蒲柳"是美女，"琼枝"是美女。柳永有首词《凤栖梧》："玉树琼枝，迤逦相偎傍。酒力渐浓春思荡，鸳鸯绣被翻红浪。"其中"玉树"指美男，"琼枝"指美女，"玉树琼枝"比喻男女亲密，两者先是"迤逦相偎傍"，随后酒力渐浓，春思荡漾。柳永创造的这个比喻，被明清艳情小说不断借用。如《尉迟杯》："绸缪凤枕鸳被。深深处、琼枝玉树相倚。困极欢余，芙蓉帐暖，别是恼人情味。"

王国维说柳永为"轻薄子"，王灼称柳永词"浅近卑俗"，李清照更直斥柳永"词语尘下"。殊不知，柳永一生中，绝大部分时间是"白衣",尤其是考不中进士的那些"奉旨填词"的日子里,他流浪江湖,漫游四方,和妓女们厮混在一起,给她们写唱词。他的文学才能并没有因为仕途的失意而停滞不前,反而在市井生活中、丝竹管弦间、婀娜女子身边得到了升华。柳永在仕途上艰难不进,但在创作上却取得了辉煌成就。或许,正是这种仕途的失意造就了独特的柳永。他的词流传于大街小巷,就连宋代词人叶梦得也在《避暑录话》中发出"凡有井水饮处,皆能歌柳词"的感叹。

"才子朱弦歌绛雪,佳人锦字问琼枝。"钱谦益在《后秋兴》诗中有这两句。钱谦益与柳如是一生的爱恨纠缠流传为一段佳话。柳如是,作为一位活跃于明末清初的著名歌伎、才女,她个性坚强、正直聪慧、魄力奇伟。她本姓杨,后改姓柳,名隐。有一天,她在读辛弃疾词"我见青山多妩媚,料青山、见我应如是"时,情不自禁地说:"这句就是为我写的。"于是自号"如是"。她好读书习文,才气过人,留下了不少颇有文采的诗稿,如《湖上草》《戊寅草》《尺牍》;她精通音律,长袖善舞;她在书画造诣上也颇负名气,她的画流畅简约,清丽有致,书法深得后人赞赏,称其为"铁腕怀银钩,曾将妙踪收"。

她早前与陈子龙情投意合,但陈子龙在抗清起义中不幸战败身亡。崇祯十四年(1641),当她二十余岁时,结交了年过半百的东林领袖、文名颇著的大官僚钱谦益。尽管两人年龄相差悬殊,但他们极高的文学才华使他们在诗词中找到了共鸣。柳如是给了钱谦益温暖的自尊,使他获得了极大的精神满足,并再次迈进了文学探索的道路。

与钱谦益、吴伟业并称为"江左三大家"的龚鼎孳,同样有一段"琼枝"姻缘。他在红尘中,对顾眉一见钟情,毅然不顾物议,娶了这位青楼女子，因此被政敌弹劾而贬官，他却坦然说道："蒭豹天关，搏鲸地轴，只字飞霜雪。焚膏相助，壮哉儿女人杰。"（《念奴娇 花下小饮，时方上书有所论列，八月廿五日也用，东坡赤壁韵》）他认为，国势危急，风刀霜剑中，是这位女子在鼓励和支持他！后来，龚鼎孳因弹劾权贵入狱，顾眉不怕受牵连，一直在狱外等他出来。她的坚守给了龚鼎孳莫大的勇气。龚鼎孳在狱中感念着顾眉，佩服她有男儿的气概、侠义与深情，作诗道："一林绛雪照琼枝，天册云霞冠黛眉。玉蕊珠丛难位置，吾家闺阁是男儿。"（《生辰曲·时余在狱中·其一》）

　　人有尊严地活着是头等重要的事，放弃自尊是人生最大的失败，自尊意识比较强的文人尤其明白这一点。可是，珍视自己的自尊却不相互尊重或不在意他人的自尊，这就使生活中出现了一种"自尊异性整合"现象——彼此给予、彼此得到。那些落拓的文人，泡在女人堆里，被他人说成是堕落，这其实是对他们的误解。他们活得开心，在一声声甜甜的"哥哥"中，他们的自尊得到了修复。他们可以尽情地谈诗论文，抒发人生感受，发表对社会的看法。他们展现着个性，彰显着才情，在崇拜、敬佩以及至少是平等的目光中，获得了前所未有的自尊。

　　女人欣赏的男人，美在气质风致，才调涵养，形容为"玉树临风""遥遥若高山之独立，巍峨若玉山之将崩"。《诗经·淇奥》："有匪君子，如金如锡，如圭如璧。"将讨女人喜欢的男人，比作青铜器般精坚，玉礼器般庄严。做了俘虏的李煜感叹："四十年来家国，三千里地山河。凤阁龙楼连霄汉，玉树琼枝作烟萝，几曾识干戈？"（《破阵子》）这"玉树琼枝"，虽然指的是华美的树木，又何尝不是自比呢？

男人欣赏"银刀细剪梨花云，琼枝倒映瑶池水"（李昱《览镜图次苍岩韵效长吉体》），以至于痴心到这种田地"玉人笑拈琼枝，白头醉写乌丝"（张可久《天净沙·书怀二首香》）。甚者，那些贵家子弟，为了得到人家的欣赏，便自视为玉树琼枝了，如明朝杨珽在《龙膏记·砥节》中有这么一句："愁肠种种，种种难消受。我是玉树琼枝，到做风中飞柳，堪忧。"

情窟
qíng kū

情欲的魔窟。

蒲松龄在《聊斋志异·绩女》中说:"若不速迁,恐陷身情窟,转劫难出矣。"

自古就有故意、自愿"陷身情窟"的人,他们将这视为一种生存策略。所谓藏身之计,不一定非要跑到深山老林躲起来。离开人群,人间蒸发,这种行为看似"暗藏",实则"明藏",因为这种行为本身就在告诉对方,自己藏起来了;而真正的"暗藏"是形不离众、影不离群,表现为行为异常。你不是说好男儿不可沉湎于温柔乡吗?我偏偏天天搂着娇妻美妾,花天酒地,纵情声色;你不是说妓院藏污纳垢,消磨意志,正经人不去吗?我偏偏把那里当作家一样,和青楼女子尽情地吃喝玩乐。

据《史记》记载,与刘邦一起共同创业的兄弟们,后来大多"兔死狗烹",即便刘邦不忍心亲自动手,到了他老婆吕雉掌权的时候,他们也难逃一劫。但也有例外,例如陈平。他成功地保护了自己,他的办法就是:不再要什么政绩,也不树立什么领导形象,办事敷衍拖沓,自由散漫;对手下人不闻不问,他们要干什么就干什么,不上班也行。自己更是成天和一帮女孩混在一起,喝酒、跳舞、唱歌、放纵享乐,堕落得完全不像以前的陈平。

以前的陈平，可是找不出什么污点。当年他生活在社会最底层，虽相貌堂堂，但穷得连老婆也娶不到。有个女人嫁了五次，都把丈夫"克"死了。陈平听说后主动上门，要娶这个女人，才终于组建了家庭。陈平的一生，经历了颇多挫折，直到为刘邦出谋划策打了一些胜仗，才稳定下来，靠着自己的智慧一步步爬到高位。他这一路走来，何其艰难！可是现在刘邦去世，夫人管家，吕氏一帮兄弟耀武扬威，气焰嚣张，今天杀这个，明天贬那个，老一辈的处境岌岌可危。陈平深知，若不采取行动，自己也将危在旦夕。

吕太后控制国家权力机关后，把娘家兄弟姐妹安排到重要的工作岗位。她的妹妹吕嬃曾与陈平有过过节，现在姐姐吕太后说了算，她可以收拾陈平了。她对姐姐说："陈平越来越不像话，不是喝酒就是玩女人。"吕太后不相信，心想，陈平可是洁身自好的男人。吕嬃过了几天又来说："陈平越老越好色，一点也不顾影响，成天和女人们打情骂俏。"吕太后便派人去调查取证。调查的结果正如吕嬃所说，陈平行为放荡不羁，他正搂着女人讲低俗笑话哩。吕太后听后不仅不生气，反而心里暗喜，因为陈平一向行事果断、品质高尚，在公众中有一定的影响力、号召力，虽然手无兵权，但他也是吕家的威胁者之一，让吕家不得不提防。现在他自个儿掉进美人窟里，寻求感官刺激，岂不是自毁名声、自甘堕落？这样下去，他对吕家还有什么威胁呢？

有一天，陈平来到宫里向吕太后汇报工作，恰好吕太后的妹妹吕嬃也在这里。吕太后对陈平说："你照常办事，不要怕我妹妹吕嬃在旁多嘴。你办事我放心，我始终信你，不信吕嬃！"吕嬃被吕太后当面奚落，感到无地自容，心中满是委屈。当陈平离开后，她走到一旁哭了起来，从此以后，哪怕发现陈平上班时间行为不检点，她也不向姐姐汇报了!

正是陈平,在后来推翻吕太后政权的行动中,发挥了重要作用。吕家忽视了身陷"情窟"的陈平,可陈平却是一边与女人调情,一边密切关注着时局的变化。见时机成熟,他立刻从"情窟"里跳了出来,成为了一个名副其实的功臣,与陆贾、周勃一起将吕家兄弟铲除,使得国家的权力重新回到刘氏手中。

这就是中国的两性文化,女色既可以用来贿赂别人,也可以用来保护自己,难怪男性社会称女人为"尤物"。刘备前往吴国,孙权想滞留他,就把妹妹嫁给他,无非是想让刘备陷入温柔乡不思进取。可刘备也想到了对方的用意,于是一边与孙权虚与委蛇,一边照常执行逃跑的计划。一个人成天喝酒沉迷美色,绝对会被看作是个不务正业、麻木不仁的混蛋东西,而对手何尝不希望他这样自我消沉呢?吕布得到了貂蝉,日日纵欲,这正是王允用计策才达到了弄垮其身体、耗散其精神、消磨其斗志的目的,而竞争对手自己陷入美人窟,这难道不意味着他是个愚蠢、无能,或者已经认输、不再斗争的人吗?

有些人正是利用了人们这一思维定势,故意身陷"情窟",沉迷女色,以此混淆对方的视听。

据蔡东藩在《民国演义》中记载,袁世凯想当皇帝,他对身边的人很不放心,尤其是对那些能迅速组织起军队的人,更是放心不下。他不知道谁是他真正的支持者,谁是他走向皇帝宝座的障碍。云南都督蔡锷便是他尤为不放心的一个人。1913 年,袁世凯把蔡锷调到身边,这样蔡锷的一举一动都尽在他的掌握之中,想翻天也没有机会。蔡锷一开始并不想反袁,但到了 1915 年,袁世凯称帝的野心昭然若揭,他实在看不下去了。然而,尽管他被授予昭威将军,但却没有真正的调兵权力,他必须离开这个险境,才能组建一支自己的军队。

这时候,蔡锷意识到与其认真工作,不如敷衍了事。前门外有个妓院叫"云吉班",那里美女很多,不如到那里去逍遥逍遥,把自己变成一个在袁世凯看来只爱女色不爱权力的人。在云吉班,蔡锷认识了小凤仙,她是个气质极佳的女孩,看上去根本不像那些卖弄乖巧、矫揉造作的风尘女子,她浑身透着一种"清纯",弥散着一种"质朴"的气息。这地方竟然有这样的好女孩,蔡锷又震惊、又难过、又窃喜。对于他来说,找漂亮的女人,比招兵买马容易,但找到自己喜欢的女人,就如同"千军易得,一将难求"。遇到小凤仙,蔡锷感谢老天赐给他一份珍贵的礼物,他感到幸福、陶醉。小凤仙遇到蔡锷,更是感到人格得到了提升,她知道蔡锷的身份之后,惊叹这样的大人物,竟对小女子如此钟情,非常感动。这是友谊,是爱情,是千年修来的福分。她从来没有真正爱过来这里寻求刺激的男人,她的工作性质决定了她不可以对男人产生真情;要把这项工作干下去,最好的办法是在虚情假意中麻痹自己——姐妹们无不是这样做或努力这样做——可是蔡将军一来,她管不住自己了,她爱上了他。这是前生的缘分,是抵挡不住的缘分。

人们对男女间的故事,无论是爱情还是非传统关系总是感兴趣,风流韵事比起英雄壮举更容易让人记住并且乐于传说。蔡锷如果没有和小凤仙的一段男女情,那么他的传奇色彩就会逊色得多,写他的书就会失去很多吸引力,甚至拍不成他的电影,他的事迹也就难被更多人知晓。实际上,人们一谈起他,往往先想到他与小凤仙的爱情故事。蔡锷本意是在"情窟"里躲藏自己,让袁世凯消除对他的戒备,可风流事却帮助他名传史册了。多少人知道他去妓院只是一个藏身之计呢？

　　负责监视蔡锷的特务向袁世凯报告，称蔡锷耐不住寂寞，到处寻花问柳，经常出入"云吉班"。袁世凯听到这话，笑了，还是蔡松坡老兄快活啊！袁世凯已娶了16房太太，其中还包括洪氏姑侄俩。他加紧称帝的步伐，梦想着当上皇帝后，天下女人任其挑选。

　　蔡锷通过妓院的掩护，策划了南逃起义的方案。关于他如何离开北京，脱离袁世凯特务的监视，有不同说法，但相同的一点，是由小凤仙帮助他从妓院逃脱的。其中一个说法据说是来自1951年小凤仙的口述：有一天，妓院里有个人过生日，摆起了酒宴，搞得很热闹，小凤仙故意把窗纱去掉，拉开窗帘，让外面的特务看见室内大家吃喝的景象，她还把蔡锷的大衣皮帽挂在衣架上。不知什么时候，小凤仙向蔡锷使了个眼色，蔡锷离开了座位，不取衣帽，假装去上厕所，趁院中人多杂乱之际，成功地绕开了监视特务的视线，快速离开"云吉班"，直奔前门站，乘火车去了天津，住进日本医院，不久又离开天津，终于回到云南，举起了反袁的大旗，成为推翻袁世凯帝制的一股重要力量。

　　"不幸周郎竟短命，早知李靖是英雄"；"万里南天鹏翼，直上扶摇，那堪忧患余生，萍水姻缘成一梦；十年北地胭脂，自悲沦落，赢得英雄知己，桃花颜色亦千秋"。据说这是蔡锷逝世时，小凤仙送的两幅挽联。可见，蔡锷在"情窟"里既成就了事业，又得到了女孩的真情！

薰莸 xūn yóu

薰莸，香草和臭草，比喻善恶、贤愚、好坏等。

中国古人喜欢将植物的属性借代、引用、影射到人的身上，将好看的、有香气的植物比作君子，丑恶的、有臭气的植物比作小人，似乎不太考虑植物对人类的实际用途和价值。例如，梅、兰、竹、菊等被视为君子；狗尾草（莠）、牵牛花等则被视为小人。

春秋时期，晋献公有六个夫人，她们钩心斗角，都想成为第一夫人，并希望自己所生的儿子能被立为太子。晋献公听信了骊姬的话，想立骊姬做第一夫人，于是用龟来占卜，结果显示不吉利；接着用蓍草占卜，结果显示吉利。晋献公说："听从蓍草所占卜的结果吧。"占卜师说："蓍草之数短而龟象却长，不如按照龟卜，而且它的繇辞说'专宠会使人心生不良，将要偷走您的公羊。香草和臭草放在一起，十年以后还会有臭气。'我觉得，不可以听从蓍草所占卜的结果。"晋献公不听占卜师的话，还是立了骊姬为第一夫人，这意味着太子的唯一人选是骊姬之子。结果骊姬之子逼死了申生，逼走了重耳、夷吾，闹得国内大乱。

这件事在《左传·僖公四年》中有所记载，其中有一句："一薰一莸，十年尚犹有臭。"薰莸，香草和臭草，比喻善恶、贤愚、好坏等。十年有臭，指善易消，恶难除。《魏书·辛雄传》："令君子

/ 245

小人薰莸不别,岂所谓赏善罚恶,殷勤隐恤者也。"《孔子家语·观思》:"回闻薰莸不同器而藏,尧桀不共国而治,以其类异也。"晋朝时期,丞相王导初到江南,想结交、攀附吴地人士,便向太尉陆玩提议结为儿女亲家。陆玩回复说:"小土丘不能长松柏大树,香草与臭草不能放在同一器物内。我虽然没有才能,但不能带头来破坏人伦。"

两种不同气味的草,放在一起,会互相串味,往往人们惋惜的是香草,而责骂臭草对香草的侵蚀和破坏。两种不同性格、品质的人,在一起也会彼此受到影响,似乎总是君子更容易受到伤害。在社会这个"器"中,谁也不知道自己会遇到什么人,有相见恨晚的,有见了一面再也不想见的,有气味相投的,有日久见人心的,有反目成仇的……"薰莸不同器"都难以做到。何况,谁是薰,谁是莸,分得清楚吗?

民国时期,在北京大学这个"器"中,许多教授和一些学生,个性鲜明,他们代表着各式各样的文化背景。他们相处,虽然没有严格的"君子""小人"之分,但如同"一薰一莸",彼此较量无时不在。黄侃曾当面责难胡适:"你口口声声要推广白话文,未必出于真心!"胡适不解其意,询问其中缘由。黄侃说:"如果你身体力行的话,名字就不该叫胡适,应称'往哪里去'才对。"胡适所著的《中国哲学史大纲》仅完成了上半部,全书久未完稿。黄侃在课堂上对学生说:"昔日谢灵运为秘书监,今日胡适可谓'著作监'矣。"学生们闻言不解,问其原因。黄侃解释道:"监者,太监也。太监者,下面没有了也。"黄侃对胡适,时而当面羞辱,时而拐弯抹角的嘲讽。胡适一般采取忍受的态度,不做正面反击。

辜鸿铭是个留长辫、喜欢说些"疯话"的怪人,他在北大讲授英文诗歌时，为了引起学生们的兴趣，他把英文诗划分为"外国大雅""外国小雅""外国国风""洋离骚"。他对思想新潮的罗家伦看不顺眼，在课堂上故意用刁钻的问题为难他。罗家伦一顶嘴，辜鸿铭便立即吼道："罗家伦！不准你再说话！如果再说，你就是WPT！"罗家伦很纳闷，WPT是什么？他去请教胡适，胡适挠挠头，也拿不出标准答案来。下次上辜鸿铭的课，罗家伦就在课堂上请教辜鸿铭："WPT是哪句话的缩写？出在哪部书上？"辜鸿铭翻了翻白眼，鼻孔里一声冷哼，当即满足了罗家伦的求知欲："你连这个都不知道吗？WPT，就是王、八、蛋！"此言一出，众人哈哈大笑。而罗家伦则感到人格受到了伤害，从此与辜鸿铭势如水火，不共戴天。

"五四运动"爆发时，辜鸿铭在英文报纸《北华正报》上发表文章，大骂北大学生是暴徒，是野蛮人。罗家伦对辜鸿铭的言论极为不满，他把报纸带进课堂，当面质问辜鸿铭："辜先生，你从前著的《春秋大义》（又译为《中国人的精神》），我们读了都很佩服。你既然讲春秋大义，就应该知道春秋的主张是'内中国而外夷狄'的，你现在在夷狄的报纸上发表文章骂我们中国学生，是何道理？"幽默机智的辜鸿铭被震住了，一时无言以对。过了一会儿，他猛敲讲台，吼叫道："当年我连袁世凯都不怕，现在还会怕你吗？"随后，罗家伦向学校领导递交《罗家伦就当前课业问题给教务长及英文主任的信》，矛头直指辜鸿铭，想把辜鸿铭撵出北大。1923年，辜鸿铭辞职。

唐初才子王勃，思考过人与人相处之"气味关系"，他在《为人与蜀城父老第二书》中写道："况乎言忘意得，臭味相求；目击道存，神明已接。郑侨之逢吴札，无谓殊方；阮籍之对嵇康，自然同气。仆虽不敏,尝从事于斯矣。尝谓薰莸不共器,枭鸾不比翼。"王勃有几句诗流传千古:"海内存知己,天涯若比邻。无为在歧路,儿女共沾巾。"

那天,在一家公司里,接连有人对我说,这里关系很乱,很复杂。我回答说这很正常,人各有味,气味相投是难得的。何况这里有这么多人,各种味道混杂,不可能人人都能找到自己所需要的"正味"。

人与人之间的评价,好与不好,由"观感"而来。不相处,便无观感,仅凭想象,或许觉得很美,很不错。但见了面,相处了,可能会大失所望。我曾与一位邻县诗人有过书信往来,所谓"神交"也。后来,我俩在一次笔会上相遇,要求住在一个房间里。一天一夜相处下来,我俩都不太愉快。因为我和他的生物钟不同,嗜好也不一样,彼此都给对方带来了压力和负担。他彻夜吞云吐雾,我则辗转反侧难以入眠,因此彼此的观感都不好。从那以后,我再也不想同他见面,他也没有主动联系过我。

同一个办公室里的人,大家和气相处,一定是彼此观感不错,习惯了每个人的"味道"。说话多少,语气如何,情绪表现怎样,包括笑声、怨声,还有走路的声响,都会影响他人的观感。如果有点看不惯,或者讨厌,那么对方的"味道"就不对劲了,在一起工作就很难受,配合起来绝对不会默契。在面对利益、困难、问题时,容易产生矛盾和冲突,即使一点小事也会引发数天的对立和冷战。

人与人观感不好,对方一个小动作、小话语,看在眼里、听在耳里都让人难受。观感往往变成自以为是的片面的价值判断:自己很正确、很正常,对方很错误、很无常。喜欢喝茶的,看不惯喝白开水的；午餐吃外卖的，看不惯从家中带饭的；不苟言笑的，看不惯边说边笑的；电脑前吃零食的，看不惯上班啥也不吃的；对同事冷漠的，看不惯对同事客气的；不听人使唤的，看不惯按要求完成任务的；办事拖泥带水的，看不惯雷厉风行的；迟到早退的，看不惯准时上下班的；夸奖孩子的，看不惯夸奖老公的；下班赴会的，看不惯下班就回家的；玩牌打麻将的，看不惯业余文艺爱好的……

彼此欣赏，悦纳对方，这是励志语言。有的公司甚至把《心灵鸡汤》之类的书发给员工看。可是，员工喝了"心灵鸡汤"后并没有因此更多地欣赏、悦纳他人，仍然是那些彼此"臭味相投"的人玩得来、处得好，以至于圈子、派别林立。为何这样呢？因为每个人对张三、李四的"观感"不一样，品出的味道也不一样。你喜欢张哥的直率，我喜欢李哥的平和，而他却喜欢王哥带有几分女性温柔的味道；你欣赏张姐的斯文，我欣赏李姐的大方，而她却欣赏王姐带有几分男性阳刚的味道。这也是"心灵鸡汤"明明统一不了味蕾，却一直被人拿来"喝"的原因——自欺欺人地以为能从中"喝"出崇高来、仁慈来、大度来、悲悯来、君子圣贤来。

有个现象很有意思，即使是味道不一样、胃口不同的一群人，在一起待久了，也会你中有我，我中有你，时光神奇地将人性碰撞出"办公室特有味道"。你讨厌他的习惯，却以同样的习惯"以其人之道，还治其人之身"，结果你自己的味道也变了。像薰莸一样，串味了，影响几年、十年，甚至一辈子。

摭拾
zhí shí

摭拾，指收集、采集。

午后，微醺，听雨，小憩一会儿，然后闲翻《钱杨摭拾》。杨绛女士生前，就有一些她的传记出版，但似乎没有让她满意的文本，她甚至说："竟有如此作传者，可气！"杨绛去世后，她的传记的优劣，只能靠学术研究者、读者去甄别了。

"摭拾"用于文章名和书名，作者多半出于谨慎的考虑。《钱杨摭拾》一书的作者，先后撰有《〈申报〉中的杨绛》《杨绛先生百年——〈振华校友〉卅周年纪念特刊中的杨绛》《杨绛在东吴大学的室友》《杨绛与周芬》等文，披露了一些杨绛生平早期的新史料。譬如她在启明女校最后一年的成绩、在东吴大学参加苏州女子运动会的情形、在牛津大学给王季玉校长去函自述牛津生活等细节，皆可补入传记之中，以填补世人对杨绛认识的空白。

收集、采集，即摭拾，有新的发现让人惊喜，即使有所遗漏亦属正常。它不是"集成"，也不是"大全"，更不是"通鉴"。唐代柳宗元在《裴墐崇丰二陵集礼后序》中说："自开元制礼，大臣讳避去《国恤》章……由是累圣山陵，皆摭拾残缺，附比伦类，已乃斥去，其后莫能征。"史书中回避或忌讳"国恤"（国家的忧患与危难）、国耻，所以不许记载的东西有很多。那些有历史责任感的人，或者喜欢探究历史真相的人，只能凭策略、有选择的"摭拾"，可距离那段历史的时间越久，其文章就越得不到充分论证。唐太宗李世民对玄武门事变，唐玄宗李隆基对安史之乱，都是很不愿意史家详细记述的。文士若想历史不出现空档，就得站好立场，"正确叙事"。很多历史事件的真相，被官方文献遮蔽、涂改了，私人的摭拾只能对历史起到质疑的作用，而无法触摸历史的全部。

康熙四十一年（1702），戴名世的弟子尤云鹗把自己抄录的戴氏古文百余篇刊刻行世，由于戴名世居住在南山冈，遂命名为《南山集偶钞》。康熙五十年（1711）十月，左都御史赵申乔以"狂妄不谨"的罪名弹劾戴名世。此案牵连300多人，是清前期一桩较大的"文字狱"案。《南山集偶钞》中不少章节表现了一定的民族意识和爱国思想。文集中用大量的篇幅记载明末清初的史实，甚至歌颂抗清义士，表彰入清隐居不仕、品节高尚的志士仁人，如《朱铭德传》《杨刘二王合传》《杨维岳传》《左忠毅公传》等。其中《左忠毅公传》记述明朝大臣左光斗，事迹较《明史》更为详尽具体。《弘光乙酉扬州城守纪略》一篇更是赞颂史可法守卫扬州、宁死不屈的英雄气概，并对清兵在扬州城破后屠城十日的罪行加以揭露，全然不知避讳，直书其事，表现出了戴名世作为"信史"的胆略。

在大兴"文字狱"的朝代，谁还敢著文发表政见、记叙统治者感到不体面的事情呢？文人若不甘寂寞，那么就研究经学与理学吧，做些考据文章过过瘾。把《尚书》版本之真伪、《太平寰宇记》之地名搞清楚，脑袋安全，无性命之虞。清代平步青在《霞外捃屑·斠书·全唐文纪事》中说："至评骘优劣，训释音义，辨证异同，见于唐以来各集，亦详加摭拾。"学者研究文史，做考据文章之余，若还有精力的话，就去参与编修宗谱吧。《睢阳袁氏家谱序》："摭拾具见修缉之至情，今始于枢密公者，从宦籍也。"

刘师培在《新方言·后序一》中说："余杭章太炎适有《新方言》之作，方俗异语，摭拾略备。"生逢乱世的章太炎爱发脾气、恃才狂傲，被人骂作"章疯子"。章太炎博览群书，摭拾典故不在话下，而让他焦虑的是军阀割据、山河破碎，自己却难以"摭拾"。他在《中华民国解》中说："诚知地大物博，非须臾所能摭拾，四分五裂之余，兵连不解，则军实匮而内乱生。"

在两个朝代更迭之际，文人往往比较自由，思想活跃，文字高产，怪人怪语也多。但文化繁荣的另一面，是观点歧义纷纭、意识形态芜杂混乱，容易混淆视听。蔡东藩在《清史演义·自序》中说："革命功成，私史杂出，排斥清廷无遗力；甚且摭拾宫闱事，横肆讥议，识者喟焉。"

摭拾，也是一种"取证"攻击他人、排斥异己的手段。《元典章·刑部十三·失盗》："近年以来，各处捕盗官吏，畏惧不获贼人罪名，往往将失盗事主，非理疏驳，百端摭拾，故行推调，不即受理追捉。"《二刻拍案惊奇》卷十九："国中二三新进小臣，逆料公主必危，寄华势焰将败，摭拾前过，纠弹一本。"

明代沈德符在《万历野获编·著述·吕焦二书》中说："丁酉，焦又不幸承乏典试，遂借闹事摭拾之，调外去。"焦，指焦竑（字弱侯），明代著名藏书家、目录学家。他曾主持为国选拔人才的考试，发现了徐光启（明代科学家、思想家、军事家）这个人才。焦竑后来因被阉党排挤而离职。焦竑提出了一个了不起的观点："学道者当扫尽古人刍狗，从自己胸中辟出一片天地。"

沈德符笔下的"吕焦"中的吕，指明朝大臣吕本，他也遭遇过

"摭拾"的攻击,"吕以理学著名,一则勇于献替,一则过于朴诚,俱遭忌口,动以宫闱见指摘"。对皇帝"献替"(对君王进谏,劝善规过),风险很大。偏偏吕本又依附严嵩,站错队伍,就更倒霉了,最后只得退休回乡,落了个不光荣的名分。

献替
xiàn tì

"献替",指对君主进谏,劝善规过,进献可行者,废去不可行者。

开会的时候,有的人默默无闻地坐在那里一言不发,必然会失去展示自己的机会。有的会议,虽然允许你不发言,但不等于不准你发言。我发现混得好的人,并非都是实干家,还有一些是在会议上充分掌握话语权的人。而话语权需要自己去争取、去赢得。

惮于发言或者不喜欢发言的人,是很吃亏的,这会显得一个人没有管理才能与领导才能。这就产生了一种现象:发言频率越高的人,职务越高;职务越高,话筒到他面前的机会越多。在没有事前安排谁发言的会议上,抢先得到话语权的人,多是在以往会议上抢尽风头或者不可或缺的人。

单位开会时,主持人要求大家自由发言,这对新人来说,是一次拿到话语权的机会,让自己进入大家的"视野",给领导留下良好的"第一印象"。你如果不自信,觉得自己口才不好,或者害怕说错话给人留下坏印象,那么就会白白浪费这次机会。一位朋友在快退休的时候告诉我,他这辈子之所以没当上领导,最重要的原因是:"我当众说话心慌,脑子一片空白,智商急速下降。"如果一个人将晋升受阻归因于不善于发言,那么每次开会都会失落。这种心态是很痛苦的,也是较为普遍的。会上一团和气与会后一片不平之气,何尝不是与这种心态有关呢?如果一个人从小成长在一种不被压抑的文化中,开会的时候有话语权,并且什么话都可以说,那么害怕公开发言的心态就会消失。

我有个毛病,有时当众说话会心慌,有时不仅不心慌,反而滔滔不绝。后者的前提是不在会场发言。要是在会场发言,即使面对的还是同样的听众,我也像被打了让人神经麻痹的药,大脑一下子混乱起来,笨嘴笨舌的,声音都变样了。发言的内容也一塌糊涂:一无主见,二无条理性。对此,我恨不得抽自己的耳光,怎么这样没出息,都是人,怕什么呢?你看那些刚踏入社会的年轻人,发言的时候都十分淡定从容!那些在我眼里没啥能力的家伙,一开会就活跃起来,然后当着领导的面,说得头头是道,让我妒忌得要命,伤心得要死。

我读了《世说新语·言语》后,不由得琢磨起这段话:"陶公疾笃,都无献替之言,朝士以为恨。"陶公,指东晋名将陶侃。他临终前对皇帝没有任何进言,以至于朝臣们都很遗憾。名士谢尚听说后,说:"咱们这个好朝代,没有竖刁这样的乱臣贼子,所以也没给陶公留下可以进言的话语。"

"献替",指对君主进谏,劝善规过,进献可行者,废去不可行者。幕僚、说客、谋士、谏官都靠"献替"吃饭。尽管有《战国策》《鬼谷子》《韩非子·说难》等书籍、文章作为参考,但进谏的内容确实不易掌握和运用,弄不好就丢了饭碗,甚至赔了性命。

西汉刘向在《说苑·正谏》中说:"君有过失者,危亡之萌也。见君之过失而不谏,是轻君之危亡也。夫轻君之危亡者,忠臣不忍为也。"这就为直言敢谏、以死而诤奠定了理论基础。东汉史学家、政论家、思想家荀悦说,"志在献替,而谋无所用,乃作《申鉴》

五篇"(《后汉书》)。《申鉴》的主要内容是：抨击谶纬符瑞，反对土地兼并，主张为政者要兴农桑以养其性，审好恶以正其俗，宣文教以章其化，立武备以秉其威，明赏罚以统其法。可以说，《申鉴》表现了荀悦的政治思想。

唐朝有关"献替"的故事非常多，也很精彩。李德裕专门写了一部《献替录》。长庆元年（821），李德裕针对当时外戚干政的现象，上疏道："伏见国朝故事，驸马缘是亲密，不合与朝廷要官往来。玄宗开元中，禁止尤切。臣访闻近日驸马公至宰相要官私第，此辈无他才伎可以延接，惟是漏泄禁密，交通中外，群情以为甚弊。其朝官素是杂流，则不妨来往，若职在清列，岂可知闻。伏望宣示宰相，其驸马诸亲，今后公事，即于中书见宰相，不令诣私第。"李德裕还认为："省事不如省官，省官不如省吏，能简冗官，诚治本也。"为了精简机构，提高行政效率，他命吏部郎中柳仲郢裁减州县官吏，罢斥冗吏两千余人。如此"献替"，需要勇气、魄力，更需要政治基础和势力。

崔融在《大唐故中书令赠光禄大夫秦州都督薛公墓志铭》中，称赞唐朝宰相薛元超："献替王公之言，谋猷庙堂之议，天下之人谓公为学矣。"一次唐高宗李治到温泉宫狩猎，命诸蕃酋长随从前往。薛元超认为："非我族类，其心必异。"于是，上疏极力劝谏："夷狄之辈，野心勃勃，随从狩猎必然会携带弓箭，恐将不利于陛下的安全。"太子李显留守长安监国，常出城射猎，薛元超劝谏道："内苑之地，草木茂盛，险陡异常。殿下截擒飞鸟、追逐狡兔，若遭逢变故，如何应对？扈从户奴多是反贼余孽、夷狄残类出身，若心怀逆谋，殿下又如何防范？为人子者，不登高山，不临深渊，就是为了远离危险。殿下又怎能将自己置于险地呢？"薛元超之"进献"乃关心李治和李显的安全，话说得再严厉也是出于好心，不会惹太大麻烦。

唐朝李揆在当宰相时，"决事献替，虽甚博辨，性锐于名利"（《旧唐书·李揆传》）。这种生性热衷于追名逐利的人，深受人们非议，说话自然就没什么说服力，即使提出好的建议也不会被采纳。北宋司马光意识到了谏官的责任和应具备的品德，他在《谏院题名记》中说："夫以天下之政，四海之众，得失利病，萃于一官使言之，其为任亦重矣。居是官者，当志其大，舍其细，先其急，后其缓，专利国家而不为身谋。彼汲汲于名者，犹汲汲于利也，其间相去何远哉？"

据《新唐书·唐俭传》记载，唐朝吏部尚书唐俭，有次与唐太宗下围棋，布局时，唐俭抢先占据了有利位置。这使得唐太宗大为光火，随即将唐俭贬为潭州的地方官。唐太宗余怒未息，又对尉迟敬德说："唐俭不够尊重我，我想杀了他，你要替我作证，说外间对他有所指控。"但是尉迟敬德没有配合唐太宗做这件事。

贞观五年（631），唐俭就任民部尚书后，随唐太宗在洛阳苑中射猎，一群野猪从林中冲出。唐太宗射出四支箭，杀死四只野猪。有只野猪突然跃起，触及马镫，唐俭下马搏击，唐太宗拔剑助他斩杀野猪，笑着对唐俭说："你没见过我上阵杀敌吧，为何这样害怕？"唐俭回答说："汉唐高祖在马上得天下，而不在马上治天下。陛下以神武平定四海，怎能再逞雄心于一头野兽呢？"唐太宗为此而罢猎。

后来，贞观十八年（644），唐太宗在朝上评价大臣的长处和短处时，说："唐俭言辞辩捷，善和解人；事朕三十年，遂无言及于献替。"殊不知，唐俭追随了你李世民30年，锐气早已被磨掉，还有什么可"献替"的呢？何况你李世民已46岁，经过历练成长为

/257

"一代明君",不需要太多人在你面前指手画脚。

白居易也有"献替"的热情,他认为这是自己应尽的责任。他说:"国家立谏诤之官,开启沃之路久矣。"白居易曾上疏《论制科人状》,得罪了李吉甫及其子李德裕,不幸陷入政治斗争的漩涡之中。被惹怒的唐宪宗要严厉处分白居易,骂道:"白居易小子,是朕拨擢致名位,而无礼于朕,朕实难奈!"

献替之难,往往不是难在皇上不辨是非,而是难在高层的耳朵不能同频共振。

奥援 ào yuán

指官场中暗中撑腰的力量，或有力的靠山（多含贬义）。

收看某卫视节目时，我听到一位邀请嘉宾口中多次出现"奥援"一词。他批评"台独"分子："这些人为了保住官位，竞相进入官邸，寻求奥援。"又如："他那时候身边又没有其他人的奥援。"

"奥援"一词，出自明代文秉的《先拨志始》："皆大憝巨奸，或燕处于园亭，或潜藏于京邸，奥援有灵，朝廷无法。"奥援，指暗中支持的力量。明代董其昌在《节寰袁公行状》中说："数辇貂参于奥援，求增饷金，求宽海禁。"

唐朝有一个叫李逢吉的人，名载于《新唐书》，不过可不是因什么好事而留名，《新唐书》记载了他"奥援"之行径。"郑注得幸于王守澄，逢吉遣从子训赂注，结守澄为奥援，自是肆志无所惮。"这句话，展开来讲，是个很典型的奥援案例：李逢吉曾是地方官，拿很多金银财宝买通了京城的大人物，得以从襄阳返回长安担任兵部尚书。他得知"民间神医"郑注被宦官王守澄宠幸，便派侄儿李训贿赂郑注，巴结王守澄做靠山，结成"奥援"联盟。王守澄通过李逢吉控制官场，而李逢吉通过王守澄扩大影响力，二者形成了一个固定的圈子，有人给这个圈子取了个好听的名字，叫"八关十六子"。

这个圈子有里外四层结构，王守澄和李逢吉之间是单线联系。依附在李逢吉周边的，有张又新、刘栖楚、李续等八人，这些人和李逢吉的关系或是亲戚，或是同乡，或是师生。在这八人之外还有一层，人数也是八个，这些人对接从外地回京述职的、准备花钱买官的官吏，凭银子说话。当时"八关十六子"拥有极大的权力，甚至皇帝的话都没有他们的话管用，这是因为大太监王守澄的官职叫枢密使，主要的工作是决定向皇帝禀报什么样的奏折，再将皇帝的处理意见下达给中书省的宰相们。李逢吉和王守澄的联合，把控了朝廷各路，在朝廷上几乎没有对手。

权力机构中，一旦有人形成牢固紧密的"奥援"关系，其他人只有依附他们，否则就会被剿灭，无法生存。明代徐文溥发现宁王朱宸濠勾结刘瑾，结党营私，以招护卫为名、行篡权乱国之实，于是上疏举报，历数宁王的种种罪行，包括"剥削商民，挟制官吏，招诱无赖，广行劫掠，致舟航断绝，邑里萧条，万民莫不切齿"等，请求朝廷"裁以大义，勿徇私情，罪其献谋之人，逐彼侦事之使"。当时，朱宸濠位高权重，朝中不少大臣暗中皆与其往来，往来者多半是其亲信。"时宸濠奥援甚众，疏入，人咸危之。"尤其是一些正直的官员，都为徐文溥担心。幸好明武宗只是责备徐文溥"妄言而已"。

中国旧官场中的奥援之风盛行。据《清史稿·和珅传》记载："和珅柄政久，善伺高宗意，因以弄窃作威福，不附己者，伺隙激上怒陷之；纳贿者则为周旋，或故缓其事，以俟上怒之霁。大僚悻为奥援，剥削其下以供所欲。"清代李绿园的小说《歧路灯》，记载着官场拉帮结派、拜门认师、送礼宴请的风气，"如今世上结拜的朋友，官场上不过是势力上讲究，民间不过在酒肉上取齐。若是正经朋友,早已就不换帖了"。《拜老师》:"可笑捐输登仕版,也求大老认门生。"拜门之前,双方或许并不相识。对于老师的辈分、年龄、品行、学识,自认门生者并不计较,即使老师年轻或学识浅薄也没关系,只要有权有势,"足以奥援"即可。拜门以后,门生就可以向人炫耀自己是某某权贵的弟子,就可以靠着老师的权势活跃于官场。特别势利者,经常改换门庭,重新拜门。

宋代两位善文且爱酒的文人,欧阳修与苏轼,我都喜欢。最先,我喜欢的是欧阳修,因初中课文《醉翁亭记》让人快意,"醉翁之意不在酒,在乎山水之间也。山水之乐,得之心而寓之酒也"。后来,我读了不少苏轼的作品,还有林语堂的《苏东坡传》,就喜欢上了苏轼,推崇他的人品与文品。或者说,在文学审美及文化传承价值之功用上,我倾向于苏轼。

实际上,我对欧阳修的了解很少,只在史书及文学文本的阅读中见过他。近日,在余光中的文章《粉丝与知音》中看到这段文字,"苏轼参加京城科考时,才21岁,欧阳修阅他的《刑赏忠厚之至论》,十分欣赏,竟对梅圣俞说:'老夫当避路,放他出一头地也'"。我突然无以复加地喜欢上了欧阳修。不记得林语堂在《苏东坡传》中是否记载这件事,反正现在我看到欧阳修的这句话,觉得这个爱酒的"醉翁"挺可爱,招人敬佩。

读书时,若遇古人言语新鲜,其人就仿佛活在眼前。诗文词赋,各人写各人的,自有佳作和庸作之分。欧阳修发现苏轼的才华,我估计在两方面:一是政治素质,即为官理政的眼界与高度;二是文辞功底,即文章的条理与气象。第一点比第二点更重要,因为苏轼到京城的目的就是博取功名、步向仕途、治理一方。

于是，我又把苏轼的《刑赏忠厚之至论》找出来看看。文章不长，700字左右，主张德治兼以法治，而德治重于法治，"以君子长者之道待天下，使天下相率而归于君子长者之道"。文章引经据典以服务于其观点，同时又用这些观点来阐发古代的仁德之治。此文被主考官欧阳修所欣赏，显然不只是因为其说理简洁透彻、文笔好，而是因为其中心思想符合欧阳修的"政见"。

当欧阳修坦言自己要为苏轼"避路"时，他正值五十岁，既熟谙政治的一切显规则和潜规则，又坚守着自己的原则，"所守者道义，所行者忠信，所惜者名节。以之修身，则同道而相益；以之事国，则同心而共济；终始如一，此君子之朋也"（《朋党论》）。几十年来，欧阳修仕途坎坷，好不容易做了礼部贡举的主考官，何其幸也！而他却把官职看得很淡，有意去挖掘人才。一般人做官做到这个位置，是极其保守的，生怕被别人抢了位子。所谓"后生可畏"，很大程度上是害怕后生超越自己。官场倾轧、排挤新人，年轻人只能靠低声下气往上混。宋代江西籍的官员，占据朝廷要津，且同乡间相互提携、互为奥援，形成了庞大的地域势力。关于江西的欧阳修提携四川的苏轼这件事，当时江西派中的有些人是不理解的。也有人根据"奥援"逻辑，觉得欧阳修提携苏轼，还是有"家乡情结"的，因为欧阳修出生于绵州（今四川绵阳）。

我觉得，欧阳修为苏轼"避路"，跟他老师的言传身教有关。他年轻时遇到了一位好老师——晏殊。晏殊虽身居要位多年，却平易近人。他唯贤是举，范仲淹、孔道辅等均出自其门下；韩琦、富弼、欧阳修等经过他的栽培、荐引，都得到朝廷重用。欧阳修诗词创作个性张扬，生活上甚至有些自由散漫，但他幸好遇到了一个好领导——钱惟演。有一次，欧阳修和年轻的同僚到嵩山游玩，傍晚下起了雪。钱惟演派使者带上厨子和歌妓找到他们，并捎话说："府里没什么事，你们不用急着回来，好好地在嵩山赏雪吧。"后来，欧阳修遇到了一个与钱惟演对他态度完全不同的领导——王曙。有一次，王曙严厉地教导欧阳修等人说："你们看寇莱公（寇准）这样的人，尚且因为耽于享乐而被贬官，何况你们这些人在才能上比不了寇莱公，怎么还敢这样呢？"欧阳修回答道："寇莱公后来之所以被贬官，不是因为耽于享乐，而是因为一把年纪了还不知道退隐。"一下子把王曙呛得说不出话来。

一个爱玩的欧阳修，遇上了一个爱玩的苏东坡。二人玩山水、玩文章、玩饮食，却不玩权位、不搞奥援，于是欧阳修更加爱惜、提携苏轼，把他当作朋友。欧阳修举荐过的贤能不计其数，如曾巩、苏洵、苏轼、苏辙、王安石等，皆拔于"布衣屏处，未为人知"之时。苏轼和王安石政见不同，但都是大才子，欧阳修写了一首《赠王介甫》，对王安石夸奖和鞭策："翰林风月三千首，吏部文章二百年。老去自怜心尚在，后来谁与子争先。朱门歌舞争新态，绿绮尘埃拂旧弦。常恨闻名不相识，相逢樽酒盍留连？"正是因为有如此宽广的心胸，所以欧阳修受人尊重。当然，也有人诬谤他，但没有影响其名望。他一旦感觉自己挡了才俊升官之路，就提出辞职，但皇上往往不批准。晚年，皇上给他升官，他坚持不受。

欧阳修仕途"避路"让贤，出于悟道践行，而非"奥援"之举，如他在《秋声赋》中所言："奈何以非金石之质，欲与草木而争荣？念谁为之戕贼，亦何恨乎秋声！"有此感悟，真乃大智慧！而对于"文途"，他却一生追寻，不愿舍弃。晚年，欧阳修还经常拿出自己年轻时写的文章来修改。他的夫人心疼地规劝道:"这么大岁数了,还费这个心。难道还是小孩子,怕先生骂你吗?"欧阳修笑道:"不怕先生骂,却怕后生笑。"欧阳修如此孜孜以求,不愧被称为"唐宋八大家"之一!

悃款 kǔn kuǎn

悃，真心诚意；悃款，诚挚。

唐开元十七年（729），百官以八月五日为唐玄宗诞辰日，定为"千秋节"。七年后的"千秋节"上，群臣纷纷向皇上敬献珍宝，宰相张玄龄却献上一本奏章《进千秋节金镜录表》，进言如何治国安邦。这可谓是"明镜所以鉴形者也，有妍媸则见之于外""往事所以鉴心乾也，有善恶则省之于内"。皇上过生日，本来是件开心的事，君臣一起乐一乐，可却被张玄龄搞得这么严肃。

张玄龄在奏章的最后写道："虽闻见褊浅，所择不深。至于区区效愚，其庶乎万一，不胜悃款之至。"如果这是当时奏章的常用结语，就没有这个问题了。或许小时候，张玄龄的启蒙老师就告诉过他，"悃款，诚挚也。语本《楚辞·卜居》：'吾宁悃悃款款朴以忠乎？将送往劳来斯无穷乎？'"

苏轼在《祭蔡景繁文》中写道："子之事君，悃款倾尽。"这里的"悃款"，就是表达诚挚之意了。清代沈德潜在《说诗晬语》中说："《楚辞》托陈引喻，点染幽芬于颂乱瞀忧之中，今人得其悃款悱恻之旨。"通过一些复杂的比喻，从错乱、忧闷的情绪中发现"悃款"，是很不容易的，说明人心向善，对悲苦凄切的情绪十分敏感，动了恻隐之心。

/ 265

有一天，我在刘熙载的《诗概》中看到"悃款"一词时，却想到了王国维在《人间词话》中的"境界"一词。两者似乎风马牛不相及，而我却觉得，若将王国维的"三境界"与刘熙载的"三种人品"结合起来，才算完整地把握了做事情的要津，乃至成为卓越的智慧者的关窍。

王国维认为古今之成大事业、大学问者，必经过三种境界。第一种境界："昨夜西风凋碧树，独上高楼，望尽天涯路。"做大学问、成大事业者，首先要有执着的追求，登高望远、瞰察路径、明确目标与方向，了解事物的概貌。第二种境界："衣带渐宽终不悔，为伊消得人憔悴。"做大学问、成大事业，不是轻而易举就能完成的，必须坚定不移，经过一番辛勤劳动，废寝忘食、孜孜以求，直至人瘦带宽也不后悔。第三种境界："众里寻他千百度，蓦然回首，那人却在，灯火阑珊处。"做大学问、成大事业者，要达到第三境界，必须做到专注，反复研究问题、追寻答案，只要下足功夫，就会有所发现、有所发明，从而达成目标。

刘熙载在《诗概》中引《楚辞·卜居》中屈原的话，将人品分为三种类型，"悃款朴忠者""超然高举，诔茅力耕者""送往劳来，从俗富贵者"。"悃款朴忠者"，是指居庙堂而忧民、居江湖而忧君的品格；"超然高举，诔茅力耕者"，是指不谀权贵、安于贫困、超然出世的品格；"送往劳来，从俗富贵者"，是指口言道德实则虚伪、利欲熏心的小人的品格。

"昨夜西风凋碧树，独上高楼，望尽天涯路。"在这个过程里，你是如何自我定位的呢？如果你是个"悃款朴忠者"，那么自然心灵世界会很大很宽，志向也必然宏大。仕途升迁是为了干大事业而不是为了做大官，有了权力和地位后，也不会高高在上、腐化堕落，有了财富后，也不会财大气粗、奢侈挥霍。如果你是个"悃款朴忠者"，即使你的理想和目标没有实现，你也会心怀天下，有大局意识，在关键时刻会挺身而出，发挥自己的能力和作用。

"衣带渐宽终不悔，为伊消得人憔悴。"历经这个过程的时候，人品的力量最为重要。你如果是"超然高举，诛茅力耕者"，那么即使你付出了很多也依然心定气静，遭遇了非常多的挫折也依然冷静执着。你不会因眼前的利益而放弃原则，不会因小的成绩而狂热浮躁，也不会因漫长的等待而痛苦绝望。你将奋斗的过程视为一种耕作，将人格与尊严放在重要的位置，于是活得率然、活得自在、活得充实。

"众里寻他千百度，蓦然回首，那人却在，灯火阑珊处。"这是最高的境界，你终于得到了自己所追求的东西，成功了！不过，对于"送往劳来，从俗富贵者"，自然会在得到权力和金钱之后得意忘形、为所欲为。结果常常是在功成名就之后，就迷失了道路，掉进了泥坑。殊不知，一个人的成就越大，他的人品修养就越重要。很多人在高处跌下来，就是人品太差的缘故。

王国维所言的"境界"，其实是包含着对人品的要求。人生的每个境界都离不开人品的支撑。用刘熙载的"三种人品"说来诠释王国维的"三境界"说，可以让读者更直观地理解人品与人生境界的关系。

贵恙
guì yàng

贵恙，敬辞，称对方的病。

讳疾忌医，是人们一种很普遍的心理。一个人生病了，怕治病花钱、怕敌人高兴、怕被朋友疏远、怕被亲人嫌弃。生病不是什么好事，所以知道的人越少越好。

更有甚者，对"病"和"疾"这两个字都很忌讳。皇帝生病了，是"龙体欠安"。权贵生病了，是"身有小恙"。恙，似乎比病听起来不那么使人紧张。据传，恙是一种小虫子，长五六毫米，通身鲜红，赤眼一对，肢四对，全身似长细毛，爬动速度快，其毒伤人。古人草居露处，每天早起相见问安，就说："无恙乎？"答："无恙。"

南宋洪迈在《容斋随笔·何恙不已》中写道，"公孙弘为丞相，以病归印，上报曰：'君不幸罹霜露之疾，何恙不已？'颜师古注：'恙，忧也。何忧于疾不止也。'《礼部韵略》训恙字，亦曰忧也。初无训病之义。盖既云罹疾矣，不应复云病，师古之说甚为明白。而世俗相承，至问人病为贵恙，谓轻者为微恙，心疾为心恙，风疾为风恙，根著已深，无由可改"。

"贵恙"这一询问他人病情的敬语，在礼仪之邦流行，这本就是一种文化现象。中国人有"生点小病为福"的说法，尽管每个人的认知不尽相同，但大体都这么认为。明代申涵光说："常有小病则慎疾，常亲小劳则身健。恃壮者一病必危，过懒者久闲愈懦。"（《荆园小语》）

鲁迅在一篇名为《病后杂谈》的文章中说："生一点病，的确也是一种福气。"他大谈"生病之雅趣"，凭借学识、掌故及一堆野史，对疾病大侃一通。最后，他拜托朋友"千万不要给我开追悼会或者出什么记念册"，且认为"这不过是活人的讲演或挽联的斗法场"。对于挽联这种文体，鲁迅觉得是"胡说八道"，"挽联做得好，也不过挽联做得好而已"。

有一年，老岳父有病不治，一直靠自己与病魔抗争。病魔看似被他压下去了，实际上蛰伏暗处，趁他不备突袭他、折磨他。后来，病魔不再躲避他，直接与他对着干。彼此一天天交锋，一时时搏斗，一刻刻厮杀。日日如此，老岳父有些挺不住了，可他说过一万遍他不怕病，他是抗病的强者，所以不好意思提出去医院。又抗了一段时日，他好像看见了晃动的死神影子，就烦躁不安地去了医院，以求外力了。

老岳父在漫长的、等着拿体检报告单的时间里，担心自己患了什么绝症。他反复地说："这下可能治不好了。""抗病"变为"议病"，他在医院里成天唠叨着病，告诉别人自己这里不舒服，那里不舒服。他希望常年缠着自己的病魔不至于夺走他的生命，他"议病"是希望病的程度比想象的要轻，担心入院后被宣判"不治之症"。他"议病"，别人也"议病"，大家都"议病"：什么病是怎么得的啦，如何医治啦，如果是癌就回家啦；什么现在得绝症的人多啦，有钱买不到健康啦；什么带病也能延年啦，人有自愈力啦，自然法则人人都得死啦……

第二天，老岳父的检查结果出来了，病不轻，但不是绝症。他仍旧跟同病室的人"议病"，但口气轻松了许多，带着对病魔的鄙视与不屑，几天后他就嚷着要喝酒了。

即使对方病危了，也得称"贵恙"，这是希望对方康复。至于给"病"加上"福"字，就颇令人思忖，但也能知道"个中三昧"。

生病是痛苦的，急性病有危及生命的可能，慢性病久治难愈、反反复复，甚至有的人一辈子离不开病魔的折磨，还要吃种种苦药。被佛教视为"六苦"之一的"病"，怎么会是"福"呢？这样的福真难消受啊！

人生病了，欲望就会降低，意识到生命的珍贵。为了尽快使自己康复，饮食、娱乐等方面都得注意，大鱼大肉不敢贪吃，更不敢与人拼酒量、争输赢，甚至淡泊名利、看轻富贵，对世界和人类产生悲悯情怀。一个人心存善念，有规律、有节制地平淡生活，对身体健康自然有益。从这个角度来看，病果真是君子之福。至于生病了照样不顾身体、为所欲为、沉湎酒色的人，自然就不是君子了，也就得不到这种种好处了。

古代那些仕途劳顿的人，想脱身官场很难，以致于因病致仕成了一种最佳方式。佛教所说的"解脱"，并不是指了结生命，而是"离缚得自在"，向死而生。梁启超说："脱离囚奴束缚的生活，恢复自由自主的地位。再详细点说，这些束缚，并非别人加之于我，原来都是自己找来的，解脱不外自己解放自己。因为束缚非自外来，故解脱有可能性。亦正惟因束缚是自己找的，故解脱大不易，非十分努力从事修养不可。"（《谈佛教修养》）病是一种苦，其本身需要"解脱"，而能够因生病脱离自己厌倦的环境，病便成了君子之福。

《老子》："坚强者死之徒，柔弱者生之徒。"身体好的人，大多都荷尔蒙旺盛、欲望强烈，如果这些人缺少内在修养，逞强使气、纵情声色，这种人是很危险的，说不定哪一天就突然倒下了。而那些柔弱的人，与世无争，尽管病蔫蔫的样子，像快死了，可总是死不掉。现实中的确有这种现象，人们总结为一句俗语："弯弯扁担不得断。"

庄子把生死看作"浑沌为一"，所以对死亡并不畏惧。《庄子》上写到，一个叫子来的人病情严重，呼吸急促，将要死了，他的妻子儿女在他身旁哭泣。他的朋友子梨来了，看见子来的老婆哭，不满地说："去吧，走开！不要惊动将要死亡的人！"接着，他对子来说："伟大呀，造物者！它将把你变成什么呢？将把你送到什么地方去呢？要把你变成老鼠的肝呢？还是要把你变成虫子的臂膀呢？"子来睁了睁眼，回答道："儿子对父母，不管叫你去东西南北，只有唯命是从。人对阴阳的自然，何止于儿子对父母；它要我死而我不听，我就强悍不顺，它有什么罪过呢？大自然给我形体，用生使我操劳，用老使我安逸，用死使我安息。因而把我的生当成好事的，也就是把我的死当成好事。现在有一个铁匠，铸造一个金属器物，金属跳起来说：'一定要把我铸成莫邪宝剑。'铁匠必定以为是不吉祥的金属。现在一旦成了人的形状，就说：'成人了！成人了！'造物者必定以为是不吉祥的人。现在如果把天地当作大熔炉，把造化当作大铁匠，往哪里去不可呢！"子来说罢酣然睡去，过了一会儿又自在地醒了。

生老病死，都是自然规律，对此，我们只能坦然接受。所以，明白此道理的君子，生病了依然乐观，在苦痛中进行人生最深刻的历练，完善自己的修养。

摄生
shè sheng

摄生，保养身体、持养生命。

"养生"是个宽泛的概念，现在什么东西都可以往"养生"上扯，自然有其背后的利益。

养生文化的源头是黄老哲学，古人所讲的"摄生"，尽管也包含"养生"的概念，但思想内涵不完全一样。《道德经》："盖闻善摄生者，陆行不遇兕虎，入军不被甲兵。"而养生，能做到行路不会遭遇猛兽的攻击，上战场不披战甲吗？

所以，现在注重养生的人很多，而又有几人真正理解养生的根本是"摄生"？正因为不理解，所以养生的理论纷乱、矛盾，甚至不少人深受其害。养生唯一的目的——长寿。也因此，长寿者的"养生方法"极容易被人包装成"养生之道"。

明代中期大臣、史学家郑晓有本书——《今言》，里面写到一个名叫王士宁的人爱好养生，"士宁少慕养生，不受室、饮酒、食肉"。王士宁不结婚、不喝酒、不吃肉，活到了100多岁。成化七年（1471），明宪宗朱见深听说了王士宁的事，便命人去请教长寿之法。王士宁只回答了十个字："静坐寡欲，坐久，瞑目闭息。"官员还想再问，却发现王士宁已经死了。王士宁为了养生，将人生的所有乐趣都摒弃掉，这是不符合"摄生"的精神的。

几年前，在我生活的小镇里，有一个老人上山挖出了葛根，回来后如同制作山芋淀粉一样，将葛根碾碎过滤、除掉渣子、葛浆沉淀、晒成葛粉。葛粉可食用，且有药膳功效。阳光下，白花花的葛粉吸引了许多人的目光，接下来人们纷纷上山挖葛根，掀起了一股挖葛根的热潮。

由于数日内无数人挖掘，山上的葛根几乎被挖光了。葛根生长缓慢，又因人们无节制地挖，不知需要多少年才能长出新的葛根。再者，植被破坏、土质松动，增加了发生泥石流的风险。可是没有多少人想到这个问题，在私心和利益的驱使下，一个个失去了理智，不顾后果地对葛根进行索取，贪婪地索取。

河岸上，充斥着人们洗葛根与晒葛粉的声音。这条河被人们糟蹋了——两岸布满垃圾，一些树上也挂着垃圾和塑料袋，河里没有鱼虾，只漂浮着水藻和脏物。过去有句俗语："鱼过千重网，网网都有鱼。"意思是说，用传统渔网打鱼，总会有漏网之鱼，打不尽。可现在捕鱼的人用电具将河中大大小小的鱼都电死了。"竭泽而渔，岂不获得？而明年无鱼。"不给鱼留生路，也绝了自己的生路。这是一种愚蠢、不人道的行为！可人们总爱做"竭泽而渔"的事情，怀着"利益最大化"的想法，将索取的手伸得长长的，伸到隐秘处、黑暗中，结果别人无路可走，自己的路也走不长久。

吃葛，是为了养生，可人们的行为却与"摄生"的精神背道而驰。老子所言"陆行不遇兕虎，入军不被甲兵"，是因为他没有进入到面临死亡的境地。懂得"摄生"的人，保持善心、不走歧途，用"循道"解决问题。这种人即使遇到困难危险，也能够化险为夷。"摄生"的重点，是要解决生存环境问题，包括自然环境、社会环境、生活环境等。如果"土壤不足以摄生，山川不足以周卫"

(左思《吴都赋》），基本的生存条件都不具备，人们还能幸福地生活吗？

南北朝时期的山水诗人谢灵运认为，人的身心与自然相融，就是"摄生"之道。他在《石壁精舍还湖中作》中表达了这种观点："昏旦变气候，山水含清晖。清晖能娱人，游子憺忘归。出谷日尚早，入舟阳已微。林壑敛暝色，云霞收夕霏。芰荷迭映蔚，蒲稗相因依。披拂趋南径，愉悦偃东扉。虑澹物自轻，意惬理无违。寄言摄生客，试用此道推。"可惜，谢灵运不能真正按自己的想法去做。钱锺书在《谈艺录》中说他"每以矜持矫揉之语，道萧散逍遥之致，词气与词意，苦相乖违"。

单就"摄生"之道来说，白居易认同谢灵运优游山水的"移情之法"，他在《读谢灵运诗》中写道："谢公才廓落，与世不相遇。壮志郁不用，须有所泄处。泄为山水诗，逸韵谐奇趣。"如果生活环境中，找不到谢灵运笔下的林壑、云霞、芰荷、蒲稗等自然山水，那么怎样宣泄、转移情绪呢？白居易在《隐几》诗中说："身适忘四支，心适忘是非。既适又忘适，不知吾是谁。百体如槁木，兀然无所知。方寸如死灰，寂然无所思。今日复明日，身心忽两遗。行年三十九，岁暮日斜时。四十心不动，吾今其庶几。"从诗中可以看出，白居易悟到了"摄生"精义，如庄子所言，做到物我两忘、身心俱静，心灵就能超脱于世间。

白居易还有一点更值得现在热衷于养生的人好好学一学。他不刻意以养生之法追求长寿，他"无忧无乐者，长短任生涯"（《食后》），他"忘怀任行止，委命随修短"（《有感三首》），他"不畏复不忧，是除老病药"（《自觉二首》），他"病应无所避，老更不宜忙"（《重咏》），他甚至"久为劳生事，不学摄生道"（《病中作》)。最终，白居易活了75岁。在当时，白居易可以被称为"长寿之人"。

中国历代，只有少数官僚、贵族和读书人研习"摄生"之学，主要以道家思想为衣钵。明朝时期，这一概念开始向大众推广、普及。明太祖朱元璋认为，"以修身养性，独为自己而习"，无助于伦理教化。明永乐四年（1406），明成祖朱棣敕令第四十三代天师张宇初纂修《道藏》。后经200余年的发掘、整理、增补，《道藏》合计达到5485卷，成为最完备、最重要的道教经籍总集。

明代民间流行的摄生读本也不少，有袁了凡的《摄生三要》、洪基的《摄生总要》、张时彻的《摄生众妙方》、高濂的《遵生八笺》，等等。这些书包含了道、释、儒等各家各派的理论，已有"形而下"的发展趋势。直到今日，人们仍是多知"养生"，而少知"摄生"。

戬福 jiǎn fú

戬，有剪除、灭除、铲除、歼灭之意。戬福，表示吉祥降福。

《隋书·音乐志下》："方凭戬福，伫咏丰年。"句中的"戬福"是什么意思？"戬"这个字，凶巴巴的样子，有剪除、灭除、铲除、歼灭之意。"戬福"却是个好词，表示吉祥降福。

怎样才能让老天降福呢？最初福表示的是礼之用、祭之物。后来祈求得福成了人们的普遍心理。这样也好，"送福"需要动员，靠自觉，而"祈福"发自内心，随时随地都可以做到。不过这就有一个问题出现了，一个人凭什么得福享福？若只需要默念心愿，未免太容易了。殊不知，求福的心是真的，说明心的"真性"存在，唯有循着这"真性"，求福变成求善，福才会到来。

因此，福生于心，长于心。我们将自己的心把守住了，养成一团活气，福就在体内，就在自己的生命中，就在人生的旅途中。宋代邹应博说："千祥百福产心田。"（《鹧鸪天》）如何呵护、培植自己的心田呢？心田能播万万物，莠不生、邪不入，当从"安""敛""仁""恒""公"五字下功夫，内求于己，自然幸福美满。

心安了，上天就会戬福。人的正常心率是每分钟跳75次左右，运动时心率会更快，所以"心不安"是生命的自然本性，但我们必须控制心动而使其安定，否则心猿意马、行为无束，近乎于动物。为让自己平静下来，咱们老祖宗有办法：儒家专注于学习，道家采用"斋忘"之法，释家采用"禅定"之法。世界纷繁复杂，事物变化不停，心不安而疲于应付，哪知道什么东西有益于己，什么事一沾上就会惹来麻烦？现在很多人内心受外界刺激严重，变得浮躁、焦虑，大有"身在福中不知福"之状，忙于求福而不知回归本心。

戬，意为剪除、消灭。只有先把自己的"心"治理好了，"福"才能降临。明代理学家、教育家邹守益认为"惩忿窒欲"是安心的必要手段，先把自己的怒火压下去、情绪控制好，让欲望不再膨胀，接着将心往善的方向引导。人是群居动物，组成社会团体能让自己有安全感、幸福感，安安心心地生活。而良知是安心的种子，是实现社会功用（正能量）的一种外化途径。二者有一个共同的指导原则——"敬"。所谓"敬"，就是要"慎独戒惧"，这是"良知精明而不杂于尘俗"的根本。只有保持慎独戒惧，自身才能"常常精明，不为物欲所降"，就能改过迁善。也只有做到慎独戒惧的人，才能"出门如宾，承事如祭"。小到个人修身，大到治理国家，"直以'敬'为纲领"。然而慎独戒惧不是苛求，不是做作，不是要把"戒惧"紧系心头，而是要经常保持心地的安宁，"不睹不闻"。否则心神不定，"心无安顿处……失却见在功夫"（《明儒学案·文庄邹东廓先生守益》），齐家治国也就失败了。

安心并非摒弃物质、不求上进，而是安于心性。从自心的"真性"出发，无论处在什么位置、干什么工作，道德良知都不能丢，否则必然心乱如麻，即使得到了财富、地位，也无幸福可言。表面的光彩遮不住内心的不安，只有表面光鲜的生活绝对不是福报。安心，也不是"不作为"，而是"有所为"。努力工作、干好事业，正当体面地获得成就和荣誉，乃为安心受福的回报。

　　心能收敛，天会戬福。我有个画家朋友，北漂时以卖画为生。他的画走市场化的路子，销量很好，解决了他的生计问题。不过，他不满足于此，一直因得不到高规格画展的邀请而忿忿不平。为了改变现状，他花了不少时间参加交往活动，结果画技停滞不前，无法入围全国性的比赛，与奖项无缘。他身心俱疲地回到小城，将画画当作业余爱好，随性日绘一幅半稿。几年后，他的画技大进。我回乡拜访他，在他的画室里，观赏桌上、地上、墙上的画作，对他称赞不已。我见他红光满面、谈吐优雅，一无昔日之颐指气使、高腔大调之态，不由得感叹："老兄，画风随心转，清新得很！"他笑道，"我对刘熙载的这句话体悟很深：'天之福人也，莫过于予以性情之正；人之自福也，莫过于正其性情'"。我心想，老兄这性情的改变大概源于那颗收敛的心。

　　人的心量要大，但贪大求全之心不可有，一个"贪"字坏了多少人的幸福。尽管，有的人的"贪"本意不是伤害别人，却造成了灾难性后果。明代有个教育家王时槐，提出了一套"收敛"的修养方法。他说："学贵从收敛入，收敛即为慎独，此凝道之枢要也。"（《明儒学案·江右王门学案五》）意思是说，要把自己的心收敛住，不使其扩大。大则不足，不足就会贪得无厌；大则狂，狂则目中无人。长久下去，社会规则必然受到挑战和破坏。在崇尚"大"、推重"多"的风气中，感到幸福就十分困难了。

　　当然，收敛不是让人成为"小心眼"，而是为了"正心"。宁俭勿奢，"俭则为福，华固难长"。宁廉勿贪，"得福常廉祸自轻，坦然无愧亦无惊"。宁惜勿张，"能知稼穑艰，天下自蒙福"。这些话都值得细细品味。

拥有仁心，天会戬福。我相信"仁者寿"，讨厌那种反诘之声："为什么那个大坏蛋活了那么久？"当年我读书少、阅历浅、观人不多，也曾困惑。后来，我是这样回答这种质疑："他是个坏蛋是吧？那叫多寿多辱，跟仁者高寿是不能同日而语的。"可若遇到的反诘者有学问，且脑子好使，他会反问："为什么一些英年早逝的人会被夸为好人呢？"我被"生死"这个大问题难住了，只能回答他："'多行不义必自毙'，绝对比'好人不在世'的概率大。如果你质疑，说明你心中不善，轻视'仁'的力量。"

尽管生活中大有不仁不义的人，但我还是觉得好人比坏人多。仁心如同善的源头活水，它源源不断地滋养着善良，带来的福气不竭，福寿绵长。仁是善良的表现，"人为善，福虽未至，祸已远离"。既然能远祸消灾，何尝不是一种福分呢？仁，包含诸多方面的品质，除了与人为善，还有待人以诚、视人以敬、报人以德、分人之忧、宽厚大度。"福以德招，享以诚应。""善积庆自余，福履可不卦。""福因慈善得，祸向巧奸来。"有很多事例证明这些观点是正确的。仔细观察生活就会发现，这些观点都是古人在生活中总结出来的，而非刻板的说教。

宋代真德秀说："惟有种德家，福禄可长世。"（《浦城劝稼》）宋代还有一位叫陈普的人干脆将福德看作一体，他说："绵绵瓜瓞日蕃滋，福德两兼一为主。"（《寿容山》）这些话是很有道理的，做人无德，又怎么会有福气呢？福若孤单则浅薄，就像雪花飘入窗户，转瞬即逝，显得浅薄而短暂。以德为主，配才、配财、配名、配位，才是融融一体，两兼一主。这种"德与福俱"的思想，是中华优秀的传统文化。若把这种传统文化发扬得好，那必定国邦昌盛，受惠于德福的人多，用现在的话叫做"幸福指数高"。

有仁心的人，不怕吃亏，因为他们吃的不是亏，而是福。真正有福的人，乐善好施，施予的不过是身外之物，而得到的却是无价的精神财富。他们自己从中受益，如受益于好风气、好环境、好制度。正所谓"一心仁以厚，五福寿而臻"，不为虚言也。

恒心者，天会戬福。关于"恒"字的文章，从古至今车载屋装，不可胜数。但是，人还是要保持恒心，因为"恒"是基本功课，凡事弛则懈怠。儒家之学，"持之以恒"指道德修养一刻也不能放松。其实，恒与福大有关系。恒能"造福"，"始勤却是终身福，下学方收上达功"。

所谓"艺无止境"，终身爱好文学艺术的人会有体会，每上升一个境界都不容易，但浸淫于中、渐入佳境是很快乐的。庖丁解牛、游刃有余、出神入化，那是一种纯粹的享受。艺术家创造了"逸品""佳构"，本身就是"造福于己"和"造福于人"。道德外化于形，不仅在艺术方面，许多行业都一样，即"持之久而纯，百福如川至"。先苦不为苦，甘蔗越吃越甜才是人生福分。

人间最大的福，唯有公心能盛得下。何谓公心？张载所言："民，吾同胞；物，吾与也。"一个人的福是小福，共同享受的福则是大福，小福一时，大福长久。古人有言："千载不昧，福此人群。"地位越高的人，谋大福的责任越重。"绥我邦家，福禄来崇。""天下苍生福，朝中宰相时。"也只有多为社会创造大福，才能"人民悦，祉福正绵绵"。范仲淹"先天下之忧而忧，后天下之乐而乐"，姚崇"为政以公，毫厘不差"，杜甫"穷年忧黎元"，包拯"直道是身谋"，虞允文"危及社稷，吾将安避"，顾宪成"事事关心"，龚自珍"不拘一格降人才"等，都是公心求大福。虽然任重道远，但一代代以心传心，大福必然改善人们的生活。

至于普通人，也不可忽视公心的培养。孟子说，要一个人把泰山夹在胳膊下跳过北海，这人说自己做不到，是真的做不到；要他为老年人折一根树枝，他说我做不到，这是不愿意做，而不是做不到。所以，公心有大有小，就看你愿不愿意做可以做到的事情。城乡文明建设离不开我们，社会公德维护需要我们。

公心，要从小培养。邹守益推崇王阳明的"知行合一"和"知行并进"学说，以及用反求内心的修养方法，实现培养公心的终极目标，他希望自己及弟子们达到"万物一体"的境界。他说："道在是矣！"我今天亦说："福在是矣！"

苟作
gǒu zuò

苟，随便；苟作，将就着做某件事情，缺乏认真和努力的态度，敷衍了事。

曾几何时，有一句很流行的话："生活不止是眼前的苟且，还有诗和远方。"

其实，诗也是不可苟且的。我的微信朋友群里诗人很多，作品更新频繁，我常惊讶于现代人写诗之随意。我不禁要问，这是诗歌的堕落，还是人性的解放？

只能说，当今的许多诗人骨子里完全是世俗的，他们在生活中看到的无非是一些生理的、肉体的需求，以及喧嚣的、贪婪的欲望。审美沦为了审丑，语言也失之于清澈。

也有诗人坚守一方净土，其诗或自然清新，或充满生机。有个朋友多日未在微信上贴诗，我便猜到他又把公司的管理工作交给了别人，自己到大别山度长假去了。度假时，他肯定会写出跟平时不一样的空灵的作品。这位朋友曾对我说，他最满意的诗都是临清流而作的。我欣赏他的作诗的态度，称赞他："诗不苟作，难能可贵。"

"苟作"二字，出自王充在《论衡·自纪篇》中的自我评价："才高而不尚苟作，口辩而不好谈对。"

宋代李格非也说过："文不可以苟作，诚不著焉，则不能工。"李格非一生写了不少东西，诗文总数在四十五卷以上，皆非随意、轻易之作。可惜现在仅存《洛阳名园记》一卷。

在李格非的女儿李清照眼里,"文不可以苟作",除了文字要干净,遣词造句要合理,更重要的是,内容要客观真实,不可偏颇、片面。

李格非的朋友张耒,有一次外出游览时,看到唐代书法家颜真卿为诗人元结的诗作《大唐中兴颂》亲刻的石壁,突然来了灵感,作诗《题中兴颂碑后》,以歌颂郭子仪平定"安史之乱"的功勋:"金戈铁马从西来,郭公凛凛英雄才。举旗为风偃为雨,洒扫九庙无尘埃……水部胸中星斗文,太师笔下蛟龙字。"许多人都说张耒这首诗写得好,说明他是有才华的。

文学青年李清照却看出了问题,认为张耒对唐朝"安史之乱"的教训没有认真总结,只是一味地歌颂郭子仪"不知负国有奸雄,但说成功尊国老"。这既对历史不负责任,也对当朝执政者有害。于是,李清照作《浯溪中兴颂诗和张文潜》二首,其中写道:"五坊供奉斗鸡儿,酒肉堆中不知老。胡兵忽自天上来,逆胡亦是奸雄才。勤政楼前走胡马,珠翠踏尽香尘埃。何为出战辄披靡?传置荔枝马多死……"李清照嘲讽唐明皇沉溺于寻欢作乐、对大臣忠奸不分,指出这些失败的政策导致了"安史之乱",并告诫宋朝统治者"夏商有鉴当深戒,简策汗青今具在",如果不吸取唐朝教训,历史可能还会重演。

"尧功舜德本如天,安用区区纪文字。著碑铭德真陋哉,乃令神鬼磨山崖。子仪光弼不自猜,天心悔祸人心开。夏商有鉴当深戒,简策汗青今具在。"李清照的这些诗句,比张耒的颂诗更有力度。张耒是"苏门四学士"之一,他提出"文以意为车,意以文为马。理强意乃胜,气盛文如驾"(《与友人论文因以诗投之》),并且说"故学文之端,急于明理。夫不知为文者,无所复道。如知文而不务理,求文之工,世未尝有也"(《宋史·张耒传》)。按道理来讲,他也是个"不苟作"的人,可这次的诗作欠缺"明理",被李清照给指出来了。

也有人认为,张耒的诗过分强调"满心而发,肆口而成"(张耒《贺方回乐府序》),因此有些作品显得粗疏草率。朱熹曾批评他"诗有好底多,但颇率尔"(《朱子语类》)。

不知道李格非读到女儿跟张耒较劲的诗是什么态度,大概会赞同她的观点。因为李格非有忧患意识,他在《洛阳名园记》中记载,"方唐贞观、开元之间,公卿贵戚开馆列第于东都者,号千有余邸。及其乱离,继以五季之酷,其池塘竹树,兵车蹂践,废而为丘墟。高亭大榭,烟火焚燎,化而为灰烬,与唐共灭而俱亡,无余处矣。予故尝曰:'园圃之废兴,洛阳盛衰之候也'"。他进而告诫当权者们:"公卿大夫方进于朝,放乎一己之私意以自为,而忘天下之治忽,欲退享此乐,得乎?唐之末路是已。"

李清照除了"生当作人杰,死亦为鬼雄。至今思项羽,不肯过江东"四句诗之外,就只有两首《浯溪中兴颂诗和张文潜》得到史家颇多的好评。宋代周辉在《清波杂志》中说:"浯溪《中兴颂碑》,自唐至今,题咏实繁。零陵近虽刊行,止荟萃已入石者,曾未暇广搜而博访也。赵明诚待制妻易安李夫人尝和张文潜长篇二。以妇人而厕众作,非深有思致者能之乎?"明代陈宏绪在《寒夜录》中说:"二诗奇气横溢,尝鼎一脔,已知为驼峰、麟脯矣。"

李清照写诗言志,而非作苟且之诗。

"南来尚怯吴江冷,北狩应悲易水寒。"(胡仔《苕溪渔隐丛话》,后集引《诗说隽永》)大宋终究还是被金兵打得只剩下半壁江山，歌颂之音变成哀泣之声。李格非之"文不可以苟作"，真正理解其意并做到的有几人？北宋晚期的政坛弥漫着谀佞之风，文人之间相互吹捧得很厉害。李清照少女时所寄望的"天心悔祸人心开"的局面在亲历逃亡后被击碎，南宋庙堂之上一片"降金乞和"的声浪，她的身边到处都是"文丐奔竞"的身影。

现在，我对李清照词作以外的文字更感兴趣。李清照在《〈金石录〉后序》中说："凡见于金石刻者二千卷。皆是正伪谬，去取褒贬，上足以合圣人之道，下足以订史氏之失者，皆载之，可谓多矣。"考据、订正也是不可苟且、马虎不得的工作，甚至需要比写作付出更多努力。她说自己与丈夫赵明诚，"每获一书，即同共勘校，整集签题。得书、画、彝、鼎，亦摩玩舒卷，指摘疵病，夜尽一烛为率。故能纸札精致，字画完整，冠诸收书家"。

李清照对词的写作有自己的见解。她在《词论》中批评张先、宋庠、宋祁、元绛、晁端礼等人："虽时时有妙语，而破碎何足名家？"甚至批评晏殊、欧阳修、苏轼等大家，"作为小歌词，直如酌蠡水于大海，然皆句读不葺之诗尔。又往往不协音律，何耶？"她提出他们写不好词的原因，是没能很好地掌握音律学，她说："盖诗文分平侧，而歌词分五音，又分五声，又分六律，又分清浊轻重。"她还觉得王安石、曾巩的文章写得不错，但他俩的词幼稚得只会让人笑倒，读不下去。

李清照的意思是，诗词文章都不可以苟作。这一说法可以延伸到生活中的方方面面。做任何事，哪怕是玩游戏，都不可苟且。她在《打马图经序》中说："慧即通，通即无所不达；专即精，精即无所不妙。"

可是，让李清照晚年最后悔、最痛苦的，就是在赵明诚去世后，她与张汝舟的一段不幸的婚姻，就是因苟且而造成的。她说："清照敢不省过知惭，扪心识愧。责全责智，已难逃万世之讥；败德败名，何以见中朝之士。虽南山之竹，岂能穷多口之谈；惟智者之言，可以止无根之谤。"(《投翰林学士綦崇礼启》)

我曾听本地一位文史工作者说，李清照有一部分血亲居住在安庆。她的外公王珪（官至宰相）幼时随叔父迁来舒州（今安徽省安庆市）定居，后代都成了潜山人。我了解到，李清照南逃时到过与安庆一江之隔的池州，住了两个月。现在有人靠臆想和推断，写文章讲李清照在池州创作了哪首词。我对打算写李清照与潜山关系的人说，所谓"王珪后代都成了潜山人"值得商榷，而李清照来没来过潜山，倒是可以发掘和研究，但"文不可以苟作"。

辩囿 biàn pǔ

多用于文学和文化领域，指辩士聚集之所。

参加某读书沙龙活动时，我看见会址客厅南墙上悬挂一匾，用隶书写着"辩囿"二字。我不知其意，暗自揣摩之时，听到室主人朗声说："读而不辩，就没有思想的撞击；没有思想的撞击，就产生不了智慧的火花。此地既是读书之所，也是辩论之所。"

我觉得他说得太好了，庆幸参加这样的读书沙龙，于我大有裨益。

学林的生态是丰富的，而其间的辩囿最为活跃，生机郁勃。南朝梁诗人、骈文家王僧孺在《太常敬子任府君传》中说："辞人才子，辩囿学林，莫不含毫咀思，争高竞敏。"可以想象，那辩士聚集之所是何等的热闹啊！

辩论的价值不可忽略。锣不敲不响，理不辩不明，事不鉴不清。从人的天赋来说，有的人天生好辩，而好辩不等于善辩；有的人天生善辩，而善辩者不一定好辩；有的人既好辩又善辩，口吐莲花。

建安二十二年（217），中原出现一个非常著名的"辩囿"。这个"辩囿"由曹丕、曹植兄弟开辟，聚集了一群好辩、善辩的人士，他们个个自信满满，每个人都有自己的文学审美和作品喜好。

/ 287

于是他们聚到一起，就文字作品发表观点。什么"不仅要语言创新，更要有风骨""应该古朴质直，少些华美词藻""形象要鲜明，善于比兴"……甚至他们相互批评，什么"要这样写，不能那样写""你的这首五言诗不行""他的那篇赋是败笔"……针对如此情形，曹植说："人人自谓握灵蛇之珠，家家自谓抱荆山之玉。"（曹植《与杨德祖书》）

"建安七子"之一的应玚，喜欢这样的辩论氛围，他经常参加聚会、宴游，兴致极高，是个积极分子，曹丕和曹植都很敬重他。应玚在《驰猎赋》中写道："于是阳春嘉日，讲肆余暇，将逍遥于郊野，聊娱游于骋射。延宾鞠旅，星言凤驾。"他还专门作《公宴诗》，称颂聚会辩论："巍巍主人德，佳会被四方。开馆延群士，置酒于斯堂。辩论释郁结，援笔兴文章。穆穆众君子，好合同欢康。促坐褰重帷，传满腾羽觞。"

有看法就说出来，比窝在心里痛快。公开的辩论，强于背后说三道四。即使否定对方，也要当面指出，这应是"建安风骨"的一种体现吧。当然，前提是辩论归辩论，尊重归尊重，既不要害怕被别人批评，也不要对别人进行人格攻击。

曹植说："世人之著述，不能无病。仆常好人讥弹其文，有不善者，应时改定。"（《与杨德祖书》）

实际上，这是个很难办的事，因为不少人觉得"还是自己的文章好"，把修改意见当做羞辱，接受别人的看法等于承认自己没水平。我当编辑时，遇到过要求"一字不改"的作者。有个朋友叫我帮他润色文章，我只将语病改了一下，他却恢复原样发表在自己的公众号上。

应玚生逢乱世，四处飘零，直到来到邺都才算安定下来。他的身世和经历对其作品风格有着深刻的影响，尤其是那些描绘颠沛流离生活题材的作品，读来给人以凄凉悲伤之感，如"有鸟孤栖，哀鸣北林"(《报赵淑丽诗》)，"美志不遂，良可痛惜"(曹丕《与吴质书》)。

应场其实是有"壮声"的，如他在《慜骥赋》中借咏良马远行寻求识马者与善用马者，表达自己的愿望和追求：希望遇到善任善用者，施展自己的才智、实现理想。他说："抱精诚而不畅兮，郁神足而不摅。思薛翁于西土兮，望伯氏于东隅。愿浮轩于千里兮，曜华轭乎天衢。瞻前轨而促节兮，顾后乘而踟蹰。展心力于知己兮，甘迈远而忘劬。"

如果不是遭遇一场疫病，应场在建安文坛"辩论释郁结，援笔兴文章"。

还有王粲、徐干、陈琳、刘桢……他们彼此间曾有过冒犯，正如曹丕所说，这些人"于学无所遗，于辞无所假"，他们个个都是厉害的角色，叫他们互相钦服实在是太难了。然而，他们的不幸离世，无疑对建安文学的发展产生了影响。

可以说，正因为存在自由辩论的环境，才有曹丕的文学专论《典论·论文》的诞生，也才有大家彼此书信往来、畅谈文学观点所带来的整体创作水平的提升。

当然，辩论需要官方的包容与辩者的克制，否则将破坏自由辩论的环境。

孔融"好辩"，他的辩论经常触怒曹操，他甚至公然在父子的伦理上大反孔孟儒家旧说，结果堕入"邪辩"，被曹操以"败伦乱理"的罪名杀害，他写《临终诗》感叹："言多令事败，器漏苦不密。"曹丕在《典论·论文》中批评孔融："体气高妙，有过人者，然不能持论，理不胜辞，以至乎杂以嘲戏。"

刘桢"善辩"，他表示"羞与黄雀群"（《赠从弟》），常常言他人未敢言之事，这是很容易得罪人的，弄不好有性命之虞。他似乎意识到了这一点，故而说："亭亭山上松，瑟瑟谷中风。风声一何盛，松枝一何劲。冰霜正惨凄，终岁常端正。岂不罹凝寒？松柏有本性。"（《赠从弟》）据《世说新语》记载，刘桢见到曹丕的老婆甄夫人不下拜，因"不敬"之罪被罚磨石料。曹操到石料场视察时，见人人都跪下，唯有刘桢腰杆直直地坐着干活，连头都不抬一下，曹操愤怒地问他，何为石？刘桢答道："石出荆山悬岩之巅，外有五色之章，内含卞氏之珍。磨之不加莹，雕之不增文，禀气坚贞，受之自然，顾其理，枉屈纡绕而不得申。"曹操佩服，免了刘桢的罪。当曹丕批评刘桢的诗"壮而不密"时，刘桢已不在世间，听不到他的驳论了。

曹丕批评王粲和徐干二人，虽擅长辞赋，但在其他文体，如诗、文上没什么好作品，却又认为徐干《中论》成一家之言。徐干提倡原创，反对"矜于诂训，摘其章句，而不能统其大义之所极"（《中论·治学》）。他批评傲慢者，"器虚则物注，满则止焉"（《中论·虚道》）；他赞同博采众识，"人之耳目尽为我用，则我之聪明无敌于天下"（《中论·治学》）；他推崇匡时济世，"殷民阜利，使万物无不尽其极"（《中论·治引》）……王粲也是辩论高手，尤其擅长应机辩论，当时钟繇、王朗等人都甘拜下风。

曹丕还认为陈琳、阮瑀二人写的章表、书记，是当今最优秀的，没有指出他俩的不足与弱项。陈琳从来不藏着掖着，有话就说，"殷怀从中发，悲感激清音"；当聊得不爽时，便提前退场，"投觞罢欢坐，逍遥步长林"。（《游览诗》）他写的一篇檄文《为袁绍檄豫州文》,可谓"壮有骨鲠",把曹操骂得头痛欲裂,几近崩溃。阮瑀反对争辩,主张"阳春和气动""上堂相娱乐",他提醒文朋诗友们:"五味风雨集,杯酌若浮云。"(《公宴诗》)

当时,刘表的儿子刘修(字季绪),也喜欢写诗、赋、颂,作品质量不高,名气没有"七子"大。他不服气,没掌握文学批评的尺度与方法就不分场合地乱发声,结果弄得自己的名声很差。曹植非常讨厌他这种才不如人,还利用不当批评,毁谤别人的人。他写信给杨修,骂道:"刘季绪才不逮于作者,而好诋呵文章,掎摭利病。"(《与杨德祖书》)曹植还看不惯陈琳,批评他不闲于辞赋,而自谓能与司马相如同风。

曹植自己也遭到了批评。他说辞赋是雕虫小技,希望文人们能干些实事效力国家、造福百姓,建立永不磨灭的功勋,铭刻于金石之上。他进而说,岂能只以笔墨文字为功绩,以辞赋文章来称君子呢?杨修反驳了曹植的观点,认为文章与建功立业并不互相妨害。曹丕给定了调子,"盖文章,经国之大业,不朽之盛事"。作家们都欢欣鼓舞。

在现实生活中,我发现与人谈文时,不争辩是很难的。同一篇文章,有人喜欢里面的文辞,有人喜欢里面的义理,执论不一,都以自己的喜好为尺度,衡量好坏。这必然上升到是非之争,甚至引发一场虚妄的尊严之战。

每个人的文学观点不同,写作风格不一样,这很正常。风格的形成涉及禀性、气质、经历、背景等诸多因素,连曹丕和曹植这一对兄弟写出来的东西都不一样,何况那些不吃一锅饭、不睡一张床的应场、刘桢、孔融等人呢?他们怎么可能写出风格相同的作品呢?如果没有遭遇疫病,他们一直书写自己所擅之文体,彼此欣赏称赞则高兴，彼此否定批评则郁闷，风骨亦必摧折，建安文学也将走向衰弱。

曹丕对名家的点评，尽管不完全正确，但他对吴质说的一句话，很有意义："后生可畏，来者难诬，然恐吾与足下不及见也。"（《与吴质书》）对待文学青年，还是不要妄评轻视为好，否则对他们来说，将是一种伤害。

从历史回到现实，我环视了一下读书沙龙，然后对室主人说，辩圃中需要栽培新苗。他笑道，会有热爱读书的年轻人过来。

矜慢 jīn màn

矜，自尊自大、自夸；矜慢，倨傲轻慢。

诸葛亮的侄子诸葛恪，在吴国从下级官员一直干到大将军、太傅，加封丞相，进爵阳都侯，可谓权焰炽天。人在高位，身上聚焦的目光足以产生化学反应，改变性格中的许多东西。他率军抗击魏国，在东兴之战中取得大捷，名闻海内，天下震动。此战之后，他产生轻敌之心，开始大举出兵伐魏，惨遭新城之败。回朝之后，为掩饰过错，他更加独断专权。《宋书·五行志三》："是时诸葛恪秉政，而矜慢放肆。"

矜慢这个词，意思是倨傲轻慢。将它用到一个人身上，不伤即亡。后来，孙峻暗中联合吴主孙亮，将诸葛恪及其死党以赴宴为名诱入宫中，在宴会上将诸葛恪杀害了。

避免被"矜慢"砸倒，就要听得进谏言、看得到真相、信得过下属、做得到公正。否则，以前的功绩会轻易被人否定，并且下场悲惨。权臣诸葛恪如此，国王也难逃厄运。

晋景公派兵攻入楚国本土，终结了楚国的霸业，随后又击败了齐国，这是非常了不起的功勋。可是，他在公室的斗争中对卿族手段过于残酷，并且杀害了一些无辜的有功之人。他潜意识中还有善恶之分，生病时常被噩梦所缠。一天吃饭前他感到腹胀，便去上厕所，结果掉到粪坑中淹死了。冯梦龙在《东周列国志》中这样说："时晋景公以齐郑俱服，颇有矜慢之心，宠用屠岸贾，游猎饮酒，复如灵公之日。"

有的人有一种"不在乎"的心理，容易滋长为"矜慢"的态度。即使是皇帝，也有被大臣们不在乎的时候。宋哲宗赵煦十岁即位，他不太爱说话。大臣们上朝时，他和高太后面对面坐着听政。大臣们都面向高太后请示汇报工作，似乎忘记了身后的人才是真正的皇上，从未转过身来向他禀告。对于高太后这个女强人和赵煦这个"少不更事"的孩子，大臣们更看重前者。被冷落的赵煦很介意这件事，高太后去世后，他亲政时，念念不忘过去九年间大臣们的"矜慢"，当大臣们上朝面向他禀报时，他看着一副副嘴脸，奚落道："当年，我只看见你们的屁股！"

大臣们当年难道就不清楚赵煦是个聪明的孩子吗？赵煦八九岁时便能背诵《论语》，字也写得很漂亮，颇受父皇神宗的喜爱。有一次父皇在宫中宴请群臣，时年九岁的赵煦陪同。他虽然是第一次经历这种场面，但表现极为得体，事后被父皇夸赞了一番。可是，赵煦为何被大臣们不在乎呢？是因为高太后太强势吗？

你不在乎我，我更不在乎你。赵煦产生了这种心理，并直接表现在行为上。他在大臣们屁股后成长，从儿童到少年，再到青年。当大臣向高太后奏报时，他完全可以发表自己的意见——用话语权唤醒大臣们，用皇权的威严迫使他们将身子转过来。赵煦却选择沉默，一如往常的沉默。有一次，高太后问赵煦为何不表达自己的看法，赵煦回答道："娘娘已处分，还要我说什么？"傻子也会听出这话所含的意思。大臣刘挚上疏，让高太后教导赵煦如何分辨君子和小人。高太后说："我常与孙子说这些，但他并不以为然。"

由于有"不在乎"的心态，赵煦走到了大臣们的对立面，以矜慢对抗矜慢——这是很可怕的政治灾难。当赵煦逐渐掌握权柄后，过去的一切也就成了"旧账"，他势必要清算讨还。这一天终于到来了，高太后去世后，大臣们直接面向赵煦汇报工作。赵煦脑海里挥之不去的阴影仍是他们的屁股。他要处罚他们，将高太后听政之时的大臣，即"元祐"故臣——贬谪。假如赵煦的寿命长些，而不是24岁驾崩，那么他或许会对那些曾让自己受辱、感到厌恶且成为梦魇的大臣们进行更加严厉的处置。

有一个叫苏颂的人，也是"元祐"故臣，他很聪明，看得远，不像别人只是把后背和屁股对着赵煦，"惟颂奏宣仁后，必再禀哲宗；有宣谕，必告诸臣以听圣语"（《宋史·苏颂传》）。赵煦很感动，认为还是苏颂给皇上面子，尊重皇上啊！新上台的大臣周秩弹劾苏颂，赵煦说："苏颂能知君臣之义，不要轻易地弹劾处分这个老臣。"

也有人趁机利用赵煦的怨恨心理和矜慢情绪，搞政治斗争，如章惇，他直指高太后"老奸擅国"，甚至要求废除高太后称号。章惇曾被苏轼预言："君他日必能杀人。"此人报复心特别重，他认为高太后不在乎他，所以得势后一定要还以颜色——打击、迫害那些与自己过不去的人！一次，章惇在高太后跟前与司马光争论，言辞尖锐，甚至出语伤人。高太后大怒，刘挚、朱光庭和王岩叟等人上奏指责章惇。最终，章惇被贬出朝廷。高太后去世后，赵煦将章惇召回了朝廷。赵煦想惩办"屁臣"，章惇则成了帮凶，他们对"屁臣"进行一轮又一轮的打击，将吕大防、刘挚、苏轼、梁焘、刘安世、范祖禹等人贬到岭南。甚至极其缺德地对已经去世的司马光和吕公著等人进行"追贬"和削夺恩封，还要掘两人的坟墓，要不是有人以"发人之墓，非盛德事"相谏，他是不会罢休的。

如此狡猾毒辣的章惇，却没有想到他痛快淋漓地报复了"不在乎"他的人，而他自己"不在乎"的人——宋哲宗赵煦的弟弟赵佶，后来当了皇上，成为宋徽宗。赵佶曾遭章惇的反对，于是即位后决定收拾他，将他一贬再贬。章惇最后死于被贬的途中。

宋代诗人郑侠在《六镶助潮士钟平仲纳官辄辞赠以诗》中说："知子谓子贫，不知谓矜慢。"知与不知之间，是情感问题，也是人性问题。他慢，我不慢。"我慢者，谓踞傲，恃所执我，令心高举，故名我慢。"（《成唯识论》卷四）

比德 bǐ dé

出自《尚书·洪范》，指结党营私的行为，又指"同心同德"，引申为德行、德教可与之比拟、比配。

词意的引申多是正向的，而词意的转化，却有从贬义转化为褒义的。例如，"比德"一词，《尚书·洪范》："凡厥庶民无有淫朋，人无有比德，惟皇作极。传'民有安中之善，则无淫过朋党之恶、比周之德，惟天下皆大为中正。'"南宋蔡沈在《书集传》中解释："比德，私相比附也。"可见，这里的"比德"是贬义的。

《国语·晋语八》："君子比而不别。比德以赞事，比也。"《楚辞·大招》："比德好闲，习以都只。"王夫之在《楚辞通释》中说："比德，同心。"这里的"比德"是褒义的。

《礼记·玉藻》："君子于玉比德焉。"《史记·商君列传》："故吾以强国之术说君，君大说之耳。然亦难以比德于殷周矣。"《后汉书·杨震传》："拟踪往古，比德哲王。"明代何景明在《玉冈黔国地种竹》中说："比德亮无瑕，抱节诚可久。"这里是"比德"褒义的引申义。

比德，指结党营私的行为，又指"同心同德"。这么一转，让我有天翻地覆之感。其后的引申，谓德行、德教可与之比拟、比配，倒可以理解了。

现实生活中，我常闻人们比艺不比德。比艺，没有标准，或者自己的标准就是标准，不怕脸红；比德，却不敢了，品德好坏摆在那，众人是知道的。

明朝画家董其昌说："余画与文太史（文徵明）较，各有短长，文之精工具体，吾所不如；至于古雅秀润，更进一筹。"(《画禅室随笔》）如此比较，因为前头有"各有短长"四字，以致他标榜自己"古雅秀润"也似乎显得公允了，可见其人之精明。连老董家人，当代香港作家、收藏家董桥都于心里在意这种比较，"我常想着董其昌天生自负，有霸气……"(《我的董其昌》）

"吴中四才子"之一和"明四家"之一的文徵明做人清正，在京师，有人想提拔他，他怎么也不同意，藩王"以宝玩为赠"，他"不启封还之"。他的画当时就很值钱，他常常用画周济穷人，为贩夫、牧童作画，不要一分钱。他的弟子朱子朗临摹他的作品，或者自画伪托老师的名字四处应酬。有个人想得到朱子朗画的赝品，派家童向朱子朗送礼，家童不熟悉路，竟然跑到了文徵明家。文徵明得知来意，接收了礼物，笑着说："我用真文徵明充假朱子朗，行吗？"后来，文徵明活了近90岁，人们说其"仁者寿"。

董其昌没有拿自己的道德人品与文徵明比较，或许自知不如人家。史载董其昌"私德不修，横行霸道，武断乡曲，纵容竖子夺人使女、掳掠民宅"，名声很不好。"夺人使女"是他61岁时干的坏事，他叫儿子董祖常把他强抢的民女纳为小妾。董其昌是官场上混的人，即使退休了，仍然仗势欺人，松江百姓恨透了他。董其昌怀疑乡人范昶捣鬼，将他恶刑拷打致死，还对范昶家的女眷大打出手，百般凌辱。董其昌父子如此胡来，惹怒了华亭、金山、青浦民众，"三县军民，乌合万余，共称报仇"。1616年春，董家终于招致灾难性打击，董府被民众纵火烧毁，他的家财收藏大多被付之一炬。董其昌一时如丧家之犬，惶惶然逃到苏州、镇江等地，半年后才返回松江。董其昌平时要是有

"比德"之意识，有心与文徵明比做人，不至于落此困局。

古人认为，自然物象之所以美，在于它作为审美客体可以与审美主体"比德"，也就是，从自然中可以感受或体悟到某种人格美。进行艺术创作的人应该具备一定的道德情操，方可"心师造化"，否则发现不了自然中蕴含的人格力量。人与自然"比德"以示志洁，同时人与人"比德"以观操守。屈原以"纷吾既有此内美兮，又重之以修能。扈江离与辟芷兮，纫秋兰以为佩"，与"世溷浊而嫉贤兮，好蔽美而称恶"之徒比德。

孔子的学生子贡，"列言语科之优异者"，孔子曾称其为"瑚琏之器"，并评价他"始可与言《诗》已矣"，说明子贡的口才、文才和文学造诣都很不错。鲁国大夫叔孙武叔曾在朝中向其他大夫说："看来子贡要比他老师强些。"这话传到了子贡的耳朵里，他说，拿住宅四周的围墙来打比方，我家的围墙才肩头那么高，从墙外向里一望，屋子里有什么东西，谁都能看得清清楚楚；而我老师家的围墙却有几仞高，要是找不到大门、走不进去，就根本没法看到里面祖庙的雄伟美观、各种房屋的富丽堂皇。子贡这段话是说自己的品德学问都很肤浅，哪里比得上老师呢！子贡是谦虚，还是尊重老师？我理解为他是与老师比德，讲的是真心话。

人品即艺品，这公式普遍成立，但也不绝对。正因为不绝对，所以我们更应强调艺术家的道德修养。陈衡恪说："文人画之要素，第一人品，第二学问，第三才情，第四思想，具此四者，乃能完善。"(《文人画之价值》)一个艺术家被称为"德艺双馨"，是无上的荣耀！且不说得到它多么不容易，即使能够做到在自夸"我比你画得好""比你写得好"时，冷静地想一下自己的德行如何，就非常不简单了，也不至于自负狂妄了。

秦镜
qín jìng

秦镜，亦作"秦鉴"，指明镜，能分辨是非，鉴别善恶。

在陪同一位在政府宣传部门工作的朋友，到一些机关办理公务时，我发现了一个现象：大楼门口或者一层大厅通往二层的楼道口处，竖立着一架两米多高的大镜子。我在镜子里瞅见了自己，不由得说出三个字："正衣冠！"由于一直没怎么往政府部门跑，所以我对政府部门的印象还停留在十多年前。那时政府部门的门口好像还没有摆设大镜子的习惯。可能是我少见多怪了。

接连多天与大镜子相遇，我就有了一些想法。将镜子摆在这里，是谁的创意？这创意是何时推广的？这创意的灵感是不是来源于旧社会衙门公堂上悬挂的那个"明镜高悬"的匾额？在当今文明社会，我们不再依靠人治，而是依靠法治。遵纪守法的环境需要大家共同维护。因此，明镜被摆在政府部门最醒目之处，是不是为了让所有工作人员每日跨进大楼时，就意识到自己的角色身份和所应承担的责任——勤政为民，廉洁自律？又或者，它是为了还原"明镜"的本义，让进入政府部门的办事者在镜子前面一走，是人是妖是神是鬼，立即显出真实面目？

对于"明镜"的由来，我想，在政府机关工作的人不会不知道。我之所以还想谈谈它的由来，是因为我觉察到明镜与政治或官员的关系颇耐人寻味。几千年前，刘邦攻入秦都咸阳后，进入咸阳宫，得到金银珠宝无数，自然欣喜不已。他突然想起秦宫有一面宽四尺、长五尺九寸的镜子，据说此镜正反两面都能照人，如果谁心术不正，一照便知。秦始皇怕人怀有异心，经常让宫女们照这面镜子，一旦发现谁的胆特别大或谁的心脏跳得特别快，就杀掉谁。出于好奇，刘邦叫人将镜子搬出来，他看见这面镜子，被这面镜子的神奇震惊到了。

此事记载于汉代刘歆著、东晋葛洪辑抄的《西京杂记》卷三："高祖初入咸阳宫，周行库府……有方镜，广四尺，高五尺九寸。表里有明，人直来照之，影则倒见；以手扪心而来，则见肠胃五脏，历然无碍；人有疾病在内，则掩心而照之，则知病之所在。又女子有邪心，则胆张心动。秦始皇常以照宫人，胆张心动者则杀之。"秦始皇宫里的方镜能照见人的五脏六腑，鉴别人心的邪正。后人就用"秦镜""咸阳镜"等指明镜，引申出分辨是非、鉴别善恶的含义。

历代写"秦镜"的诗词比比皆是。唐代司空曙在《故郭婉仪挽歌》中说："一日辞秦镜，千秋别汉宫。"唐代仲子陵在《秦镜》中说："万古秦时镜，从来抱至精。依台月自吐，在匣水常清。烂烂金光发，澄澄物象生。云天皆洞鉴，表里尽虚明。但见人窥胆，全胜响应声。妍媸定可识，何处更逃情。"宋代王镃在《秦镜》中说："色带金铜眩怪青，照人心胆已曾灵。铸时便有山东影，不使秦皇见乱形。"

"秦镜"被历朝的统治者符号化，它被悬挂到执政长官的身后上方，以鞭策其明察是非、断狱清明。这至少是执政观念上的一种进步，也确实能使诸如信奉"清心为治本，直道是身谋"的包拯、

"人命大如天"的宋慈、"不一毫虚美"的海瑞等清官,在"明镜"下言行光耀生辉,为百姓立命,为万世开太平。

清代褚人获在《坚瓠补集·曲巷高门行》中说:"伏阙难留直指公,长悬秦镜照吴中。"清代和邦额在《夜谭随录·邓县尹》中说:"真心为民,细心办事,不辞辛苦,不惮繁冗,魑魅情弊,焉能逃秦鉴哉!"这些都是称颂官吏清明,善于断狱的诗文。

从秦镜到明镜,所代表的意思更分明了。关汉卿在《望江亭》中说:"今日个幸对清官,明镜高悬。"这也是拿明镜说话,以激清官。可古代百姓往往面对的是"衙门口朝南开,有理无钱莫进来"的现实。

在南宋末年由陈元靓编写的《事林广记》中,有这样一则讽刺故事。有个官员因腐败被贬为县令。这位官员上任的头一天,有个衙役为了巴结他,用银子铸了个大大的娃娃,摆在了"明镜高悬"匾额下的公案上,对新县令说:"禀老爷,家兄在大堂上恭候您呐。"县令看到银娃娃,大喜,随即将它揣入怀中。后来,这位衙役因事触怒了县令,县令在"明镜高悬"匾额下的公案前坐定,叫人将这衙役裤子扒开,重重打了五十大板。衙役喊冤说:"老爷,请您看在家兄(暗指银娃娃)的份上,放过小的这一回吧!"县令一听更是发怒,说道:"你家兄也太不够意思了,才见一面就再也不来了,亏你还有脸跟老爷我提起他!给我重重地打!"

历史上,尽管"明镜"之下腐败透顶而仍标榜清廉的丑恶官吏比比皆是,但是,由"秦镜"到"明镜"的演变,体现了人们对当官的执法严明、判案公正、办事公平的追求,于政治、于社会何尝不是一种进步?

现在,从"明镜高悬"到"明镜高竖",也必然有其正面的意义和积极的社会效果。虽然部门领导不是执法者，但奉行依法办事和公平公正原则，对政府工作人员来说责无旁贷。镜子符号化具有进步意义，而从符号化又变为实物化，进一步体现了其进步意义——接受人民的公开监督，树立公务员良好形象。从这一角度看，这镜子移动得好。就怕它蒙上灰尘、无人擦拭，更怕它沦为政府部门大楼内的一种装潢惯例，那就太悲哀了。

契阔
qì kuò

有多种含义：辛苦；久别重逢；相交，相约；怀念；离合聚散。

每次读庾信的《哀江南赋并序》，我都被其家国情怀打动，其中"提挈老幼，关河累年。死生契阔，不可问天"数语，颇令人震撼。

人在异乡奔波，是很辛苦的。《毛诗故训传》："契阔，勤苦也。"《后汉书·文苑传·傅毅传》："契阔夙夜，庶不懈忒。"

与家人分别久了，辛苦倍增。《义府·契阔》："今人谓久别曰契阔。"《后汉书·独行传·范冉传》中记载，"（王）奂曰：'行路仓卒，非陈契阔之所，可共到前亭宿息，以叙分隔'"。宋杨万里在《送赵民则少监提举》中说："座主门生四十年，江湖契阔几风烟。"

到了以生死相约之时，契阔表达的含义更加严肃。汉曹操在《短歌行》中说："越陌度阡，枉用相存，契阔谈䜩，心念旧恩。"清代洪颐煊在《经义丛钞》中解释"契阔"一词："言以生死相约为久远之辞。"

庾信滞留北朝西魏、北周近30年，一直无法南归故里，其焦渴的思乡之心，随着生命中最后一丝希望的耗尽而泯灭。他在《拟咏怀二十七首·其七》中说："枯木期填海，青山望断河。"读者可以从诗中体会到他的苦闷之情。

历史的走向，常常被执政者的行为影响，是不可预料的。梁武帝萧衍收留了东魏叛将侯景，可侯景这家伙私心太重，见梁朝与东魏通好，他心怀不满，竟以"清君侧"的名义起兵叛乱，攻占梁朝都城建康，将梁武帝活活饿死，然后掌控梁朝军政大权。出使西魏的庾信因梁被西魏所灭，遂留居北方。他面临"人质困境"：是学习苏武矢志不降，还是暂时屈身西魏、等待复国？他选择与西魏合作，接受任命，屈节事人。

几年后，北周取代了西魏，而生他养他的故国，也已变成了陈国。他官至北周骠骑大将军、开府仪同三司，地位显赫。时间和空间都发生了巨大变化，他本可以心安理得，可他仍然深怀流寓、羁旅之忧，失节、屈辱之耻，因此南归的心情更加迫切了。当愿望迟迟不能实现，庾信余生里不是为自己身事敌国而羞愧和怨愤，就是在"落其实者思其树，饮其流者怀其源"（《徵调曲》）的空想中独白与叹息了。

庾信在《代人伤往诗》中写道："杂树本唯金谷苑，诸花旧满洛阳城。正是古来歌舞处，今日看时无地行。"他意识到个人命运与国家命运息息相关。伴随亡国之痛，他追问亡国的原因，谴责当权者的倾轧与荒嬉。看到人民正承受着苦难，庾信除了悲悯，什么也做不了。

他或纠结，或原谅自己，"一朝人事尽，身名不足亲。吴起常辞魏，韩非遂入秦"（《拟咏怀诗二十七首·其五》）。

他或后悔，或痛恨自己，"不特贫谢富，安知死羡生。怀秋独悲此，平生何谓平"（《拟咏怀诗二十七首·其九》）。

他觉得自己是无辜的，所做之事身不由己，对与错只有老天能评定，"古狱饶冤气，空亭多柱魂。天道或可问，微兮不忍言"

(《拟咏怀诗二十七首·其十二》)。

他希望时间会让一切消失,包括所谓的名节,"楚歌饶恨曲,南风多死声。眼前一杯酒,谁论身后名"(《拟咏怀诗二十七首·其十一》)。

他摆脱不了忧愁,在现实与梦境之中徘徊,"虽言梦蝴蝶,定自非庄周。残月如初月,新秋似旧秋。露泣连珠下,萤飘碎火流。乐天乃知命,何时能不忧"《拟咏怀诗二十七首·其十八》)。

契阔,便是如此的情感折磨!

庾信在北方受到了几代国主的礼遇,身居显贵,并被尊为文坛宗师。在别人眼里,没有南北、主客之分,可以有滋有味地享受一切,可他却卸不掉心理负担。作为移民诗人,他的魂总是飘到故里。据《周书》本传记载,他"虽位望通显,常有乡关之思"。他的诗自然也就呈现出跟北方文人不一样的情感:"涸鲋常思水,惊飞每失林。风云能变色,松竹且悲吟。"(《拟咏怀诗二十七首·其一》)

他看到渭水,眼前幻化出江南风景:"树似新亭岸,沙如龙尾湾。犹言吟溟浦,应有落帆还。"(《望渭水》)

他见到槟榔,勾起思乡的惆怅:"绿房千子熟,紫穗百花开。莫言行万里,曾经相识来。"(《忽见槟榔诗》)

他收到南方故人王琳的来信,更禁不住悲慨万千:"玉关道路远,金陵信使疏。独下千行泪,开君万里书。"(《寄王琳诗》)

庾信的苦是一种大苦,这种苦源于气节思想和家国情怀。作为梁朝的文化精英,他没有能力在巨大动荡时左右个人命运与国家前途,因为他认为"一马之奔,无一毛而不动;一舟之覆,无一物而不沉"(《拟连珠》),自己陷入被动,若不殉节,就是屈节。他相信这种逻辑，因此他陷入自我怀疑，精神承受巨大痛苦。"在死犹可忍，为辱岂不宽。"(《拟咏怀诗二十七首·其二十》)"自怜才智尽，空伤年鬓秋。"(《拟咏怀诗二十七首·其三》)"唯彼穷途恸，知余行路难。"(《拟咏怀诗二十七首·其四》)"怀愁正摇落，中心怆有违。独怜生意尽，空惊槐树衰。"(《拟咏怀诗二十七首·其二十一》)

我曾不甚理解杜甫的"庾信文章老更成，凌云健笔意纵横"(《戏为六绝句·其一》)，以为庾信相较于"江郎才尽"的诗人，他坚持创作、锤炼，越写越好，以至于大器晚成。后来，我从庾信的作品中，发现"老更成"的背后，是他特殊的人生经历和心路历程造就了他，促成他诗情、诗思的深刻变化。

如果梁朝不灭，或者庾信一直生活在南方，他可能走不出宫体诗的范畴，沉迷把玩轻艳流荡、富于辞采之美。庾信无非是写些奉和、应制之作，写来写去离不开花鸟风月、醇酒美人、歌声舞影、闺房器物，题材受到很大限制。虽然他前期也有好诗，但极少。"桂树悬知远，风竿讵肯低。独怜明月夜，孤飞犹未栖。虎贲谁见惜，御史讵相携。虽言入弦管，终是曲中啼。"他能写出这首《乌夜啼》就非常了不起了。

我认为一个诗人，即使十分有才华，若长期泡在文人雅集活动及同题共作的小圈子里，才情极容易被消耗掉。即使诗人能留下几首或十数首质量高的诗，大多也经不住时间的检验。能写出大量好作品，尤其是好诗歌的人，必定有着非常之经历，能调动其灵感，触动其情思。

庾信羁留北朝后，生活环境变了，内心紧张、压抑，语言与情绪彼此重新组合，然后释放为诗赋。人们读到的就是他深沉怀念故土以及感伤身世的作品了,并且品味到的是苍劲与悲凉。

当陈朝与北周互通友好之后,寄居他乡的南方人士被允许回归故里。陈朝请求放还庾信、王褒等十余人,周武帝宇文邕只放还王克、殷不害等人,留住了庾信、王褒。庾信送周弘正南归时,写诗相赠:"阳关万里道,不见一人归。惟有河边雁,秋来南向飞。"(《重别周尚书》)庾信禁不住想知道,自己何时才能南归啊!

"家住金陵县前,嫁得长安少年。回头望乡泪落,不知何处天边?胡尘几日应尽?汉月何时更圆?为君能歌此曲,不觉心随断弦!"(《怨歌行》)

伴随着思乡之情,庾信从中年变为老年。时间过得飞快,而他对少年的记忆却越发清晰。"暮年诗赋动江关"(杜甫《咏怀古迹五首·其一》),他像一座老火山,怎么也迸发不完滚烫的、疾速冷硬的诗句。

庾信在晚年所作的《哀江南赋》中,交代故国之亡乃"大盗移国,金陵瓦解",自己羁留他国"不无危苦之辞,惟以悲哀为主",身陷极度的绝望,"日暮涂远,人间何世!将军一去,大树飘零。壮士不还,寒风萧瑟","天意人事,可以凄怆伤心者矣!况复舟楫路穷,星汉非乘槎可上;风飙道阻,蓬莱无可到之期"。

清人倪璠作注解时道:"子山入关而后,其文篇篇有哀,凄怨之流,不独此赋而已。"(《注释庾集题辞》)

宋代诗人徐钧触摸到庾信的"契阔"之痛点:"故国伤心堕劫灰,流离北土却怜才。白头开府成何事,博得江南一赋哀。"(《庾信》)

峻谊 jùn yì

峻，指（山）高大。峻谊，像高山一样的友谊，即深厚的友谊。

徐渭一生遇到了几位尚书，他先是受到礼部尚书李春芳的赏识，被其收为幕僚。可是，徐渭与李春芳的性格不合，跟他在一起相处很不舒服，做他的下属更是难受，于是徐渭选择辞归故里。然而，李春芳的格局不大，他不能容忍徐渭主动辞职，威胁徐渭必须返岗，做自己门下幕僚，否则徐渭没有好果子吃。徐渭被逼无奈，只得赶回顺天府，请来朋友当说客，才算了结此事。

后来，徐渭遇到了尚书诸大绶。诸大绶为人耿直、体贴民情、尊重乡贤，深得徐渭心仪。一次，诸大绶回乡，招请徐渭聚会，可是他从黄昏一连等到深夜，徐渭才姗姗而来。诸大绶问其缘由，徐渭说："避雨一士人家，见壁门悬'归有光今欧阳子也'，回翔雏读，不能舍去，是以迟耳。"（《归震川年谱》）诸大绶命仆人取那轴归有光的文章来，"张灯快读，相对叹赏，至于达旦"。

再后来，徐渭入狱，诸大绶与京中绍兴籍官员通力协作，将徐渭保释出狱，使其免遭杀戮。诸大绶去世后，徐渭泣不成声，作《哀诸尚书辞》，写道："凡此峻谊，氅管莫既，矧伊尺笺，欲穷其际。"

在怪才徐渭眼里，能被称为"峻谊"的情谊可不简单。所谓

"友谊比山高、比海深、比蜜甜"，其中比山高的友谊，就是"峻谊"，十分难得。峻者，山高而陡。朋友互相支持、帮助和鼓励，一起攀登，过程中或许有不可预料的情况发生，此为"峻谊"。

我发现，很久不见的朋友相聚时，个个都特别激动，那份客气浓得化不开。一位久不相见的朋友曾问我，怎么不主动联系他。实际上，我主动联系过他，打电话、发微信向他问好，只是他不记得了。我回答："你也没主动联系我呀。"

难道打电话、发微信就能维持朋友关系吗？为什么我们之间缺少了当年常常想见面、一起聊天喝酒的激情和兴趣呢？我曾暗自感叹，人在青少年时，非常单纯，讲义气、重情感，哥们相处形影不离，好不快乐。越往后，朋友相处越少，关系越疏远，情感越淡薄。时间淡化了仇人之间的敌意，也淡化了朋友之间的情谊。

问题是朋友之间出现了距离：一是地理上的距离，各自的家不在一地了，朋友间交往不方便，相见需要投入更多的时间和精力，同时有了家庭的制约，突破这种距离的机会一年比一年少了；二是精神上的距离，彼此地位不一样了，交往有了障碍，观念、思维和语言系统不一致，需要自我调整去适应对方，同时有了交际圈子的局限，突破这种距离也是一次比一次难了。

有人说，人多势利，薄情寡义；还有人说，世俗社会，人心易变。

明末清初的学者唐甄，年轻时在吴地交游、求学，结交了一些朋友。其中一个朋友如兄弟一般照顾他，夜里睡在一起，肚子饿了共同煮东西吃。唐甄离开的时候，朋友们都来送别，有的人还因舍不得分别而哭了起来。唐甄随船而去，他看见朋友们沿着湖岸奔跑，向他挥手，直到看不见船了，他们才离开。年少的情谊真是令人感动啊。十年之后,唐甄与朋友重逢,他却发现朋友之间"礼貌有加,情则疏焉"。

又过了十年,他重返当年的学馆,感觉那个曾经兄弟般情深义重的老同学,对他的情感更加疏淡了。此时,有一个客人坐在朋友的右边,唐甄坐在朋友的左边,朋友"劝食必于右,劝酌必于右,笑语必于右"。唐甄受到冷待,第二天一早就告辞离开了。路上唐甄回忆起当年朋友间的那份情谊,想想昨日相处的情景,不由得思考起来:少年不比成人聪明和有知识,为什么这个同学年轻时待友情意厚重,而成年之后待友却如此之凉薄呢?他大发感叹:"孺子未入于世而近于天者也,丈夫溺于世而远于天者也。"(《潜书·充原》)

我想起自己几年前写的一篇文章《喜欢我的人天真》,我在文章中说:"时光把人心浸泡,友谊渐渐褪色,关系慢慢疏淡……这变化,是因为天真远去,让位于成熟,自私。"

对于混得不怎么样的、相距又远的朋友,你听人说到他的境况,或许会惋惜、同情,但会突破地理与精神这两种距离,送去友情的问候吗?会主动跑过去跟他相聚吗?或者,他主动来了而你会"不亦乐乎"吗?

一些朋友之间,不过是"并肩履平地,携手踏山冈"的情谊而已,若不经患难考验及时间检验,是无法登上峻岭高峰的。

寄傲
jì ào

寄托旷放高傲的情怀。

一个高傲的人，多半有自我看重的"资本"：如才华，如名誉，如地位，如财富。"我骄傲——"可不是随便喊出来的，如果别人听了觉得好笑，那就是本钱太小，一露就"蚀本"了。

实践上，很多高傲的人都做了蚀本的生意，因此被人们不待见、反感，甚至憎恶、仇恨。

高傲的文人，选择用艺术寄托情感，表达态度。陆云在《逸民赋》中说："眄清霄以寄傲兮，泝凌风而颓叹。"谢安在《兰亭诗》中说："伊昔先子，有怀春游，契兹言执，寄傲林丘。"陶潜在《归去来兮辞》中说："倚南窗以寄傲，审容膝之易安。"魏晋风骨，一定程度体现在文人的"寄傲"上。

到了唐代，文人"寄傲"的口气小了些。司空图在《连珠》中说："苟惭白首而待聘，不若沧洲而寄傲。"刘长卿在《游四窗》中说："我来游其间，寄傲巾半幅。白云本无心，悠然伴幽独。"皮日休在《七爱诗·白太傅》中说："忘形任诗酒，寄傲遍林泉。所望摽文柄，所希持化权。"

宋代诗词鼎盛，诗邦词国，文人群体庞大，有豪放派的，有婉约派的，还有其他流派的。"寄傲"仍是人们一种情感宣泄的方式。

陆游在《休日留园中至暮乃归》中说："尽道官身属太仓，未妨寄傲向林塘。"

宋代陈瓘人品好，"刚方似狄仁杰，明道似韩愈"。他在谏疏中斥责蔡京、蔡卞、章惇、安惇等人。虽然陈瓘招到他们的忌恨，但他的高尚人品让所有人无不折服。陈瓘一生坎坷，遭遇悲惨，在42年间，调任达23次，经8省历19州县，最后死于贬地。后人评价陈瓘的书法《仲冬严寒帖》，"了翁书法，不循古人格辙，自有一种风味。观其书，可以知气节之劲也"（李纲《梁溪集》）。邓肃曰："开卷凛然铜筋铁骨，洗空千古侧眉之态，盖鲁公之后一人而已。"（邓肃《栟榈集》）邓肃既是评陈瓘的书法，也是评他的人品。

陈瓘有一首词《减字木兰花·题深道寄傲轩》："结庐人境，万事醉来都不醒。鸟倦云飞，两得无心总是归。古人逝矣，旧日南窗何处是？莫负青春，即是升平寄傲人。"他在"寄傲人"前冠以"升平"二字，可见他虽身处逆境，仍有着一颗歌唱国家太平的赤子之心。

文人往往因拥有才华或闲情逸致，而需要寄托他们旷放高傲的情怀，这本是人性的张扬。就怕文人过分塑造乃至固化自我形象，以"寄傲人"自居就危险了——个性和抱负，往往使才子们自带锋芒，有的人只看得见自己的才华，却看不见自己的锋芒。

王勃在《登城春望》中充满自信地说："物外山川近，晴初景霭新。芳郊花柳遍，何处不宜春。"这个世界随处都有春光与芳花。可是，少年才俊，有人赏识，有人利用，有人限制，有人妒忌。才俊们该如何对待自己的才华呢？若以如沐春风的心态对待严寒酷暑，自然是好，但要拥有高于才华的器识，才能辨别"季节变化"的有常与无常。缺少阅历的王勃看不见自身才华中的锋芒——在春光外，以一种违情乖理的方式刺人眼睛。

有一场本可以被史家忽略的斗鸡比赛,但王勃的锋芒比雄鸡的羽毛和鲜红的鸡冠更加夺人眼球,因而惹怒皇上,使之永载史册。沛王李贤与英王李显斗鸡,王勃作为李贤的下属,摩拳擦掌,以才华助战,写下一篇《檄英王鸡》,讨伐李显的斗鸡:"两雄不堪并立,一啄何敢自妄?养成于栖息之时,发愤在呼号之际。望之若木,时亦趾举而志扬;应之如神,不觉尻高而首下……"檄文是声讨敌人、揭发敌人叛逆罪行的文书,怎么可以用于兄弟之间的娱乐活动呢?王勃显然不懂事理。唐高宗李治看到后大发雷霆,骂他是"歪才,歪才",并下令将他逐出了长安。

曾几何时,十六岁的王勃以一篇《乾元殿颂》展露才华:"鹏霄上廓,琼都开紫帝之庭;鳌纪下清,珍野辟黄灵之馆。……且夫纬武经文,宏业也;含幽育明,至诚也;混齐六合,大功也;规模百代,昌数也。故能袭九空而宁庶物,划千里而统诸侯。休征象德而动,嘉符触类而至,风扬暑洽,藻乾庆于芳年;司节河清,蔼坤祯于明渚。"洋洋洒洒,词美义壮,李治读后惊叹不已,为王勃叫好:"奇才,奇才,我大唐奇才!"

从"奇才"到"歪才",是评价系统出现了问题,还是"光环"与"锋芒"的错位导致的结果?

锋芒在一个青年身上随其才华而冒出、生长,而他自己并没注意到。只用了几年的时间,王勃的才华与锋芒都已出名,毁誉参半。他的文学造诣达到了同代人无法比肩的高度,说明他在把握语言及意象上有着非同一般的思考。可是,他难道没有意识到语言承载着的,或许包括歧义在内的言外之意,以及"寄傲人"高扬的目光?

他在《滕王阁序》中说:"物华天宝,龙光射牛斗之墟;人杰地灵，徐孺下陈蕃之榻。雄州雾列，俊采星驰。"他的思维穿透才华的光环，他似乎看到了先前一直没看到的锋芒，那么灼眼。于是，他感叹："天高地迥，觉宇宙之无穷；兴尽悲来，识盈虚之有数。……关山难越，谁悲失路之人；萍水相逢，尽是他乡之客。"

天妒英才，王勃溺水身亡，去做了龙王的文人，令天下多少爱其才华的人为他惋惜不已！

掬一捧南海的泥尘，涂抹在大唐的面孔上。浪涛汹涌，王勃发出先哲的声音："君子不以否屈而易方，故屈而终泰；忠臣不以困穷而丧志，故穷而必亨。"（《上百里昌言书》）

王勃死后，"寄傲人"仍以自己的方式表达着对自然和生活的热爱。明代才子唐寅也是"寄傲人"，他不仅推崇王勃的才华，还画了幅《落霞孤鹜图》，并自题诗："画栋珠帘烟水中，落霞孤鹜渺无踪。千年想见王南海，曾借龙王一阵风。"

有趣的是，在一套传为唐寅所作的《山水人物册》中，有一件横幅《浓阴坐床》，人物、古松、寿石，上有乾隆的题诗："寄傲何人此昼眠，长林丰草性相便。倏然无事鼾然适，庄蝶不教到梦边。"诗旁钤朱文方印"太上皇帝"。难道乾隆也羡慕"寄傲人"，并以诗画相寄傲？

我感觉，明清以来，人们寄傲的方式依然丰富，但渐渐少了魏晋风骨、唐风宋彩，琴棋书画诗酒茶中夹杂着些许鸡零狗碎。不过这样的表达方式多了种人间烟火，仍不失观瞻之美。明代汪廷讷在《惜奴娇·独坐临皋》中说："幽栖处，喜二客从予寄傲。斗酒藏家，鲈鱼归网，怎不向江头遐眺。"清代卓肇昌在《三畏轩竹枝词》中说："寄傲窗南物外情，可人花鸟笑相迎。"

介洁
jiè jié

介洁,耿介高洁。

有些词,貌似生僻,其实稍一琢磨便知其意,因为它不过是两个词的简称而已。葛洪在《抱朴子·博喻》中说:"是以介洁而无政事者,非拨乱之器。"其中"介洁"一词,就是耿介加高洁的意思。

耿介者,不一定高洁;高洁者,也不一定耿介。既耿介又高洁的人,比较少。被广泛称赞的介洁者,最早、最有名的大概是屈原。唐代孙郃在《古意二首(拟梓州陈拾遗)》中说:"屈子生楚国,七雄知其材。介洁世不容,迹合藏蒿莱。"明代方孝孺在《与郑叔度八首》中说:"夫屈原之《离骚》忧世愤戚,呼天目鬼神自列之辞,其语长短舒纵,抑扬阖辟,辩说诡异,杂错而成章,皆出乎至性,忠厚介洁,得风人之义。"

魏晋名士大多是介洁者,如"竹林七贤"。从东晋末到南北朝,介洁之士被杀得差不多了,但仍会偶尔冒出几个,或在政、或由政归野,如陶渊明、颜延之等。

颜延之特别欣赏有官不当、回家过平民生活的"五柳先生"。他在《陶征士诔》中说:"弱不好弄,长实素心。学非称师,文取指达。在众不失其寡,处言愈见其默。少而贫病,居无仆妾。井臼弗任,藜菽不给。母老子幼,就养勤匮。"

颜延之称赞陶渊明"物尚孤生，人固介立""居备勤俭，躬兼贫病"，这既是同类的惺惺相惜，勉励大家一起做真正的洁身自好者，又是箴规、鞭策权贵——若做不到"然诺之信，重于布言。廉深简洁，贞夷粹温，和而能峻，博而不繁"（《陶征士诔》），那么必因计较于贵贱、区别于贫富而失去德义和名声。

颜延之作《五君咏》，称述"竹林七贤"中的"五君"——嵇康、向秀、刘伶、阮籍、阮咸，而山涛、王戎因为贵显而不咏。其实，人们一看便知，颜延之咏嵇康"鸾翮有时铩，龙性谁能驯"，咏阮籍"物故可不论，途穷能无恸"，咏阮咸"屡荐不入官，一麾乃出守"，咏刘伶"韬精日沉饮，谁知非荒宴"，就是表明自己不与当政者合作，不苟合于时势，张扬孤傲、清高的性格。

颜延之的大儿子颜竣追随孝武帝讨灭刘劭，权倾一朝。颜延之没有沾儿子的光，他平日使用的器物、身上的衣物依然如故，住宅也和过去一样简陋，出行照旧坐着老牛拖的破车。父亲不改善生活条件，儿子也没办法，儿子送给他的财物等都一律被退了回来。父亲因此赢得了"器服不改，宅宇如旧"的名声。儿子当大官，做父亲的多半会高兴，老颜却对小颜说，自己平生不喜欢见政府要人，今天不幸见到了小颜。小颜遇到这样的父亲，又能怎样呢？颜延之有诗《秋胡·其一》明志："椅梧倾高凤，寒谷待鸣律。影响岂不怀，自远每相匹。婉彼幽闲女，作嫔君子室。峻节贯秋霜，明艳侔朝日。嘉运既我从，欣愿自此毕。"

颜氏父子的"三观"差别太大了。颜延之听说颜竣要扩建自己的宅邸，担心他搞得太豪华，跑过去对儿子说："好好地盖房子，不要让后代耻笑你。"颜延之有一天早上到颜竣家，只见前厅里挤满了前来求见的宾客和下属，可颜竣竟然还没起床。颜延之直奔卧室，骂道："你是出身于粪土（寒门）之中的人，好不容易升到了云霄之上，就骄横傲慢到如此地步，你怎么能够长久呢？"

颜延之的警示，没起到什么作用，颜竣最后还是落得个下狱赐死的结局。或许正如颜延之所说："类麻能直，方葵不倾。"（《蜀葵赞》）在众人追逐权位、崇拜财富的环境中，父亲的影响力有限，"扶正"的能力太弱了。

北宋名臣王安石性格执拗，十分固执，被称为"拗相公"。并且他不注重穿戴，甚至不修边幅，有点邋遢。但是，他作风硬，不贪念金钱美色，清清白白当官。宋代苏舜钦在《王公行状》中说："公刚峭介洁，而性仁厚，果于义断，论者谓有烈祖之风。"

王安石30岁时，任舒州通判，在任的几年中取得了很好的治绩。宰相文彦博向仁宗举荐他，请求朝廷褒奖激励他，王安石觉得这是越级提拔，影响政坛风气，立即拒绝了。后来，欧阳修举荐王安石为谏官，他也找了个理由推辞了。王安石在基层看到的是"大宋"的另一面，是一些令人揪心的贫困现象。当别人吃吃喝喝时，他感到内疚，"荒歌野舞同醉醒，水果山肴互酬酢。自嫌多病少欢颜，独负嘉宾此时乐"（《到郡与同官饮》）。如何扶贫呢？王安石主张"发富民之藏"以救"贫民"，"取诸富民之有良田得谷多而售数倍之者。贫民被灾，不可不恤也"（《与孟逸秘校手书》）。

王安石在提出变法主张之前，是做了大量功课的。他深入了解社会现状后，形成了报告文本，并获得最高权力者的支持。之后，他加强变法团队的思想建设，宣传变法纲领及落实具体实施细策，一切的变法方向都有预案并进行了试点。甚至，他还从哲学的高度向政治家们及知识分子群体传达了一种思维方式。

梁启超在《王荆公》中称赞王安石："以余所见宋太傅荆国王文

公安石，其德量汪然若千顷之陂，其气节岳然若万仞之壁，其学术集九流之粹，其文章起八代之衰，其所设施之事功，适应于时代之要求而救其弊。其良法美意，往往传诸今日莫之能废；其见废者，又大率皆合于政治之原理，至今东西诸国行之而有效者也。呜呼！皋夔伊周，邈哉邈乎，其详不可得闻。若乃于三代下求完人，惟公庶足以当之矣。"

梁启超所谓的"完人"，至少人品中须包括"介洁方正"。历史上称得上"完人"的人，确实是极少极少的。除了王安石这个"完人"，到目前为止，我只发现明代刘宗周和现代王星拱被称为"完人"。

明朝天启四年（1624），朝廷欲招刘宗周进内阁，特照会赞扬刘宗周："千秋间气，一代完人。世曰麒麟凤凰，学者泰山北斗。"刘宗周不仅不愿出山，他还上疏批评道："世道之衰也，士大夫不知礼义为何物，往往知进而不知退。及其变也，或以退为进。至于以退为进，而下之藏身愈巧，上之持世愈无权，举天下贸贸焉奔走于声利之场。"刘宗周并非采用"以退为进"的策略，而是他作为一位"此心绝无凑泊处"（《明儒学案·蕺山学案·忠端刘念台先生宗周》）的士子，选择了"不合作"。

刘宗周的书教得极好，他没有让"蕺山学派"的弟子一个鼻孔出气、一副腔调立言。如，张履祥和陈确都是刘宗周的学生。张履祥被称为"朱熹后一人"，他将朱熹释"格物"为"即物而穷其理"与《中庸》的"择善"精神统一起来，并上升到一个新的高度。陈确却否定《大学》，怀疑《中庸》，批判朱熹"存天理，去人欲"的禁欲说教，认为："天理正从人欲中见，人欲恰到好处，即天理也；向无人欲，则亦并无天理之可言矣。"（《瞽言·无欲作圣辩》）

现代著名教育家、化学家、哲学家王星拱，被陈毅称为"一代完人"。王星拱曾为国立武汉大学招揽贤才，进而为国立武汉大学的学术发展做出了巨大的贡献。在他领导下，抗战期间的武大弦歌不辍，坚持为国家培养人才，并支持学生开展抗日宣传活动。在长期的工作中，王星拱形成了自己的办学主张，提出："在道德的方面，大学应当树立国民的表率。……在知识的方面，大学应当探研高深的理论，在技能方面要研究推进社会进步的事业。"（《大学的任务》）

1945年7月，王星拱调任中山大学校长。1948年5月，由于受到学潮及政治压力，王星拱被迫辞去中山大学校长职务，回乡定居。据《1948年中山大学易长与国民党的派系之争》一文记载，曾有160余名教授联名致电教育部长朱家骅："本校王校长德高望重，士林共仰，长校以来，尽筹硕画，建树甚多，方期继续主持，更图发展，忽闻有辞职之讯，群情惶惑，难以言宣。为本校前途计，敬乞鉴察，俯予恳切挽留，以慰喁望。"尽管如此，王星拱还是没有回校。国民政府多次派人劝其去台，均被他拒绝。1949年10月8日，王星拱在上海永川医院去世。

现在，"一代完人"这四个字，分别被刻在四块碑上，立在王星拱的墓前。

匡改 kuāng gǎi

匡，纠正；匡改，纠正，改正。

我曾在合肥市匡河旁生活了两年，常常思考其名称的由来，以及这一名称所蕴含意义的符号化表达。有人告诉我，此河属巢湖水系，前身是一条干渠冲沟。2004年，在城市建设中，政府因地制宜，人工开挖改造了约9公里长的河道，将其命名为"匡河"，取"匡正"之意。

在匡河岸边漫步，欣赏风景时，我还想到了与"匡"字相关的词语，如"匡改"。如果说，改变一个事情容易，那么正确地改变一种风尚、一个机制却很难。《汉书·游侠传序》："及至汉兴，禁网疏阔，未之匡改也。"《三国志·魏志·夏侯玄传》："始自秦世……宰牧相累，监察相司，人怀异心，上下殊务。汉承其绪，莫能匡改。"

游侠是个历史产物，兴盛于春秋战国时期。游侠们身怀绝技，被赵国的平原君赵胜、楚国的春申君黄歇、魏国的信陵君魏无忌、齐国的孟尝君田文等人所利用，而他们也乐于用一身本领去做一些轰轰烈烈的事，造成一定的社会影响力。可是，他们行"除暴安良""锄强扶弱"之义时，难免犯下以强凌弱、打家劫舍等破坏法纪的事，如韩非子所说的"侠以武犯禁"。

到了汉朝，帝王们越来越认识到游侠们的行为不利于国家治理，因为游侠们喜欢自由自在的生活，不愿意听朝廷的指令。更令人无法容忍的是，他们还极力撺掇诸侯王和朝廷对着干，分明是天下越乱，他们就越有市场。游侠们代表的不是统治者的利益，而是对国家法令的挑战，是游离于君主权威之外的另一套体系，因此必须打击、取缔！

根据《资治通鉴》记载，当时豪侠兼并土地、夺取朝廷赋税；游侠任侠好气，动辄杀人，甚至对抗官府。主父偃向汉武帝建议整治这股豪侠、游侠的"歪风邪气"，他对汉武帝说："天下有名的豪强人物、兼并他人的富家大户、鼓励大众动乱的人，都可以迁移到茂陵邑居住，这样对内充实了京师，对外消除了奸邪势力，不用诛杀就消除了祸害。"

汉武帝早就视豪侠、游侠为眼中钉，为了维持大汉社会的秩序，只能依靠代表君主意志的法令；而游侠们所秉承的"急人所难，急百姓所难"的精神，贻害无穷。他下令迁徙各郡国的豪强人物和财产超过三百万钱的富户到茂陵邑居住，方便中央政府对他们进行监视和控制，以备不虞。另外，汉武帝下令对全国大大小小、有名无名的游侠进行打击、剿除。

尽管如此，游侠之风其实一直在延续，不仅汉代"未之匡改"，到了唐代又盛行起来。李白有一首《侠客行》，抒发了他对侠客的倾慕，对拯危济难、用世立功生活的向往："纵死侠骨香，不惭世上英。谁能书阁下，白首太玄经。"晚唐时期政局动荡，社会更加崇尚抗暴除恶的侠义精神，游侠从江湖隐伏状态，变为公开的社会行动。

至于《三国志》上讲汉朝继承秦朝的管理制度，造成"人怀异心",且"莫能匡改",这要分别从封建集权体制的角度和现代国家行政管理制度的角度两个方面来看,不同的角度得出的结论完全不同。

汉朝的御史台隶属少府,"内承本朝之风化,外佐丞相统理天下"(《汉书·薛宣传》),其监察范围在《监御史九条》中有所描述,包括"词讼、盗贼、铸伪钱、狱不直、徭赋不平、吏不廉、苛刻逾侈及弩力十石以上作非所当服"。汉武帝时,创设了对地方监察的刺史制度,采用巡视的方法监察郡县,开创了中央政府监察官员巡察地方的先例。汉武帝把全国分为十三部,每部设立一名刺史,其工作方法是"乘传周流",其职责被钦定为《六条问事》。刺史定期巡察所辖郡国,称为"行部",监察郡守、国相、诸王的不法行为。同时,还设立了督邮察县制度,即在郡级地方政府增设督邮一职,采取巡部方式,掌管县内官吏的监察。为了防止监察机构坐大失控,朝廷规定监察官员必须接受监督,所谓"惧宰官之不修,立监牧以董之;畏督监之容曲,设司察以纠之;宰牧相累,监察相司"。

宰、牧相累,是行政权与监察权之间相互制约;监、察相司,是监察机构之间相互监察。这个制度的显著特征是分层与分部巡视相结合,有章可循,职权分明,各司其职。可实际运行过程中,监察机构均成了"天子耳目",皇帝一手遮天,并且机构之间壁垒森严,效率低下。巡察官员的权力不断扩张,一方面干扰地方行政,另一方面助长其营私舞弊、贪污纳贿的风气。东汉末年,刺史对地方行政已不仅仅局限于干预,而是直接成了郡县之上的行政长官,严重扰乱了正常行政体系,导致天下大乱。

"匡改"的要旨是纠正,而不是简简单单地改正,更不是随心所欲地改变。有的人"学而优则仕",为的是更好地"改变世界"。上任后,他们首先想到的是要改变什么呢?有个朋友对我说,他单位大门旁边的一棵樟树被挖走了,单位花了20万元移来一棵玉兰树。可不久,这棵玉兰树就死了,单位的人无不惋惜。除了"一把手",大家都在怀念那棵樟树。但"一把手"移栽玉兰树的意志不会改变,于是又花了20万元移来另一棵。由于当时不是移植树木的季节,朋友仍担心这棵玉兰树不能成活。

  我曾接触过一位公司经理,他成功跳槽到一家公司后,上任伊始,这里看不顺眼,那里看不顺眼,他的意思是公司得按他的想法更换东西,重新摆设。他大概不会反思自己更换的东西,包括那些标语和口号,就一定比以前的好吗?他也不会想到,这些他看不顺眼的东西,是不久前离开的经理更换的结果。这些他看不顺眼的内容,是前任经理"创造"的杰作。公司一次次地换经理,最明显的变化是一次次的"使命""愿景"以及广告语的更换,还有人事行政制度的更改。越换、越改就越好吗?权力意识下的惯常行为,以没有理性的、浓重的个人色彩涂抹大小公共环境,以自我迷信的权力欲望改变固有秩序,造成管理成本的增加和企业文化价值的混乱。

堂奥 táng ào

原指厅堂和内室，喻指朝廷、禁中、内地、腹地，深奥的义理、深远的意境。

我曾造访过一个始建于清代雍正年间的庄园，它拥有房产5000余间，现保存厅堂楼厢480多间。每四棵柱子围成一间，一间的宽为"面宽"，又称"面阔"，深为"进深"。其中，厅堂以正厅中轴线为基准，采用成组成套的对称方式摆放家具、楹联、匾额、挂屏和书画屏条，这些元素都围绕中轴线形成两边对称的布局。厅堂的布置显得庄重、高贵，非常有气派。这让我不由得想到一个词："堂奥"。

"堂奥"的本义，是指厅堂和内室。前蜀朱希济在《妖妄传·素娥》中说："忽于堂奥隙中，闻兰麝芬馥，乃附耳而听，即素娥语音也。"宋代张耒写有《夏日杂感四首》，其一曰："无能老蝙蝠，乘夜出堂奥。"宋代洪迈在《夷坚丙志·九圣奇鬼》中说："明夜十六人复集，自设供张，变堂奥为广庭。"清代富察敦崇在《燕京岁时记·顺星》中说："由堂奥以至大门，燃灯而照之，谓之散灯花，又谓之散小人，亦辟除不祥之意也。"

诸如此类的堂奥，绝非普通人家的小堂、细室所能比拟，而是有身份人家的大堂、深宅。如今因旅游观瞻之便，我有幸得以一窥其貌。否则像我这种人，一般是进不了堂奥的。由堂奥引申的朝廷、禁中，我更是进不了的。唐代元稹在《崔元略等加阶》中说："光我侍从之臣，且优致政之老，诏贤诏德，于是乎在，堂奥益近，尔其敬之。"明代黄道周在《节寰袁公传》中说："鸱鸮号于其外，枭獍伺于其侧，堂奥之间，疑檄不绝。"其中的"堂奥"，包括后来的故宫，明确名之"紫禁城"，老百姓是进不了的。我已游故宫两次，每次都很感动，感动于文物之丰富、建筑之壮观、文化之辉煌。

我揣测，那些将"堂奥"喻指内地、腹地的人，自己出入豪宅，且把整个江山看作一个大庄园，让老百姓安居堂奥中。宋代李纲在《乞罢尚书左仆射第二表》中说："隄防修，则泛滥自息；藩篱固，则堂奥可宁。"明代唐顺之在《条陈海防经略事疏》中说："如此则人知谨于海岸之守，不敢幸贼空过以觊免，门户常扃，堂奥自安矣。"民国初编写的《清史稿·土司传》中记载："其外户为都匀八寨，内户为丹江、清江，门户不辟，则堂奥未可图也。"

聪明人大经大管，为道为器，由具象到抽象，将"堂奥"再次迭代、升级。于是，它被引申为"深奥的义理"。天下读书人，为了一入堂奥，"焚膏油以继晷，恒兀兀以穷年"。（韩愈《进学解》）

苏轼在《上虢州太守启》中说："伏惟御府某官，学造渊源，道升堂奥。"苏轼是顶尖的才子，诗词文章样样都是一流水平。一方面，他天赋异禀；另一方面，他后天十分努力。清代历史学家、文学家赵翼有首诗《读书苦忘，以诗自叹》："东坡壮岁在贡院，昼与同官恣喧渎。暮燃寸烛阅卷多，一览辄了数百幅。"

赵翼自己也想"道升堂奥"，他在《题陈东浦藩伯敦拙堂诗集》中说："新诗十二卷，精心躏堂奥。"他明白，入堂奥，求学问，以期获得权威的认可，应当积极主动，但绝不容许丝毫虚假。

一是急躁不得，二是借名不得。赵翼在《瓯北诗话·查初白诗》中说："少年急于求知，投赠公卿，动千百言，殊嫌繁冗，兼自减身分。"他有首诗《闲居读书》，以平地矮人与楼上之人看戏所见不同为喻，说明在认识事物、阅读书籍时，由于个人的经验、视角、心态、素养、习性、趣味等各不相同，产生的感受常有差异。因此人必须注意提高自己的境界。

赵翼刚满13岁，父亲便在一家姓杭的大户家教书时去世，留下他孤苦伶仃，无以抚养弟妹。幸得杭家怜悯，赵翼得以留了下来。赵翼从此发奋读书，早早立下有所作为的宏愿。赵翼19岁时，入府学，成为秀才，此后七八年间，一直四处到富家私塾做课徒，以维持温饱。青年赵翼在一次被人解雇后，他毅然离家北上，投奔京城亲戚。赵翼这样做一方面是为了解决生计，另一方面是为了谋取功名，后来，他在乡试时中了举人，主考官汪由敦很器重他，聘他入汪氏幕署。不久，赵翼如愿步入仕途，在内阁军机处担任文职，负责处理军事文书。他在日记中写到，早朝之前需要值班，差不多是早上四点，皇宫里没什么人，他就靠在走廊柱子上假寐，忽然在一片黑暗中，隐隐望见太监们提着白纱灯笼走进隆宗门，原来这是皇子们去书房上课。赵翼对此大发感慨："本朝家法之严，即皇子读书一事，已迥绝千古。"

赵翼后来中探花，赐进士及第，授翰林编修。历任广西镇安知府、广东广州知府等职，官至贵州贵西兵备道。他在文学上是入了堂奥的，其诗冠绝一时。他在清中叶地位颇高，被诗坛公认为可与"性灵诗客"袁枚齐名，并称"袁赵"，再加上蒋士铨，三者并称"乾隆三大家"。此外，赵翼与袁枚、张问陶合称"乾嘉性灵派三大家"。其写诗多有名句传世，"江山代有才人出，各领风骚数百年"成了脍炙人口的名篇；其论诗立言全面允当，所著的《瓯北诗话》成为诗论方面的重要著述。

赵翼在史学上也是入了堂奥的，他所著的《廿二史札记》与钱大昕的《廿二史考异》及王鸣盛的《十七史商榷》号称乾嘉三大考史名著。而且，当代汉学家曾投票推赵翼为中国史学十杰之一。

我收藏有赵翼的多部著作，欲入其堂奥，是需要下一番功夫的。我将目光从赵翼的书上移开，移到刘文典、钱锺书、吴汝纶的书上，不由得感喟：窥探一个大师的学问堂奥，得有一颗敬重之心，来不得半点虚假。

绩用 jì yòng

指功用。"绩用"本身有"被信任而掌权"的意思，因为建立在"考绩"上的任用，必然是通过"柄用"来体现。

无论古今，工作有绩效的人，都是被肯定的。相传中国在古代舜帝时期就建立了"三载考三绩，三考黜陟幽明"的考绩制度，即对各部落首领三年考核三次政绩，以决定其升降。此后历代官制中都有"校考""考课"等规定。《尚书·尧典》："九载，绩用弗成。"《孔安国尚书传》解释："三考九年，功用不成，则放退之。"

在实际操作中，由于不能完全排除考核者的主观及感情因素对人工作成绩的影响，加之有些工作的特殊性导致无法将工作结果完全定量化、计量化，因此出现了考核不公正、评判关系化等弊端。此外，若过分追求绩效，被考核者容易陷入功用主义，这也对用人制度造成了损害。

东汉官员杜诗，在水利方面做出了巨大业绩，促进了当地农业生产的发展。《后汉书·杜诗传》中记载，杜诗"修治陂池，广拓土田，郡内比室殷足"。《后汉书·循吏传序》："若杜诗守南阳，号为'杜母'。任延、锡光移变边俗，斯其绩用之最章章者也。"此处，称赞杜诗绩用最突出，不是溢美，而是实辞。

而岳飞辞武胜军、定国军两镇节度使时说："自惟智术短浅，坐縻岁月，考其绩用，初无丝毫。"（《辞除两镇乞在外宫观第二札

/ 329

子》）分明是代上级说自己的"绩用"靠不住，反过来指责上级不重视绩用。还有明代的赵震元在《为李公师祭袁石寓宪副》中说："呜呼！公之绩用告成，而朝廷之金瓯不固。"这里，也是向上反映实际绩用价值，不如"柄用"——被信任而掌权之重要。

尽管，"绩用"本身有"被信任而掌权"的意思，因为建立在"考绩"上的任用，必然是通过"柄用"来体现。《汉书·谷永传》："是时，上初即位，谦让委政元舅大将军王凤，议者多归咎焉。永知凤方见柄用，阴欲自托。"《宋史·王旦传》："旦为天书使，每有大礼，辄奉天书以行，恒邑邑不乐。凡柄用十八年，为相仅一纪。"欧阳修更是直言批评"柄用"，他在《论王举正范仲淹等札子》中说："况今参知政事王举正最号不才，久居柄用，柔懦不能晓事，缄默无所建明，且可罢之以避贤路。"

以前，读书人的正轨是，由"柄用"而"绩用"。很多人对于"柄用"，是指望不上的；对于"绩用"，也多是战战兢兢，如临深渊，如履薄冰。用与不用，形成了"入世"与"出世"的对立观念。儒家"经世致用"和道家"无用之用"均颇有群众基础，以至于从社会实践活动到艺术创造活动，这两种观念一直产生着深远的影响。

我在明末清初思想家唐甄的《潜书》中看到一个案例：京城里有一位冰雕大师，他雕刻的众多人物神态各异、栩栩如生，吸引了很多人观看。人们称赞冰雕大师水平高，技艺传神。冰雕大师很得意地对观众说："你们谁愿意给我三斗粟，我就把自己的雕刻技艺全部传授给他。"半天没人回应。冰雕大师感到奇怪，他问道："我的冰雕技艺这么高，我只收三斗粟，你们为什么没人答应跟我学艺呢？"这时，人群中走出一个人，笑着对他说："你的雕刻技艺确实高,可你为什么不雕金镂玉,仿制夏、商、周、汉的古器呢?那些宝贝可一时坏不掉。你现在雕冰,展示的只是一种玩物而已,虽然你雕的人物逼真传神,但太阳一晒,很快就融化了。非常可惜啊,你的技艺算不上真本领,你在这里忙了这么长时间,雕出来的尽是些劳心而无用的东西,这些东西只能欣赏一会儿,却不能长久地留传下去。"

在《潜书》中,唐甄用这个故事来说明"文必有质"的道理,他认为"文而无质,亦犹是也"。对于"文必有质"我没有异议,但什么是"质",我的看法跟他不尽相同。我从唐甄列举的这个故事中看出了他的"实用观"对应的是"绩用观",他将艺术价值同社会功利及世俗需要直接画上等号。在这种观念下,艺术都得"有用",艺术品都得"实用",艺术家都得"绩用",否则就是"道丧",就是玩物丧志,乃至纯粹的人性审美被简单的功利思想驱逐,一切艺术都被物质化了。在唐甄看来,绘画也不能只停留在欣赏的层面,还要实现教化功能。他说:"图画者,铸于钟鼎以垂法,绘于衣裳以明尊,施于屏壁以示戒。"他批评图画:"为川岩、为草木、为羽毛、为士女,以取悦于人,尽失其意矣。"

凡文学和绘画都得"垂法""明尊""示戒",何尝不让人感到苍白无味,何尝不令人沉闷窒息!极端强调"学以致用",使得世界变成铁板一块,连精神审美活动也被取缔,生命还有什么情趣?人活着还有什么意义?生活还有什么色彩?人人都往"有用"的方向努力,都向"实用"的事情上扎堆,都为"绩用"而卖力。审美之心因此麻木,审美空间随之堵塞,进而造成人际关系的紧张和沉重的生活压力。在历史特殊时期,政治功利化导致审美单一化,说教文学艺术占据主流,禁锢了人们的想象力和创造力。后来,文学艺术市场化了，被金钱符号所统领，价值让位于价格，这同样禁锢了人们的想象力与创造力。社会，自我，观念……就这样，审美在一个时代被观念所囿，在一个时代被政治收买，在一个时代被金钱俘虏，它们的命穴是相同的，被"实用"冲击后失去了文学艺术的精神与本色。

现实真的如唐甄所说，冰雕虽"悦目"却无法勾起"观众"学艺的兴趣吗？如果真的那样，那这位冰雕大师从何而来？他的灵性难道非人性所具有的？自古至今的冰雕爱好者从何而来？为审美而创作的激情难道非人的精神所需？所幸，那些为艺术与审美而"劳心"的人，没有被历来秉持实用主义哲学的人们的滔滔言论所淹没。否则哪有古典文学艺术，哪有现代文学艺术？

纯粹的艺术审美，也是一种"实用"的精神需要，它能带来心灵的愉悦，既不可缺失，亦不可被剥夺。

蠡测 lí cè

比喻见识短浅，以浅见量度人。

记得小时候，我发现用贝壳做的瓢舀水，不如用葫芦做的瓢舀得快。现在，贝壳瓢和葫芦瓢都退出了厨房。我读到《汉书·东方朔传》中的"以管窥天，以蠡测海，以莛撞钟"时，还是会想到贝壳瓢，想到它舀水之量小。

"以蠡测海"，即用贝壳瓢将海水舀尽，怎么可能实现呢？故而，蠡测者多是指见识短浅的人，以自己的浅见度量他人的深见，可笑之极。正因为可笑，所以"蠡测"可用来取笑对方，而对方是不是真的见识短浅就不好说了。在爱新觉罗·皇太极攻打明军的时候，明朝不少官员做出了错误的判断，以为敌军力量弱小，是阴沟里的泥鳅翻不起大浪，结果呢？自己成了"蠡"，对方成了"海"。

清代昭梿在《啸亭杂录·太宗伐明》中记载，皇太极"假科尔沁部道，自喜峰口洪山入，明人震惊，蓟辽总督刘策潜逃。帝率八旗劲旅抵燕，围之匝月，诸将争请攻城，帝笑曰：'城中痴儿，取之若反掌耳。但其疆圉尚强，非旦夕可溃者，得之易，守之难，不若简兵练旅以待天命可也。'因解围向房山，谒金太祖陵返，下遵化四城，振旅而归"。最后，昭梿感叹："伟哉帝言，虽周武观兵孟津何以异哉？明人罔知深谋，如姚希孟辈，反谓本朝夙无大志，真蠡测之见也。"

这就极具讽刺意味了。因此,最好不要轻易耻笑别人"以蠡测海"。尤其是当领导的人,不能把手下人当做"小贝壳"。一位同事很困惑地问我,为什么老板总是觉得"手下无才"而到处找新人呢?我没当过老板,不知道他们的心理,只能笑答:"喜新厌旧乃人之本性。"其实,我发现老板们并不是喜欢新脸蛋、嫌弃老面孔,而是以为老员工是能量太小的"小贝壳"。这恰恰反映了老板们自己识人、用人时,犯了"蠡测"之病。

老板"手下无才",往往会导致上下级彼此失望情绪的累加、重叠。老板失望于员工,员工失望于老板。员工骂老板无能、虚伪,老板骂员工无德、不忠。除了少数昏庸的老板和少数奸恶的下属之外,大多数上下级之间的失和乃至分手,都是由彼此评价偏差、观点不对称、行为不认同、目的不一致所造成的。

曾经,一位老板对我说:"公司是我们共同的,你是老天送给公司的礼物。"我当时很激动,但想到以前老板也曾对其他人说过类似的话,就只把它当作一种激励之语,并没有当真。当然,我会好好干的,直到价值观冲突到无法调和的那一天再选择离开。几个月后,当老板对一位被他"挖过来"的人才说出完全相同的话的时,我心里只是想笑。

一个人称自己"蠡测",倒是可以示谦卑。杜甫在《赠特进汝阳王二十韵》中说:"瓢饮唯三径,岩栖在百层。谬持蠡测海,况挹酒如渑。"

尤其是对于知识的海洋,人毕其一生,也不过是拿根小吸管汲取而已,微不足道,且难以穷尽。李商隐在《咏怀寄秘阁旧僚二十六韵》中写道:"典籍将蠡测,文章若管窥。"秦观在《李端叔见寄次韵》中说:"华章藻句饶风力,顷刻朱红迷畛域。一斑纵复为管窥,万派终难以蠡测。区区文墨倦高情,解鞅还游恍惚庭。"

这里也值得注意,在知识海洋面前,自言"蠡测"则可,不能说别人"蠡测",否则又会成为反讽,自讨没趣。

宋代张咏称寇准有奇才,可又说寇准"不学无术"——或许是因为他自认为学问深厚,才敢如此评价吧。寇准听后,当着张咏的面哈哈大笑。这笑意味深长。

张咏在《劝学》中说:"大化不自言,委之在英才。玄门非有闭,苦学当自开。世上百代名,莫遣寒如灰。晨鸡固自勉,男子胡为哉。胸中一片地,无使容纤埃。"

劝人学习当然是出于好意,但逢人便"劝学""励学",就有自诩爱学习、学术高的嫌疑了,甚至可能被别人误解为有讥讽之意。尤其当你跌到谷底时,反智者会说,读书有屁用!

张咏自己也明白,一个从政者不学习是不行的,但光有学术肯定也是不行的。一要自己主动将学习所得运用到实践活动中去,二要领导看中你的学识才华,给予相应平台,这样才能用学术提升功绩,成就人生。他在整理书籍时,作诗《缉书斋》,感叹道:"伊余世上耽书客,古今万事罗胸臆。运海抟风当振翼,任是青天更高碧。"

现在我羞于说自己的文章写得好,而常说自己读书多。其实这也是一种卖弄,何况有人比我读书更多,卖弄会使对方好笑。我意识到这一点后,便再也不敢说自己读书多了。

气性 qì xìng

指人秉受的生命之气，脾气或性格；也指容易生气或生气后一时不易消除的性格。

传统养生，讲究"精气神"，所谓"内练一口气，外练筋骨皮"。人与人相处，也讲究气，"有和气者必有愉色，有愉色者必有婉容"。

有一次，我看到一个人发脾气。一位长者劝他道："你的气性太大了，不仅伤害对方，对自己的身体也有伤害。"长者所讲的"气性"，大概指"脾气"吧。或许不尽然。后来，我在一些古籍上了解到"气性"，指人秉受的生命之气。王充在《论衡·无形》中说："人以气为寿，形随气而动，气性不均，则于体不同。"葛洪在《抱朴子·清鉴》中说："或外候同而用意异，或气性殊而所务合。"

人若控制不好气性，确实有害。韩愈在《猛虎行》中说："自矜无当对，气性纵以乖。"《鸳鸯被》："他使弊幸，使气性，见无钱踏着陌儿行，推我在这陷人坑。"关汉卿在《感天动地窦娥冤》中说："只是我那媳妇儿气性最不好惹的。"《水浒传》里的众好汉，大都是气性大的，如李逵、鲁智深，等等。老虎的气性大，遇到武松，就不行了，"原来那大虫拿人，只是一扑，一掀，一剪；三般提不着时，气性先自没了一半"。

《红楼梦》中金钏儿因被王夫人训斥，感到冤枉，投井死了。

明明是王夫人的责任，她却将主要责任推给死者，怪小姑娘气性大，她说："原是前儿他把我一件东西弄坏了，我一时生气，打了他几下，撵了他下去。我只说气他两天，还叫他上来，谁知他这么气性大，就投井死了。岂不是我的罪过。"可见，"气性"也是一种被人利用的东西。

我曾参加过一家培训机构举办的"特训营"活动，在那里遇到了一个气性大的学员。经过数天的相处，我从他身上明白了一些道理，尤其是让我直观而清晰地理解了"魄力"与"脾气"的区别，感觉受益匪浅。

150多人通过1至16循环报数，分成了16个团队，每个团队推出一位"董事长"。团队与团队之间进行PK，内容包括才艺表演、士气展示、活动创意等。团队要取胜，"董事长"的作用最为关键，他的影响力、号召力以及识人用人的能力，很快就得到了体现。由于是临时组成的团队，"董事长"的产生随机性很强，"董事长"将一个团队打造成什么样或者带向哪里，往往几天内就能见分晓。我这个团队的"董事长"第二天就暴露出不善于沟通和协调、不懂得知己知彼以及缺乏战略谋划的弱点，导致团队的分数越来越低，名次也越来越靠后。

遇到这样的团队，让人郁闷，而且让人战斗力变差。"董事长"没能调动大家的积极性，却非常在意自己的"权力"，并且要捍卫权力的"尊严"，容不得别人说三道四，对他提意见。只见他的嗓门一刻比一刻大，动辄就冲人发脾气。他的形象已经被扭曲了。我相信他是有羞愧心的，害怕"下属"说他无能。分数落后，他很着急，可是却没有什么办法。他自己不主动抢答授课老师提出的问题（别的团队"董事长"回答问题特别踊跃），又不激励大家往上冲。

在才艺表演上，他没有好的创意，于是提出模仿别的团队的才艺节目，这分明是精神懈怠，准备混日子了。结果，我们的团队在第四天排名倒数第二。这时，"董事长"已经失去"威望"，在队员的心目中徒有虚名。甚至有人提出换"董事长"，可大家意识到这只是"游戏"且即将结束，也就没伤害其自尊而更换领导。一如末朝君颓而臣挺，几位队员知耻而后勇，坚持进行节目创新，做最后一搏。第五天我们终于扭转了局面，获得士气展示和才艺表演亚军。

"特训营"活动结束后，大家各奔东西，往后再次全体见面的机会几乎为零。"董事长"与我分别时说："哪天跟你联系，到你那里去吃饭。"我听了心里一阵悲凉。这是一个不懂人性的学兄，为什么不说"哪天请你聚一聚"而让我心里好受些呢？我想起活动开始时，很多团队的"董事长"曾在台上做出承诺，多是说赢了便拿出2000元或3000元请大家吃饭，输了如何接受处罚。而我们的"董事长"并没有说明赢了将如何，而是说如果输了，他将做30个俯卧撑。这样的承诺起不了激励作用。不承诺还好，一承诺反而立即给人"此君格局小"的印象。但我又在揣测与同情中换位思考，也许他的经济状况不好吧。如果真的如此，他又为何不主动让贤呢？在活动过程中，此兄没有魄力，无法凝聚团队，对此他不做反思，反而认为大家没有进取精神，常常大动肝火。他见自己的权力受到威胁，恼羞成怒，脾气更大了，常黑着一张脸，十分严肃的样子。可谁都不怕他，并且讨厌他发脾气。

据了解，在现实中他不是董事长，因此我也就不好做其他判断。如果他有创业之志并付诸行动，但愿他不要像"特训营"那几天一样带领自己的团队。现实中有多少魄力不够而脾气很大，或者错把脾气当魄力的领导呢？

魄力，当然离不开气性，但体现的是阳刚正气，而非戾气。

唐代崔俊任南陵县令，在广泛调查民情后，制定了合理的赋税标准并公之于众，解决了贫富悬殊而导致赋税轻重很不相称的问题，使得无人再敢隐瞒资产。起初，应交纳赋税的民户数目与实际数目相差甚远，导致无法让他们公平分担赋税，因此拖欠的赋税连年累积。崔俊揭发了一名大官的贪赃罪行，并对其余违法的小官立案查处，使得他所到之处官员都很惊慌，这才是气性合于魄力。元稹给予崔俊这样的评价："公之气性刚方，理家理身，廉俭峻直。"（《有唐赠太子少保崔公墓志铭》）

北宋刘安世，也是将气性与魄力结合得非常好的人。作为诗人，刘安世不是很有名，但他是一流的好官。这比做官平庸、作诗优秀的人，更值得尊重。他是做行政工作的，写诗只是业余爱好。刘安世被称为"殿上虎"，敢于直言谏诤。同朝有些人当官随波逐流，心思用在写作上。刘安石当官，追求做一个"全人"，不祸国殃民害家人，生不愧己，死后有脸去见老师司马光。"全人"是不好做的，境界很高，他努力着，敬业、清廉……

"万古照临终忌满，一轮明彻岂须圆"（《八月十四夜月》），这是刘安世思想的呈现，也是其生命气性的张扬。

发 fā 凡 fán

指揭示全书或某一学科的要旨。

我曾经到一家图书出版机构应聘,主考官将一本书递给我,要求我在半个小时内看一遍。我便遵照指示,快速浏览了书的前言、目录、正文及后记,一目十行。半个小时后,主考官将书拿过去,撕掉前言和后记,然后告诉我,在一个小时内完成一篇800字的发凡。我顿时后悔刚才没有好好地看前言和后记,现在只能通过目录来概括此书的内容了。当年手机没有上网功能,查不到此书的相关信息,我坐在那里埋头写了一个小时。时间一到,主考官来了,一边看我写的东西,一边说许多人来应聘,连"发凡"是什么都不知道。看罢,他对我写的发凡表示认可,让我留下吃饭——我就被录取了。

如果你只看现代文学类的书籍,那么就可能对"发凡"感到陌生。发凡多出现在理论专著类图书正文的前面,其目的是揭示全书或某一学科的要旨。晋代杜预在《春秋经传集解序》中说:"其发凡以言例,皆经国之常制,周公之垂法,史书之旧章。"明代宋濂在《吕氏采史目录序》中说:"于是礼部尚书崔亮主事,黄肃与濂等发凡举例。"清代叶廷琯在《吹网录·思辨录辑要卷》中说:"目录前有发凡,每类目前复有小序。"

发凡的作用十分重要。发凡既要语言简洁，又要概括准确。"大手笔"能从逻辑缜密的条例中体现清晰的思想，以寥寥数语吸引读者的眼球。那个面试我的主考官，原来是一位业界知名的出版人，他强调，许多读者买书的决定形成于阅读前言或发凡之时。因为感到自己功底不厚，压力太大，我在他手下只干了几个月就离职了。

后来，我对发凡多了些关注，琢磨其笔意，玩味其结构，判断其优劣。虽然，我没有做到如清代朱彝尊在《戏效香奁体二十六韵》中所说的"点笔能成阵，听诗便发凡"，但养成了凡读一部书都要写出全书概论的习惯，写数百字或上千字。即使阅读的是小说、散文集，亦如此这般"发凡"一下，"概论"一回，"绪论"一次。

当然，发凡与序言是有区别的。发凡是学术著作的开头，以介绍性的语言说明全书的宗旨和内容，不可独立于作品之外。而序言无固定格式和题材，叙事、抒情、议论都可以，既可以说明书籍出版的意旨、编次体例和作者情况，也可以对作家、作品进行评论。由于序言是一篇相对独立的文章，作者可以自由发挥，以至于出现了不少名序，而更多的序言却是平庸之作、拙劣之作。

我发现，不少人出书时，喜欢找名家来写序。我常见名家撰文诉诸报刊，说"文债"太多，难以应付。"应付"二字，表明了当今有多少序文是出于被迫和勉强，只是为了交差而写，因此粗劣毛糙的序充斥于书籍和报刊之中，这反映了时下人文环境、文化心态的一个方面。

名家也有其苦衷：索序者络绎，案头文稿清样堆积如山，哪有那么多时间和精力去通读作品，更谈不上作深入的评析了，只能抽取一二，以窥全豹，染翰操觚，率尔成章，往往挂一漏万，望北雁而臆南候，或啼笑皆非，或人鬼不像。况且，具有治学良知的名家，实不愿毕其余生为人作序。当然，索讨序文的人对名家的敬重可以理解，可不少序读了有种"顾左右而言他"的味道，写序者脱离原作说些无实质的废话，"好多是陈言加空话，只能算作者礼节性地表了个态"（钱锺书《读〈拉奥孔〉》）。佳序实在难得一读。

柯灵先生为了给《李健吾剧作选》作序，通读了李健吾60年来创作和改编的剧本，共计八九十种，对李健吾戏剧创作的成就与不足进行了全面剖析，写出了一篇高水平、高质量的序文。柯灵序文佳作颇多，但他却自言"不擅此道，写时也很窘苦"，故而旁人多不强求他为之作序。若他下笔，则对作者负责，对读者负责，也对自己负责。我近期购买柯灵《应是履齿印苍苔》一书，其中多收录作者序文佳作，读而忘饥，爱不释手，可改善难觅好序之灰心窘迫的阅读境况。

以前，著述者请师友作序，给点润笔费，师友大多不接受，甚至觉得这是"卖序"，是对自己不尊重，影响名声和情谊。现在，请师友作序，若不付费，人家会看作不尊重其名声与劳动。"尊重"的意思完全变了。

我想，幸亏"发凡"这东西没有专业造诣的人写不出来。作序者至少要对专著通读一遍才敢下笔，否则其自由发挥的结果，必将损害一部著作。若将发凡写坏了，就不只是文笔问题了，而涉及学术水准。有个朋友看完一部专著后，提出"发凡"一文并未做到"用中国人的眼光解读西方哲学"，反之，处处显现出作者西方哲学的思维和眼光，并且多处存在作者对中西哲学思想观点的引述、论述的含混和错误。

至于有的学术著作，除了发凡，还有序言，那虽然多是贴金的东西，但理论家也需要一些人文的气息，也是可以理解的。

有的学术著作的名称，直接用"发凡"，如陈望道的《修辞学发凡》、张岱年的《中国哲学史方法论发凡》等。这类图书，发凡中有发凡，可谓"发凡到家了"，是挺有意思的文化景观。一般是先有发凡，然后才有正文，但也有正文内容写好之后，再写发凡的。《修辞学发凡》就是全书的主体部分完成多时后，才回头写第一篇。可见陈望道对"发凡"的重视，统罩全书的第一篇，搭建了一个宏大的现代修辞学体系，通过对该体系追根溯源的考察，让读者可以对现代汉语修辞学的理论本质有一个较宏观的把握。

陈望道先生反对因循守旧，鼓励研究者超越陈说，努力创新，"提出新例证，指出新条理"，从而"开拓新境界"。他特别强调："读《发凡》甚望不止注意辞格，能注意书前书后理论部分。"（《致周如君》）

我一旦读到这样的发凡，心里就会塑造出一个学贯中西的大师的形象。

简 jiǎn 远 yuǎn

简古深远；简朴闲远。

钟惺，他的名字取得真好。钟情者，与人相处惺惺相惜也。钟惺是明代文学流派竟陵派的代表人物，他在写作上讲究"性灵"的表达，在生活中注重"性情"不受交往的影响。因为他发现，文人之间关系处得好的没几个，多半始于以文会友，终于因妒成仇。

钟惺发现，文人大多自命不凡，彼此轻视比彼此尊重容易，嫉妒比欣赏容易，毁人比诲人容易。如何才能不被人嫉妒呢？钟惺观察到，有种人"泛爱容众"，一个都不想得罪；有种人"居厚而免于忌"，为人厚道、有求必应，从不回避各种应酬。他知道自己做不到这样，并且这样做也不符合自己的性情，于是他选择一种"简交远俗"的生活方式。他作《桃花涧古藤歌》自表心志："昂隐诘屈自为树，傍有长松义不附。"

竟陵派的另一位代表人物谭元春不赞同钟惺的生活方式。喊钟惺出来玩，他不愿玩；邀他去雅集，他也不去。这让谭元春心里很不痛快。谭元春有一首诗《丧友诗三十首·其十一》表达了他的结交观："清朝水火偶惊邻，仕途波涛益怆神。几度规君君亦悔，简交常有误交人。"可是钟惺压根儿不后悔，他反过来以"简远"二字赠勉谭元春，希望他远离世俗，不可因泛交而影响内心的追求，写作者要保持人格的独立。

钟惺并非绝对地封闭自己，否则他将陷入另一种违背性情、影响性灵的人生境况。他有朋友相伴，结伴出游采风，一起谈诗论文，并且他的文学主张得到了不少人的响应。简交，不是不交；远俗，不是离俗。钟惺在《与金陵友人》中说："谭郎友夏，楚之才子也。比于不佞十倍，而风流倍之。"钟惺与谭元春交往了21年，直到去世。当时的文坛赞誉钟、谭："此二子真朋友也。"（《丧友诗三十首有引》）

谭元春的性情偏向风流，而文学创作则主张"性灵"，与钟惺相同。《唐诗归》中有他俩的观点，钟惺说："余性不以名取人，其看古人亦然。每于古今诗文，喜拈其不著名而最少者，常有一种别趣奇理，不堕作家气。岂惟诗文？书画家亦然。"谭元春说，"法不前定，以笔所至为法"，"词不准古，以情所迫为词"。他在《万茂先诗序》中说："吾辈论诗，止有同志，原无同调。"

谭元春很聪明，可科考之路不顺，考了几十年后才中举，而他的弟弟早于他中了进士，就更别提那些平时交往的朋友了，他们当中不少人先后成为进士。在"官本位"社会，一个人的文学成就，怎抵得过身份标签的现实价值？体制内的文人，有优越感、荣誉感。权力的作用，使他们的三流诗词文章也"光焰万丈"。爱吹捧的流辈会同情一个屡试不中、落泊民间的失意书生吗？不知道谭元春是听到了冷嘲热讽，还是感觉到自己的处世方式的确存在问题。他用钟惺赠送的"简远"二字做了堂名，还编了诗集《简远堂近诗》。

简远，简古深远，另有简朴闲远之意。

唐代元稹在《唐故工部员外郎杜君墓系铭》中说："苏子卿、李少卿之徒，尤工为五言。虽句读文律各异，雅、郑之音亦杂，而辞意简远，指事言情，自非有为而为，则文不妄作。"宋代陆游在《吏部郎中苏君墓志铭》中说："属文有体制，笔法简远，其尺牍尤为时所珍爱。"清代沈德潜在《说诗晬语》中说："渊明《停云》《时运》等篇，清腴简远，别成一格。"这几例，是指文辞、笔法简远。

另外，还有指人的性情、气质简远的，如宋代叶适在《叶君宗儒墓志铭》中说："父良臣，有尘外趣，虽在田野，而散朗简远，言不及利，对之泊如也。"又如明代宋濂在《天竺灵山教寺慈光圆昭法师塔铭》中说："法师风度简远，不妄言笑。"

钟惺得知谭元春采用"简远"二字自励后非常高兴，写了篇《〈简远堂近诗〉序》。序中的一些观点，后来成为"诗话"经典。这既是对"简远"的诠释，更是对"简远"精神的张扬。钟惺认为："诗，清物也。……真诗者，精神所为也。察其幽情单绪，孤行静寄于喧杂之中；而乃以虚怀定力，独往冥游于寥廓之外。"钟惺在序中写道："夫日取不欲闻之语，不欲见之事，不欲与之人，而以孤衷峭性，勉强应酬，使吾耳目形骸为之用，而欲其性情渊夷，神明恬寂，作比兴风雅之言，其趣不已远乎？"诗人若是混迹这个圈子、那个圈子，一会儿彼此吹捧，一会儿互相抨击，灵魂还干净得了吗？诗人尤其要不得的是趋炎附势。为了迎合谁，背后诋毁对方的对手；为了证明自己忠于此门户，违心地随众谩骂彼门户。如此这般，倒不如"索居自全，挫名用晦，虚心直躬，可以适己，可以行世，可以垂文，何必浮沉周旋，而后无失哉"！

钟惺最怕招来朋友的嫉妒，万历四十四年（1616），他游泰山后写了一篇长文《岱记》，写景、状物、抒情、议论集于一体，写法颇具特色。他写好后，感觉很满意，便传给几个惺惺相惜的朋友看。他在《与谭友夏》的信中说："始读兄《南岳草》,不无畏退。而《岱记》成,觉老子犹不甚惫。然此事吾两人自可交相庆,不必相妒也。"钟惺先夸奖谭元春的游记散文《南岳草》(《游南岳记》)写得好,然后才讲自己的《岱记》如何出色,喜不自胜之余还担心会引起朋友的妒心,嘱咐不必相妒,强调对方也有佳作。钟惺有些过于害怕朋友的嫉妒,这样做人未免太累了!

谭元春对《岱记》的评价:"《岱记》佳矣,然山记只在升降伸缩,固有以意应,以气应,以消息应,而不必以字句应者,此不可不参也。"(《奏记蔡清宪公》)这并不全是赞美之词,还有出自个人审美倾向的评判——跟妒忌无关,可见其真性灵、真精神!谭元春晚年自名为"老荡子",不再"简远",积极加入复社,被列为"复社四十八友"之一,而他的内心却因长期考不上进士而感到压抑。在钟惺去世13年后,他在入京会试途中,病死在旅店。

香尘
xiāng chén

指芳香之尘，也指女子之步履而起者。

"香尘"一词，因现今的服饰和交通工具相较于古时已有巨大变化，故在现实题材的作品中很少被运用，然而在读古诗词时却常能遇见。望之、闻之、想之，不难明白它的意思。

晋代王嘉在《拾遗记·晋时事》中说："（石崇）又屑沉水之香如尘末，布象床上，使所爱者践之。"这是香尘的本义。

唐代沈佺期在《洛阳道》中说："行乐归恒晚，香尘扑地遥。"宋代柳永在《柳初新》中说："遍九陌、相将游冶，骤香尘、宝鞍骄马。"明代唐寅在《题梦草图为陆勋杰》中说："池塘春涨碧溶溶，醉卧香尘浅草中。"明代王錂在《春芜记·感叹》中说："出香闺数重，药栏花拥，盈盈莲步香尘动。"这里的香尘，如果还需要解释的话，那就是：香尘者，芳香之尘，乃女子之步履而起者也。

这么一说，是不是就有了画面感？那香尘背后，多是风流才子的身影。

宋代姜夔，是继苏轼之后，一个难得的艺术全才。可惜他不善于考试，考了四次均与进士无缘，命矣！一生遇到了几个欣赏他的人，多方接济，运矣！晚年，好友故去，房子连同藏书被焚，陷入生计危机，艰难度日，直至去世，惨矣！

姜夔的父亲叫姜噩，名字很特别，姜夔这个名字也很特别。父子俩似乎都在证明自己与众不同。

姜夔36岁时，居住在浙江省北部弁山苕溪的白石洞天，朋友戏称他为"白石道人"，他欣然接受，并写进诗中，可仍然放不下"入世"抱负："白石道人呼钓船，一瓢欲酌湖中天。"(《丁巳七月望湖上书事》)一个没能走通科举之路的人，哪有"瓢饮中天"的资格?

他热爱这个世界，因为山水之美。青春与自然达成内在和谐，一起律动，一同静谧。"苑墙曲曲柳冥冥，人静山空见一灯。荷叶似云香不断，小船摇曳入西陵。"(《湖上寓居杂咏·其九》)万物并作得盎然生机，给了一个落榜者生活的动力。他感到体内的血管与大地上的河流相通，于是深情地注视这一切，缤纷万象从而带给他源源不断的创作灵感。

花香转化为墨香。

他需要人间最纯的香，安抚一颗在乱世中，跟山河一同破碎的心，那便是墨香。诗词文章，使他的生命丰盈起来。灵魂的行迹，在纸上润染时光，有着独特的韵律和节奏。他在《除夜自石湖归苕溪·其九》中说："少小知名翰墨场，十年心事只凄凉。旧时曾作梅花赋，研墨于今亦自香。"

文墨之香，虽没能让姜夔过上富裕的物质生活，但能让他的灵魂自由地飞舞。他创作自度曲，将生命中的心香点燃，让无数闻者得到高质量的艺术享受。人们从他的作品中品出了空灵含蓄、隽永、清奇之味。他的词写得那么好，诗也不错，并且对诗歌还有自己的见解："大凡诗，自有气象、体面、血脉、韵度。气象欲其浑厚，其失也俗；体面欲其宏大，其失也狂；血脉欲其贯穿，其失也露；韵度欲其飘逸,其失也轻。……人所易言,我寡言之;人所难言,我易言之;自不俗。"(《白石道人诗说》)这些都值得细细品味。

姜夔流落江湖时,曾经历过漂泊、羁旅,他感时、抒怀、咏物、恋情、写景、记游、节序、交游、酬赠……这一时期,他的作品题材广泛。他的文字有浪迹天涯的江湖气,有志不遂愿仍求世用的书生气,有为女人多情相思的风流气,有身处困境行不苟且的君子气,有才华受捧脱俗不群的仙道气。他喜欢梅之"香冷入瑶席"(《暗香·旧时月色》),推崇劲节正直的清刚之香,他在《菖蒲》中说:"岳麓溪毛秀,湘滨玉水香。灵苗怜劲直,达节著芬芳。岂谓盘盂小,而忘臭味长。拳山并勺水,所至水能量。"

墨香转化为人格之香。

姜夔对诗词、散文、书法、音乐无不精善,他身上每个细胞都透着艺术天赋,自带香气。于是,他收获了不菲的称赞。宋代陈郁在《藏一话腴》中说:"白石道人姜尧章,气貌若不胜衣,而笔力足以扛百斛之鼎;家无立锥,而一饭未尝无食客。图史翰墨之藏,充栋汗牛。襟期洒落,如晋、宋间人。"

我从宋代周密的《齐东野语》中发现,不少文坛的前辈或欣赏或佩服姜夔的文才。萧德藻曾感叹道:"四十年作诗,始得此友。"著名诗人杨万里评价姜夔"为文无所不工",并专门写信将他推荐给大诗人范成大。范成大读了姜夔的诗词后,也极为喜欢他高雅脱俗的文风,"以为翰墨人品皆似晋宋之雅士"。连声名显赫的文化人物朱熹都公开表示对姜夔的欣赏,"既爱其文,又爱其深于礼乐"。词坛大家辛弃疾读了姜夔的词,也不得不承认自己"深服其长短句",并乐于与他填词和唱。

爱香尘者,自己竟成了一个香饽饽。

姜夔有过爱情，在合肥时，他度过了最美的时光，得到了最令人感到虚幻的遇见。可惜，这份感情他拥有过却抓不住、得不到——当他若干年后重回当年相遇的地方，却已找不到那个姑娘的身影。香散玉失，何等痛苦！

"我家曾住赤阑桥，邻里相过不寂寥。君若到时秋已半，西风门巷柳萧萧。"这是姜夔的诗《送范仲讷往合肥三首》中的其二。姜夔在《淡黄柳》的序中说："客居合肥南城赤阑桥之西，巷陌凄凉，与江左异，唯柳色夹道，依依可怜。因度此阕，以纾客怀。"我在合肥生活了十年，却一直没弄清南宋时期边城合肥的赤阑桥在今天的什么位置。

我喜欢他的诗《桂花》："空山寻桂树，折香思故人。故人隔秋水，一望一回颦。南山北山路，载花如行云。阑干望双桨，秾枝储待君。西陵荫歌舞，夜夜明月嘖。弃捐赪玉佩，香尽作秋尘。楚调秋更苦，寂寥无复闻。来吟绿丛下，凉风吹练裙。"

闻香识女人，姜夔经历了翠叶凋残、红花落尽的离索秋寒。秀美风景蕴藉的自然之香，转瞬间已被战争硝烟摧毁，此刻他的自尊还能维系一点墨香吗？他怀疑，没有信心，自己即使用一幅衣裙把失恋的心情题写下来，系到春雁的身上，它又愿意帮他寄过去，抵达闻不到香的地方吗？

他终生在一次又一次地寻找爱情。在桥上，"自作新词韵最娇，小红低唱我吹箫。曲终过尽松陵路，回首烟波十四桥"（《过垂虹》）；在湖上，"指点移舟着柳堤，美人相顾复相携。上桥更觉秋香重，花在西陵小苑西"（《湖上寓居杂咏·其十四》）；在溪畔，"细草穿沙雪半销，吴宫烟冷水迢迢。梅花竹里无人见，一夜吹香过石桥"（《除夜自石湖归苕溪·其一》）。

谫陋
jiǎn lòu

浅薄、简陋、粗略之意。

20世纪七十年代初,南怀瑾先生创办《人文世界》杂志,同时针对"二十世纪青少年的思想与心理问题"做专题演讲,将影响历史文化变故的学术思想系统性地讲授给广大青年。可是不久后,他感到自己的精力和时间都不够,需要有共同志向者一起来做这件事。

有一天,南怀瑾遇到了黄公伟教授,便和黄教授谈了自己的想法。随后,黄教授撰写了一部专著《中国近代思想变迁史》,并请南先生写一篇文章,留作此事的因缘纪念。南先生一向都很谦虚,他说:"我虽谫陋,实也难逃其责。后来我想来想去,毕竟才思有限,另外写不出什么道理,只有把这篇旧作交卷,忝附骥尾,以陪衬黄教授宏著。"(黄公伟著《中国近代思想变迁史·前言》)

谫陋,意思是浅薄。宋代刘攽在《为傅学士谢除直昭文馆启》中说:"致兹谫陋,骤尔甄收,谨当勉懋初心,坚持壹意。"马南邨在《燕山夜话·评〈三十三镇神头图〉》中说:"恕我见闻谫陋,不能确切地回答这个问题。"严复在《译〈天演论〉例言》中说:"今遇原文所论,与他书有异同者,辄就谫陋所知,列入'后案',以资参考。"

自称谫陋，谦虚而已。实际上，南怀瑾先生一点也不浅薄，他是国学大师级人物，又是教育家、文学家。他精研儒、释、道，将中国文化的各种思想融会贯通；除此之外，他对于医学、卜算、天文、拳术、剑道、诗词等皆有专精。南怀瑾著述丰富，有《论语别裁》《孟子旁通》《原本大学微言》《老子他说》等三十多本著作，曾被译成八种语言，影响中外。

大学者与人相处、交流时，害怕对方产生"文人相轻"的嫌疑，故多放低身段，抬高对方。也有人反对这种做法，认为学问上的"切切磋磋"，是本应有摩擦、争论的，只要不针对人格大放厥词就行了。但问题是，学术尊严便是人格体现。

明代的何景明和李梦阳，都是明代中期复古派前七子的领袖人物。李梦阳提出"文必秦汉，诗必盛唐"，打着"真诗乃在民间"（《诗集自序》）的旗帜，与一帮文友深入民间，联系实际进行创作，用现在的话说就是"文学在场"，写出真实的体验。李梦阳批评那种受很多诗人追捧的"馆阁体"，称它为"文体的萎弱"。这对以宰相李东阳为首的文坛精英派是个巨大冲击。

何景明也赞同"复古"，但反对"模仿"，主张"创新"。他认为反映现实生活的作品，也要有"韵味"。后来，何景明与李梦阳在文学观点上有了严重分歧。两人有话藏不住，发生了激烈争论。何景明主张学古只是入门的途径，不是目的，终究要"成一家之言"，因而反对李梦阳在形式上过于追求模拟古人修辞之法。他对李梦阳说，"领会神情，临景构结，不仿形迹"为妥，做到"法同则语不必同"（《与李空同论诗书》）。

李梦阳不接受何景明的观点，坚持像描摹字帖那样模拟古法作诗，他说："夫文与字一也，今人摸临古帖，即太似不嫌，反曰能书。"至于文学的个性化表达,他更是反对,他生气地说:"何独至于文,而欲自立一门户邪?言立一门户,必如陶之不冶,冶之不匠,如孔之不墨,墨之不扬邪?此亦足以类推矣!"(《再与何氏书》)他批评何景明破坏了规矩,有悖于复古精神。

明代吴应箕认为:"李书过激,似乎名高相忌,而何书平温,犹不失朋友相规之道。"(《吴应箕文集·与张尔公书》)这也只是他的个人观点。当然,李梦阳言辞过激一点也没关系,只要不骂人就行,因为骂人就超出了辩论的范畴,倒是直逼对方的"错误",而没有"谫陋"姿态了。

我发现,古代文人多在学问上谦虚,而对于自己的修养从不谦虚。再有本事的人,也会自谦"不才",因为若不谦虚的话,容易招人嫉妒、惹人耻笑。才之光焰不可盛烈逼人,而德之焰本身就是虚的,大家心知肚明,所以可以自由鼓吹道德人品,高调"以自己的人格保证,云云",无甚妨碍。顾炎武在《与人书》中说:"某虽学问浅陋,而胸中磊磊,绝无阉然媚世之习……"

谫陋,还有简陋、粗略的意思。清代和邦额在《夜谭随录·梁生》中说:"但寒士聘仪谫陋,勉奉百金为寿,肯见许否?"近代彭芬在《辛亥逊清政变发源记》中说:"但被逮以后,家中文卷册籍,多付祝融,只能以现时征集之所得者,谫陋记之。"

曝腮 pù sāi

比喻挫折、困顿。

我在湖边小镇长大，见过相濡以沫的鱼，也见过曝腮浅滩的鱼。

鱼脱水后生命立即受到威胁。人们将挫折、困顿比作"曝腮"（古时也作"曝鳃"），可见其状况之严峻。晋代刘欣期在《交州记》中写道："有隄防龙门，水深百寻，大鱼登此门，化成龙；不得过，曝鳃点额，血流此水，恒如丹池。"

观此情景，考功名的读书人，哪有不物伤其类的？落榜者，曝腮龙门，心有所动而戚戚焉。

《南齐书·王僧虔传》："经涉五朔，逾历四晦，书牍十二，接觐六七，遂不荷润，反更曝鳃。"唐代骆宾王在《幽絷书情通简知己》中说："入阱先摇尾，迷津正曝腮。"唐代张九龄在《酬王六霁后书怀见示》中说："作骥君垂耳，为鱼我曝鳃。"元代方回在《寄题赵高士委顺山房》中说："红尘回首即蓬莱，辛苦龙门枉曝鳃。"

跳龙门，成功与风险并存。

韩愈19岁进京，几年中"穷不自存"。28岁那年，他尤其焦虑、茫然，不知道自己何去何从。他虽考上进士已三年，但参加吏部考试未中，因而未得一官半职。韩愈觉得自己是个人才，应该有所作为。他先后向宰相写了三封求职信。第一封信，他说他这个人才，不愿隐逸山林，要为国家做贡献。他还选了几篇自己的文章，随求职信一起投给宰相，信尾用上了"冀辱赐观""干黩尊严，伏地待罪"之语。过了19天，韩愈没得到答复，又投了第二封求职信，用上了"垂怜"二字。可见其心情，多么可怜！又过了10天，还是没消息，韩愈心急难耐，写了第三封求职信，语气比前两封信硬了些，说当今宰相虽做不到像周公那样"吐哺握发"，但可以做到与自荐者见上一面，考察一下自荐者，而不要"默默而已"。这期间，他还数次去拜访宰相，都被门卫挡住了。韩愈在第三封信中，还是抱有一点希望，说自己是行道之士，即使在山林，也会心忧天下。信末用了"渎冒威尊，惶恐不已"八字。

最终，三封求职信，全都石沉大海了。

后来，韩愈经过了四次礼部考试才考中，获得了一个有编制的官职。经历过苦难，被人同情、搭救的韩愈，不仅知恩图报，还受仁义感召去帮助别人。他为朋友孟郊、弟子张籍写过求职信。张籍害眼病写不了字，韩愈代他写。韩愈的信写得有情有理，真令人感动。

孟郊的诗写得越来越好，可他的仕途却不顺，长期任小官，升职无望。因此，他变得"性孤僻寡合"（《旧唐书》），常常闷闷不乐。韩愈对孟郊的遭遇深表同情和惋惜，并对他的性格、能力等方面进行综合评估，认为他在诗歌创作上会有所建树。这对于国家、社会是很有功绩和价值的，对于个人来说，也是一种重要成就。韩愈在《送孟东野序》中说："大凡物不得其平则鸣……人之于言也亦然，有不得已者而后言。其歌也有思，其哭也有怀，凡出乎口而为声者，其皆有弗平者乎！……人声之精者为言，文辞之于言，又其精也，尤择其善鸣者而假之鸣。"

鸣，文化之传承；鸣，文学精神之传播；鸣，发诗歌灵魂之声；鸣，唱文章清正之音。

由于韩愈自己多次被贬，他没能对孟郊职务升迁给予帮助。孟郊能够理解，他在写给韩愈的诗中表示，"剑心知未死，诗思犹孤耸"（《会合联句》）"青云路难近，黄鹤足仍鋜"（《纳凉联句》）"我心随月光，写君庭中央"（《遣兴联句》）"常恐金石契，断为相思肠"（《遣兴联句》）"欲知心同乐，双茧抽作纸"（《同宿联句》）……

在韩愈眼里，孟郊虽不是高官大员，但他在唐代文坛中是一个不可多得的诗人。韩愈说："唐之有天下，陈子昂、苏源明、元结、李白、杜甫、李观皆以其所能鸣。其存而在下者，孟郊东野始以其诗鸣；其高出魏晋，不懈而及于古，其他浸淫乎汉氏矣。从吾游者，李翱、张籍其尤也。三子者之鸣信善矣。"（《送孟东野序》）

比起孟郊、贾岛，张籍的身世更苦。张籍曾患目疾，几乎失明，生计极其困顿，常怀曝腮之忧。韩愈含泪代他向浙东观察使李撰写求职信："不幸两目不见物，无用于天下，胸中虽有知识，家无钱财，寸步不能自致。……李中丞取人，固当问其贤不贤，不当计盲与不盲也。当今盲于心者皆是，若籍自谓独盲于目尔，其心则能别是非。……使籍诚不以畜妻子忧饥寒乱心，有钱财以济医药，其盲未甚，庶几其复见天地日月，因得不废，则自今至死之年，皆阁下之赐也。"（《代张籍与李浙东书》）

张籍遇到韩愈这样的老师、文友，能不感动吗？

韩愈去世时，张籍万分悲痛，作长诗《祭退之》深切缅怀老师："籍在江湖间，独以道自将。学诗为众体，久乃溢笈囊。略无相知人，黯如雾中行。北游偶逢公，盛语相称明。名因天下闻，传者入歌声。"曾几何时，老师邀请他郊游，他因公务忙没有参加，于是老师写了一首《早春呈水部张十八员外》："天街小雨润如酥，草色遥看近却无。最是一年春好处，绝胜烟柳满皇都。"二人曾经都有过"曝腮"的经历，相濡以沫地度过最困难的时期。可是，现在师逝诗留，自己再也不能与老师同赏春景了。

我每次读到王安石评价张籍的诗"看似寻常最奇崛，成如容易却艰辛"（《题张司业诗》），都会想到张籍艰辛的背后——韩愈的叮咛"乞君飞霞佩，与我高颉颃"（《调张籍》）。

燮理 xiè lǐ

燮，调和；燮理，调和治理。

有人跟我谈企业文宣的"调性"时，我想到了一个字"燮"；听领导讲公司管理时，我想到了"燮理"、"燮理"阴阳和"燮理"政务。

燮，基本意思为谐和，调和。商朝政治家伊尹曾经说过："调和之事，必以甘、酸、苦、辛、咸。先后多少，其齐甚微，皆有自起。鼎中之变，精妙微纤，口弗能言，志弗能喻。"然后臻至化境，"故久而不弊，熟而不烂，甘而不哝，酸而不酷，咸而不减，辛而不烈，澹而不薄，肥而不腴。"（《吕氏春秋·本味篇》）

这是善于调和者总结的道理，故"燮理"非一般的角色所能担当。掌握协和治理的方法，非宰相即重臣。《尚书·周官》："立太师、太傅、太保，兹惟三公，论道经邦，燮理阴阳。"

赠诗中用"燮理"一词，既是抬举、褒扬对方，也是鞭策、激励同僚。孟浩然在《和张丞相春朝对雪诗》中说："不睹丰年瑞，安知燮理才。"白居易在《酬令狐留守尚书见赠十韵》中说："长庆清风在，夔龙燮理余。"唐代释贯休在《送刘相公朝觐二首》中说："燮理久征殷傅说，谭真欲过李玄通。"宋代戴栩在《上丞相寿》中说："燮理功何钜，勤劳意自便。"宋代邵雍在《安乐窝中酒一樽》

/359

中说:"斟有浅深存燮理,饮无多少寄经纶。"邵雍还在《谢伯淳察院用先生不是打乖人》中说:"经纶事业须才者,燮理功夫有巨臣。"

词中也有"燮理"一词。宋代程珌在《宝鼎现·寿李端明》中说:"无一岁、不书年大有,问元功谁燮理。"元代冯尊师在《苏武慢》中说:"风生虎啸,火起龙腾,燮理要依时令。"

明代刘基(刘伯温)被认为是明朝开国第一谋臣,拥有诸葛亮般的智慧,且能燮理阴阳、掌控超自然力量。我在了解了他的人生轨迹之后,觉得谋士不好当,这职业靠脑子吃饭,形势变化快,脑子也要转得快,否则出的点子不对,计策不管用,就要受批评了。智囊空空,酒囊盈盈!人家白养你事小,事业不顺甩锅到你头上,你就吃不了兜着走!一些谋士因高估了自己,不幸丢掉脑袋,或因遇到思维不在同一层级的领导,不但他们的锦囊妙计一钱不值,而且他们的性命也一钱不值。

刘基说:"谋臣辨士神出而鬼没,口干舌拔眉眼。到头毕竟成就者,土坟三尺埋蒿莱。"(《上云乐》)从事谋士这个职业的人,既需要高智商,还要有上等口才。谋士即使一举成名,也不够吃一辈子的,因为老板事业越做越大,你的策划案一个接一个,不可能每一次都成功,"百胜困一蹶,名灭躯体残"(《咏史二十一首·其五》)。诸葛亮和郭嘉呕心沥血、鞠躬尽瘁,虽然英年逝世,但是生荣死哀。而大多数谋士只能像田丰、陈宫一样,结局悲惨。

知识分子群体中的谋士们,承"燮理"之责,创造了一种"谋略学",其博大精深,既有"术"的层面攻守战法,也有"道"的层面王圣立命。但能够在这谋略学中实践并取得大手笔的成功案例,同时还能让自己善终的人很少很少。

刘基在"术"的层面,助力朱元璋打下大明江山,做出了巨大贡献。他毕竟不愿将自己视为一名"术士",所以他必须在"道"的层面有所建树。"术"是可见可验的东西,而"道"常大化于无形,即使语言难以表达,可为了方便传递"道"之玄理,会意通达人心,又必须借助语言。这就存在语言风险了,弄不好就产生歧义与曲解,故"道"往往不被闻也。

刘基在组诗《感怀》中说:"大壑多惊风,不辨龙与鲤。……池鱼贯安流,宁知江海深。……世情多反覆,燮理有推迁。"他意识到从"术"到"道"的升级,"燮理"功法就全然不同了。

刘基讲过一个故事:从前楚国有个人养猕猴,本来非常听话的猴子有一天却全跑了,这到底是怎么回事呢?故事结尾,郁离子说:"世有以术使民而无道揆者,其如狙公乎!惟其昏而未觉也。一旦有开之,其术穷矣。"(《诚意伯文集·郁离子》)他借郁离子之口,讲了许多治国理政、强国富民、经世济民的道理,曾希望元朝统治者听一听,可人家懒得听;他又希望明朝皇帝接受这些他认为"天下后世若用斯言,必可底文明之治"(《郁离子》)的道理,可朱元璋也未必就有耐心全听得进去。

刘基在散文《卖柑者言》中说:"盗起而不知御,民困而不知救,吏奸而不知禁,法斁而不知理,坐縻廪粟而不知耻。观其坐高堂,骑大马,醉醇醴而饫肥鲜者,孰不巍巍乎可畏,赫赫乎可象也?又何往而不金玉其外,败絮其中也哉?"这段话真够犀利的,忠言逆耳,若能起到一些作用就不枉费笔墨了。

可见,"燮理政务""燮理阴阳"是不容易做到炉火纯青的。

唐代苏味道知道其难,所以干脆说:"处事不欲决断明白,若有错误,必贻咎谴,但模棱以持两端可矣。"(《旧唐书·苏味道传》)这句话讲出之前,他难道没考虑安全问题?讽刺体制,他就不怕因言获

/ 361

罪？不过至少暴露了他做得很烂，烂且引以为荣，此乃何种味道？

苏味道的上级武则天执政时，用人标准放宽，一时间朝堂人才济济，同时却也滥官不少。当时传出一首谚诗："补阙连车载，拾遗平斗量。把推侍御史，碗脱校书郎。"（张鷟《朝野佥载》）有个叫沈全交的举人，作续句讽刺道："糊心存抚使，眯目圣神皇。"这是指谪武则天的眼睛被杂物蒙住看不清太多的滥官，这还得了！御史纪先知听说后，立即上疏弹劾沈全交诽谤朝政，请求治罪。武则天笑道："但使卿辈不滥，何恤人言！宜释其罪。"（《资治通鉴》）

苏味道不想得罪人的圆滑机心，并非他独有的，另一个宰相杨再思为人同样没脾气、办事没原则、长期没作为，有人问他为何这样，他回答说："世路艰难，直者受祸。苟不如此，何以全其身哉！"（《旧唐书·杨再思传》）

300多年后，苏味道的后裔、大文豪苏轼在《艾子杂说》中有一段话："又汝为人相，职在燮理阴阳，汝为政乖戾，多致水旱，岁之民被其害，此皆汝之罪也。"苏轼不仅自己是一个治理能臣，并且希望朝中多些德才兼备的"燮理"高官。他有首词《八声甘州·寄参寥子》，上阕为："有情风万里卷潮来，无情送潮归。问钱塘江上，西兴浦口，几度斜晖？不用思量今古，俯仰昔人非。谁似东坡老，白首忘机。"

忘机，无巧诈之心，"燮理"的高境界！可等到头发白了才忘机，实则无奈之至也。

蒿目 hāo mù

指极目远望，表达了一种对远方景象的关注和思考，同时也体现了对当前艰难时局的深刻理解、担忧和对未来的忧虑。

蒿，多年生或二年生草本植物，如青蒿、茵陈蒿等。奇怪的是，"蒿目"一词，指极目远望。《庄子·骈拇》："今世之仁人，蒿目而忧世之患。"王安石在《忆金陵》诗之二中说："蒿目黄尘忧世事，追思陈迹故难忘。"李渔在《玉搔头·分任》中说："蒿目为时忧，年未艾霜雪盈头。"

这说明，极目远望是因为处于艰难的境地。因为低微的草，如果希望有出头之日，只能目光看远一点。清代钱谦益在《南征吟小引》中说："而羽书之旁午，民力之凋敝，持筹蒿目，又迸逼于胸中。故其为诗曲而中，婉而多风。"清代陈康祺在《郎潜纪闻》中说："时艰蒿目，迟莫自伤，中夜占星，泪如铅堕。"

一天，有友来电，邀请我参加他的画展。我听说他的中国画宋代人物系列获好评不少，于是应允前往观赏。

有一幅画名曰《君子和而不同》，画的是杜衍、范仲淹、韩琦、富弼这四位大臣、文豪，他们神态各异，似乎在互相争论什么。画上题写了大段文字，是欧阳修对四君子的性格、人品进行点评与称赞："盖衍为人清慎而谨守规矩，仲淹则恢廓自信而不疑，琦则纯正而质直，弼则明敏而果锐。四人为性，既各不同，虽皆归于尽忠，

/363

而其所见各异,故于议事,多不相从。……此四人者,可谓天下至公之贤也。平日闲居,则相称美之不暇;为国议事,则公言廷诤而不私。以此而言,臣见衍等真得汉史所谓忠臣有不和之节,而小人谗为朋党,可谓诬矣。"(《论杜衍范仲淹等罢政事状》)

我对画家朋友说,杜、范、韩、富四人若只有"和而不同"之名,他们的声誉也不会传太远,他们当官可是实打实地为老百姓办事。他们搞"庆历新政",是为了国家复兴。画家大惊失色,问是不是画得不妥。我笑道,是我自己想到画外的历史了。

范仲淹入仕最初的十余年,一直任地方小官。他蒿目时艰,以身垂范,化育风气;每经一任,必兢兢业业,造福一方。后来,范仲淹任泰州兴化县知县时,了解到兴化县地处海滨,海堤常年失修,坍塌不堪,严重地威胁着百姓们的生命财产安全。于是他上书朝廷,请求大规模整治海堤。经过数年的努力,一道长达180余里的捍海堤傲然横亘于黄海滩头。从此,这一带百姓不再时刻担心海潮的危害,成千上万亩的良田有了保障,流亡在外的百姓得以重返家园。

我告诉画家朋友,我正巧最近读到了杜衍的一首诗,内容与何氏祖居地舒州(今安徽省安庆市)有关。朋友便将目光投到画作中的杜衍身上。我说,画中杜衍的白发多于黑发,说明你对杜衍了解,写意亦据史实。我还说,范仲淹提出从政者要"先天下之忧而忧,后天下之乐而乐",杜衍差不多做到了。你画杜衍时,心里想到了什么?

他说,杜衍当时任陕西乾州知州,因有功调任凤翔知府。乾州百姓舍不得他离开,在边界上阻留杜衍。凤翔百姓听说杜衍要来,欢欣鼓舞,许多人跑到边界上迎接他。结果两边的百姓争吵了起来。乾州人说:"此我公也,汝夺之!"凤翔人说:"今我公也,汝何有焉?"后来杜衍离任时,二州的百姓将他阻拦在州境上,说:"何夺我贤太守也?"(《宋史·杜衍传》)一个人做官深受百姓拥戴,到了这分上,人生还有什么不满足的呢?

在古代,行政官员"不与民争业"是基本的政治原则。也就是说,当官要纯粹,不得从事第二职业以免挤压、抢占百姓生计。官与民争业、争产、争利,必然会滋生许多社会问题,包括利用身份、资源扰乱经济秩序和破坏游戏规则。杜衍认为"清介不殖私产"(《宋史·杜衍传》),历任监察部门要职,不染纤尘。杜衍到并州任职时,属吏按照惯例,请教他有没有名讳等忌讳,他说:"我无讳,讳取枉法赃耳!"(冯梦龙《古今谭概·迂腐部》)他生活清简,因吃饭时没有"来两杯"的习惯,也就无"下酒菜"的需求。估计爱喝酒的朋友到他家只得坐一会儿就走,要是留下吃饭会感到没什么意思,因为杜衍待客之道,也不过"粟饭一盂,杂以饼饵,他品不过两种"(郑景望《蒙斋笔谈》)。杜衍对居住要求也不高,他在《新居感咏》中写道:"外以蔽风雨,向内安妻儿。燕雀莫群噪,鹪鹩才一枝。因念古圣贤,名为千古垂。何尝广居室,俭为后人师。"

杜衍爱惜名声,且对名声有着自己的理解,其诗《远蒙运使度支以资政范公所寄黄素小字韩文公》云:"希文健笔钞韩文,文为首阳山下人。宁止一言旌义士。欲教万古劝忠臣。颂声益与英声远,事迹还随墨迹新。当世宗工复题咏,忧宜率土尽书绅。"

所谓事迹,或大或小,或实或虚,或真或假。杜衍知道有些人因权力大而事迹彰,一旦他们失权,事迹也就跟着消失了。多少事迹是锦上添花,或者移花接木?又有多少事迹是揄扬恭维,或者绮语溢美?不仅仅显于官场、圈子的事迹,不啻传诸当朝、当世的事迹,那些传颂久远、广为人知的事迹一定是能经得住百姓和时间检验的。

　　自古以来，仁人志士对时局的忧虑时，无不表示"蒿目时艰"。清朝末年，孙中山在《上李鸿章书》中说："盖有慨乎大局，蒿目时艰，而不敢以岩穴自居也。"可是，清朝已经腐朽没落，一介书生的呼吁起不到作用。陈独秀也曾感叹北洋政府统治下的国家，政治腐败、民生凋敝，而嗟叹："良蒿目时艰，抚膺太息。"（《独秀文存·克林德碑》）后来，他与更多同志们一起在"觉醒年代"将"蒿目时艰"的内心共鸣，演绎成壮怀激烈的"五四"新文化运动及共产主义救国大业。

> 本指草花和禾穗，泛指植物的花、穗及其茎，比喻文辞之精妙特出者或特出之事物。

苕颖 tiáo yǐng

苕颖，本指草花和禾穗，亦泛指植物的花、穗及其茎。喜欢取譬于物的古代文士，是不会忽略"苕颖"的。《文选·陆机〈文赋〉》："或苕发颖竖，离众绝致。"唐代学者吕向为《文选》作注，他解释"苕颖"："谓思得妙音，辞若苕草华发，颖禾秀竖，与众辞离绝，致于精理。"

此后，以"苕颖"或"苕发颖竖"比喻文辞之精妙特出者或特出之事物。

刘禹锡在《畲田作》中说："苍苍一雨后，苕颖如云发。"王闿运在《〈桂颂〉序》中说："嗟此桂枝，依柯分命，独能苕颖不悴，飞馨流艳。"黄侃在《论学杂著·礼学略说》中说："群书之中，搴其苕颖，则江氏《周礼疑义举要》，融会郑注而参以新说。"

钱锺书先生曾把自己的书屋取名为"梦苕庵"，他在书屋中不仅苦志读书，还阅碑帖，临写草书。冬天的时候，室内以木炭盆生火取暖，每至午夜，他就用废旧纸包裹生鸡蛋，用火温透，然后投进火盆煨熟，一夜一只用以夜宵。他一生成就卓著，有影响的著作就有《谈艺录》《宋诗选注》《管锥编》《写在人生上》《人兽鬼》，以及长篇小说《围城》等。他可谓"苕发颖竖"的国学大师。

"苕颖"是个褒奖人品或者作品的好词。高傲的人是舍不得将这个好词送人的。宋代胡旦曾取笑过寒士吕蒙正。后来,当胡旦听说吕蒙正中了状元后,便声称自己也会中状元,第二年果然中了状元。如果这不是他人杜撰的故事,那么胡旦简直是中国的第一牛人。宋代王辟之在《渑水燕谈录》中记载了胡旦的话:"应举不作状元,仕宦不作宰相,乃虚生也。"可是胡旦真的说过这话?若是中状元前说的,他真牛;若是当宰相后说的,那就是故意显示自己的牛气了。或许他压根儿没说过这话,是哪个好编状元、宰相故事的人,把这话算到了他的头上。

胡旦要做领头雁,"明年春色里,领取一行归",果然气概非凡。他上书《平燕议》,建议出兵收复燕云十六州,政坛声誉不错。

作为宋代的"苕颖",胡旦应该知道东汉的戴良吧。戴先生才高旷达、见解新奇,常常说些惊世骇俗的话,算得上是一个牛人。有人问他,你自己看天下人谁可以与你相比?戴良回答:"我若仲尼长东鲁,大禹出西羌,独步天下,谁与为偶?"(《后汉书·列传·逸民列传·戴良传》)可是,他能牛一时,未能牛一世。事实上,他的"独步"踩虚了,历史接不住。

长了眼睛和耳朵的历史,对于一个人是真正的"苕颖"、还是"吹牛皮",是能分辨出来的。历史倒是接住了韩愈对自己的评价:"龙文百斛鼎,笔力可独扛。"(《病中赠张十八》)

一个人高调说自己"苕颖",是会遭妒忌和攻击的。汉代思想家、辞赋家扬雄,家境一向贫寒,当时有不少佩服他的人自带酒菜跟他学习。有个叫侯芭的人跟他住在一起,潜心研究《太玄》《法言》。经学家刘歆见此情形,似乎有些嫉妒,他对扬雄说,侯芭白白使自己受苦！现在学者有利禄，还不能通晓《易》，何况《玄》？后人说不定会用它来盖酱瓿。扬雄笑了笑，没有作答。

杨雄写过一首赋《解嘲》，专门针对说风凉话的人："今子乃以鸱枭而笑凤皇，执蝘蜓而嘲龟龙，不亦病乎？子之笑我《玄》之尚白，吾亦笑子病甚，不遭俞跗与扁鹊也，悲夫！"他表示，自己虽不敢与那些名家并列，但是能够做到"默然独守吾《太玄》"。

前人的经验教训摆在面前，即使自己文辞苕颖，也不敢吹牛。哪怕自己写了部名著，也得告知世人此为覆瓿之物，是被人用来盖酱缸的。宋代陆游在《秋晚寓叹》中说："著书终覆瓿，得句漫投囊。"明代唐寅在《除夜坐蛱蝶斋中》中写道："一卷文章尘覆瓿，两都踪迹雪随驴。"清代李渔在《闲情偶寄·词曲·结构》中说："为文仅称点鬼之谈，著书惟供覆瓿之用。"

我以为，一如苕、颖的气味不同，文章也是有着各种气味的。那日，我在微信朋友圈上说："苍白的语言，陈旧的句式，老套的叙述……那些回忆亲情、往事、节日的文章，我是不会去读的，也是不会去写的。对于文学，当意象之新、意境之美、意味之深的语言及文笔缺乏时，我唯有止止于心，如如不动。"

有个朋友看见我的这些微信言论不高兴，许以为我是针对他的，调换概念说："写到一定高度可能就不屑于写这些东西，但一般人还是得从'人间烟火''市井生活'写起。"

我回答他说："'人间烟火''市井生活'不是不能写，而要写得有味，不陈词滥调，不重复自己。"此言一出，有个前辈作家说："同意小张（我那位朋友）的意见，契诃夫说，大狗要叫，小狗要叫，所有的狗都要叫。不是所有的人一开始就写得'有味'的，再说，人的口味也不一样。"我回答他："我只讲自己不读与不写，每个人有他的写作自由、表达方式。"

　　前辈的这话说得没错，我承认人的口味的确不一样。对于味道，因人而喜好不同，有人偏偏嗜臭。如《庄子》写到，一只猫头鹰喜欢吃腐烂的老鼠，还生怕被其他动物抢了去。

　　这就与"苕颖"离得很远了，是另一个词语"溷秽"了。

孤标 gū biāo

指山、树等特出的顶端，形容人品行高洁。

这天，我看见河对岸的大树枝叶晃动而知风起。一只鸟飞到最高的枝条上，像一片叶子，摇曳着。它待在上面有很长时间，不知道是纯粹享受那种高度，还是为了满足观察的需要而立身高处？它在鸣叫吗？即使鸣叫，我也听不到，毕竟它与我的距离远，何况鸟声重重叠叠地传来，让我辨识不清有没有它的声音。

树的最高的枝条，被称为"翘楚"，常被用来比喻杰出人才；而树特出的顶端，被称为"孤标"，被用来形容人品行高洁。

白居易在《有木诗》中说："有木名凌霄，擢秀非孤标。"唐代李山甫在《松》中说："孤标百尺雪中见，长啸一声风里闻。"《红楼梦》中有一首人物诗《问菊》："孤标傲世偕谁隐，一样开花为底迟？圃露庭霜何寂寞，鸿归蛩病可相思？"

还有山的顶端也可以被称为"孤标"。北魏郦道元在《水经注·涑水》中说："东侧磻溪万仞，方岭云回，奇峰霞举，孤标秀出，罩络群山之表。"

唐代的杜审权，是一个被称为有"孤标"品质的人。唐懿宗李漼给予他很高的评价："冲粹孕灵岳之秀，精明涵列宿之光，尘外孤标，云间独步。"这只是形容，而具体表现有哪些呢？李漼接着说：

/ 371

"静而立名，严以肃物。绝分毫徇己之意，秉尺寸度量之怀。"（《旧唐书·杜审权传》）但是李灌的评价比较概念化，所举事例不够充分。

宋代宋祁、欧阳修等人意识到了这一点，于是在《新唐书》中对杜审权的"孤标"作了补充：杜审权清廉持重，寡言少语，性情敦厚，在翰林院任职时间最长，始终不泄露禁中机密。在方镇，杜审权处理政务有固定的场所，不到日落不回内室。坐着时，他必定会端整衣襟，常如面对大宾客。有时白天要稍休息一会儿，他就示意值班人员把门帘放下；如果旁边没人，他就亲自起身撤去帘钩，抱着帘子慢慢放下，才退回。

杜审权是一位积极的"入世"者，还在从事政府行政工作，做到"孤标"确实不简单。一般人们将"孤标"当"出世"来理解，似乎树顶、山顶越高越离尘脱俗，人若处那个位置，同类也就少了，故而称其为"孤标"。

实际上，人非孤立于世，活在人间，"孤标"是相对的。彼此为岸，自流其间；高岸为谷，深谷为陵。何况，人品不等同于性格；个性独特也不等于品行高洁。人的性格没有绝对的好坏，但有癖之人，于事过度，就会伤人损己。雅癖、洁癖亦均如此。我所认识的洁癖者，他们大都喜欢骂人，不是嫌他人弄脏了环境，就是怨他人污染了物件，殊不知骂人之语，也是污浊的东西。

元末明初画家、诗人倪瓒筑"云林堂""清閟阁"，沉浸于诗画世界，以示"孤标"。他在《题彦真屋》中说："轻舟短棹向何处，只傍清水不染尘。"高洁的人品，素来为人所称颂。可是，"尘"不仅仅是官场之尘——拒绝朱元璋的征召，不去做官，就能自洁其身吗？尘世、红尘、风尘，许许多多的尘，若他都因过敏反应而要摆脱，那就活得很苦、很累了。

孟子讲"独善其身"，可有个重要的前提，往往被人忽略了，因为"独善"比"兼济天下"实现起来要容易得多。倪瓒自信"迹高行自洁"，有着与古代"洁士"相同的精神志向。然而洁士也是人，绝非异类。南朝宋人颜延之在《重释何衡阳》中说："含灵为人，毛群（野兽）所不能同；禀气成生，洁士有不得异。"

西方哲学家维特根斯坦说："使精神简洁的努力是一种巨大的诱惑。"（《游戏规则》）一些人努力的结果，导致自己患上强迫症，带着病态心理看周围的一切，迷失方向，走到精神简洁的反面。这是一种人生的悖论。

倪瓒闻不得厕所里的秽气，容不得朋友咳嗽吐痰，他担心别人把唾沫喷到饭里。他眼里有太多的俗物、俗人，甚至认为没有洁净的女人，还动手打长相难看、说话粗鲁的拜访者，他连梧桐树上的灰尘都看不下去，要佣人擦洗干净……

他有如此严重的洁癖，生活中肯定有许多不适应，活动空间必然也很小。他如何孝敬父母，又如何爱恋妻子呢？可以想象，做他的亲人会被他的毛病弄得很难受。他后来终于离开了家庭，去做了一个山野画家。但从他的诗词中可以看出，他仍然有着浓浓的乡愁，"闲身空老，孤篷听雨，灯火江村"（《人月圆》），"久客还家贫亦好。无家漫自伤怀抱"（《蝶恋花》），"畏途岂有新知乐，老境空思故里归"（《寄卢士行》）。

在人际交往上，倪瓒不可能有多少能亲近的朋友，谁也保不定突然打个喷嚏、放个屁，或揉下眼睛、抠下耳孔。一些正常的生理现象和本能行为，被看作"龌龊""污秽"，因为这些而被骂、遭羞辱，多么令人难堪啊！一个叫周南老的人，在每次倪瓒来访之前，都会把家里打扫得干干净净，连柱子和柱础都擦得锃亮。除了周南老之外，还能有多少人理解、同情倪瓒的洁癖，愿意与他促膝长谈呢？

倪瓒有个朋友张雨，在《次韵倪元镇见怀》中说："怜君柔缓情，起我淹留思。丘园岁将晏，幽期方自兹。"

这就非常难得了——倪瓒年老时，在孤独、困顿中，洁癖依然如故，还是有所改变？

倪瓒是不拒绝交友的，曹知白绘《溪山泛艇图》，倪瓒题诗于其上："云气四时多似雨，涛声八月大如雷。直看槎泝天潢去，莫遣舟来雪夜回。拟待他年具轻楫，中流小试济川才。"

倪瓒在写给朋友的诗词中，不加掩饰地表白孤独，"梦里只寻行去路，愁时聊读寄来书"（《寄熙本明》），"林卧苦泥雨，忧来不可绝……抚弄无弦琴，招邀青天月"（《早春对雨寄怀张外史》），"野性夙所赋，好怀谁共语"（《雨中寄孟集》），"古人与我不并世，鹤思鸥情迥愁绝"（《刘君元晖八月十四日邀余玩月快雪斋中，命余诗，因赋》），"身同孤飞鹤，心若不系舟"（《答徐良夫》）……

作为书画高手，寸缣尺幅广流传，倪瓒不乏神交。即使他的洁癖被人讥笑、不满，仍有人称赞他，尤其后代文人对他评价甚高，如文徵明说："倪先生人品高轶，风神玄朗，故其翰札语言，奕奕有晋宋人风气。"（王原祁、孙岳颁等纂辑《佩文斋书画谱》）

若要评价真实、贴切，让人信服，还是推崇他的画品、书品为妥，如明代何良俊说："云林书师大令，无一点俗尘。"（《四友斋丛说》）如董其昌，认为在米芾之后，倪瓒的书法最具简远萧疏、枯淡清逸的风格，可谓"古淡天真，米痴后一人而已"。（《画禅室随笔·画源》）

倪瓒足迹遍及江阴、宜兴、常州、吴江、湖州、嘉兴、松江一带，他这种洁癖之人，哪里也不易找到纯粹"干净"的人，只有远离人烟的山光水色，才是干净的，才能清洌洌地映照他的灵魂。他用来表达追求"只傍清水不染尘"境界的方式——通过绘画将内心那个干净的世界呈现出来。也唯有活在自己构建的世界里，他才能"超脱尘世"，获得一份自在。他甚至都不愿在自己的画作中留下一丝人类生活的痕迹，以免破坏画作静谧旷远的意境。

在社会动荡、变革时期，倪瓒因"只傍清水不染尘"被认同者当作精神寄托。他卓异的艺术表现，更是掩盖了他的人格缺陷。于是，他的一些感叹成为追求高洁的声音——"百年世事兴亡运。青山数家，渔舟一叶，聊且避风尘"（《小桃红》），"穴鼠能人拱，池鹅类鹤鸣。萧条阮遥集，几展了余生"（《荒村》），"愁不能醒已白头，沧江波上狎轻鸥。鸥情与老初无染，一叶轻躯总是愁"（《烟雨中过石湖》）。

金兰 jīn lán

原指牢固而融洽的友谊,出自《易经·系辞上》:"二人同心,其利断金;同心之言,其臭如兰。"后来用作结拜的兄弟姐妹的代称。

在一次聚会中,我与几个发小举杯同饮,郑平对桌上其他人介绍我,说我们是拜把子兄弟,40年的关系了。我开玩笑说,我们属于总角之交,而非"义结金兰"。

我说得比较客观,因为我们这些发小之间有磕绊、有疙瘩,关系不是十分的铁。而金兰之交的要求标准是挺高的。《易经·系辞上》:"二人同心,其利断金;同心之言,其臭如兰。"这里,同心是根本。在世俗社会,泛泛之交的朋友多,金兰之交的朋友少。

中国儒家讲"五伦",朋友是其中"一伦"。虽然位置排在最后,但有的人认为,它比兄弟关系更重要。晋代葛洪在《抱朴子·交际》中说:《易》美金兰,《诗》咏百朋,虽有兄弟,不如友生。"

历史上,一些所谓"金兰之交"的朋友,也只是一时的"气味已投,金兰分定"(清代和邦额《夜谭随录·某倅》),后来有翻脸绝交的,有反目成仇的,太可惜了。《世说新语·贤媛》:"山公与嵇、阮一面,契若金兰。"山涛,字巨源,"竹林七贤"之一,投靠了司马氏,随后又出面拉嵇康入伙。

嵇康不答应,还写了封《与山巨源绝交书》,他说:"吾直性狭中，多所不堪，偶与足下相知耳。闲闻足下迁，惕然不喜，恐足下羞庖人之独割，引尸祝以自助，手荐鸾刀，漫之膻腥……"这不仅抒发他对黑暗时局的不满，还表达了对山巨源的鄙夷。走到这种地步，二人还能称"其坚如金，其芳如兰"的朋友吗？

我在看电视连续剧《觉醒年代》时，发现陈独秀脾气大，总有"家长制"作风。他能结交几个朋友，主要是因有共同的信仰。可随着大家各自思想的转变，一些朋友成了路人，一些同志成了异己，一些战友成了敌人。鲁迅每次出场时，我看到他那倔强的样子就想笑。他很少说话，一开口就是硬邦邦的实话，不管别人的感受，所以他容易得罪人。鲁迅书赠瞿秋白对联："人生得一知己足矣，斯世当同怀视之。"

同心难求、知己难得，唐代大诗人白居易也有过这种感叹。白居易与比他小八岁的元稹同时入职秘书省，成为同事，在交往中，白居易对元稹说："所得惟元君，乃知定交难。"（《赠元稹》）这跟鲁迅对瞿秋白说的话，意思差不多。鲁迅讲"同怀"，白居易讲"同心"，意思也一样。白居易说他和元稹之间的友谊是："一为同心友，三及芳岁阑。花下鞍马游，雪中杯酒欢。衡门相逢迎，不具带与冠。春风日高睡，秋月夜深看。不为同登科，不为同署官。所合在方寸，心源无异端。"（《赠元稹》）

白居易在这里重点讲的是"心"——同心、方寸、心源。白居易信佛教，万法唯心、心源不二。朋友交往时，各自揣着念头，彼此怎么合为一条心？

可以想象，元稹对这首诗读了多遍。他俩彼此赠了很多诗，有的写得一般，有的写得情真意切，有的诗只有他俩能领会，有的诗引起了大家的共鸣。

白居易在《禁中夜作书与元九》中说："心绪万端书两纸，欲封重读意迟迟。五声宫漏初鸣后，一点窗灯欲灭时。"

元稹在《闻乐天授江州司马》中说："残灯无焰影幢幢，此夕闻君谪九江。垂死病中惊坐起，暗风吹雨入寒窗。"

从他俩的实际交往情况看，应该算是合格的"同心友"。我认为，是白居易对元稹的垂范和感化起了作用。

元稹有才气，也有傲骨，他在官场起起伏伏多次。潦倒困苦时，白居易给了他不少安慰。元稹的发妻韦丛英年早逝，白居易以韦丛的口吻写诗给他，希望他节哀顺变。元稹到外地，途中生病，白居易给他寄去药品。

白居易常梦到元稹，"夜来携手梦同游，晨起盈巾泪莫收"（《梦微之》），"梦中握君手，问君意何如"（《初与元九别后忽梦见之及寤而书适至兼寄桐花诗怅然感怀因以此寄》）。

元稹也常梦到白居易，"逮兹忽相失，旦夕梦魂思"（《酬乐天·时乐天摄尉，予为拾遗》），"今来云雨旷，旧赏魂梦知"（《和乐天秋题曲江》），"夜久春恨多，风清暗香薄。是夕远思君，思君瘦如削"（《三月二十四日宿曾峰馆夜对桐花寄乐天》）……这简直像情诗，感情如此深厚，难道"同心"到了彼此难舍难分的地步？是诗人惯于渲染，还是彼此有意明示对方在自己心中的地位？

实际情况是白居易的挚友要比元稹的挚友多，白居易有"更待菊黄家酝熟，共君一醉一陶然"（《与梦得沽酒闲饮且约后期》）"晚来天欲雪，能饮一杯无"（《问刘十九》）的刘禹锡，有"令公桃李满天下，何用堂前更种花"（《奉和令公绿野堂种花》）的裴度，有"十年分手今同醉，醉未如泥莫道归"（《酬李二十侍郎》）的李绅，有"静吟乖月夜，闲醉旷花时"（《久不见韩侍郎，戏题四韵以寄之》)的韩愈,以及武元衡等朋友。

刘禹锡的名诗《酬乐天扬州初逢席上见赠》,就是因得到白居易的赠诗而创作的。可见友情也是生产力!刘禹锡诗云:"巴山楚水凄凉地,二十三年弃置身。怀旧空吟闻笛赋,到乡翻似烂柯人。沉舟侧畔千帆过,病树前头万木春。今日听君歌一曲,暂凭杯酒长精神。"

元稹官至宰相后,很难交到真心朋友。一方面,一些人看重的是他的权力而非人格魅力,显然"心源"有"异端";另一方面他在对朋友行使公器时,不容易拿捏原则与私情的关系,同时应酬唱和也无法一视同仁,这也会影响"心源"。元稹主管肃清吏治、平反冤案的工作,明里暗里得罪了不少人,他或许知道,或许不知道。因为置身于复杂的同门关系、师徒关系、裙带关系相互纠缠的政坛中,厘清利害实在不易。裴度曾对元稹的晋升有过帮助,可元稹当宰相后,有人阴谋诬告元稹谋刺裴度,虽然查清了真相,没这回事,但是元、裴仍被同时罢相,从此两人心中有了猜疑及芥蒂,也就不可能成为"同心友"了。而裴度与白居易的关系一直不错,裴度说:"予自到洛中,与乐天为文酒之会,时时构咏,乐不可支。"(《刘二十八自汝赴左冯,途径洛中相见联句》)

朋友不在于多,而在于"同心",白居易对元稹说:"相知岂在多,但问同不同。同心一人去,坐觉长安空。"(《别元九后咏所怀》)

不过,元稹在人际交往中,除了白居易等几个男性朋友,还有几个女性朋友,所以他比白居易的情感世界要丰富些,同时痛苦也相对多些。毕竟与异性深度交往,涉及的伦理、道德、人品等问题,更为社会所关注。元稹曾"为伊憔悴"的三个女人——崔莺莺、韦丛、薛涛，皆有诗为证，放在其"心源"上考量，是金兰之交，无"异端"吗？在我看来，他跟她们压根儿谈不上什么"契合金兰""契若金兰""金兰之契"，只是两情相悦，欢爱一时而已。

　　元稹离开四川后，倒是苦了一个相思的女诗人——薛涛，她在《春望词》中写道："风花日将老，佳期犹渺渺。不结同心人，空结同心草。"

　　可惜，落花有意，流水无情。她的"揽草结同心，将以遗知音"，与元稹的"所合在方寸，心源无异端"箴言，不在一个维度上。

卓荦

zhuó luò

意为卓越、突出。

一生热爱梅花的元代画家王冕，在《贾浪仙骑驴图》中写道："形骸孤陋向岩壑，竹冠草衣空卓荦。披图挹之嗟寂寞，断桥流水梅花落。"

卓荦，意为卓越、突出。如班固在《两都赋》中说："卓荦诸夏，兼其所有。"又如《三国志·陈矫传》："博闻强记，奇逸异卓荦。"还有晋代左思《咏史》诗之一："弱冠弄柔翰，卓荦观群书。"卓荦是古代评价一个人时常用的词。用得多了，难免就不准确了，或者成为溢美之词了。于是，卓荦也就并非对一个人最好的评价了。唐代韩愈看到了这一点，他在《荐士》中说："建安能者七，卓荦变风操，逶迤抵晋宋，气象日凋耗。"

东晋书法家王徽之，艺术上卓荦特异，性格上放诞任气，他平时不修边幅，担任大司马桓温的参军时，经常蓬头散发，衣冠不整，并且对他自己应负责的事情也不闻不问。南朝梁学者兼文学家刘孝标，在注释刘义庆等编撰的《世说新语》时，引用南朝宋人何法盛的纪传体《晋中兴书》："徽之卓荦不羁，欲为傲达，放肆声色，颇过度，时人钦其才，秽其行也。"值得注意的是，"卓荦"的结果是"秽其行"，也就是人们骂他的人品不好。

再来说王冕，他的"卓荦"倒是经受得住检验。王冕少年时是个有故事的学霸，可他屡试不第，受到的打击一次比一次严重，到最后他已经没有了信心，若再考而仍无望的话，必将身心崩溃。于是，他将举业文章付之一炬。著作郎李孝光愿意推荐他去作府吏，王冕说："吾有田可耕，有书可读，肯朝夕抱案立高庭下，备奴使哉？"（宋濂《王冕传》）他的这种观念无非是落榜生的一种抵触心理。自视颇高、自尊心脆弱的他，不接受来自同情者予以补偿的官场身份，也是可以理解的。

后来，朋友泰不华要推荐他去当官，他也没有同意。他不想看到官场上的坏风气、官员的丑恶行径，不愿与之同流合污。他已经回归到自己构筑的心灵世界。

"吾家洗砚池头树，个个花开淡墨痕。不要人夸好颜色，只留清气满乾坤。"王冕写这首《墨梅》，其精神完全融入了梅花，心香一瓣，即自身与外界的交流，惟此德馨。自号"梅花屋主"的他，活在心灵世界中比什么都强。他与妻子过着普通的农家生活，"种豆三亩，粟倍之，树梅花千，桃杏居其半，芋一区，薤韭各百本；引水为池，种鱼千余头……"（宋濂《王冕传》）绘画作诗，无拘自在。他还在《白梅》中说："冰雪林中著此身，不同桃李混芳尘。忽然一夜清香发，散作乾坤万里春。"同样是托梅言志，其眼中的"乾坤"，无不是梅香所溢之处。

到了明朝，朱元璋想通过强硬手段把王冕从他的心灵世界里给逼出来，改造成为王朝的臣子。朱元璋下令立法，在刑书《大诰》中明文规定"寰中士夫不为君用"，则"诛其身而没其家"。血淋淋的案例有：江西贵溪县夏伯启叔侄俩以自残的方式——砸断自己的手指以逃避征召，可仍然被杀害；苏州姚润、王谟接到任命不出仕，被斩首并抄家。王冕以出家为由，规避了因拒绝当官而被杀的风险。

如果一个人活在自己心灵世界的权利都被剥夺，那么这样的现实社会就太可怕了。忘情于山水，悠游于翰墨，并非都是出于逃避，有的人喜静好幽，率性俭素，适合于从事心灵活动——种地、栽树、写作、画画等，无害于己，也无害于人。即使是在当今这个高度发达的物质社会，一个人放慢脚步，回归心灵，这种个人自愿选择的活法，也理应得到尊重。

当然，生计要放在首位，否则心灵世界是支撑不住的。鲁迅先生曾说过："……所以虽是渊明先生，也还略略有些生财之道在，要不然，他老人家不但没有酒喝，而且没有饭吃，早已在东篱旁边饿死了。"（《且介亭杂文二集·隐士》）我羡慕那些钱来得干净、实现了财务自由、尚未到退休年龄就退下来、沉浸于艺术爱好的人士。我一时回归不了心灵，那就只有让心灵回归了，不至于在职场压力下，没有灵魂呼吸的通道。

在元代之前的宋代，不同于王冕用墨笔勾勒出来的梅花，王安石写自然中的春梅："三月东风吹雪消，湖南山色翠如浇。一声羌管无人见，无数梅花落野桥。"（《梅花》）这梅花也是卓荦的，赏者寥寥，落下野桥。王安石称欧阳修："公材卓荦人所惊，久矣四海流声名。"（《次韵欧阳永叔端溪石枕蕲竹簟》）他又称梅圣俞："栖栖孔孟葬鲁邹，后始卓荦称轲丘。"（《哭梅圣俞》）

圭臬
guī niè

借指准则或法度。

被夸为"宋朝李白"的钱易,字"希白",成名早,少年轻狂。钱易除了是"数千百言,援笔立就"的捷才,还是书画高手。当时流行的书法佳作有绛帖、潭帖、临江帖三种,以钱易临摹的潭帖为最优。靠自己的才华吃饭的人,有傲气很正常。

钱易的诗没能超越李白,所谓"为歌诗殆不下白",被奉为圭臬,是因为欣赏他的人捧得太高。希白毕竟不是李白!就如同当今获得"李白诗歌奖"的诗人,由冠名"李白"的标签贴一下而已,可以理解。诗人需要来自文坛或组织基于创作成就本身给予的肯定和荣誉。

钱易名声大,许多人都想沾沾他的才气。有个相貌消瘦的书生,举止像个山野之人,拿着文章要拜见比自己小六岁的当代李白——年轻的希白先生,却被拒绝了。钱易无视名气不如己者,何况对方起点那么低,很难有成就。有人告诉他,想见你的这个人从面相上看,可是人中之贵,将来必做大官。钱易觉得是无稽之谈,并不相信。后来,这个人真的当了宰相。他叫王钦若,主导编纂的《册府元龟》为"宋四大书"之一。

天才诗人的傲气,要么由时间慢慢消磨,要么被更厉害的人光芒遮蔽。钱易在《觅越僧诗集有寄》中说："莫学江淹拟惠休,碧云才调已难酬。"还在《初夏病中》中说："徒有文园渴,更有漳浦才。可怜余滞骨,无复动心灰。"

毕竟,无论是把一个人的作品,还是把一个人的言论,奉作圭臬——当做自己的准则,都是有风险的。古代测日影、正四和测度土地的仪器,有土圭与水臬,其准确度在于控制偏差。所谓的标准、准则和法度,因作出决定或判断的人自身存在问题,所以常常造成失据与不公。如清代姚衡在《寒秀草堂笔记》中说:"惜邪说蟠互胸中……所言未能纯粹,则学者仍未可奉为圭臬也。"

历史上,差不多每个朝代都十分重视"揆日晷,验星文,陈圭臬,絜广轮"(明代黄佐《乾清宫赋》)。杜甫在《八哀诗·故著作郎贬台州司户荥阳郑公虔》中写道:"圭臬星经奥,虫篆丹青广。"

再说立言著述,有称大学者为圭臬的,如清代钱泳在《履园丛话·耆旧·西庄光禄》中说:"世之言学者,以先生为圭臬云。"有称作品为圭臬的,如清代钱大昕在《六书音韵表序》中说:"此书出,将使海内说经之家奉为圭臬,而因文字音声以求训诂,古义之兴有日矣,讵独以存古音而已哉。"

唐代有个叫杜亮的人,他给萧颖士打工十多年,稍有工作失误,就被萧颖士鞭笞。有人劝杜亮离开萧颖士,杜亮说:"我不是不能到别处去,之所以留在这里,是因为仰慕先生博大精深的学问啊!"(清代褚人获《坚瓠续集》)"骨灰级"粉丝将偶像的一切都视作"圭臬",甘于奉献。

陆游身处南宋,羡慕唐代的萧颖士和东汉的郑康成。这两个大学问家,广受人崇拜,连身边的仆人、婢女都爱文学,有文化,并且不因挨揍而逃离。他在《先少师宣和初有赠晁公以道诗云奴爱才如萧颖士婢知诗似郑康成晁公大爱赏今逸全篇偶读晁公文集泣而足之》中说："奴爱才如萧颖士,婢知诗似郑康成。"萧、郑二位先生,学问大,有修养,可动不动就体罚身边干活的人,似乎那"学问"不充实,"修养"不全面。陆游思考过这个问题吗？打和骂,同样是"莫、莫、莫""错、错、错"！

陆游敬佩晁说之学识渊博,同情他仕途坎坷,于是写诗相赠。诗中引用了文化影响力及环境熏陶性的典故。他是否有意站在奴、婢的位置,提醒那些当政大佬和文坛大腕,当今社会存在一种爱的错位？或指责他们漠视仰慕自己的小角色,将仆人与婢女真诚的敬重看作恭维,将权贵随意的褒奖奉为圭臬？

在陆游眼里,读书不是生活的全部,尤其不要被能说会道者引入歧途。他在《示儿》中说："人生百病有已时,独有书癖不可医。愿儿力耕足衣食,读书万卷真何益！"他还告诫子孙不要以地位高低去看人之高低,有学问不可目空一切,做高官更应懂得爱民。他说："人士有与吾辈行同者,虽位有贵贱,交有厚薄,汝辈见之,当极恭逊。已虽高官,亦当力请居其下。"(《放翁家训》)

一代有一代的文风,一代有一代的圭臬。

"如长江秋注,千里一道,极汪洋之观；如危峰绝壑,穿倚河汉,径路俱绝；如空山明月,遥天鹤唳,清旷无尘；如蒲团入定,炉烟细袅,能资人静悟；如铁骑疾驰,笳鼓竞作,时增悲壮；如疏帘舞风,雅琴徐抚,有和平之乐。"(《上沈旭轮师》)

这段文字写得好,尤其出现在文学评论中,非常形象。作者为清代"真才子"尤侗。尤侗如此评价自己的老师沈旭轮的文章,却不见沈旭轮的文章传世。或许有文集留下来,可并未留下影响后世的文章，不知是读者不买账还是时间太无情，终究是找不到了。

不过，尤侗曾说过，"一代之文，自有一代之风气"，世人的审美是变化的。这或许解释了沈旭轮文章遗失的原因。

雪格
xuě gé

比喻高洁的品格。

    从空中落下的不是雪花，是雪粉，铺在地上颜色有些发黄，它颠覆了我对雪之"洁白"的认知与印象。我怀疑它不是雪而是另一种物质——这是2011年，在北方某城市见到的一场雪，我称之为"黄雪"。我回想起曾经工作过的一家水泥厂，煤烟飘落到雪地制造出很糟糕的、大煞风景的"黑雪"。后来，我重访那座城，终于在那里看到了洁白的雪。

    中国传统文化赋予雪一种美好的象征，这是因为雪从天穹飘下，洁白而干净。雪具有清白的品质，它把大地上一切肮脏丑陋的东西全覆盖了，以至于它被人们用来比喻洗刷冤情，如平反昭雪、报怨雪耻、洗雪污蔑等。中国十大著名古曲之一的《阳春白雪》，其"白雪"乃"取凛然清洁、雪竹琳琅之音"之意。这样的白雪被称为瑞雪，而"瑞雪兆丰年"，故"阳春"天籁，喻示着"万物知春，和风淡荡"。

    古人用"雪格"比喻一种高洁的品格。贯休在《送姜道士归南岳》中说："松品落落，雪格索索。"杨万里在《送乡人余文明劝之以归》中说："一别高人又十年，霜筋雪骨健依然。"庄子主张用雪洁身，清净神志，"疏瀹而心，澡雪而精神"。后来"澡雪精神"用来比喻清除人意念中庸俗的东西，使神志、思路保持纯正。文品即人品，你要写出好作品，必须"是以陶钧文思，贵在虚静，疏瀹五藏，澡雪精神"（刘勰《文心雕龙·神思》）。当代国学大师饶宗颐先生说："世俗社会的人们多些精神的澡雪，少些物欲的追求。"

我记得小时候，雪后数日大地仍白皑皑一片。我们玩雪时，禁不住吃起雪来，这正印证了"秀色可餐"的成语。可见，这成语形容是有道理的，符合人的心理，因为脏兮兮的雪是不可能刺激人的食欲的。由于儿时有过吃雪的经历，成年之后，我写了一篇主人公吃雪的小说：在特殊年代，一位饥民出现幻觉，将雪当作粮食，大把大把地吃，且不允许别人在雪地里"糟蹋粮食"。这篇小说于1995年发表，写得怎么样不好说，但至少引起了编辑的共鸣。现在的年轻人如果看了这篇小说可能产生一定的陌生感，以至于持有怀疑的态度。但我认为我的故事是源于生活的，而非胡编乱造的。

我母亲总会在冬天储一缸雪，来年春夏用它来腌菜。一旦河床被大雪冰封，不能担水回家，我们就用脸盆、水桶装雪，放在家里融化，然后煮沸食用。这是许多人家的传统和习惯。福建龙岩的钟兄告诉我，他们闽西客家人喜欢在冬天收集雪，第二年夏天在雪水里加入稻草灰和一些佐料，然后以此做卤水来浸泡鲜豆腐。浸泡一天后，把豆腐捞出洗净，再浇上香油、青辣椒、蒜泥、香菜末、酱油和少许盐，就成为一道佐餐小菜，特别好吃。

雪水和天落水，古人称之为"天泉"。尤其是雪水，被视作美的精灵——"寒英"。范仲淹在《依韵和提刑太博嘉雪》中说："昨宵天意骤回复，繁阴一布飘寒英。裁成片片尽六出，化工造物何其精。"元代谢宗可的一首诗也很有名："夜扫寒英煮绿尘，松风入鼎更清新。月团影落银河水，云脚香融玉树春。"（《雪煎茶》）

煮雪烹茶是文人的雅事，"煮雪问茶味，当风看雁行"（唐代喻凫《送潘咸》）。煮雪烹茶是冬季最温馨快活的事了，白居易"扫雪煎香茗"，辛弃疾"细写茶经煮香雪"，曹雪芹"扫将新雪及时烹"。煮雪烹茶营造了多少佳境，又留下了多少佳话。曹雪芹自然是十分爱雪的，并且推崇雪的精神，他认为懂得扫雪煮茶的女子，是能做红颜知己的。他笔下爱读《庄子》的妙玉是个高洁的女子，"不同流俗，不趋权势"，这恰是雪的品质。妙玉招待黛玉、宝钗、宝玉喝"体己茶"——烹茶的水是她五年前收的、梅花瓣上的雪。

现在，我不知道是否还有"煮雪烹茶"的人，我想只有居深山无可饮之水的人，才会将雪化了喝吧。一友在微信朋友圈说："不见喝雪水的人，也没亲饮雪水泡的茶，这冬天过得真不够雅兴。"另一友答道："问题是，现在落下来的雪很快就被污染变色，谁还敢食用呢？"我说："不少人看到下雪特别兴奋，说明雪的气场与人的精神气场是相通的，或者说雪给人带来好的气场。"这时，马上有人对我说："下在城里的雪，一定程度上净化了空气，可随着浮尘而落，委实算不上'寒英'。车子碾过，行人践踏，地上脏污不堪。倒是希望天快些晴，让阳光收去那淤泥一般的浊物。"

我告诉异地朋友，自己住在长江之滨、大龙山之麓。逢此隆冬之际，我踏雪寻梅，再读一首诗："雪格冰姿蜡蒂红，水边山畔淡烟笼。江风也似知人意，密递清香到室中。"（宋代朱淑真《咏梅》）惬意得很啊！

尺牍 chǐ dú

古代用于书写的书简、信札、书信、文辞或墨迹、字迹的统称，古代书简约长一尺，故称"尺牍"。

我喜欢明清小品，包括尺牍，如《袁中郎尺牍》《惜抱轩尺牍》《尺牍新钞》等。清初诗人、戏曲家孔尚任不仅推崇尺牍，还将它上升成一个时代文风的代表作。孔尚任希望图书编辑们多选尺牍。他在《与徐丙文》中说："人但知词为诗之余，而不知尺牍亦诗之余也。"

在纸还没发明出来的古代，人们在一尺长的木简上书写，故称"尺牍"。《后汉书·北海靖王兴传》："及寝病，帝驿马令作草书尺牍十首。"《三国志·魏志·胡昭传》："胡昭善史书，与钟繇、邯郸淳、卫觊、韦诞并有名，尺牍之迹，动见楷模焉。"

甚至到了纸出现之后，书简仍然被称为"尺牍"。宋代苏辙在《进御集表》中说："臣顷被圣旨编次遗文，始于禁中，次及三省密院，下至文武诸臣之家，凡尺牍寸纸，无所遗轶。"明代徐渭在《会稽县志绪论·山川论》中说："一圣君、一贤相，书天下九之一之山川，不满一尺牍；今之志会稽者，书天下千之一之山川，乃累数十纸而未终。"

后来，"尺牍"的含义已超出书写工具本身，有时被用于代指文辞，如《南史·蔡景历传》："景历少俊爽，有孝行，家贫好学，善尺牍，工草隶。"又如金代元好问在《中州集·刘勋》中说："少宣长于尺牍，落笔皆有可观。"有时被用于指代墨迹、字迹，如《新唐书·儒学传上·欧阳询传》："询初仿王羲之书，后险劲过之，因自名其体。尺牍所传，人以为法。"

更多的时候，尺牍是指信札、书信，南朝梁刘勰在《文心雕龙·书记》中说："祢衡代书，亲疏得宜，斯又尺牍之偏才也。"唐代欧阳詹在《上张尚书书》中说："以尚书山容海纳，则自断于胸襟矣，岂在攸攸八行尺牍进退于人？"宋代吴处厚在《青箱杂记》卷七中说："尝有应制科人成锐集诗三篇，国子博士侯君以献于随，随览之，乃亲笔尺牍答侯君。"近代刘师培明确指出："有由下告上之词，则为奏疏；有同辈相告之词，则为书启尺牍。"（《〈文章学史〉序》）

近百年来，常用书写工具多次更迭，尤其近十多年来网络发展迅猛，智能手机普及，很少有人再用纸写信了。大年初三，我在颜之推的《颜氏家训·杂艺篇》上读到"尺牍书疏，千里面目"八字，不禁拿起手机，打开微信翻看，瞧瞧几位哥哥、几位侄子、几位侄女、几位外甥在干啥，瞧瞧朋友们又写了什么、更新了什么。

那天，我听舅舅回忆过去。1949 年春节，当时他只有 19 岁，我的父亲送我的二伯到上海，音信全无，舅舅在我家陪我母亲住了 40 多天。可以想象，我母亲当年是多么的焦急。幸好，后来父亲安全到家了，原来当时正在进行解放战争，封锁了长江，他被困在江阴归程路上。而直到 1980 年，我家才接到我二伯的书信，知道他已经生活在海外了。再过若干年，得知他在台湾工作。二伯于 1991 年退休回乡探亲。每逢端午、中秋和春节，二伯都会写信给他大陆的亲人，一直到他的同胞兄弟过世后，才渐渐断了书信往来。记得当年我父亲、我大伯在过年前接到二伯的书信，特别高兴，简直能把信的内容背下来。我去大伯家拜年时，他拿出信，一字一句地念给我听，然后递给我，让我再看一遍。

言为心声，书为心画。古人认为书法、书迹、书信同书写者的人格有着密切联系，能从中看出其性格、气质、情感、修养、学识等方面的情况。现代人不写信，成天拿手机发短信、发微信。虽然不能从文字上看出聊天者的个性和面目，但聊天的人可以拍个照片发过去，千里万里，一瞬间你知我知。现在还是比过去好，亲人虽相隔天涯，彼此犹聚一室。

我听岳母回忆，她在1965年嫁给我岳父，岳父当时在烟台当兵，于1969年退伍，他们婚后有四年春节不在一起过。岳母说："他喜欢写信，一写几张纸，甚至十几张纸。我写信简单，一张纸就能把话说完。"我问他们，书信还在吗？能否给我看看？二老说那些信早丢失了。想必当年他们两地过年，给对方写信，或读对方的书信时，内心是充实的。

我曾经在一部小说中看到一个感人的情节。一个男孩写好信后到邮局寄给女孩，他以为三天后，也就是过年那一天女孩会收到信。可春节时，信比平时走得慢。女孩从男孩的上封信中得知，春节会有男孩的信件到达。于是，她跑到邮局，可邮局放了假，她又去找那个每次送信的邮递员，听说他回十里外的老家过年了。女孩想，他会不会把信带回家了呢？女孩竟然冒雪奔向邮递员的家……这样的故事，从未用纸写过信的90后读后会有什么感想呢？

我想重读这部小说，可不知道它在哪本文学期刊中。何况那年我因失业经济拮据，把不少刊物当废纸卖掉了，现在我很后悔，怪自己在艰难的日子里意志薄弱，收藏意识差。从经济的角度看，现在一些旧刊的价格翻了数倍、数十倍，我在收藏上实在目光短浅。我瞅了瞅余下的几个装旧刊的纸箱，在迟疑中放弃了寻找那部小说的念头。这时，我想起了两位现代作家——徐志摩和沈从文。他俩都是写情书的高手，一个"浓得化不开"，一个"爱之如命"。我读徐志摩的《爱眉小札》时已经结婚，如果早几年读，估计会忍不住效仿之，那就俗死了。

"只是我一人凄凄凉凉的在栈房里闷着。遥想我眉此时亦在怀念远人，怎不怅触！"1926年正月初五，已跟张幼仪离婚的徐志摩致信陆小曼，其情极其浓烈。可是后来徐志摩对陆小曼的感情由浓到淡，最后因飞机失事，他俩"千里面目"化为阴阳两隔，令人惋惜。

沈从文与张兆和曾经咫尺天涯，因为后者不爱前者。但是，沈从文硬是用1000多封情书，促使张兆和接受了他的爱。"莫生我的气，许我在梦里用嘴吻你的脚，我的自卑处，是觉得如一个奴隶蹲到地下用嘴接近你的脚也近于十分亵渎了你的！"可见在写情书上，沈从文一点也不比徐志摩逊色。这些情书果然有效，沈从文与张兆和的关系不断拉近，最后他俩终于踏进了婚姻的殿堂。

我在书橱里还找到了另外几部名人书信集，随手翻阅起来："因为预备过旧历新年，所以老实不客气的和你谈俗事了。想请你示知一下，在阳历一月底，可以寄给我的，大约有若干钱。我想《新晚报》，应不成问题，循环能支付否？'瞎子做梦，有无出路'，均希示及。又乙酉文编，何日可有希望，亦祈费神见示。国内现无文字'外快'可得，如港汇未能如预算的收入，则须得及早举债，故不得不急之也。幸祈恕之。"这是1961年周作人写给曹聚仁的求助信，可见其境况窘迫。虽然过年是很不轻松的，但他的文字依然冲淡平和。

芸芸众生的节日书信数量远大于名人，留存下来的都是珍贵的社会遗产。"三行家书抵万金"的书信时代离我们并不远，可离开得却很决然。现在我们都在玩微信，将不玩微信的人的面目渐渐忘记。

"留犁挠酒知胡意，尺牍移书示汉情。"（秦观《林次中奉使契丹刘仲平出倅郓州同舍十有六人饮饯于丁氏园次少蓬韵》）"尺牍百封虚有意，文章十帙更传谁？"（曾巩《刁景纯挽歌词二章》）"辛勤风波事，尺牍奚能诉？"（宋祁《写怀寄献枢密太尉》）

读了这些诗，我不由得拿起笔，写了一封信，可终究没有发出去。

饶益 ráo yì

饶，丰富、多；益，增加。饶益，指富裕，出自《史记·货殖列传》，后来也有了赢利和使人受利的意思。

"饶益"的词义逐渐拓展，首先是指富裕，然后指赢利，最后指使人受利。今天看"饶益"一词的引申义，其精神导向颇有现在我们所说的"让一部分人先富起来，再实现共同富裕"的意味。

儒、释、道三家对物质的看法迥然不同，是因为三家的立场和角度不一样，当然对于"饶益"的理解也各不相同。

孔子的学生子贡善于经商，曾在曹国、鲁国经商，家累千金。《史记·货殖列传》："七十子之徒，赐最为饶益。"

孔子的弟子中，就数子贡最有钱。对于这个最有钱的弟子，孔子的评价还是挺高的。子贡曾问孔子，自己怎么样。孔子说："汝器也。"子贡又问："何器也？"孔子说："瑚琏也。""瑚琏"是宗庙里盛黍稷的器具，上至王侯，下至卿大夫都将其置于高堂之上，在宗庙中则与鼎相配而用。孔子将子贡比作"瑚琏之器"，说明子贡在他的眼中并非凡夫俗子，而是治国安邦的栋梁之材。

由此可见，儒家并不轻视财富，只是要有个前提，即"君子爱财，取之有道"。在《论语·里仁》中，孔子亮明了自己的观点："富与贵，是人之所欲也；不以其道得之，不处也。贫与贱，是人之所恶也；不以其道得之，不去也。"意思是，财富是每个人都向往的，但以不正当手段得到的财富，君子不会享用它；贫困和卑贱是人们厌恶的，但以不正当手段摆脱它们，君子是不会做的。

在后来的社会中，尽管主流文化一再强调君子应"以财发身，以义为利"，但是，社会上更加鼓吹财富的重要性，以至于人们重义轻利，"饶益"开始逐渐地带有贬义的色彩。一方面，富贵是人人内心所向往的和人生所需要的，可大家又普遍仇富，视财富为洪水猛兽；另一方面，许多人做梦都想发财。宋代何薳在《春渚纪闻·歙山斗星研》中说："色正天碧，细罗文中涵金星七，布列如斗宿状，辅星在焉。因目之为斗星研。汪自是家道饶益。"

过去，商人的地位比较低，他们为了提升地位，便要做一个"儒商"，以财利人、多做善事。这是商人的救赎之道，也是洗白自己的策略。曾国藩在《新宁刘君墓碑铭》中说："当君初贾异县，颇求饶益以娱亲。"

南朝宋文学家、文坛领袖人物颜延之，是历史上一个对于贫富有独特见解的人。他承认贫富现象普遍存在于社会中，知识分子与其仇富，不如自己远离富贵——如果这个做不到的话，可以尽可能做到"省赡以奉己，损散以及人"（《庭诰》），以削弱穷人与富人的对立。

颜延之对于"仇富"的现象有过观察与分析，他说："富厚贫薄，事之悬也。以富厚之身，亲贫薄之人，非可一时同处。"（《宋书·列传·颜延之传》）富人很难做到对穷人的亲近，这是人性问题。贫富现象始终存在，人人都想自己富有，"若谓富厚在我，则宜贫薄在人"（《宋书·列传·颜延之传》），可实际上不可能人人都变得富有。于是就会出现"道在不然，义在不可，而横意去就，谬生希幸，以为未达至分"（《宋书·列传·颜延之传》）——颜延之把问题的焦点从人性问题转向社会问题，百姓的贫富差距不断增大，以至于产生贫富矛盾，激起社会分化，"禄利者受之易，易则人之所荣；蚕稿者就之艰，艰则物之所鄙。艰易既有勤倦之情，荣鄙又间向背之意，此二涂所为反也"（《宋书·列传·颜延之传》）。

如何解决这个关系到社会稳定的问题呢？颜延之开出了药方：一是知识分子要甘守清贫，当官的要控制欲望，做到日子艰难仍能在茅屋草庐中弹琴自乐；二是国家要重视民生，"蚕温农饱，民生之本"，应该保障劳动人民的生活条件，保证他们有衣穿、有饭吃，温饱是维持生命延续的必要条件，如果饥饿寒冷正在侵扰一个人，那么和他谈论遵守道德就成了空话；三是税收公粮要根据季节、年成丰歉等具体情况来定份额、数量，做到不伤农。颜延之的这些观点并不新鲜，但他敢于发声，这代表了知识分子的良知。

尤其难能可贵的是，颜延之还具有人格平等的思想。他说："含生之氓，同祖一气，等级相倾，遂成差品，遂使业习移其天识，世服没其性灵。至夫愿欲情嗜，宜无间殊，或役人而养给，然是非大意，不可侮也。"（《宋书·列传·颜延之传》）他认为，一个社会要消除压迫和侮辱，去掉下等人的觊觎之心，必须上等人和下等人各得其所，贵族与平民同样幸福，即"陵侮不作，悬企不萌，所谓贤鄙处宜，华野同泰"（《宋书·列传·颜延之传》）。

颜延之能有这样的观点，是非常了不起的。当然，颜延之的思想也受限于其所在的时代。在"重义轻财"的大背景下，一些人宁愿饿死，也不拿非义之财；而另一些人却拿着性命与法律对抗，大敛其财。

以南朝为例，齐王朝的郁林王萧昭业好斗鸡跑马，任意挥霍钱财。国库中由齐武帝积蓄的数亿万钱，还有无数金银布帛，很快被他花光了。为了寻求刺激,他让皇后和宠妃们互相投击宝器嬉戏,听到宝器破碎的声音后,他狂笑不止。他每次看到钱就说:"以前想用你一文而不可得,今日能用你不?"说罢便哈哈笑,也把别人逗乐了。

齐永泰年间,王秀任晋平太守,不到一年就搜刮了很多钱。当时地方官任期三年为一届,王秀只当了一年太守就上表请求调任。这么好的肥差不当到头,朋友表示不解。王秀说:"此邦丰壤,禄俸常充;吾山资已足,岂可久留以妨贤路。"(《南齐书·王秀之传》)意思是说,他已捞足,要让别人也搜刮一下。"山资""贤路"四字,透出他的幽默。

齐永明年间,一些官吏乐意到地方上任职,因为可以贪污受贿,大发横财。中书舍人茹法亮对人说:"何须求外禄!此一户中,年办百万。"意思是说,他在中书舍人这个位置一年可以收受贿赂百万以上,不需要再到地方上去任官搜刮钱财。将贪污受贿说成是"办钱",可见其颇为幽默。茹法亮大造豪华住宅,他的府第起名为"杉斋",可与皇帝的延昌殿媲美。

梁朝有一个叫鱼弘的人,在几个地方任过太守。他锦衣玉食、香车宝马、女人无数,过着极其奢侈的生活。他对自己的搜刮贪污的行为毫不隐讳,并且诙谐风趣地对人说:"我为郡,所谓四尽:水中鱼鳖尽,山中獐鹿尽,田中米谷尽,村里民庶尽。丈夫生世,如轻尘栖弱草,白驹之过隙。人生欢乐富贵几何时!"(《梁书·列传·卷二十八》)

北魏后期的齐州刺史元诞是个贪官,并且不问民间疾苦。有个和尚为他采药归来,他问和尚老百姓对他的看法如何,和尚如实地告诉他,老百姓都觉得他是个贪官,希望朝廷早点将他撤换。元

诞说:"齐州七万户,吾至来,一家未得三十钱,何得言贪?"(《北史·列传·卷五》)

道家主张"出世",物质观念淡薄,尤其在道家衍变为道教之后,出家道士餐风饮露,甚至辟谷,还需要"饶益"干啥?佛教倒是重视"饶益",并且比儒家谈得还多,《维摩诘所说经》:"菩萨取于净国,皆为饶益诸众生故。"《地狱变文》:"恨你在生之日,悭贪疾妒,日夜只是算人,无一念饶益之心,只是万般损害。"南朝谢灵运在《庐山慧远法师诔》中说:"广演慈悲,饶益众生。"从中,我们可以看出,"饶益"是一种让他人获得利益的方式,一种广泛布施的形态,一种佛法修行的体现。

转圜 zhuǎn huán

挽回，从中调停。

车子在群山中盘旋行驶，我坐在车上，眼见一山峰离得很近，可一会儿它又远离了我的视线；眺望一山峰，云遮雾障，犹如天上，车子竟然很快转到了它的身旁。在山中行驶就是这么的奇妙、刺激、有趣。大家随着车子的行驶，或惊叫、或谈笑。

在这谈笑、惊叫声中，我零星听见有两个人小声嘀咕：谁脾气倔强、性格孤僻，遇事好钻牛角尖；谁心计重、城府深，很难打交道……

我想，他们所说的人，不就像这群山之中的一座座峰峦吗？驱车围绕着它们转时，不能紧张、急躁、恐慌，要保持冷静、镇定、平和。常年在山中开车的老司机，觉得车子转来转去、忽高忽低没什么，路途顺畅得很。同样，与各种人交往时，只要知其心理、晓其性情，大抵不会有什么太大的问题。

这时，我听见其中一人说："这事弄得太糟了，怕不容易处理。"另一人说："你回去得请你师父出面转圜。"

我心里一震，好一个"转圜"！是的，为人处事之通达者，一如转动圆形器物。"昔高祖纳善若不及，从谏若转圜，听言不求其能，举功不考其素。"（《汉书·杨胡朱梅云传》）"建大功若转圜，

翦群凶如拉朽。"(《晋书·列传·第五十五》)

转圜，也如这转山，即"山重水复疑无路，柳暗花明又一村"（陆游《游山西村》）；转圜，亦即"万山不许一溪奔，拦得溪声日夜喧。到得前头山脚尽，堂堂溪水出前村"（杨万里《桂源铺》）。

人多有同理心，故而彼此沟通是能够进入"转圜"之门的，除非此人是铁石心肠、枯木脑袋。事情到了难以转圜的地步，必有着于情、于理、于法不通的地方。《明史·黄道周传》："且陛下岂有积恨道周，万一圣意转圜，而臣已论定，悔之何及。"清代魏源在《道光洋艘征抚记上》中说："义律遂托澳门西人，代为转圜，愿将趸船奸商，尽遣回国。"清代李伯元在《文明小史》中说："亏典史明白，恐怕一朝决裂，以后更难转圜。"

宋哲宗元祐八年，旧党中一部分士大夫从国家命运的角度出发，为避免"党争"日趋恶化而进行了数次调停。可是新旧两党的矛盾太大了，到了水火不容的程度，转圜不成，最终造成国家元气大伤。虽然，司马光说："圣主乐忠谏，曲从如转圜。"（《又和并寄杨乐道》）但是，党派之间是坚固的铜墙铁壁，穿之不透。

南宋有一场学术之争，险些转化为政治斗争。著名理学家、文学家吕祖谦，主持过中国学术史上一场大型论坛——"鹅湖之会"。他试图为朱熹和陆九渊这两个学术思想冲突的人物进行转圜，结果失败了，而他自己却走上了融合两派学术之路。历史上像他这样的人极其少见，非大才略、大包容、真涵养、高自信者不能将不同学说、甚至对立的思想放在同一时空，进行对话与交流。何况吕祖谦所面对的是朱熹和陆九渊，这可是两派对峙的顶级文化人啊！

朱先生认为"兀然存心于一草木、一器用之间，此是何学问"（《答陈齐仲》），而陆先生坚持相信"吾心即宇宙"（《象山先生全集》)。

朱先生要求"论先后，知为先；论轻重，行为重"(《朱子语类》)，陆先生表示"言即其事，事即其言"(《与朱元晦》)。

朱先生认准了"太极只是一个理字"(《朱子语类》)，陆先生肯定"阴阳即是形而上者"(《象山先生全集》)。

朱先生提出要多读书，并总结出了"读书六法"："循序渐进、熟读精思、虚心涵泳、切己体察、箸紧用力、居敬持志。"(《程氏家塾读书分年日程·朱子读书法》)陆先生强调多读不如多思，许多典籍中的思想就在人们的心里，"六经注我"(《语录》)而已。

朱先生有首《劝学诗》："少年易老学难成，一寸光阴不可轻。未觉池塘春草梦，阶前梧叶已秋声。"陆先生也有首诗《读书》："读书切戒在慌忙，涵泳工夫兴味长。未晓不妨权放过，切身须要急思量。"

吕祖谦将朱熹、陆九渊及他们各自的追随者弄到一块，开展学术交流，这不是一件容易事，甚至颇费周折。他从金华出发，前往福建访问朱熹，到达崇安后，被朱熹留住"寒泉精舍"十多天。然后两人抵至江西信州（今江西上饶）的鹅湖寺，筹备论坛。陆九渊会不会出席呢？吕祖谦心中没底。陆先生曾批评他，在服丧期间讲学有损"纯孝之心"，但吕祖谦早已放下那段不愉快。现在要紧的是调和朱氏"理学"和陆氏"心学"之间的理论分歧，使二人的哲学观点"会归于一"。于是，吕祖谦亲自出面邀请陆九龄、陆九渊兄弟前来与朱熹见面。不久，陆氏兄弟应约来到鹅湖寺。

鹅湖，这个地名令我不由得想到骆宾王的诗，"鹅鹅鹅，曲项向天歌"。对于学术争鸣，吕祖谦持有"甚有虚心相听之意"(《语录上》)的态度，他这样评价朱熹和陆九渊："元晦英迈刚明，而工夫就实入细,殊未可量。子静亦坚实有力,但欠开阔耳。"(《与陈同甫》)尽管他的内心倾向于朱熹之学,但也没有完全否定陆九渊。按他的认知,"心平理自见,周道本如砥"(《送丘宗卿博士出守嘉禾以视民如伤为韵》),争鸣乃学术范畴,不可转为诋毁、谩骂,学者风度当如"东岸红霞西岸绿,却将景色为平分"(《西兴道中二首》),彼此不压制、不遮蔽、不取代。

吕祖谦最初的目的是"欲合永嘉、紫阳而一之"(《四库全书总目提要》),也就是融合性理之学与浙东史学,扭转"道学、政事为两途"(《历代制度详说原序》)的分裂局面,弥合程朱性理之学与永嘉经制之学的分歧。殊不知,鹅鹅鹅,朱之声、陆之声、吕之声,音调和音色各不同。他非要做一个集权制度下的学术掮客,强行弥合不同学派的分歧,何况这世界本就是你中有我,我中有你,一体多面,物性迥异。其诗曰:"鼎食味苦浓,藿食味苦淡。同生不同嗜,羊枣与昌歜。孰能游其间,进退两无憾。尚书古仙伯,雅尚本真澹。"(《尚书汪公得请奉祠钱者十有四人分韵赋某得敢》)

吕祖谦放弃转圜朱、陆间的分歧后,他这只"鹅"继续以其独有的"吕腔"鸣叫江湖,游走出一条与朱熹、陆九渊的思想相似又不相同的学术研究之路。他突出"心"在认识论的作用,主张"守初心",这与陆九渊的"明心"说相契合;同时他认为穷理须格物,其中有一个涵养过程,这与朱熹的"格物致知"的认识论是一致的。他着力于"心""神""天""理"四个维度合一的研究,最终成为南宋浙东学派的集大成者。他的学说影响了后世浙东学者群,包括章太炎、蔡元培等众多人士。

蔡元培在主持北大工作期间,招聘陈独秀、胡适、辜鸿铭、黄侃等不同类型的学者任教授。这与吕祖谦邀请朱熹、陆九渊等学者到鹅湖寺进行学术交流有异曲同工之妙。这说明，万物并生，且书斋、学堂"不碍飞花入"，且转圜自如。

现代思想家马一浮先生祖籍为绍兴。他在《尔雅台答问续编·答黄君》中说："从来云月是同，溪山各异，并不相碍也。"他走的也是吕祖谦的学术路子，转圜各派学术思想，贯通各派学术路径，最终目的是"唯有指归自己一路是真血脉"。

见囿
jiàn yòu

囿，原指古代专为帝王建造，围起来的养动物的园林，引申为局限、拘泥；见囿，局限于原有的看法或经验。

  见囿，或指囿于成见，局限于原有的看法；或指囿于一隅，见识受环境影响。故而人要走出去，扩大眼界。

  所谓囿于"一己之见"，有时并非出于私心，而是受到眼光的局限，是认知力低的表现。骂人"妇人之见"也并非歧视女性，而是因为在过去的社会里，除了少数女性会识文断字，大多数女性的生活范围被限制在绣楼、深闺、庭院、厨房里，看问题拘泥于所闻，只会片面、肤浅。

  当然，在外面混的男人，并非个个都是见识高明的人。即使特别聪明的男人，一生中也会有犯糊涂的时候。

  大文豪苏轼在《次韵答章传道见赠》中说："自从出求仕，役物恐见囿。"他有自己变得"见囿"的心理预设，故而尽可能让自己开阔眼界、虚怀纳物，与人共情豁达，于事不纠结。可是，有一件事让苏轼很后悔，他在《陈公弼传》中这样写道："方是时，年少气盛，愚不更事，屡与公争议，至形于颜色，已而悔之。"

  苏轼说的是他刚参加工作时的事。那时他自我感觉良好，认为自己一定能成就一番辉煌的事业，从而立德、立言、立行。由于苏轼是性情中人，往往不拘小节，结果有些事情做着做着，一任性就控制不住了。对此，一向行事严谨的领导陈希亮（字公弼）看他的做事风格不顺眼，批评教育他。陈希亮对不懂事的年轻人加强了管理，工作上要求特别严格，还经常对苏轼的公文进行修改。

苏轼以为陈希亮是嫉妒他的才华，是故意为难他，他便很难受，总想报复一下陈希亮，出一出胸中的闷气。后来，机会终于来了。陈希亮主持修筑了凌虚台，工程落成后，陈希亮叫苏东坡"文以为记"。苏轼便写了一篇《凌虚台记》，说什么"夫台犹不足恃以长久，而况于人事之得丧"，竟然想象着刚建好的凌虚台轰然倒塌，终有一天会重归荒野。苏轼这分明就是讽刺陈希亮。

多年后，苏轼凡听到别人夸奖自己的才能和政绩突出时，他都回答："于欧阳公及陈公弼处学来。"可见，他已打开了心灵的密码，做到了心眼相通，也就是认知力达到了一定的高度。他对自己当年的"见囿"深感后悔，觉得对不住老领导、老前辈。陈希亮去世后，他参照范镇的陈公墓志，又补充了一些他所知道的事迹，写成《陈公弼传》，为后世君子考览。他是这样评价陈希亮的："为人清劲寡欲，面瘦黑，平生不假人以色，自王公贵人，皆严惮之。见义勇发，不计祸福。"

在我看来，任何出类拔萃的人，他们的心灵和眼睛一定起到了超乎寻常的作用。"用心"是一方面，"识见"是一方面。心与眼的距离不等于眼与心的距离，打开心灵的钥匙与打开眼界的钥匙却是同一把。

古人说"格物致知"，讲究"眼中之象"与"心中之象"。天赋灵感在心与眼之间来回跑，在有的人身上速度快，在有的人身上速度慢。道教甚至有"开天眼"一说，认为人的脑门上有一只隐蔽的眼睛，修炼到一定程度后，就可以看到常人看不到的东西。禅宗则认为"万法唯心",心的力量有多大,世界就有多大。禅宗所谓的"顿悟"与"渐悟",无非是心与眼的密码被打开得时间长度不一样。

人类对自身的观察是很多的,主要是因为人与人确实是不一样的,有的人聪明,有的人很傻。有的人天生就聪明,有的人用了一辈子苦功还是傻。孔子是很照顾人们的心理感受的,他说:"唯上智下愚者不移。"(《论语》)意思是说,很聪明的人和极傻的人都特别少,并且他们是改变不了的,而大多数人都可以通过学习,实现傻瓜变聪明,聪明变得更聪明。孔子开私学、收学费,所以这样说当然有利于扩大生源。老子不办学,他跟孔子的说法不一样——"绝学无忧""绝圣弃智"。意思是说,人通过学习使自己变得聪明是妄想,人只会越学越坏,学习增加的是心机,丧失的是天性。庄子甚至认为愚蠢的人是聪明的,而聪明的人是愚蠢的。聪明的人好争善斗,对社会和自身都有害,"德荡乎名,知出乎争。名也者,相轧也;知也者,争之器也。二者凶器,非所以尽行也"(《庄子》)。

对于文学创作来说,作者水平的高低同样是由心与眼的路径与密码决定的。我非常认同影视导演潘军先生的观点:"认知高于表现。"

我最近翻阅了《桐城文学渊源考》一书,不得不感叹清代桐城派阵容之强大、影响之深远。以方苞、刘大櫆、姚鼐为代表的文学圈子,作家数量之多,可以说超过了历史上任何一个文学流派。想必还有许多人想入桐城派的圈子而不得其法了。方苞说:"盖必天资最高,变化于古文,久乃得之,非中材所能效仿也。"(《方苞集》)文章想写得好可不容易,一般的聪明人都不行,必须很聪明的人才行。如果一个人不聪明,"苟限于天,虽勤一世以尽心,无所益也"。不过今天看来，一些被方苞看作有文学天赋、很聪明的人，他们的作品却没能传世，几千个印着桐城派标签的作家，真正能被写进文学史的却没几个人。一方面，史书留给文学家的位置有限，不是极具代表性的人物没有一席之地；另一方面，文学这东西会随着时代审美需求的改变而改变，因而大多数作家及其作品被遗忘和舍弃。由此可见，审美者的心与眼及眼与心，距离也是不尽相同的。

姚鼐在《袁香亭画册记》中写袁树与其兄袁枚的性情与爱好完全不同。袁枚喜欢游山玩水，六七十岁了还常常独自出游，涉名山大川，览风景名胜。弟弟袁树却懒得出门，成天把自己关在屋子里，朋友邀请他一起出去玩，他的脸上也满是为难之色，很不愿意的样子。奇怪的是，袁树这种深居简出的人竟然爱上了画山水画，天天在家里一个人创作。后来袁树要出画册，自个儿挑选了十二幅山水画给姚鼐看。姚鼐一看很惊讶，真是"非所能解"，可见这些画作水平不低。"盖林麓烟云之趣，浩渺幽邃之观，水石竹木花叶鸟兽虫鱼之奇态，香亭（袁树）自具于胸，而时接于几席之上，意其游，亦未尝异于简斋（袁枚）耶？"

我查阅资料后，发现袁树的确是一个画家。有人评其"用笔用墨之间，饶有自然之趣""毫端简净浑脱，有士气而无习气"。一个闭门造车的人画出的山水画比注重自然写生的画家画出的作品更受追捧，只能说明袁树的天赋好，是奇才，而其他的山水画画家只恨爹妈给的基因不如人家好。

方苞的话不可全信，姚鼐举的事例也只能当作个例。我更相信"知行合一""实践出真知"这些观点。

回到现实，我来说一个工作中遇到的"见囿"案例。有一年，我与经理的表弟共事三个月，他一到公司就说他"发现了很多问题"，提出了一些想法，例如品牌宣传怎么搞，微信公众号怎么推，还有人事结构的重建等。我觉得他的想法新鲜，又觉得他的性格天真。

经理的表弟向老板做了一些汇报。随后，公司在人事上做出了一些调整，人们自然将其与经理的表弟联系在一起，认为是他提出来的。一个实习生，即使有才华，可毕竟对公司了解不多、不深、不透，对问题的理解不全面、不立体、不辩证。当然，他向老板提出的建议，可以说是出于"为了公司好"的想法，他的心念是正的，不是为了打击谁、排挤谁。只是老板对他的认知力没有做出客观合理的评估，一味地认可他的热情，认可他的判断就实施"改革"，结果对公司造成了巨大损失，人才流失，效益滑坡。

他品行不坏，是个开朗大方，聪明能干的人。我从他的认知力与公司的匹配度上来审视他的言行，认为他没有什么坏心思。只是，他欠缺对公司宏观的认知，从而无法提出真正合理且有效的建议。

玄鉴 xuán jiàn

比喻高明的见解；明察、洞察。

我奶奶的娘家，也就是我父亲的外婆家位于怀宁县洪铺镇白云村谢花屋，那里至今保留着一栋清雍正乙卯年（1735）的古建筑。老屋内侧墙的门头上镶嵌着一块镌刻"江左遗风"四字的石匾。匾的左侧竖刻"石湖杨汝榖题"，并刻有两方印迹：上枚为"石湖"，下枚为"杨汝榖名章"。

杨汝榖为清朝怀宁籍官职最高的人，累迁监察御史。他恪守"夫惟大明，玄鉴幽微"（晋代葛洪《抱朴子·行品》），故而为官清廉，遇事敢言。他曾有感于"近来作吏者以奸胥为耳目，法不立也。案牍累积日纷，心不清也"（《舟中怀长孙超恒时新任藁城令·后记》），作诗《舟中怀长孙超恒时新任藁城令》，其中有四句诗非常有名："法立奸胥畏，心清案牍稀。此方经巨浸，轸恤念民依。"

玄鉴，是历史上那些为国为民的官员心中的一块明镜。再深奥玄妙的事，都可以为鉴。如《初刻拍案惊奇》中所赞："好个李判官！精悟玄鉴，与梦语符合如此！"

杨汝榖在"康雍乾盛世"被几代皇帝赏识，他差不多被皇帝树立为大臣的楷模、好官的典型。在清朝的"名臣"中，杨汝榖的形象挺光辉的。

雍正在评价臣僚时，数次拿杨汝榖做参照："像杨汝榖，老成实在人。"又："人聪明，像杨汝榖。"到了乾隆执政时，杨汝榖仍"以笃谨被上眷"（《清史稿·列传·卷九十一》）。

在人们固有的思维中，老实人多半不聪明，聪明人多半不老实。无论是纵览历史还是环顾现实，老实人常常吃亏，甚至有"老实是无用之别名"的说法。那么，杨汝榖又是凭借什么，能让几个特别聪明的皇帝认为他既老实又聪明呢？

监察御史掌管监察百官、巡视郡县、纠正刑狱、肃整朝仪等事务，权力很大，责任也不小。监察御史如果操权弄事，是很容易发财的；如果做好好先生，也是很好混下去的。杨汝榖却是个非常正直的人，特别看重为官者的责任和法律的威严，他"在朝为官，始终一辙，公私分明，持身廉正""遇事必言，未所阴僻"。

杨汝榖在碑文《东岳白纸老会碑记》中写道，"夫神能福人，亦能祸人，赏善罚恶，天道不爽，正直之神，皆应如是……《经》曰：'积善之家，必有余庆；积不善之家，必有余殃。'《文》曰：'天道福善祸淫。'祸因福果，圣人弗讳，然则纸簿之说，善恶具载，纤毫必报。信其事者，真如目击。明可以舞文法，而不可以欺鬼神"。

康熙年间，河南南阳总兵官高成手下的一个士兵，不满于地方官员查办赌博人员，领着几个人跑到知府署内闹事，将知府沈潮绑架到兵营教场进行围辱，限制其人身自由达三天之久。杨汝榖随即就此事上奏弹劾军中相关官员。康熙命刑部尚书张廷枢、内阁学士高其卓前往察审，并做谕示："传闻此等人皆诡冒营兵，伙同二三百人诈扰百姓，不独河南一省，别省亦有。"康熙下令各省严查，并召集大臣开会，出台了禁约，即时实施。从此之后，营兵如果生事扰民、挟制地方官员，按首犯、从犯进行治罪，管官革职，兼辖、统辖官、提督、总兵官分别降级调用处罚。

杨汝榖在雍正年间，也做了不少好事。直隶省遭受重大洪灾，天津城、濠皆被洪水损坏。杨汝榖上奏，提出"分贮备赈"的建议："直隶去年被水州县，存仓民谷，尽数发赈畿辅积贮，宜预请运东关米十万石至天津，截留南漕米十万石存河间、保定适中地分贮。"雍正采纳了他的建议。他任兵部左侍郎之前，全国的兵站、驿站积弊重重、效率低下，杨汝榖到任后虽非如史书所言"积弊一清"，但情况至少得到了很大程度的改善。

乾隆执政时，杨汝榖调任户部侍郎。户部侍郎的工作主要是掌管全国土地、赋税、户籍、军需、俸禄、粮饷、财政的收支情况。杨汝榖关注民生，老老实实地为百姓做事，急百姓之所急。

2021年夏，当河南郑州等地因强降雨遭受重大洪灾时，我看着电视画面，想到了杨汝榖防灾救灾的事迹，据《清史稿》记载，他曾上疏道："河南荥泽地滨黄河，康熙三十六年河势南侵，县地多倾陷。民困虚粮，流亡远徙。"乾隆当即命河南巡抚实地考察，发现现实情况跟杨汝榖反映的一样，于是皇帝同意免征荥泽县滨河地亩钱粮五百九十余顷和湖北太和山（即武当山）香税，百姓得以休养生息，因此对杨汝榖称颂不已。学界也推崇他："石湖公不动声色，为时名臣，朝野以德人推之。"（沈德潜《清诗别裁集·卷十九》）

从杨汝榖的《杂诗》中，我们可以看出他的聪明睿智："神龙蛰深渊，杳冥人莫测。玄豹隐南山，泽肤甘不食。造化本无端，归藏始生息。气盛物所尤，名高德之贼。卓哉先民言，士必先器识！"

龙的精神和龙文化的内涵尽在此诗中，此诗凸显了他的性格特

/ 413

点和处世思想。

杨汝榖特别推崇清廉为官的人，与他们惺惺相惜。他在《闻钱彭源卒于苍溪诗以哭之》中说："烛暗窗昏夜黯然，惊闻巴蜀讣音传。一官薄俸蚕丛外，万里全家鸟道边。但有清名堪寿世，更无灵药可延年。伤心堂北孀亲老，哭向秋风暮雨天。"

杨汝榖退休离京前，乾隆赐给他了一副亲笔书写的楹联和一顶红绒结顶的帽子，足见他深得乾隆信重。

杨汝榖晚年家境不好。他去世后，儿孙们的日子过得更是艰难，为了吃饭活命，儿孙们甚至决定将房子卖掉。当时一位桐城诗人陈度，因家境贫寒卖字画维生。他有一首怀念杨汝榖的诗，其中写道："酒杯安得同君把，趁我今朝卖画钱。"（《亭上作画怀杨石湖》）这折射出两个文人相同的生活窘境。

数年前，我曾与本市一位史志界朋友到杨汝榖墓前凭吊。其墓位于山口乡百子村石门湖畔狮子口大桥左侧的纱帽山上。比杨汝榖小七岁的宰相张廷玉题署碑文。可谓"槐阴一枕还乡梦"（张廷玉诗），"黯淡寒云饶一邱"（杨汝榖诗）。此乃玄鉴深远之意矣！

人间正道是沧桑，唯有"诚得清明之士，执玄鉴于心。照物明白，不为古今易意"（《淮南子·脩务训》）。

品藻 pǐn zǎo

品评；评论（人物等）。

唐代刘知几对于史学有着超乎常人的热爱与执着。一开始，他受到家庭的熏陶，对史学产生了浓厚的兴趣，后来他萌生了成为优秀史学家的想法，用力用情就更多了。经过数十年的钻研、思考后，他建立起一套自己的史学观。

刘知几尽毕生之力，独立撰写了一部与现实抗争的史著，向屈原、司马迁、班固等伟大的史学家、思想家学习。他说："如班氏之《古今人表》者，唯以品藻贤愚，激扬善恶为务尔。"（《史通·杂说上》）

殊不知，对人物的评论、对事迹成果的鉴定和对文艺作品的品评，是一件不容易做到的事。正如刘恕在《自讼》中所说："臧否品藻，不掩人过恶。"所以，宋代梅尧臣在《次答黄介夫七十韵》中说："好论古今诗，品藻笑钟嵘。"章炳麟直言："人自以为杨镏，家相誉以潘陆。何品藻之容易乎？"（《论式》）

明代袁宏道无意中发现了一部徐渭的诗集，读后称赞不绝。之后，他再找徐渭的文章去读，对徐渭的文章给予很高的评价："匠心独出，有王者气，非彼巾帼而事人者所敢望也。文有卓识，气沉而法严，不以模拟损才，不以议论伤格，韩、曾之流亚也。"（《徐文

长传》）

后来，徐渭作为明代重要的文学艺术家，其作品广为流传。这说明，袁宏道是很有眼光的。

然而，也有被袁宏道极力推荐、却湮灭不彰的文学家。袁宏道曾称赞朋友李献夫："果于任而敢于言，胸中有蓄，吐之唯恐不尽。而其文有奇气，沛然若瀑之注峡。"（《寿李母曹太夫人八十序》）

李献夫的文章，我想拜读却寻之不得。是什么原因使他的作品流传不广，以至于入不了历代诗文选本呢？是文化精英对他的文章有偏见，故意压着他不让他出头，还是他的文字本身经不住时间的检验呢？要不就是袁宏道过度宣传，毕竟"发迟而用大"落空了。

李献夫不太出名，反而是袁宏道写他及其老母的文章中，有几句特别有名，如："百围之木，必于崇冈。"迟迟不能出人头地的人读到这句话后，应该是会倍受鼓舞的。"托于坚而窘于萌，是故不屡经节候，则宣畅不尽。然一宣畅，而其望于霄，非一雨一膏之滋息所能校荣润而程功力者也。"郁郁不得志的人读到这句话后，能从中汲取到力量，坚定自己的追求。

袁宏道大概是从"百围之木"联想到"材大无用"吧。他发现权威选本《昭明文选》竟然没有收录王羲之的《兰亭集序》，这太不可理喻了！他气愤地质问道："晋人文字，如此者不可多得。《昭明文选》独遗此篇，而后世学语之流，遂致疑于'丝竹管弦''天朗气清'之语，此等俱无关文理，不知于文何病？"接着又讽刺《昭明文选》的编者对陶渊明的偏见："昭明，文人之腐者，观其以《闲情赋》为白璧微瑕，其陋可知。夫世果有不好色之人哉？若果有不好色之人，尼父亦不必借之以明不欺矣。"（《兰亭记》）

还好，历史没有辜负王羲之、陶渊明。

怎么写文章是技巧问题,写什么样的文章是思想问题。《昭明文选》的编者特别相信《易》之言"观乎天文,以察时变。观乎人文,以化成天下",所以特别严肃地对待文稿,指出:"《关雎》《麟趾》,正始之道著。桑间濮上,亡国之音表……颂者,所以游扬德业,褒赞成功。"(《昭明文选·序》)

难道文之道,古今概莫能外?这得看怎么理解了。文道是随时代发展、观念解放、文化交融而不断拓宽的。其中就有性灵文章、批判文章的生存空间和传承路径。人们发现,多样化的审美是文道所需的,这是人文理念的极大进步。

古代,很多因素可能导致身负才华的人名声不显。或许正如元末明初张宪在《取青楼夜饮戏叶子肃》中所言:"天黑月堕地,水寒星在溪。"

徐渭对叶子肃的诗大加赞赏:"其情坦以直,故语无晦;其情散以博,故语无拘;其情多喜而少忧,故语虽苦而能遣;其情好高而耻下,故语虽俭而实丰。盖所谓出于己之所自得,而不窃于人之所尝言者也。"(《叶子肃诗序》)

可惜,叶子肃的诗与人俱已不传。真可谓天黑不见光,水寒不知暖。

循默
xún mò

指大家都循常随俗而不表达意见。

有一种集体沉默的现象，我觉得用"循默"一词来形容最为准确。这个词一般是指大家都循常随俗而不表达意见。

《新唐书·段平仲传》中记载，"平仲常曰：'上聪明神武，但臣下畏怯，自为循默尔。使我一日得召见，宜大有开纳'"。宋代苏舜钦在《咨目七》中说："今朝廷之患，患在执政大臣不肯主事，或循默，或畏避，大抵皆为自安之计也。"

大臣们不发表意见，是出于安全考虑，怕招来灾祸。对于这种人，那些敢言之士是很瞧不起的。宋代袁燮说："今恶直丑正之徒，私立名字，阴阻善良，稍相汲引者指为朋党，稍欲立事者目为邀功，而独以循默谨畏者为时才。"（《端明殿学士通议大夫签书枢密院事崇仁县》）

由于明哲保身成为封建官员的普遍经验，面对大是大非的问题，官员们均没有主见，皇帝再急也无用。归根结底，这样的局面是皇帝自己造成的。到了国家危难之际，皇帝嗟叹朝中无人可力挽狂澜，为什么不问问自己，平时倚重的人为何就发挥不了作用呢？

"循默"，或许就是所谓的"历史周期律"的推力之一。朝代开创之期，广开言路，谏臣活跃；朝代覆灭前，闭塞言路，谏诤者被打倒。明代王鏊在《震泽长语·国猷》中说："由是相率为循默，不敢少出意见论列。"

据《明外史·张逵传》记载，刑科给事中张逵上疏给明世宗。奏疏中，他对朱厚熜法治不严的执政风格提出批评：陛下逐渐丢弃固有方针，各种弊端很快就会出现；求仙崇道之事风行于各地，赏赐官吏不按规定办事；陛下决定国家大事与不同辅政大臣商量，而皇亲贵戚犯法大多不予追究。明世宗看了张逵的奏书后，心里很不舒服，不久便以张逵参与"大礼议"之争为由，下令将其关进监狱，打一顿板杖后释放。

张逵好了伤疤忘了疼，后来再次上疏，对明世宗阻塞言路的做法提出批评：最近，大臣上疏言事，陛下总是批示"已有旨处置"，或者"尚议处未定"，无非是叫大臣们无须就此事再提建议，或者无限期地拖延下去。这两种批示都是不要大家说话。当下讨论问题，许多人有意删削陛下忌讳的内容以避免祸患。如果受命独自进言，也只讲一些无关紧要的意见以应付塞责。我们以不受陛下责备苟免祸患而相互庆幸，耿直建言的正气消失了，顺从沉默之风盛行，这绝不是朝廷的福气啊！

张逵的原话是："消谠直之气，长循默之风，甚非朝廷福也。"可谓掷地有声。

明世宗对张逵这封奏疏更为痛恶，以"言事忤旨"将他贬为吴江县丞。随后，明世宗借口张逵曾弹劾武定侯郭勋包庇犯人李福达一事，下令将其逮捕审问。接着，张逵被发配到辽东戍边。他在辽东被监禁十年，其母去世时也未能南返余姚老家奔丧。张逵无比忧伤，含愤死于谪所。

明亡的原因可以追溯到明世宗对张逵的打压，可以从"循默之风"上找到根源。

现在，有一个大众传播理论叫"沉默的螺旋"，是指人们在某种场合发声时，会肯定自己赞同的一部分，而不对持有异议的部分进行反驳。只有肯定的言论从四面八方逐渐汇集而来，这也就是所说的"人云亦云"。从个人的角度出发，人们也倾向于服从团体，并以此寄托找到团体归属感。

在我看来，除了"循默"，还有一种"变换语言系统"来应付公共环境的惯常做法，也是非健康的、有害的。几年前，我在一家公司上班，每次到项目基地办事时，看到每个部门的人都紧张而忙碌的样子，我被他们努力的态度深深打动。老板的身影无处不在，甚至老板会在食堂与员工一起吃饭。高管、员工说话时都很注意，每句话说出口前都是有百般斟酌过的。即使有人斗胆开句玩笑，也是为了让老板开心。在老板的威严之下，公司的公共语言形成了一套封闭型的系统。在这个系统内，大家是内敛的、约束的，甚至是伪装的、表演的。有时他们貌似畅所欲言，可说来说去，都圈定在一个语言系统中。我生活在这个系统中是很有压力的，不快乐的。有几次，我发现一些人得知我坐老板的车回省城总部，都喜形于色。甚至有人悄悄问我，老板也去省城吗？总部的同事们听说老板要来，立即紧张起来。有几个年轻人，与异地的同事联系密切，会将老板的行踪及时告诉对方。

老板在哪里，哪里的语言系统就从自由型变成封闭型。有人掌握几套语言系统，从一套语言系统转到另一套语言系统，驾轻就熟。会上一套语言系统，会下一套语言系统；上班一套语言系统，下班一套语言系统；老板在，一套语言系统，老板不在，另一套语言系统。在转变中求生存、谋利益，是他们的职场经验。

有一次，我参加公司人力资源部组织的新员工欢迎会，听见经理说："你们要多了解公司文化，尽快产生归属感。"我想，谁能适应和掌握公司的语言系统，自然就有了归属感。这需要一个潜移默化的过程。如果有幸进入了一个开放型的语言系统，可以随意发表不同意见，对公司的发展建言献策，即使错了也受到尊重和鼓励，那就是莫大的福气了。

值遇
zhí yù

值，遇到、碰上；值遇，遭逢。

据量子信息科学家讲解，"量子纠缠"是量子世界中一个非常玄幻的现象，不仅量子世界中存在一种类似"心灵感应"的现象，而且每当一个量子粒子与另一个量子粒子相互作用时，普遍的波函数就会分裂成多个部分，这意味着不同的宇宙包含着许多不同的可能结果。

在人类世界中，有些事件，需要通过对几代人进行观察，才能感觉到其中藏有某种玄机，一切好像是老天的特意安排。晋代郭璞注释《尔雅·释言》时说："偶尔相值遇。"宋代洪迈在《鬼国记（又名夷坚志补）·鬼国母》中记载，"杨曰：'我真是人，元不曾死。'具道所值遇曲折"。

这里的"值遇"指的是某些事情的发生，比一般的偶然还要偶然，但它确实还是出现了。韩愈在《秋怀》中感叹道："运穷两值遇，婉娈死相保。西风蛰龙蛇，众木日凋槁。"人们多半如此，将一些人生不幸归诸于命运。近代诗人祝廷华看得开，他说："人生遭际会有时，未至其时姑敛翮。"（《叠韵和刘国襄先生》）

唐代李义府是第一个向唐高宗李治提出废去王皇后、立武昭仪为皇后的人，他因为此事得以封赏升官，从一名小吏晋升成了手执大权的宰相。天道好轮回，人事多难料。55年后，李义府的儿子李湛率羽林军，参加了张柬之组织的政变。刀剑环伺的紧张局势中，武则天气愤地对李湛说，我对你们父子不薄，想不到竟然有今天的变故！

当年李义府把握了时机，从一个郁郁不得志的书生，变得"春风别有意，密处也寻香"（《杂曲歌辞·堂堂》）了。可他终究没有风光到头，最终因索贿而下狱、流放。当时是李治当政，武则天没有出手救他，因为她也有难处。武则天对李湛没有说假话，她当上皇帝后，追赠他已过世的父亲为"扬州大都督"。这还是挺管用的，否则李湛作为罪人的后代，哪有资格当官，而且还是特别厉害的官——右羽林大将军。

不知道李湛读过父亲的诗吗？李义府有一首《咏鹦鹉》，这样写道："牵弋辞重海，触网去层峦。戢翼雕笼际，延思彩霞端。"

单从这首诗来看，李义府也算是明白人，可惜还是没能管好自己的手、用好自己的权。

读书明理的士大夫们一旦陷入权力之争，也会被政治涡流所裹挟，被物质利益所浸蚀，或则忧患，或则怨愤，或则不安，内心与现实的冲突渐渐消弱，以势利者为参照，自己说服自己。然后他们不是昂扬了斗志，就是学会了迎合，也就昧于远见而精于处世。从对国家命运的忧虑变成对自身利益的考虑，他们害怕失去权力，恐慌于离开官场。于是将自己绑在了利与义的十字架上，很难有长远的见识。

武则天在追求权力的路上，还遇到过一位至关重要的人物——李勣。

李勣是唐朝开国功臣之一，他原姓徐，受李世民之赐姓李。李勣与众多功臣、权贵不同的是，当李治打算废去王皇后，立武昭仪为皇后时，遭到长孙无忌、褚遂良等顾命大臣的坚决反对，他竟然表态说："这是陛下的家事，何必更问外人！"这分明是支持武则天啊，于是他成为李、武夫妇统治集团的重臣要员，很是风光。当时的武则天不会想到，后来李勣的孙子徐敬业会在扬州起兵，号召天下人除掉她；李勣也不会想到，他死后十五年，却因孙子反武而被追削官爵、掘墓砍棺，恢复本姓徐氏。

李勣在弥留之际，对弟弟李弼说："我见房玄龄、杜如晦、高季辅辛苦作得门户，亦望垂裕后昆，并遭痴儿破家荡尽。我有如许豚犬，将以付汝，汝可防察，有操行不伦、交游非类，急即打杀，然后奏知！……违我言者，同于戮尸！"（《旧唐书·李勣传》）不幸的是，他临终前担心的事，后来应验在他孙子的身上了。

骆宾王的《代徐敬业传檄天下文》中，虽有"转祸为福，送往事居"之言，可毕竟没能那么快见效，直到21年后才成为现实。其间又有多少意料之中与意料之外的事发生呢？或许，正如他在《春日离长安客中言怀》中所说："生涯无岁月，岐路有风尘。还嗟太行道，处处白头新。"

人大多以生命的流逝来感知时间的变化，随着生命的终止而停留在时间长河中。时间承载的信息远比一个人的生命轨迹多。时间脚步虽快却伴随着数代人的生命过程，暗示某些偶然事件的必然性，揭示某些祸与福的前因以及相互转化的道理。

宋代胡寅在《送智京长老》中说："人生如浮云，片片随所起。值遇初偶然，解散亦俄尔。"

其实，很多时候偶然即必然。人的眼光要放远一点，要知道有的人擦肩而过，或许下回见面就成了同事；有的事做得不好，或许下次还有机会再做。我曾参加一个游戏，游戏规则是将100多人组成两个圆圈，一个圆圈包围另一个圆圈。灯熄灭后，抒情而忧伤的音乐响起。一个圆圈缓缓地转动，缓缓地转动……突然，音乐停了，圆圈也不转了。相向站立的人，伸出手彼此相握，然后又彼此拥抱。音乐又响起，一个低沉的男声讲述一段让人落泪的故事。故事讲完了，灯也亮了，相向的人才看清各自面前的他或她。

我在黑暗中，对谁最终转到自己的面前，一无所知。我期待着，又有些紧张。我曾在前一天的活动中与一个青年因意见分歧，发生了言语冲突。我想如果他转到我的对面，那多尴尬啊，因此有些紧张。不过，又觉得倘若真是这样，这也是一种修好关系的机会。不过，我的对面没有出现那个令我反感的青年。游戏结束后，之前有过冲突的青年跑过来对我说："我很想转到你面前，向你说一声——对不起。"我当即感动得热泪盈眶。

曾经，一个很自负的同事在公司任经理助理兼办公室秘书。我很少见到他，只听说他与许多人争吵过，对同事不太尊重。我表示理解，认为他所处的职位得罪人是正常的。有一次，公司搞庆典活动，他负责安排嘉宾住宿，我负责对接媒体人员。我把确定好的记者名单递给他时，他却对我爱答不理、态度冷漠，惹得我真想发火。后来，公司人事调整，他被调来省城工作。他知道有许多办公桌没人坐，可他却不嫌麻烦，将一间堆放了很多资料的办公室腾了出来，辛苦数天忙得满头大汗。之后，他就拥有了一间单人办公室，很自在地上了几个月班。可惜没过多久，老总要他搬出来，坐到我对面的桌子来办公，而那间办公室要另做他用。他没法违抗命令，只得坐到了我的对面。我对他客气，他对我也客气。自从他搬到我对面后，我发现他跟以前完全不同，对手下人，没有了颐指气使的强势。

/ 425

一次，我出差回来后发现对面的办公桌又空了，内心有几分失落，想起几天前他还坐在我的对面，偶尔跟我说几句笑话哩。后来，我从别人那里了解到，他的业绩不理想，所以辞职了。辞职前一个礼拜，他就把他的打算告诉了我，认为现在的这份工作不适合他。自从老总要求他搬到我对面的那一天，他就感觉自己不被公司领导重视，有了跳槽的想法。或许，他在找位置的那一天，就意识到别人不喜欢他坐在自己的对面，于是开始自我孤立。解决这一心态的方法，一是改变对同事的态度，二是离开熟悉的面孔。他试图改变了。不过最终，他还是选择离开了。

　　看着对面没有人坐的办公桌，我想，谁都有可能坐在自己的对面，那么我还是对所有人都礼貌一点、客气一点、尊重一点吧，至少不要与他人发生直接的冲突，避免到时候"值遇"不喜欢的人坐在对面，而感到难受和不自在。

尺蠖 chǐ huò

比喻人能屈能伸，在屈伸中前行。

我从小在乡下长大，常常游玩于田野间，因此我认识不少鸟兽虫鱼。有的虫子，行动时身体上拱，一伸一缩，其状令人不寒而栗。后来我读了书，才知道这些能够屈伸的虫子，有一个好听的名字——"尺蠖"，且知其屈伸而行，似人以手丈量距离，故有此名。

后来，人们通过观察尺蠖得到启示，认为做人也应该像它，能屈能伸，在屈伸中前行，这样才能保护自己。晋代郭璞在《尺蠖》中说："贵有可贱，贱有可珍。嗟兹尺蠖，体此屈伸。论配龙蛇，见叹圣人。"

宋初诗文僧释智圆，是一位有学识、有思想的高僧。他年轻时，积极参与宋代天台宗山家派与山外派的论争，对佛法相当得有见地。他还研读儒家经典、发表儒学见解，提出"文道合一"，倡导人们应学习韩愈固志守道而不随俗。《送庶几序》："夫为文者，固其志，守其道，无随俗之好恶而变其学也。"他后来成为宋初天台宗山外派代表人物。随着他的影响力越来越大，他明显感觉到两派谁也不服谁，他在《山居招友人诗》中说："坎井亦已乐，尺蠖谁云屈？"并表示："外境莫我惑，贞心长抱一。"

"尺蠖"一词在演变过程中，多为"谋略家"所用，表达"伸

/ 427

用屈为"的含义。《周易·系辞下》中有明确的论述："尺蠖之屈，以求信也；龙蛇之蛰，以存身也。精义入神，以致用也；利用安身，以崇德也。"

曾国藩每次遇到不利的形势，就来个"尺蠖之曲"的策略。他认为，大丈夫应根据时势，需要屈就屈，需要伸就伸，可以屈就屈，可以伸就伸。屈于当屈之时，是聪明的；伸于可伸之机，亦是聪明的。屈是为了保存力量，伸是为了展现力量。屈是隐匿自我，伸是张扬自我。屈是生之低谷，伸是生之峰巅。有低谷、有峰巅，犬牙交错，波浪行进，这才构成丰富的人生。顺应时势能屈能伸，柔顺如同蒲席，可卷可张；刚强、勇敢而又坚毅，从不屈服于人。

曾国藩信奉宋明理学，《河南程氏遗书》中的一个比喻更是形象说出了他的"退让"哲学："君子时中。"这好比天气刚冷的时候穿上薄裘衣就可以称得上符合"时中"，而到极冷之时再穿刚冷时穿的裘衣，就不是"时中"了。

同治元年（1862），曾国藩得知弟弟曾国荃与同事的关系紧张，便写信批评弟弟只看见对方脸色凌厉，看不见自己的脸色同样凌厉。曾国藩举出他来信的例子，说他的信中"常多讥讽之词，不平之语"，并指出他的随员和仆从在外面"颇有气焰"，而他本人做何面目不言自喻。三个月后，曾国藩又不厌其烦地给弟弟写信，责备弟弟不够廉洁。曾国藩指的是往年曾国荃大量买田地一事，并警告他说："若一面建功立业，外享大名，一面求田问舍，内图厚实，二者皆有盈满之象，全无谦退之意，则断不能持久。此余所深信，吾弟宜默默体验。"（《曾国藩家书》）不到一个月，曾国藩又去函，这次是专与弟弟谈听取批评之事。曾国藩认为，哪怕旁人批评的不是事实，自己的态度也得"抑然"，不得"悍然"，并提出"有则改之,无则加勉"八个字。

淮军的建立与曾国藩的支持分不开,可朝廷却利用淮军来掣肘他麾下的湘军。曾国藩看出了这一点,于是在"尺蠖"二字上做功夫,也就是在利益上多加退让,不使两军产生隔阂。因此,当剿捻之战陷入困境之际,湘淮两军可以互相依赖、互相支持。在整个剿捻之战中,曾国藩、李鸿章师生俩互相支援、共同商议,关系处理得非常好。当李鸿章剿捻成功,荣膺重赏之际,曾国藩表示祝贺,其满腔喜悦应是发自内心的。

我年轻时血气方刚,特别反感听到"大丈夫能伸能屈",觉得这句话有损男人的尊严,也是奴性文化对懦弱、无骨气男人的精神包装。这句话让奴才们感到心理平衡,无愧无怍,争做一伸一缩的小虫子。令我更为反感的是,奴才还可以自称为"大丈夫"。后来,我认识到自己的看法非常肤浅、片面,是从绝对走到绝对的反面,构成另一种绝对的思维。

苏轼被贬黄州期间,作《东坡》诗云:"雨洗东坡月色清,市人行尽野人行。莫嫌荦确坡头路,自爱铿然曳杖声。"其中"荦确坡头路"指人间不平之路,"自爱铿然曳杖声"昭示出一种不畏艰险不平的步伐,彰显一种抗争的精神,一种面对生活艰窘与政治挫折而兀傲倔强的性格。苏轼的"屈伸"哲学显然与"大丈夫能屈能伸"完全不同。

绍圣元年(1094),太皇太后高氏崩逝后,哲宗亲政,"新党"执政,"旧党"多遭罢黜。新党人士章惇、蔡京上台,苏轼、秦观等人一同遭贬。苏轼被贬至惠州、儋州。秦观被贬为杭州通判,后被贬为处州酒监税,后又移为郴州、横州编管,最后被贬到雷州。

苏轼与秦观是师生,两人都遭遇巨大的人生挫折,但是,学生没有背叛老师，老师也没有放弃学生。在相会康海的途中，秦观作词《江城子》赠与恩师："南来飞燕北归鸿，偶相逢，惨愁容。绿鬓朱颜，重见两衰翁。别后悠悠君莫问，无限事，不言中。小槽春酒滴珠红，莫匆匆，满金钟。饮散落花流水、各西东。后会不知何处是，烟浪远，暮云重。"这首词读来令人倍感凄凉。老师深感学生心志之苦、情谊之厚，内心久久不能平静。

而苏轼自己始终在逆境中保持着乐观，他试图以自己通达平和的心态影响秦观，在《雷州八首》中说："尺蠖以时屈，其伸亦非求。得归良不恶，未归且淹留。"

静 jìng
素 sù

淡泊宁静。

我在浮躁时、紧张时，都会念起一个词——"静素"。它的意思是指淡泊宁静。曾经，我特别喜欢诸葛亮《诫子书》中的两句话："非淡泊无以明志，非宁静无以致远。"现在，我所理解的"明志"与"致远"的含义已经与往日不同，更多地倾向于关注自己的生活，或者关注自己的健康指标。

心中默念"静素"，便是如此。

一个大型工作间，几百号人一起办公，或面对面、或肩并肩、或背靠背。同一环境中许多同事彼此毫无交际却一同办公，成为特定人际生态。区块间三两人的工作交流，传递着信息，释放着噪音，虽有别于社会公共场所，但与公共空间相似，人员的流动消解着个体对群体的归属信赖。这种工作环境虽然有别于车间的生产流水线，但工位的相对开放状态使脑力工作的独立性受到影响，思维遇到不稳定气流（走动声、说话声）的干扰，使创造角色变成执行角色，这又如同车间流水线的操作模式。

有一天，我在工位上实在坐不住，心烦意乱，便在微信上晒起自己的状况和情绪："在大办公室写文案，做到人海中心神平静，声浪间杂念止息，需要修炼到一定的境界才成。"然后写道："天真高

洁，老而弥笃。玄虚静素，有夷皓之节。"《三国志·魏志·管宁传》"恬愉静素，形神相忘。"（晋代葛洪《抱朴子·任命》）

我想，"万物静观皆自得"的前提，是真的要有一颗"素心"，否则目光在万物上飘忽不定，越看越烦，以至于春哀、夏忧、秋愁、冬苦，怎么会体会到"四时佳兴与人同"（宋代程颢《秋日偶成》）呢？现在好多人在城里住久了，要去亲近大自然。然而大自然也不是随便就可以亲近的，更别提什么融入大自然了，除非你是个有"素心"的人。"临溪流以静对，访草木以素心"，能与自然亲近，说明你的心是与自然相通的，这样万物才会打开心扉，让你获得宁静。

我喜欢张岱的文章，他有着对自然、对本真的审美，《陶庵梦忆》篇篇见其"素心"。"素心"哪里来？有来自"幸生岩壑之乡，共志丝桐之雅"者，有来自"大雪三日，湖中人鸟声俱绝……独往湖心亭看雪"者，有来自"从容秘玩，莫令解秽于花奴"者，有来自"桃则溪之，梅则屿之，竹则林之，尽可自名其家，不必寄人篱下"者，有来自"酣睡于十里荷花之中，香气拍人，清梦甚惬"者……

人生活在物质世界中，古今都一样，都要面对个人经济状况的好坏。在日常生活中，读书人需要表达，表达对现实的感受，或悲或喜、或歌或泣，把所思所想转化成文字，传递、传播出去，影响他人。现在信息特别发达，哪个人有钱，哪个人更有钱，无数的信息奔涌而来，刺激着人们的神经，一颗颗心在比较中失去平衡，欲望上升，不得安宁。感到不服气、要争口气，能自我正向引导者还算好；就怕有的人从自卑到仇富、从嫉妒到憎恨所有成功者，人性变得阴暗，这就有危害了。在处处只谈金钱、不谈情怀的氛围中，一个人做到心如枯井、波澜不生确实了不起。我终于理解程颢的《秋日偶成》诗之落句为何是"富贵不淫贫贱乐，男儿到此是豪雄"。

我在一家民营公司工作，尽管公司内部有严格的薪酬保密制度，但同事之间还是窥探、打听出彼此的薪酬级别。有人悄悄地告诉我，本部门十几个人的薪酬级别情况。本来是保密的事，结果我来这里上班不到一个月就全知道了。小伙伴们是80后、90后，比我这个60后年轻许多，但他们的薪酬比我高，有的人的薪酬甚至是我的几倍。我努力让自己相信，年轻人的工作能力比我强，可还是常有种挫败感，有种来此恨晚感，有种学不当用感，有种年龄歧视感……百感交集，心不能定。我可以"富贵亦不睹，饥寒亦不知，利害亦不计"吗？那岂不成了不食人间烟火的冬烘先生？

所以，我的问题是自己没有一颗"素心"。没有素心而静观不得，眼前乱糟糟，耳里闹纷纷。一个百余人的办公场所，绝对不会只有我感到不耐烦和浮躁，其他人也在自我调节、在做自己的思想工作吧。常常有辞职而去的，也常常有应聘而入的。同事中是否有有"素心"的人呢？若有，我当见贤思齐，修素心之法。得此法，才能达到程颢所说的境界："道通天地有形外，思入风云变态中。"

程颢及古代理学家们注重心灵的修炼，他们在治学过程中发现"心学"是一切学问的基点，也是一切学问的最高点。于是，他们以儒家的身份，抵达道家的思想，再回到儒家的理想，似乎是个有"素心"的人了。周末，我在家阅览"心学"经典，并沿波逐流，读到了钱锺书先生致郑朝宗教授信中的一句话："大抵学问是荒江野老屋中二三素心人商量培养之事，朝市之显学必成俗学。"我想，钱锺书算不算一个有"素心"的人呢？他大半生处在战争、斗争等

/ 433

非常时期的社会动荡环境中，仍写出《管锥编》《谈艺录》等众多冷门的、深奥的著作，他奉行"把忍受变成享受，是精神对物质的最大胜利"的信念，素心不扬而自显，辉映于文坛。

　　我想象着"荒江野老屋中"的画面，并自问它在哪？当今世界这种地方还是能够找到的，素心人也是有的，如乡野质朴的农民。做学问的素心人会离开城市选择去那里吗？钱锺书显然只是做了一种假设而已，实际上无论在什么环境中，读书治学的目的取决于心态。

　　从素心到静素，即素心人做学问可以做到不赶热闹、不逐名利。静素者若能相遇何其有幸，遇不到则"独与天地精神往来而不敖倪于万物"，这倒成了道家推崇的"和雅静素"、寡嗜欲的"真人"了，更难得。

骥尾 jì wěi

骥尾喻指追随先辈、名人，身居其后，沾光得益的人。

记得小时候，我和伙伴们都会念一部电影中的一句台词："马尾巴的功能。"马尾巴有什么功能呢？当时我们并不清楚，也不晓得它的喻意。长大后，我看到马在漫步时尾巴左右摆动，觉得它很有活力，马奔跑时尾巴高扬更显得飘逸。至于"马尾巴的功能"，也知道一些了，如：马尾是一个重要的平衡器官，马在快速奔跑时，马尾高扬保持马体重心平衡，利于速力和调节前进方向；马尾还可以保护后躯及生殖器官，起到防寒和保暖作用。

马，有良马与劣马之分。《说文解字》："骥，千里马也。"显然，骥这种良马，它的尾巴就是个好东西。《史记·伯夷列传》中有记载："颜渊虽笃学，附骥尾而行益显。"司马贞在《史记索隐》中解释："苍蝇附骥尾而致千里，以喻颜回因孔子而名彰。"后来，"骥尾"用来喻指追随先辈、名人，身居其后，沾光得益的人。

历史上，有关"骥尾"的故事很多，它是一种现象，也是一种文化。

唐代李咸用在《和彭进士感怀》中写道："若向云衢陪骥尾，直须天畔落鸢头。"李咸用考取功名时间很久，可是屡试不第。后来他做了名推官，但仕途不达，并赶上唐末乱离，追随谁都有风险，

/ 435

最后只得寓居庐山等地。

　　同在唐末的杜荀鹤，通过努力终于考上了进士，可他从政后，遇到的领导不是唐朝的李氏，而是改朝换代的后梁朱温。朱温爱他的才华，他也愿意追随朱温。这就麻烦了，反对杜荀鹤的人经常拿他的"晚节不保"搞臭他的名声，甚至将他写进《鉴诫录》。到了清代，潘德舆还在《养一斋诗话》中说："杜荀鹤谄事朱温，人品更属可鄙。"

　　杜荀鹤的朋友罗隐则不同，他参加进士考试十余次也没中，最后投靠了吴越王钱镠，有了不错的职位。但他没有将自己的行为视作"骥尾"，而是不卑不亢地告诉钱镠，自己脾气不好，容易冒犯领导。"一个祢衡容不得，思量黄祖谩英雄"（罗隐《句》）——意思是说曹操利用黄祖杀害祢衡，而现在自己就是性格刚直的祢衡，就看你钱镠能否容纳了。钱镠爱才，欣赏罗隐的才华，并一同接受了他的傲气，以及他毫无顾忌的讽刺。

　　"骥尾"一词，从自己口中说出来，是谦卑、低调，明代王玉峰在《焚香记·赴试》中写道："若二位高才，必当首擢，既蒙提挈，愿为骥尾。"

　　若攀附之相太难看，就惹别人侧目了，会被看作卑躬屈膝之徒。清代唐孙华在《有感明季党事二十二韵》中写道："声名骥尾附，假窃虎皮蒙。"

　　吴敬梓在《儒林外史》中有几处写到"骥尾"之恳求，如："请教先生，不知尊选上面可好添上小弟一个名字，与先生同选，以附骥尾？"又如："因到大邦，必要请一位大名下的先生，以附骥尾。今得见萧先生，如鱼得水了。"

　　范进没有中举之前，只是一个普普通通的贫民。作为乡绅的张静斋绝对不会与范进有任何联系。然而，当范进中举之后，已经有做官的资格了，拥有了一定的社会地位，并且前途一片光明。面对此时的范进，张静斋开始竭尽全力地巴结范进。不仅在言语上全力讨好、称兄道弟，而且在行动上更是送钱送房子。

张静斋这样全力地巴结范进，就是为了利益。范进为南海县新中的举人，与张静斋是同乡。范进作为南海县地界上一支新兴的势力，不论他往后发展如何，张静斋先行一步套近乎、巴结范进总归是在表达亲近之意，实在是用心良苦。

我佩服宋代的米芾。苏轼被贬到黄州时，米芾专门去拜访苏轼，向他求教。苏轼画墨竹，从下往上一笔到顶，凌然清拔。米芾问苏轼，何不一节一节地画呢？苏轼回答道，你什么时候看见竹子是一节一节地生长呢？苏轼不仅向米芾传授画竹之法，还建议米芾在书法上多学晋人风骨。米芾自黄州求教苏轼之后，就开始寻访晋人法帖，得到了王献之的《中秋帖》，然后潜心临摹，这些对他的书法风格影响巨大。后来，米芾竟然说"一洗二王恶札"，连王羲之、王献之都不放在眼里了。

苏轼高度评价比自己小十多岁的米芾："米书超逸入神……平生篆、隶、真、行、草书，风樯阵马，沉著痛快，当与钟、王并行，非但不愧而已。"（《宋史·文苑传》）而米芾却批评宋轼的作品做作、不自然："蔡京不得笔，蔡卞得笔而乏逸韵，蔡襄勒字，沈辽排字，黄庭坚描字，苏轼画字。"（米芾《海岳名言》）

米芾有一首诗，写到了"明月"与"清风"："明月照出溪中水，清风扫遍岩边石。悬崖绝磴疑可揽，白露苍烟俱咫尺。天阴未彻山阴寒，雨声欲绝泉声干。须知物理有真妄，岂识道眼无殊观。万象森严掌握内，大块俯仰毫芒间。抽身更洗清净足，探历幽深非所难。"(《僧舍假山》)其中,"明月照出溪中水,清风扫遍岩边石",是一种外境;"万象森严掌握内,大块俯仰毫芒间",是一种内境。一个人若能超出内外境,便能达到自然化境。

记得有一次,我参加徽派山水画院成立揭牌仪式,与会者找到自己的席卡后便落座。我见左边空了一个位置,便问右边的画家某某怎么没来,画家说那人见席卡摆放得不对就生气地离开了。我心里感到好笑,这事司空见惯,一些艺术家未能免俗,喜欢计较排名先后,会务者稍有差池,他们就认为举办方不尊重自己,佛袖而去。我想起米芾的一首诗:"世言米薛或薛米,犹言弟兄与兄弟。四海论年我不卑,品定多应定如是。"(《答薛绍彭寄书》)

薛绍彭是米芾同时代的大画家,他俩关系不错,经常一起探讨书画创作,分享理论。有时二人以诗歌的形式对答,如米芾对薛绍彭说:"谁云心存乃笔到,天工自是秘精微。"(《答薛绍彭寄书》)薛绍彭对米芾说:"圣草神踪手自持,心潜模范识前规。"(《和米芾李公炤家二王以前贴宜倾囊购取寄诗》)

这种交流,可谓极斯文、极友好。可是,他俩遇到了"排名"问题,有人称"薛米",有人称"米薛"。米芾在得知薛绍彭不满人称"米薛"后,就觉得老薛过于执着了。米芾认为,明月清风都不属于我,也影响不了我的心境,何况排名这玩意儿算得了什么?我与薛绍彭"以书画情好相同"(米芾《书史》),这本身是缘分,应该率真自然地相处才对。

实际上,孔子赞赏的是马的品德,他说:"骥不称其力,称其德也。"(《论语·宪问》)

韩愈深晓其理,所以他在《应科目时与人书》中明确表态:"若俯首贴耳、摇尾而乞怜者,非我之志也。"他在襄阳时,写信给节度使，希望得到引荐，谈到的是"垂休光、照后世"的美德与"天下之望"的勋业。他说："士之能享大名、显当世者，莫不有先达之士、负天下之望者为之前焉。士之能垂休光、照后世者，亦莫不有后进之士、负天下之望者，为之后焉。莫为之前，虽美而不彰；莫为之后，虽盛而不传。"(《与于襄阳书》)

韩愈认为，前辈要推荐、培养晚辈，晚辈要推崇、继承前辈，这样方能代代薪火相传。